Heribert Mühlen

# Neu mit Gott

W0235690

Heribert Mühlen

# Neu mit Gott

Einübung in christliches Leben
und Zeugnis

Herder

Freiburg · Basel · Wien

ZWEITE AUFLAGE

Umschlagbild: Roland Peter Litzenberger
„Der Sonnengesang des Franziskus

Alle Rechte vorbehalten – Printed in Germany
© Verlag Herder Freiburg im Breisgau 1990
Herstellung: Freiburger Graphische Betriebe 1991
ISBN 3-451-21834-8

# Vorwort

Dieses Handbuch ist in einer über fünfzehnjährigen Praxis entstanden: während vieler Glaubensseminare in Gemeinden und Akademien, im Austausch mit Gemeindegliedern, Seelsorgern, Studenten und Professoren der Theologie, Mitgliedern verschiedener Orden und neuer geistlicher Bewegungen, Vertretern neuer pastoraler Initiativen. Der Geist Gottes hat heute auf vielfältige Weise Anstöße und Erfahrungen geschenkt, die in die Zukunft der Kirche Jesu Christi weisen und neue Formen der Glaubensvermittlung einleiten. Zugleich erhalten in der gegenwärtigen Glaubensnot die geistlichen Traditionen der Kirchen neue Leuchtkraft. Ich möchte an dieser Stelle allen danken, von denen ich „geistliche Gabe" (Röm 1,11) empfangen habe.

Der im geistlichen Austausch geschenkte Wachstumsprozeß hat dazu geführt, daß das vorliegende Glaubensseminar zugleich ein Beitrag zur Neu-Evangelisierung wurde. Es hat folgende Schwerpunkte:

- Vermittlung des von falscher Angst befreienden, biblischen Gottesbildes,
- Hilfen zur Entdeckung der eigenen Begabungen und Fähigkeiten und zur Verarbeitung der eigenen Lebensgeschichte vor Gott,
- Hinführung zur persönlichen Annahme des sakramentalen Gnadenangebotes Gottes und der Geistesgaben,
- neue Formen christlichen Gemeinschaftslebens,
- Ermutigung zu einem persönlichen Glaubenszeugnis und zur Evangelisierung,
- Anstöße zu einem gesellschaftlichen und politischen Einsatz aus der Kraft der christlichen Freiheitserfahrung.

Prägend für dieses Glaubensseminar wurde die Zusammenarbeit mit katholischen und evangelischen Pfarrern, in denen der Impuls zu einer Reformpastoral lebendig ist. Vor allem die Not der Sakramentenpastoral wir immer bedrückender: Was „bewirken" die Sakramente, wenn Jahr für Jahr viele Jugendliche und Erwachsene dem Gemeindeleben fernbleiben? Schon 1975 betonte Papst Paul VI., daß ohne eine lebendige Evangelisierung Christen die Sakramente „passiv empfangen oder über sich ergehen lassen" und ein Sakrament „einen großen Teil seiner

Wirkung verliert" (Über die Evangelisierung, 47). Mittlerweile haben sich neue liturgische Formen der persönlichen Annahme des sakramentalen Gnadenangebotes Gottes herausgebildet, die aus vielfältiger Glaubenspraxis erwachsen sowie theologisch und pastoral fundiert sind. Zu ihnen möchte das vorliegende Seminar hinführen.

Ebenso wichtig für eine Reformpastoral ist die Mitarbeit der Laien. Im Sinne des Zweiten Vatikanischen Konzils gehört es zum amtlichen Auftrag des Pfarrers, die Charismen der Laien zu entdecken und zu fördern. Es wird immer deutlicher, daß in den Gemeinden vielfältige Geistgaben gegeben sind, die zu einer kraftvollen und wirksamen Verkündigung, zur Leitung von „Hauskirchen", Bibelkreisen, Aktionsgruppen befähigen. Die Glaubensvermittlung durch Laien wird für die Gemeindepastoral immer dringlicher. Das Glaubensseminar ist methodisch so verfaßt und gegliedert, daß auch theologisch nicht durchgebildete Laien es leiten können (vgl. Einführung Nr. 37-40). In gleicher Weise eröffnet sich hier für kirchliche Mitarbeiter ein weites Arbeitsfeld.

Das Seminar ist erwachsen aus der gemeinsamen Spiritualität der ganzen Kirche und aller pastoralen Dienste und offen für eine Vielfalt geistlicher Wege und Erfahrungen. Es dient vor allem einer Glaubenserneuerung in bestehenden Gemeinden, möchte aber auch unabhängig davon einzelne dazu ermutigen, sich Gott neu anzuvertrauen.

Mitglieder der neueren geistlichen Bewegungen werden in der Vorlage manches wiederfinden, das ihrer eigenen Glaubenspraxis entspricht. Die allen Bewegungen gemeinsame christliche Grunderfahrung, die aus der Taufe erwächst, wird sie in besonderer Weise dazu befähigen, auch zu einer Glaubenserneuerung in den Gemeinden beizutragen.

Die Hinführung zu grundlegenden Glaubensvollzügen erleichtert auch den ökumenischen Charakter des Seminars. Es ist von geistlichen Traditionen getragen, die historisch zum Teil vorkonfessionell sind. So kann es auch ein Beitrag zu einem geistlichen Ökumenismus werden, dessen Kern die eine Taufe (Eph 4,5) ist und der dazu führt, daß unterschiedliche geistliche Traditionen als gegenseitige Bereicherung erfahren werden.

Paderborn, im März 1990                    *Heribert Mühlen*

# Inhalt

## Einführung

## ERSTER TEIL

## Gebet und Erwartung

Inhalt

Inhalt

ZWEITER TEIL

# Lehre und Zuspruch

# Inhalt

# Abkürzungen

*Verweise* auf die vorliegende „Einübung" geschehen durch Angabe der Woche: z.B. I,5 = Erste Woche, Nr. 5

| | |
|---|---|
| *DEV:* | Johannes Paul II., Enzyklika „Dominum et Vivificantem" (Über den Heiligen Geist, 1986), zitiert nach Artikeln. |
| *DIM:* | Johannes Paul II., Enzyklika „Dives in misericordia" (Reich an Erbarmen, 1980), zitiert nach Artikeln. |
| *DS:* | Denzinger-Schönmetzer, Enchiridion Symbolorum, Verlag Herder, Freiburg i. Br. 1976. Die in dem vorliegenden Buch zitierten Texte finden sich in deutscher Übersetzung in: J. Neuner – H. Roos, Der Glaube der Kirche in den Dokumenten der Lehrverkündigung, Regensburg 1986. |
| *Eingliederung:* | Die Feier der Eingliederung Erwachsener in die Kirche nach dem neuen Rituale Romanum, hrsg. von den Liturgischen Instituten Salzburg – Trier – Zürich, Verlag Herder, Freiburg i. Br., 2. Aufl. 1986. |
| *EKG:* | Evangelisches Kirchengesangbuch |
| *EN:* | Paul VI., Apostolisches Schreiben „Evangelii nuntiandi" (Über die Evangelisierung, 1975), zitiert nach Artikeln. |
| *EvEK:* | Evangelischer Erwachsenenkatechismus, Gütersloh, 4. Aufl. 1982. |
| *EvGK:* | Evangelischer Gemeindekatechismus, Gütersloh, 4. Aufl. 1987. |
| *GL:* | Gotteslob. Katholisches Gebet- und Gesangbuch, hrsg. von den Bischöfen Deutschlands, Österreichs und der Bistümer Bozen-Brixen und Lüttich. |
| *KaEK:* | Katholischer Erwachsenen-Katechismus, Verlag Katholisches Bibelwerk, Stuttgart 1985. |

# Einführung

Die Vorlagen dieses Handbuches enthalten jeweils einen praktisch-spirituellen und einen mehr lehrhaften Teil. In der Einführung ist der lehrhafte Teil vorangestellt. Seminarteilnehmer mögen vor allem den zweiten Teil der Einführung lesen (Nr. 27-40).

Erster Teil

# Geschichtliche und pastorale Aspekte des Glaubensseminars

## I. Die glaubensgeschichtliche Situation

### 1. Vielfältige Anstöße zur Erneuerung in der Kirche

**1**  Seit der Mitte unseres Jahrhunderts hat sich ein Traditionsbruch größten Ausmaßes ereignet. Jahr für Jahr gibt eine nicht unbedeutende Zahl von Christen die Teilnahme am Gemeindeleben auf. Meist geschieht dies ohne ausdrückliche Entscheidung gegen den christlichen Glauben und ohne formellen Austritt aus der Kirche. Der Glaube ist für viele zu einer Summe unangenehmer „Forderungen" geworden. Er bedeutet ihnen nichts mehr und hat ihrer Meinung nach kaum noch etwas mit dem alltäglichen und gesellschaftlichen Leben zu tun.

Andererseits gibt es die große Gruppe der „Suchenden". Ideologien und Weltanschauungsangebote befriedigen sie nicht. Sie suchen nach Orientierung und erwarten von den Kirchen Antworten auf die Frage, wie die Welt in Frieden und Freiheit umgestaltet werden kann, wie sie die Probleme ihres eigenen Lebens bewältigen können. In nicht wenigen ist ein unbestimmtes Verlangen nach dem lebendigen Gott wirksam, manche suchen nach einer neuen christlichen Lebensform. Viele dieser „Suchenden" fühlen sich von den traditionellen Ausprägungen des Christseins, von „der Kirche", nicht angesprochen und werden auch von der traditionellen Seelsorge nicht erreicht. Deutliches Zeichen dieser verschiedenartigen Suchbewegungen sind die vielen jungen Menschen auf den Kirchen- und Katholikentagen.

**2**  Diese Situation hat zur Entstehung des vorliegenden Glaubensseminars geführt. Es ist aufgrund langjähriger Erfahrungen in bestehenden Gemeinden und in Zusammenarbeit mit den jeweiligen Pfarrern erwachsen. Dabei zeigte sich mehr und mehr, daß in den Gemeinden häufig *nicht wahrgenommene Grundkräfte* lebendig sind, die der Heilige Geist für eine

Glaubenserneuerung wirksam werden läßt: In vielen Gemeinden sind aus Glaubenskursen und Bibelkreisen *Intensivgruppen* entstanden, in denen Christen einander im Glauben bestärken. Sie finden sich zusammen, um das Wort Gottes zu lesen und nach ihm zu handeln. Die Heilskraft der Sakramente leuchtet neu auf. Vielfältige Formen der „Weitergabe" und Vermittlung des Glaubens sind geschenkt worden: das persönliche Zeugnis über die Anwesenheit und Führung Gottes im Alltag; gemeinsames, persönliches Gebet. Viele bezeugen, daß sie nach einer vertieften Hinwendung zu Gott belastbarer geworden sind und zwischenmenschliche Beziehungen in Familie und Arbeitswelt sich neu geordnet haben. Die christliche Freiheitserfahrung ist neu aufgebrochen. In ihrer Kraft treten Christen in Ost und West Ideologien entgegen, die gesellschaftliche und politische Zwänge zur Folge haben.

**3** Diese zunächst in kleinen Gemeindegruppen von Gott geschenkten Erfahrungen haben die Ausarbeitung des vorliegenden Glaubensseminars angestoßen. Dabei diente als Vorbild der altkirchliche Weg der Hinführung zum Glauben. Im 2. und 3. Jahrhundert wurden Ungetaufte durch ein „Katechumenat" (= Eingliederungsweg) in das Christsein eingeführt[1]. Wir gehen offenbar Zeiten entgegen, in denen ein ähnliches Angebot auch für Getaufte immer dringlicher wird: Es wird zunehmend deutlich, daß viele „in christlichen Ländern und Orten, sogar in soziologisch christlicher Umgebung geboren sind, aber nie in ihrem Glauben weitergebildet wurden und so als Erwachsene noch *wirkliche Katechumenen* sind"[2]. Das vorliegende Glaubensseminar ist in diesem Sinn ein „Katechumenat" für *Getaufte.*

**4** Das altkirchliche Katechumenat hat eine neue Form erhalten in der 1972 erschienenen „Eingliederung Erwachsener in die Kirche". Diese Vorlage für die Hinführung Ungetaufter zum Christsein muß natürlich der Situation getaufter Christen angepaßt werden. Sie enthält viele Elemente, die auch für eine Glaubenserneuerung wichtig sind (Hinführung zu gestuften Entscheidungsschritten, Bedeutung der liturgischen Feiern, Gebete um Befreiung usw.). Da dieses Dokument Grundvollzüge des Glaubens beschreibt, ist es auch von großer ökumenischer Bedeutung.

**5** Der Weg der „Eingliederung" Ungetaufter vollzieht sich in vier Schritten oder „Stufen":

1. Annahme als Taufbewerber
2. Zulassung zum Empfang der Sakramente der Eingliederung in die Kirche (Taufe, Firmung, Eucharistie)
3. Empfang dieser Sakramente
4. Einübung und Vertiefung (Mystagogie).

Das vorliegende Glaubensseminar ist die vierte „Stufe" unter Einbeziehung von Elementen der drei vorausgehenden Stufen. Von der vierten Stufe heißt es: „Dies ist die letzte Zeit der Eingliederung, die als *Zeit der Einübung und Vertiefung* (Mystagogie) der neuen Christen bezeichnet wird. Eine vollere und fruchtbarere Erkenntnis der Heilsmysterien [ = Mystagogie] wird nämlich durch eine neue, vertiefte Auslegung und vor allem durch die *Erfahrung der empfangenen Sakramente* erworben" (Eingliederung, S. 42). Von besonderer Bedeutung ist die Feststellung (Eingliederung, S. 40f):

> „Der Glaube, dessen Sakrament die Täuflinge empfangen, ist nicht allein der Glaube der Kirche, sondern auch ihr *eigener.*"

Der lebenslange Prozeß des Christwerdens ist deshalb immer auch eine durch den Geist Gottes geschenkte Intensivierung des *persönlichen* Glaubens. Das Problem der Kindertaufe ist demgegenüber zweitrangig: Auch nach der Erwachsenentaufe bedarf es einer ständigen, *persönlichen* „Einübung" in das Glaubensleben der Kirche.

**6** Der Untertitel des vorliegenden Handbuches ist der Umschreibung des Katechumenates durch das II. Vatikanische Konzil entnommen:

> Das Katechumenat besteht „nicht in einer bloßen Erläuterung von Lehren und Geboten, sondern in der Einführung und genügend langen *Einübung in das ganze christliche*

> *Leben*, wodurch die Jünger mit Christus, ihrem Meister, verbunden werden" (Dekret über die Missionstätigkeit der Kirche 14).

„Einübung" meint deshalb auch in dem vorliegenden Glaubensseminar nicht lediglich die rationale „Erläuterung von Lehren und Geboten", sondern auch leibhaft-liturgische Glaubensschritte, die zu einem vertieften Leben aus der schon empfangenen Taufe und zur persönlichen Nachfolge Jesu hinführen:

> In der vorliegenden „Einübung" werden Christen dazu eingeladen, bewußt und personal jenen Weg nachzugehen, den sie in ihrer Jugend durch Katechese und Sakramente geführt worden sind.

Die folgenden Darlegungen möchten deshalb nicht nur gelesen, sondern auch durchbetet und meditiert werden.

## 2. Rückblick auf die nachbiblische Glaubensgeschichte

**7**  Das Profil des vorliegenden Glaubensseminars ergibt sich aus einem (notwendig plakativen) Vergleich zwischen den übergreifenden Epochen der Glaubensgeschichte:

1. Kirche als *„Umkehrgemeinschaft" im Neuen Testament*. Der einzelne (Jude oder Heide) wurde Christ durch eine *persönliche Umkehr* zu Jesus Christus in der Taufe. Sie bestimmte sein ganzes weiteres Leben. Die Christen bildeten innerhalb einer feindlichen Umwelt eine enge Gemeinschaft, in der jeder mit jedem in eine menschlich-geistliche Beziehung treten konnte.

2. Die *„bekehrte Öffentlichkeit"*. Zu Beginn des 4. Jahrhunderts hat Kaiser Konstantin die christliche Religion als legitim anerkannt. Mit ihm begann die Christianisierung des öffentlichen Lebens. Zu Beginn des 6. Jahrhunderts (Kaiser Theodosius) forderte der Staat dann die Taufe als Voraussetzung für die Ausübung der bürgerlichen Rechte. Das Katechumenat verlor fortschreitend an Bedeutung.

Die „Christianisierung" der Germanen geschah in der Regel sogar ohne eine Vorbereitung jedes einzelnen auf die Taufe: Nach der (zum Teil mit kriegerischen Mitteln durchgesetzten) „Bekehrung" ganzer Stämme überließ man die Einführung in das Christsein dem Gemeinschaftsleben: Der Glaube wurde weitgehend auf soziologischem Weg „weitergegeben".

Christsein wurde also in dieser Epoche der Glaubensgeschichte mit der Geburt übernommen (Kindertaufe) und von einer „christlichen" Kultur mitgetragen, ohne daß jeder einzelne zu einer *persönlichen* Glaubensbindung und zu einer *persönlichen* Bezeugung seines Glaubens angeleitet wurde. So kam es zu einem weitgehend entscheidungslosen Christentum und in unserem Jahrhundert zu einer Krise der Überlieferung des Glaubens.

3. *Umkehr der Getauften*. Diese Krise ist vor allem darin begründet, daß der Glaube nicht mehr von einer christlichen Kultur mitgetragen wird. Dies hängt in Europa auch damit zusammen, daß die gegenseitige Durchdringung von Kirche und Kultur bzw. Gesellschaft in Auflösung begriffen ist. Nicht selten müssen Christen, die versuchen, ihren Glauben zu leben, sich in ihrer Umgebung dafür „rechtfertigen".

In dieser Situation wissen viele Christen sich vom Geist Gottes dazu gedrängt, die in den Sakramenten von Gott angebotene Gnade und die Geistesgaben jeweils neu und persönlich von ihm anzunehmen.

Der bloße Appell, die Gesellschaft neu zu „unterwandern", muß notwendig folgenlos bleiben: Der Bruch zwischen Kultur bzw. Gesellschaft und Christentum kann nicht lediglich mit einem von den Christen ausgehenden „Druck" zur Durchsetzung christlicher Werte rückgängig gemacht werden.

**8** Der Geist Gottes bewirkt heute auf vielfältige Weise, daß Kirche als Umkehrgemeinschaft wieder lebendig wird. Dies ist jedoch kein ungeschichtlicher Rücksprung in die Zeit des Neuen Testamentes:

---

Was der Geist Gottes in der vergangenen Glaubensgeschichte gewirkt hat, muß prägend bleiben für jede Glaubenserneuerung.

---

Daraus ergibt sich die Aufgabe einer geistlichen Unterscheidung zwischen dem, was in der bisherigen Geschichte der Kirche vom Heiligen Geist selbst gewirkt wurde, was menschlichen Ursprungs war (Evangelisierung aus primär politischen Motiven, Massen- und Zwangsbekehrungen) oder gar aus dämonischen Quellen kam (Mißbrauch politischer oder kirchlicher Macht).

### 3. Was heißt „Neu-Evangelisierung"?

**9** „Ich muß das Evangelium vom Reich Gottes verkünden; denn dazu bin ich gesandt worden" (Lk 4,43) – in diesem Wort ist die ganze Sendung Jesu zusammengefaßt. Der seit vielen Jahren ergehende Ruf nach einer Neu-Evangelisierung macht dies neu bewußt.

Evangelisierung (= Verkündigung des Evangeliums) ist das Wesen der Kirche Jesu Christi, ihre eigentliche Sendung: Sie ist nicht um ihrer selbst willen da, sondern sie hat von Jesus den Auftrag: „Macht alle Menschen zu meinen Jüngern" (Mt 28,19).

---

„Neu-Evangelisierung" meint eine neue und neuartige Verkündigung der Heilsbotschaft in Ländern und Kontinenten, in denen der christliche Glaube sich bei einer „ersten" Evangelisierung mit der jeweiligen Kultur verbunden hatte.

---

Es wird heute zunehmend gefragt, ob die umfassende „Christianisierung" Europas im biblischen Sinne „Erst-Evangelisierung" genannt werden kann, da sie nicht mit einer persönlichen Umkehr eines jeden einzelnen verbunden war. Sicher ist, daß die Verkündigung des Evangeliums in heidnischen Ländern einen anderen Charakter hat als Neu-Evangelisierung in einer „christlichen" Umwelt. Sie ist eine *neuartige* Evangelisierung *innerhalb der Kirche*, eine „Selbstevangelisierung der Getauften"[3]. An ihr ist das ganze Volk Gottes beteiligt:

1. Christen führen *einander* in der Kraft des zwischen ihnen wirksamen Heiligen Geistes zu einer tieferen Begegnung mit Christus hin.

2. Sie ermutigen sich gegenseitig dazu, die Heilsbotschaft zeugnishaft und kraftvoll in eine Christus entfremdete oder neuheidnische Umwelt hineinzutragen.

---

1. Erst-Evangelisierung ist die Hinführung Ungetaufter zur Taufe.

2. Neu-Evangelisierung beginnt mit einer neuen und neuartigen Verkündigung der Frohen Botschaft innerhalb der Kirche und schließt die Hinführung zur erneuten und vertieften Annahme der schon empfangenen Taufgnade ein.

---

**10** „Evangelisierung besagt für die Kirche, die Frohbotschaft in alle Bereiche der Menschheit zu tragen ... Es wird aber keine neue Menschheit geben, wenn nicht zuerst *die Menschen* erneuert sind *durch die Erneuerung aus der Taufe* und ein Leben nach dem Evangelium. Das Ziel der Evangelisierung ist also die *innere Umwandlung.*" „Evangelisieren besagt *vor allem,* auf einfache und direkte Weise *Zeugnis zu geben* von Gott, der sich durch Jesus Christus im Heiligen Geist geoffenbart hat" (Paul VI., EN 18, 26).

Bei der Interpretation dieser zentralen Aussagen ist zunächst hervorzuheben: „Evangelisierung ist die *Gnade* und eigentliche Berufung der Kirche, ihre tiefste Identität" (Paul VI., EN 14). Evangelisierung ist als Gnade Gottes das *Grundcharisma* der Kirche, also ein Geschehen „von oben" her, nicht Ergebnis menschlicher Anstrengung.

Von besonderer Bedeutung ist das Verhältnis von Evangelisierung und Kultur: Jeder Mensch ist geprägt von den ihn umgebenden, begrenzten, geschichtlich bedingten Wertvorstellungen und Denkgewohnheiten, von dem jeweiligen sozialen System und Lebensstil. Jesus hat seine Verkündigung in die damalige jüdische Kultur hinein vermittelt. Zugleich hat er sich mit ihr scharf auseinandergesetzt, insofern sie im Gegensatz zu seinem Wort und zum Heilsplan Gottes steht. Die heutige technisch-industrielle Kultur ist geprägt von einem Denken, das sich auf das Planbare und Machbare richtet. Deshalb ist zu betonen:

1. Neu-Evangelisierung beginnt damit, daß die ganze Kirche und jeder einzelne sich von Gott neu die Grundhaltung des Empfangens schenken läßt.

2. Neu-Evangelisierung ist nicht Anpassung der Frohen Botschaft an die heutige Kultur, sondern deren Umwandlung. Diese beginnt mit der Erneuerung des einzelnen aus der Taufe und darf nicht lediglich als Vermittlung christlicher Werte in die Gesellschaft hinein verstanden werden.

**11** Der Weg von Getauften zu einem bewußten und persönlich von Gott angenommenen Glauben hat naturgemäß einen anderen Charakter als der Weg von Taufbewerbern zur Taufe. Es ergeben sich jedoch fundamentale Ähnlichkeiten. Dem biblischen Urbild entsprechend wird Neu-Evangelisierung sich in folgenden Schritten vollziehen können:

1. Persönliche Umkehr und vertiefte Annahme der Taufgnade.
2. Bildung kleiner christlicher Gemeinschaften, christlicher „Mitwelt", in einer dem Glauben gegenüber indifferenten (feindlich gesinnten) Gesellschaft.
3. Zeugnishafte Vermittlung christlicher Freiheit und christlichen Gemeinschaftslebens in die Gesellschaft hinein.

Diese Reihenfolge schließt nicht aus, daß Christen sich jederzeit für eine Änderung ungerechter und zwanghafter politischer und gesellschaftlicher Strukturen einsetzen.

**12** Neu-Evangelisierung erwächst nicht lediglich aus der Aufforderung an die (noch) kirchentreuen Christen, ihren Glauben „weiterzugeben": Verkündigung ist persönliches Zeugnis von der Auferstehung Jesu Christi und von der verändernden Kraft seines Geistes: Der Anfang aller Verkündigung ist die Gewißheit, daß Jesus lebt und jeden einzelnen Christen mit der Kraft zum Zeugnis für ihn erfüllen will (Apg 1,5.8). Diese Gewißheit aber ist bei vielen Christen heute keineswegs selbstverständlich.

Unter den „*kirchentreuen*" Christen lassen sich zwei Gruppen unterscheiden:

> 1. Viele „gläubige" Christen leben aus einer lebendigen Verbindung mit Jesus Christus, aber sie sprechen nie mit anderen darüber.

Ihr Glaube ist eine „private" Beziehung zu Gott, die sie nicht nach außen kundtun. Es wäre ihnen peinlich, wenn jemand sie nach ihrer *persönlichen* Beziehung zu Jesus Christus fragen würde. Sie setzen sich nach Kräften in der Gemeinde ein, aber sie sind nie dazu angeleitet worden, ihren Glauben auch im Wort zu bezeugen. Viele christliche Ehegatten haben Hemmungen, miteinander (oder mit ihren Kindern) über ihren persönlichen Glauben zu sprechen; in vielen christlichen Familien gibt es eine „falsche Scheu, vor- und miteinander zu beten" (GL 20).

Für diese Christen geht es in diesem Glaubensseminar darum, ganz persönlich in einer vertieften Auslieferung an Gott auch die Gabe der Evangelisierung von ihm anzunehmen. Sie erwächst nicht aus dem bloßen Appell zur „Weitergabe" des Glaubens!

> 2. Viele Christen leben (noch) aus einer christlichen Tradition, aber ihr Glaube ist durch eine nicht-christliche Umwelt geschwächt.

Manche erfüllen zwar (noch) aufgrund von Tradition und Erziehung ihre „Sonntagspflicht", aber der Besuch des Gottesdienstes hat kaum eine Beziehung zu ihrem alltäglichen Leben. Diese Christen möchte das Glaubensseminar dazu anregen, sich in grundlegenden Glaubensschritten (persönliche „Erneuerung" des Taufbekenntnisses) Gott persönlich anzuvertrauen.

**13** Aus dem Gesagten ergibt sich, daß in der vorliegenden „Einübung" neue Wege beschritten werden müssen. Es kann nicht darum gehen, wie in einem Katechismus die traditionelle christliche Lehre in ihrer *ganzen Breite* darzulegen. Katechismen wollen in erster Linie eine Einsicht in die Glaubensgeheimnisse vermitteln und sprechen vorwiegend den Verstand an. Der neuere evangelische und der neuere katholische Erwachsenen-Katechismus werden in dieser „Einübung" vorausgesetzt (auf beide wird zur lehrmäßigen Ergänzung verwiesen).

In ähnlicher Weise wie ein Katechumenat für Ungetaufte beschränkt sich Neu-Evangelisierung auf *zentrale Grundwahrheiten* des Glaubens.

**14** Neu-Evangelisierung spricht den *ganzen* Menschen an: nicht nur den Verstand, sondern auch den Willen, die Gefühle, die unbewußten Tiefen. Der in der Taufe grundgelegte Prozeß des Christwerdens erfaßt die ganze Person. Der Verstand ist gleichsam die Spitze eines Eisberges und macht nur etwa ein zehntel des menschlichen Geistes aus. Die Tiefe des menschlichen Herzens bleibt dem Menschen jedoch verborgen und ist nur Gott zugänglich: In diesen Tiefen „berührt Gott das Herz des Menschen durch das Licht seines Heiligen Geistes" (DS 1525; II,171ff). Diese innere Berührung durch Gott weckt die Freiheit des Menschen, sich in der Kraft der allem menschlichen Tun zuvorkommenden Gnade Gottes für ihn zu entscheiden, ermutigt zu neuen Schritten der Umkehr, reinigt die Motive des Handelns und befähigt zu einer kraftvollen Weitergabe des Glaubens.

1. Neu-Evangelisierung geht davon aus, daß Gott das Herz des Getauften schon berührt und ihm eine neue, gnadenhafte Freiheit geschenkt hat.

2. Jeglicher Zwang zu einem intensiveren Christsein widerspricht geistgewirkter Freiheit.

**15** Der Appell an die von Gott in der Taufe schon geschenkte innere Freiheit ist ein entscheidender Unterschied zu allen Formen der Erst-Evangelisierung, die auch mit Unterdrückung verbunden waren (politischer und gesellschaftlicher Zwang seit Kaiser Konstantin, Christianisierung heidnischer Völker im Zuge der Errichtung europäischer Kolonien usw.). Außerdem ist in der sogenannten „Neuzeit" ein Freiheitsbewußtsein gewachsen, das letztlich aus christlichen Wurzeln stammt: Der Glaube kann heute nicht durch Gebote und Verbote vermittelt werden, wenn diese nicht zugleich auch die Freiheit des Menschen herausfordern.

Allerdings hat sich – nicht ohne Schuld der Kirchen – das „neuzeitliche" Freiheitsbewußtsein weitgehend von seinem christlichen Ursprung gelöst: Der heutige Mensch möchte von niemandem abhängig sein außer von sich selbst; er möchte sich selbst das Gesetz seines Tuns und Lassens geben. Es ist ein Ziel dieses Glaubensseminars, aufzuzeigen, was wahre, biblische, geistgewirkte Freiheit ist: freie Bindung an Gott. Diese schließt auch die Absage ein an alles, was „Sünde" genannt werden muß, sowie an gesellschaftliche Mächte, die sich zu Unrecht als das letzte Geheimnis des Lebens ausgeben.

**16** Bindung an Gott und Absage an Bindungen, die das Verhältnis zu ihm stören, sind nicht einmalige Akte, sondern müssen lebenslang „eingeübt" werden: Diese Einübung führt fortschreitend zu neuen Stufen der inneren Freiheit. Wer sich durch die Anregung bestimmter Glaubensschritte in einem Glaubensseminar unter *äußeren* Druck gesetzt fühlt, sollte sie noch nicht vollziehen.

Andererseits gilt: Ein Glaube, der nicht existentiell „eingeübt" ist, verliert seine Kraft! Deshalb sollte der einzelne in einem Glaubensseminar stets nach der inneren Führung durch den Heiligen Geist fragen und sich auch von Christen beraten lassen, die im geistlichen Leben erfahren sind: Jeder sollte nach Möglichkeit einen geistlichen Begleiter oder „Paten" haben.

## 4. Neu-Evangelisierung – Ökumene – Gemeinde

**17** Die Konzentration auf die Grundwahrheiten des Glaubens erleichtert den *ökumenischen* Charakter dieses Seminars: Alle christlichen Kirchen und kirchlichen Gemeinschaften sind heute mit derselben Glaubensnot konfrontiert. Deshalb stehen die aus der Taufe erwachsenden, allen Christen gemeinsamen, grundlegenden Glaubensvollzüge im Vordergrund. Dieser geistliche Ökumenismus schließt ein, daß Unterschiede in Lehre und Praxis deutlich genannt werden. Die Darlegung römisch-katholischer Positionen geschieht in Übereinstimmung mit dem kirchlichen Lehramt; evangelische Auffassungen werden gemäß den geltenden Bekenntnisschriften in Anlehnung an neuere, weithin anerkannte Glaubensbücher (EvEK) wiedergegeben. Die tieferen geistlichen Prozesse in einem Glaubensseminar können zugleich dazu beitragen, daß Motive und Ursachen der Sünden gegen die Einheit aufgedeckt und vor Gott aufgearbeitet werden.

18   Die Seminare sollten jedoch getrennt voneinander in den jeweiligen Kirchen und Gemeinden angeboten werden: Einübung in das christliche Leben ist immer zugleich Einübung in christliches *Gemeinschaftsleben* und damit in die Erfahrung von konkreter Kirche. In dem Maße, als der persönliche Glaube an Jesus Christus in den getrennten Kirchen wächst, werden sie auch in Christus zusammenwachsen!
Vor allem das unterschiedliche Verständnis von Kirche darf nicht übersehen werden. Dem biblischen Zeugnis entsprechend wird der einzelne durch die Taufe und den Empfang des Heiligen Geistes einer bestehenden Gemeinde „hinzugefügt" (Apg 2,47): Gemeinde ist nicht lediglich der freie Zusammenschluß einzelner, zum Glauben gekommener Christen, sondern der Glaubensentscheidung des einzelnen vorgegeben. Da in diesem Glaubensseminar die persönliche Begegnung des einzelnen mit Gott im Vordergrund steht, muß betont werden:

> Neu-Evangelisierung gliedert den einzelnen tiefer in die Kirche und in die Gemeinde ein, zu der er gehört. Aus ihr erwachsen nicht neue, sondern erneuerte Kirchen und kirchliche Gemeinschaften.

Dies schließt nicht aus, daß Neu-Evangelisierung auch außerhalb bestehender Gemeinden (etwa in Großveranstaltungen) geschieht. Methoden der Evangelisierung, die in Nordamerika fortschreitend zur Gründung neuer kirchlicher Gemeinschaften und „Denominationen" führen, müssen im Sinne geistlicher „Unterscheidung" kritisch geprüft werden.

## II. Pastorale Schritte zur Neu-Evangelisierung

### 1. Pastoral in konzentrischen Kreisen

**19** Jesus begann sein Evangelisierungswerk damit, daß er zunächst Jünger um sich versammelte, „die er bei sich haben und die er dann aussenden wollte" (Mk 3,14). Er berief Menschen, die offen für seine Botschaft und bereit waren, ihm nachzufolgen. Sie sollten seine Predigt hören, seine Wunder sehen: Jesus hat seinen Jüngern das Wissen um das Reich Gottes durch persönlichen Umgang vermittelt; ihnen hat er die meiste Zeit seines öffentlichen Wirkens gewidmet. Das war seine „Methode". Jesus hat auch der Menge gepredigt (Mk 12,37), aber häufig hat er sich von ihr zurückgezogen, um sich der kleinen Schar seiner Jünger zuzuwenden (Mt 13,36). Er zeigt uns, wie eine *Pastoral in konzentrischen Kreisen*, ausgehend von einer kleinen Intensivgruppe, sich auch heute wieder ereignen kann. Jesus hat eine kleine Schar von Jüngern zu einem persönlichen Glauben an sich geführt. Diese hat dann sein Zeugnis von Gott „bis an die Grenzen der Erde" (Apg 1,8) weitergegeben. Die Hirtensorge Jesu zeigte sich nicht in einer „Erfassungspastoral", durch die er möglichst alle mit gleicher Intensität erreichen wollte.

Dem Vorbild der Evangelisierung Jesu entsprechend sind Träger einer Neu-Evangelisierung in bestehenden Gemeinden nicht die „fernstehenden", sondern die „gläubigen" Christen. Jesus hat durch seinen Geist in vielen Christen das Verlangen geweckt, sich ihm ganz anzuvertrauen. So hat er sie zugleich innerlich darauf vorbereitet, ihren Glauben persönlich zu bezeugen „bis an die Grenzen der Gemeinde". So können im Prozeß einer fortdauernden Evangelisierung auch die „Fernstehenden" und „Suchenden" erreicht werden:

1. Die vorliegende „Einübung" möchte vor allem solche ansprechen, die schon seit längerer Zeit einen geistlichen Weg gegangen sind, und sie dazu anregen, sich zu kleinen, evangelisierenden Gemeinschaften zusammenzuschlie-ßen.

2. Das Ziel ist, daß Laien (Leiter von Haus- und Bibelkreisen) das Glaubensseminar leiten.

## 2. Der Dienst der Pfarrer und kirchlichen Mitarbeiter

**20** Pfarrer (Vikare) und kirchliche Mitarbeiter sind von ihrem Auftrag her die vom Geist Gottes eingesetzten und berufenen Missionare in ihren Gemeinden. Sie sollen durch dieses Seminar dazu angeregt werden, nach dem Vorbild Jesu alle ihre Kräfte in den Dienst einer Neu-Evangelisierung in den Gemeinden zu stellen. Daraus ergeben sich spezifische Probleme:

1. Die traditionelle theologische und kirchliche Ausbildung setzt (immer noch) Glauben voraus und bereitet in der Regel nicht vor auf eine Evangelisierung in den Gemeinden: Es wird kaum dazu angeleitet, Glauben zu wecken, wo er nicht mehr gelebt wird; hinzuführen zu persönlichen Glaubensschritten (etwa zur persönlichen „Tauferneuerung").

2. Hinzu kommt, daß Amtsträger von ihrem Auftrag her das geistliche Erbe bewahren müssen. Sie sind deshalb häufig nach rückwärts orientiert oder flüchten in die „Tradition". Prophetische Impulse in die Zukunft hinein sind bei ihnen weniger ausgeprägt. Überdies leben die traditionellen Kirchen – dies darf hier etwas plakativ gesagt werden – aus dem Bewußtsein, die „Wahrheit" zu „besitzen": die katholische Kirche in ihren lehramtlichen Aussagen; die evangelischen Kirchen in den Bekenntnisschriften und in der „gesungenen Dogmatik" des traditionellen Kirchenliedes. Dieses Bewußtsein soll hier nicht grundsätzlich in Frage gestellt werden, aber es ist offenbar, daß es auch ein Hindernis für eine Erneuerung sein kann.

3. Die theologische Ausbildung leitet unverzichtbar dazu an, die biblischen Texte nach der Aussageabsicht der biblischen Schriftsteller zu befragen. Sie befähigt auch dazu, Impulse zur Erneuerung zu „hinterfragen", wo dies als notwendig erscheint. Dabei besteht jedoch die Gefahr, daß alles in schon vorgegebene Denkschemata eingeordnet wird und der vom Geist Gottes gegebene missionarische Impuls erlahmt.

**21** Die Evangelisierung Jesu war durchgängig bestimmt von der *Grundhaltung des Empfangens*: „Meine Speise ist es, den

Willen dessen zu tun, der mich gesandt hat, und *sein Werk* zu Ende zu führen" (Joh 4,34). Auch Neu-Evangelisierung kann nur gelingen, wenn sie als ein *Werk Gottes* verstanden wird:

Theologische Wissenschaft ist gut, pastorale Planung ist gut, Verwaltungstechniken sind gut, aber das übertriebene *Vertrauen* darauf kann von Gott trennen und eine neuartige Verkündigung behindern!

Die vorliegende „Einübung" enthält nicht ein „pastorales Konzept", sondern ist ein geistlicher Anstoß.

**22** Neu-Evangelisierung erfordert auch eine persönlich formulierte, „evangelistische" (der Evangelisierung dienende) Theologie und eine den ganzen Menschen ansprechende Sprache Sie vermittelt nicht nur die verstandesmäßige Einsicht in allgemeine Glaubenswahrheiten, sondern persönliche Glaubensgewißheit. Diese Gewißheit kann durch rationale Argumente weder vermittelt noch genommen werden. Der Anfang aller Evangelisierung war das Pfingstereignis, das bei den Jüngern tiefe Betroffenheit und einen nie gekannten Lobpreis der „großen Taten" Gottes auslöste (Apg 2, 11). In seiner erläuternden Predigt bezeugt Petrus die persönliche Begegnung der Jünger mit dem Auferstandenen (Apg 2,24.32) und fordert dazu auf: „Mit *Gewißheit* erkenne also das ganze Haus Israel: Gott hat ihn zum Herrn und Messias gemacht, diesen Jesus, den ihr gekreuzigt habt." Dieses Wort traf die Zuhörer „mitten ins Herz", und sie fragten: *„Was sollen wir tun?"* (Apg 2,36f).

Der Ausfall der Gewißheit, daß Jesus lebt und jeweils jetzt handelt, ist ein Hauptgrund für die gegenwärtige Glaubenskrise und für den Mangel an Impulsen zur Evangelisierung.

**23** Für das erste und grundlegende Glaubensseminar in einer Gemeinde haben sich folgende Schritte bewährt:

1. Der Pfarrer unterrichtet den Gemeinderat (das Presbyterium) von dem Impuls, Glaubensseminare in der Gemeinde anzubieten.

2. Er wählt dem Vorbild Jesu entsprechend die Mitglieder des ersten Seminars sorgfältig aus. Sie sollen
– offen sein für die stets neue Botschaft der Bibel,
– sich im Dienst an der Gemeinde bewährt und einen guten Ruf haben,
– kontaktfreudig, psychisch belastbar und konfliktfähig sein (vgl. 1 Tim 3,6).

3. Er läßt sich während einiger Wochen unter Gebet und inständiger Anrufung des Heiligen Geistes diejenigen zeigen, die Gott für diesen besonderen Dienst in der Gemeinde schon vorbereitet hat. Er notiert sich – unter Hinzuziehung urteilsfähiger Mitarbeiter [4] – immer wieder entsprechende Namen und achtet dabei vor allem auf die haupt- und ehrenamtlich Tätigen: Gemeindereferenten, Pastoralassistenten, Religionslehrer, Mitglieder des Gemeinderates (des Presbyteriums, des Kirchenvorstandes), Kommunion- und Firmhelfer, Lektoren, Organisten, leitende Frauen und Männer in den Gruppierungen der Gemeinde, Mitarbeiter in der Caritas, in der „Inneren Mission" usw.

4. Diejenigen, die er vor Gott gefunden hat, spricht er persönlich an und lädt sie zur Teilnahme an dem ersten Glaubensseminar in der Gemeinde ein.

5. Aus dem ersten Seminar erwachsen Helfer, „Paten", für weitere Seminare, die etwa drei-, viermal im Jahr angeboten werden. So kommt es zu einer *fortdauernden Gemeindemission*, bei der dann auch die „Fernstehenden" angesprochen werden.

## 3. Mitarbeit von Mitgliedern geistlicher Gemeinschaften und Bewegungen

**24** Das vorliegende Glaubensseminar ist aus langjähriger Mitarbeit in bestehenden Gemeinden erwachsen. Dabei wurden auch (zum Teil in kritischer Auseinandersetzung) Anstöße aus neueren geistlichen Bewegungen übernommen. Ihnen ist gemeinsam:
– der Aufbruch zu einer persönlichen, freudigen und entschiedenen Hingabe an Gott,

- die Hinführung zu dieser Hingabe (Vorbereitungszeiten auf die Bindung an die Gemeinschaft, Katechumenat für Getaufte, Glaubensseminare),
- Ausdrucksformen der Bindung an Gott in der Kirche (Versprechen, Weihegebete, liturgische Feiern),
- neue Formen christlichen Gemeinschaftslebens,
- jeweils ausgeprägte Charismen (Geistesgaben) entsprechend der Entstehungsgeschichte und spirituellen Eigenart,
- Impulse zur Evangelisierung.

Damit sind zentrale Elemente und Erfahrungen vorgegeben, die für die Zukunft der Kirche von großer Bedeutung sind: Auch durch neuere geistliche Bewegungen hat Gott die Kirche auf eine Neu-Evangelisierung vorbereitet. Wie können sie unter Wahrung ihrer spirituellen Eigenprägung zu einer Erneuerung in bestehenden Gemeinden beitragen? Diese Frage ist dringlich, denn:

> Evangelisierung vermittelt die allen Gliedern der Kirche gemeinsame Grunderfahrung, die aus der Taufe erwächst (I,209; II,216-221).

**25** Ein Vergleich mit den klassischen Orden macht das Problem deutlich: Wenn ihre Mitglieder bei den traditionellen „Volksmissionen" mitarbeiten, führen sie hin zu Buße und Umkehr, zu Glaube, Hoffnung und Liebe, zu einem vertieften Vollzug der Sakramente: Sie vermitteln die allen Gemeindegliedern gemeinsame *Taufspiritualität* und haben nicht die Absicht, die *geprägte* Spiritualität ihrer Gemeinschaft in die Gemeinde hineinzutragen oder Mitglieder für ihren Orden zu werben.

Kann ein solcher Dienst auch von Mitgliedern der neueren geistlichen Laien-Bewegungen erwartet werden? Diese Bewegungen sind Antworten Gottes auf die Nöte *unserer* Zeit und deshalb zu einem jeweils besonderen Dienst in der heutigen Kirche gerufen. Ihr Gemeinschaftsleben ist von jeweils besonderen Charismen und geistlichen Erfahrungen geprägt. Sie haben den Auftrag, diese in Kirche und Gesellschaft zu bezeugen. Daraus ergibt sich eine oft schmerzliche Spannung zwischen
- der Treue zu dem jeweiligen geistlichen Auftrag und

– dem Dienst der Evangelisierung, bei dem sie die Menschen zu *Jüngern Jesu* machen sollen (Mt 28,19).

**26** Diese Spannung ist nicht immer bewußt, wenn Mitglieder neuerer geistlicher Laien-Bewegungen bei Glaubensseminaren in einer Gemeinde mitarbeiten. Sie sind nicht selten von einem starken evangelistischen Impuls getragen und versuchen in bester Absicht, auch in Gemeinden den Frömmigkeitsstil und die spirituell geprägten Erfahrungen ihrer Gemeinschaft zur Geltung zu bringen. Diese Anstöße werden von vielen Gemeindegliedern nicht angenommen oder abgelehnt. Es kommt zu Spannungen mit dem Pfarrer und den von ihm verantworteten Grundlagen der Gemeinde-Pastoral. Enttäuschung und Resignation sind die Folge. Deshalb sei darauf hingewiesen:

1. Gemeinde muß von ihrem Auftrag her offen sein für eine Vielfalt geistlicher Wege und Erfahrungen, für Intensivgruppen ebenso wie für Fernstehende. Sie darf nicht von der Eigenart oder vom Frömmigkeitsstil einer geistlichen Bewegung geprägt sein.

2. Die Mitteilung persönlicher Glaubenserfahrung innerhalb einer Gemeinde darf nicht zum Ziel haben, möglichst viele zu Mitgliedern der eigenen Bewegung zu machen.

Wenn dies beachtet wird, können Mitglieder der neueren geistlichen Bewegungen einen sehr fruchtbaren Beitrag zur Erneuerung in bestehenden Gemeinden geben. Dabei ist die Hinführung zur „Umkehrliturgie" (I,237ff) ein besonders wichtiger Dienst. In einer veränderten geschichtlichen Situation ist sie Zeichen des Aufbruchs und leibhafter Ausdruck für das vom Heiligen Geist in vielen Getauften geweckte Verlangen nach einer vertieften Begegnung mit Gott. Sie hat sich als ein wichtiges Element im Prozeß der Neu-Evangelisierung erwiesen und ist nicht Kennzeichen einer bestimmten geistlichen Bewegung:

> Die Umkehrliturgie ist ein die grundlegenden Glaubensvollzüge einbeziehender Ausdruck von Kirche und gliedert den einzelnen tiefer in die Gemeinde oder Gemeinschaft ein, in der er lebt.

Die Umkehrliturgie dient einer Intensivierung der *gemeinsamen* Spiritualität der ganzen Kirche. Zahlreiche Mitglieder von Ordensgemeinschaften und neueren geistlichen Bewegungen bezeugen, daß ihr Vollzug für sie mit einer Vertiefung ihres Glaubens verbunden war. Bei Glaubensseminaren in den Gemeinden haben sie den spirituellen Gehalt dieser Liturgie und die mit ihr häufig gegebene Erfahrung fruchtbar bezeugt und vermittelt.

Zweiter Teil

# Das Glaubensseminar als Einübung in das christliche Leben

## I. Spirituelle Grundspekte

**27**  Wer geistliche Lehre vorträgt, tritt den Zuhörern nicht distanziert und neutral gegenüber, sondern ist mit seiner ganzen Person einbezogen in einen geistlichen Prozeß, so daß wir „miteinander Zuspruch empfangen, durch euren und durch meinen Glauben" (Röm 1,12). Geistliche Lehre ist deshalb immer auch Vermittlung persönlicher Glaubens- und Lebenserfahrung. Sie spricht nicht nur den Verstand, sondern die ganze Person des Hörers an und erhält so den Charakter geistlichen Zuspruchs. Deshalb wird in dem vorliegenden Seminarbuch die Lehre häufig auch in persönlicher Anrede vorgetragen.

> Die Anrede des Lesers mit „Du" soll den evangelistischen Charakter dieser „Einübung" hervorheben.

Die Einübung möchte
- die Seminarteilnehmer zur persönlichen Begegnung mit Gott hinführen,
- Impulse zu einer Evangelisierung vermitteln, die andere zu persönlichen Glaubensschritten ermutigt.

Ob die Anrede mit „Du" auch bei den Zusammenkünften des Glaubensseminars angemessen ist, hängt von der jeweiligen Situation ab.

## 1. Die Seminarzeit

**28** Wenn Du an Exerzitien, einer Gemeindemission, einem Glaubensseminar teilnimmst, dann kann dies für Dich zu einer wichtigen und entscheidenden Zeit in Deinem Leben werden, zu einer „Zeit der Gnade". Vielleicht bist Du „zufällig" auf ein solches Angebot aufmerksam geworden. Ob ein Angebot zur Vertiefung des Glaubens für Dich zu einer „Zeit der Gnade" wird, kannst Du vorher nicht wissen. Du läßt Dich auf dieses Angebot ein und erkennst erst später, ob ein Ruf Gottes an Dich persönlich in ihm enthalten war. In den folgenden Texten bezeugt die Bibel grundlegend, daß Gott sich in bestimmten Zeiten seinem Volk oder einem einzelnen Menschen auf eine besondere Weise persönlich offenbart. Sie spricht von einem Heils- und Zeitplan Gottes:

> *„Mit einem heiligen Ruf hat er uns gerufen ... aus Gnade, die uns schon vor ewigen Zeiten in Christus Jesus geschenkt wurde"* (2 Tim 1,9).
>
> *„Als Mitarbeiter Gottes ermahnen wir euch, daß ihr seine Gnade nicht vergebens empfangt. Denn es heißt:* Zur Zeit der Gnade erhöre ich dich, *am Tag der Rettung helfe ich dir.* Jetzt ist sie da, die Zeit der Gnade" (2 Kor 6,1f).
>
> *„Bedenkt die gegenwärtige Zeit: Die Stunde ist gekommen, aufzustehen vom Schlaf. Denn jetzt ist das Heil uns näher als zu der Zeit, da wir gläubig wurden"* (Röm 13,11).
>
> *„Zahlreich sind die Wunder, die du getan hast, und* deine Pläne mit uns; *Herr, mein Gott, nichts kommt dir gleich"* (Ps 40,6).
>
> *„Nehmt Neuland unter den Pflug!* Es ist Zeit, den Herrn zu suchen; *dann wird er kommen und euch mit Heil überschütten"* (Hos 10,12).

**29** Bedenke Deinen bisherigen Glaubensweg. Gott hat Dich „vor ewigen Zeiten" gerufen zur Begegnung mit sich. Er allein kennt die Zeit und die Stunde, da er seine Verheißung in Erfüllung gehen läßt. Halte Dich offen für seinen konkreten Anruf. Wenn Du Dich entschlossen hast, dieses Glaubensseminar mitzumachen, dann sind es zunächst Menschen, die eine Zeit dafür festgelegt haben. Vielleicht gilt aber zugleich Dir persönlich das Wort: „Jetzt ist sie da, die Zeit der Gnade."

Vielleicht ist in Dir auch der Impuls wirksam, Dich vom Geist Gottes für die Vermittlung des Glaubens intensiver in Dienst nehmen zu lassen. Dann gilt Dir das Wort: „Nehmt Neuland unter den Pflug! Es ist Zeit, den Herrn zu suchen" und sich Wege der Neu-Evangelisierung von ihm zeigen zu lassen.

**30**  Die Zeit des Seminars kann für Dich eine *Chance* werden, Gott persönlich zu begegnen. Nimm Dir deshalb Zeit! Ein Vergleich wird Dich dazu ermutigen: Wenn Du jemanden näher kennenlernen möchtest, dann verabredest Du mit ihm Zeit und Ort für ein Gespräch. Wenn Du einen Menschen liebst, hast Du sogar sehr viel Zeit für ihn. *Begegnung braucht Zeit!* Eine persönliche Beziehung kann zerbrechen, wenn die Partner keine Zeit mehr füreinander haben.

Ähnlich verhält es sich mit der Beziehung zu Gott. Für Jesus waren die Zeiten des Gebetes, in denen er sich in die Einsamkeit zurückzog, die Quellen seiner Kraft; sie waren für ihn der „Treffpunkt" mit Gott. Folge seinem Beispiel: Lege je nach Deinen Lebensumständen eine bestimmte Zeit in Deinem Tagesablauf fest, in der Du innerlich frei bist von drängenden Aufgaben und Terminen. (Bewährt haben sich die frühen Morgenstunden vor der Arbeit.) Ein Kreuz und eine Kerze helfen Dir, Dich auf Gott hin auszurichten. Halte diesen „Treffpunkt" ein, den Du mit Gott vereinbart hast. Sei überzeugt: Er hat immer Zeit für Dich, er wartet auf Dich, er hört Dich: *„Wir wissen, daß er uns bei allem hört, was wir erbitten" (1 Joh 5,15).*

1. Nimm Dir täglich 30 Minuten Zeit zum Studium der Bibel und zum Gebet, in denen Du innerlich frei bist vom Drang der täglichen Arbeit.

2. Wähle einen Ort, an dem Du ungestört für Dich sein kannst.

**31** Der Vorsatz, für Gott Zeit zu haben, schließt zu Beginn des Seminars den Entschluß ein: Ich werde mich *für die ganze Seminarzeit* freihalten von allem, was mir meine Zeit „raubt": von allen nicht notwendigen Verpflichtungen; von einem Umgang, der mich unnötig ablenkt. Ich werde die Beschäftigung mit meinem Hobby und den Fernsehkonsum einschränken. Ich will wieder einmal (oder „endlich") Zeit haben für Gott ...

Viele sprechen noch nach Jahren von der „Seminarzeit". Sie war eine Zeit, die in ihnen etwas „in Bewegung gebracht" hat, erfüllt mit neuen Einsichten und „Erfahrungen": Das Wort Gottes hat sich ihnen neu erschlossen. Sie haben eine Freude erfahren, die sich auch in Zeiten der Not durchgehalten hat. Eine neue Form christlichen Gemeinschaftslebens ist aufgebrochen, die sie nicht mehr missen möchten: Sie freuen sich seit Jahren auf die wöchentlichen Zusammenkünfte in der „Hauskirche" (Hauskreis, Bibelkreis). Neue Impulse zum friedlichen Kampf für Frieden und Freiheit bestimmen seit dieser Zeit ihren Einsatz in der Gesellschaft ...

**32** Ein *geistliches Tagebuch* wird Dir während des Seminars eine Hilfe sein, den „Plan" Gottes mit Dir besser zu erkennen. Notiere Dir sofort alles, was Dir wichtig erscheint oder Dich persönlich betrifft, auch alle Deine Zweifel. Später wirst Du beim Nachlesen staunen über Deinen geistlichen Weg und Dich zurückerinnern an Stunden, in denen das Wort Gottes Dir zur „Herzensfreude" geworden ist (Jer 15,16)!

---

1. Halte Dich für die Zeit des Glaubensseminars frei von allen nicht notwendigen Verpflichtungen.

2. Fasse den Entschluß, an allen Zusammenkünften des Seminars teilzunehmen.

3. Notiere Dir alle Beobachtungen und Eindrücke in ein geistliches Tagebuch.

---

## 2. Die Seminargemeinschaft

**33** Von der ersten christlichen Gemeinde heißt es: „Alle, die gläubig geworden waren, bildeten eine *Gemeinschaft* und hatten alles gemeinsam ... Sie lobten Gott und waren beim ganzen Volk beliebt. Und der Herr fügte täglich ihrer *Gemeinschaft* die hinzu, die gerettet werden sollten" (Apg 2,44-47). Dieser Bericht strahlt die Freude und Zuversicht aus, die christliches Gemeinschaftsleben mit sich bringt. Der Heilige Geist ermöglicht eine *geistliche* Gemeinschaft in der Kirche, die *menschliche* Selbst- und Gemeinschaftserfahrung einschließt, aber weit über sie hinausgeht, sie läutert und intensiviert:

> *„Vor allem aber liebt einander, denn die Liebe ist das Band, das alles zusammenhält und vollkommen macht. In eurem Herzen herrsche der Friede Christi; dazu seid ihr berufen als Glieder des einen Leibes. Seid dankbar!* Das Wort Christi wohne mit seinem ganzen Reichtum bei euch. Belehrt und ermahnt einander in aller Weisheit! *Singt Gott in eurem Herzen Psalmen, Hymnen und Lieder, wie sie der Geist eingibt, denn ihr seid in Gottes Gnade"* (Kol 3,14ff).

In den Glaubensseminaren entsteht überraschend schnell die hier geschilderte, befreiende und erfreuende Erfahrung einer tiefen Zusammengehörigkeit, die bloße Gruppendynamik weit übersteigt. Diese Erfahrung äußert sich nicht nur in Lied und Gebet, sondern auch darin, daß die Seminarteilnehmer in der Kraft des Heiligen Geistes einander „belehren und ermahnen": Sie teilen einander mit, welche biblischen Texte oder erläuternden Kernaussagen sie persönlich betroffen haben. So treten sie in eine geistlich-menschliche Beziehung zueinander und führen sich gegenseitig zu Christus hin.

**34** Vielleicht ist es für Dich ungewohnt, mit anderen Christen eine solche intensive Gemeinschaft zu haben. Die vergangenen Jahrhunderte waren geprägt von einem mehr „privaten" Glauben („Rette deine Seele") und einer Verdrängung des persönlichen Verhältnisses zu Gott aus dem öffentlichen Leben. Daraus erwuchs eine Scheu, den Glauben an Jesus Christus, Freude an Gott und Schmerz über die Trennung von ihm, Trauer und Klage, vor anderen zu äußern. Das Glaubensseminar bringt deshalb auch Anregungen, stufenweise jene „falsche Scheu" zu überwinden, „die daran hindert, vor- und miteinander zu beten" (GL 20) und Glaubenserfahrungen miteinander auszutauschen. Auf diese Weise wird zugleich das persönliche Verhältnis eines jeden einzelnen zu Gott intensiviert.

Viele berichten übereinstimmend, daß die Gemeinschaftserfahrung in den Glaubensseminaren für sie „neu", zugleich aber auch befreiend war. Du wirst stufenweise in diese Erfahrung hineinwachsen. Bewahre Dir Deine innere Freiheit und sei zugleich offen für alles, was der Heilige Geist schenkt.

## 3. Die liturgischen Feiern

**35** Eine intensive Erfahrung geistlicher Gemeinschaft sind die liturgischen Feiern. In ihnen zeigt sich, daß Erneuerung und Vertiefung des Glaubens ein *ganzheitliches* Geschehen ist und sich nicht in einer intellektuellen Vermittlung von Glaubenswahrheiten erschöpft. Die Erfahrung zeigt, daß eine Verleiblichung der Beziehung zu Gott nicht ohne Rückwirkung auf den inneren Mitvollzug bleibt (GL 41,2; I,173, 248; II,39).

Auch in einem Katechumenat für Ungetaufte haben die liturgischen Feiern eine große Bedeutung. Die oben (Nr. 5) erwähnten drei ersten Stufen für Taufbewerber „werden sichtbar gemacht durch drei gottesdienstliche Feiern: die Feier der Annahme, der Einschreibung und der Eingliederung" (Eingliederung, S. 32). In Anlehnung daran ist das vorliegende Glaubensseminar in zwei Abschnitte gegliedert, die jeweils auf zwei liturgische Feiern vorbereiten:

1. Die ersten drei Wochen dienen der Besinnung auf das persönliche Verhältnis zu Gott und münden ein in die „Feier der Versöhnung" (vierte Woche).

2. Die folgenden drei Wochen möchten hinführen zu einem vertieften Verständnis Jesu Christi und seiner Kirche, und zwar unter dem Aspekt des Grundauftrages zur Evangelisierung. Dieser Abschnitt bereitet vor auf die liturgische Feier der „Umkehrliturgie" in der achten Woche (vertiefte Glaubensentscheidung, erneute Annahme der sakramentalen Gnaden und der Geistesgaben).

---

Die liturgischen Feiern sind
- Ausdruck der Erwartung, daß Gott selbst den Menschen auf sich hinwendet,
- leibhafter Ausdruck der Bereitschaft des Menschen, die Gnade Gottes neu und vertieft anzunehmen.

---

## II. Praktische Hinweise

### 1. Der äußere Ablauf

**36** Das Seminar erstreckt sich über einen Zeitraum von neun Wochen. Die Teilnehmer treffen sich wöchentlich einmal für etwa zwei Stunden. Falls für die liturgischen Feiern in der vierten und in der achten Woche ein Wochenende gewählt wird, sollten die Termine zu Beginn des Seminars bekanntgegeben werden.

Bei einem Informations- und Einführungsabend erläutert der Seminarleiter den zweiten Teil der vorliegenden Einführung (Nr. 27-40) und insbesondere den Aufbau des Seminarbuches (Nr. 37) sowie die Struktur der wöchentlichen Zusammenkünfte (Nr. 39f). Von besonderer Bedeutung ist der Hinweis auf die Notwendigkeit, daß jeder Teilnehmer bei der ersten Durcharbeitung für sich selbst Akzente setzt (Nr. 38).

Für die innere Dynamik des Seminars und die Zusammenkünfte in den Kleingruppen ist unerläßlich, daß jeder an allen neun Zusammenkünften teilnimmt. Dazu ist notwendig, daß der einzelne nach dem Einführungsabend eine entsprechende *Vorentscheidung* trifft. Die Erfahrung zeigt, daß bereits nach der ersten Woche das Interesse an der Teilnahme wächst.

Wer das Seminar mitmachen wird, möge für das folgende Treffen Nr. 27-35 der Einführung lesen sowie die Texte der ersten Woche im ersten Teil.

Entsprechend der erwarteten Teilnehmerzahl bittet der Seminarleiter nach dem Einführungsabend einige geeignete Personen, die Leitung der Kleingruppen zu übernehmen (Nr. 40). Mit ihnen trifft sich er sich während des Seminars regelmäßig zu Gebet und Beratung.

## 2. Das Seminarbuch

**37** Die „Einübung" ist so aufgebaut, daß sie nach Möglichkeit für jeden verständlich ist. Bei der ersten Durcharbeitung sollten zunächst nur die mit einer Umrandung versehenen Texte gelesen werden!

Jede „Woche" ist in zwei Teile gegliedert:

### I. Gebet und Erwartung

Dieser Teil enthält Anregungen für jeden Tag. Sie sind meistens in drei Abschnitte unterteilt:

1. „Was steht im (biblischen) Text?"

2. „Bedeutung für uns (für mich)": Was will Gott *mir* durch dieses sein Wort sagen?

3. „Was soll ich tun?" Dieser Abschnitt gibt entsprechend Apg 2,37 konkrete Impulse für das geistliche Leben sowie für den tätigen Einsatz in Kirche und Gesellschaft.

Die beiden ersten Abschnitte enthalten notwendig auch ein gewisses Maß an theologischen Überlegungen. Der geistliche Weg kann jedoch um so intensiver sein, je weniger diese im Vordergrund stehen.

### II. Lehre und Zuspruch

Der zweite Teil enthält theologische und pastorale Ergänzungen. Er dient der Vertiefung und sollte erst bei einer nochmaligen Durcharbeitung des Seminars herangezogen werden.[5]

**38** Es ist entscheidend für einen fruchtbaren Umgang mit dem Seminarbuch, daß Du bei der ersten Durcharbeitung Akzente setzt:

1. Lies im ersten Teil (Gebet und Erwartung) nur die für den betreffenden Tag mit einer Umrandung versehenen Texte sowie den dritten Abschnitt („Was soll ich tun?").

2. Verschiedene Zeichen am Rand können helfen, den Text aufzugliedern:

! : dieser Text enthält eine Kernaussage, erschließt größere Zusammenhänge;

→ : dieses Wort betrifft mich persönlich;

? : diesen Text verstehe ich nicht.

3. Halte inne bei Aussagen, die Dich persönlich betreffen und notiere sie Dir in Dein geistliches Tagebuch. Laß den übrigen Text (für eine spätere Durcharbeitung) auf sich beruhen.

## 3. Die wöchentlichen Zusammenkünfte

**39** Die wöchentlichen Zusammenkünfte haben in der Regel folgende Struktur:

1. Gemeinsames Lob Gottes aller Seminarteilnehmer in Lied und Gebet. Wir rufen den Geist Gottes auf uns herab (etwa 20 Minuten).

2. Austausch in Gruppen von 6-8 Personen über die biblischen Texte oder Anregungen, die den einzelnen in der vergangenen Woche besonders betroffen haben (etwa 60 Minuten).

3. Gemeinsames (freies) Gebet aller Seminarteilnehmer (etwa 15 Minuten). Wir bringen die geistlichen Anregungen, die wir empfangen haben, in Dank und Fürbitte vor Gott.

4. Zusammenfassender Impuls des Seminarleiters zum Thema der folgenden Woche (etwa 3-5 Minuten). Er sollte dabei nach Möglichkeit auch ein persönliches Zeugnis geben. Wichtig ist der wiederholte Hinweis, entsprechend Nr. 32 bei Texten zu verweilen, die den einzelnen persönlich ansprechen.

5. Abschließendes Lied und Segensgebet.

In den wöchentlichen Zusammenkünften geht es vor allem darum, daß der einzelne seinen geistlichen Weg findet. Notwendig werdende sachbezogene Diskussionen zur Klärung geschichtlicher und theologischer Fragen sollten für Interessierte in gesonderten Gesprächsrunden angeboten werden.

Als sehr hilfreich hat es sich erwiesen, daß jeder während des Seminars einen „Paten" oder geistlichen Begleiter hat, mit dem er in ständigem Kontakt bleibt (auch über Telefon). Diese „Paten" erwachsen aus den ersten Seminaren.

**40** Für den Austausch in den Kleingruppen seien folgende Hinweise gegeben:

Die Leitung übernimmt jemand, der Erfahrung mit dieser Form der Zusammenkünfte hat. Ein Mitglied der Gruppe spricht ein kurzes Gebet. Wir bitten Jesus, unter uns anwesend zu sein: „Wo zwei oder drei in meinem Namen versammelt sind, da bin ich mitten unter ihnen" (Mt 18,20). Der Austausch kann zwei Formen haben:

I. Wir verweilen bei *einem* der biblischen Texte

1. Einer der Anwesenden (während der insgesamt sechs Zusammenkünfte jeweils ein anderer) teilt den anderen mit, welcher biblische Text aus der Vorlage der vergangenen Woche ihn besonders betroffen hat. Nachdem alle diesen Text aufgeschlagen haben (in der Bibel oder im Seminarbuch), liest er ihn laut vor. Der Text wird dann noch einmal von einem anderen gelesen. Bei längeren Texten liest jedes Mitglied der Gruppe der Reihe nach jeweils einen Satz. So kann der Text in die Tiefe des Herzens eindringen.

2. Alle lassen während einer festgesetzten Zeit (3-5 Minuten) in der Stille den Text auf sich einwirken: Was will Gott auch mir durch dieses Wort sagen?

3. Jeder ist eingeladen, den anderen mitzuteilen, welchen *persönlichen Anruf Gottes* er aus diesem Wort vernommen hat. Dieser dritte Schritt hat den Charakter einer „geistlichen Konferenz" und bedarf einer Einübung. Der Leiter darf den geistlichen Prozeß nicht bestimmen wollen. Er muß jedoch darauf achten, daß

– nicht sachbezogene Diskussionen zur Klärung theologischer Fragen aufkommen. Diese werden in gesonderten Treffen angeboten;

– nicht persönliche Sünden geäußert werden. Dies bleibt der Beichte vorbehalten.

4. Rechtzeitig vor dem Ende der Zusammenkunft sollte auf die Frage eingegangen werden: Welche Bedeutung haben die Anregungen, die im Seminarbuch jeweils unter der Überschrift „Was soll ich tun?" gegeben werden,

– für mich selbst

– im Hinblick auf die ganze Gruppe, die Gemeinde, die Kirche?
Der Austausch darüber sollte nie unterbleiben!

II. Wir tauschen uns über *mehrere* Anregungen aus, die in den Texten für die jeweilige Woche enthalten sind

1. Die Anwesenden teilen einander mit, welche Aussagen (in den biblischen Texten oder in den Erläuterungen) sie persönlich betroffen haben.
2. Der Leiter schlägt vor, welche Themen Inhalt des Austausches sein sollen.
3. Dabei beachten alle die Hinweise in Punkt 3 und 4 im vorangehenden Abschnitt I.

**41** Eine weitere Form von Glaubensseminaren sind Zusammenkünfte von 3-5 Tagen. Die Teilnahme ist um so fruchtbarer, je intensiver die Teilnehmer die Texte der „Einübung" schon vorher durchgearbeitet und betend durchdacht haben. Erfahrungsgemäß sind die geistlichen Prozesse in diesen Kurzseminaren intensiver als in mehrwöchigen Seminaren. Deshalb bedarf es in besonderem Maße einer Nacharbeit und eines weiteren geistlichen Wachstums in entsprechenden Gruppen (in den Gemeinden oder Regionen). Auch Exerzitien dienen einer Ausreifung und Vertiefung.

# ERSTER TEIL

# GEBET UND ERWARTUNG

# ERSTE WOCHE

# Sinnerfahrung in Gemeinschaft

Die Frage nach dem Sinn des Lebens ist so umfassend, daß in der ersten Woche des Glaubensseminars sehr unterschiedliche Aspekte erwähnt werden. Für einen fruchtbaren Umgang mit den Texten sei deshalb nochmals auf die Notwendigkeit hingewiesen, persönliche Akzente zu setzen (Einführung Nr. 38): Verweile bei Aussagen, die Dich persönlich betreffen, und notiere sie Dir in Dein geistliches Tagebuch.

*Erster Tag:* Was ist der Sinn Deines Lebens?
*Zweiter Tag:* Gott trägt Dich
*Dritter Tag:* Dein Dasein ist kein Zufall
*Vierter Tag:* Gott hat einen Plan für Dein Leben
*Fünfter Tag:* Welche Fähigkeiten hast Du?
*Sechster Tag:* Welche Fähigkeiten haben die Menschen, mit denen Du zusammenlebst?
*Siebter Tag:* Kirche erfahren

## Erster Tag:
## Was ist der Sinn Deines Lebens?

1 Jeder Mensch ist ständig auf der Suche nach einer ihm überlegenen Macht, die seinem Leben Inhalt und Orientierung gibt, nach einer *letzten* Wahrheit und Wirklichkeit. Jeder möchte wissen, wozu er lebt. Die meisten Menschen erwarten deshalb von der Kirche eine Antwort auf die Frage nach dem Sinn ihres Lebens. Das germanische Wort „Sinn" hat eine sprachliche Wurzel, die bedeutet: reisen, streben, eine Richtung einschlagen. Eine Entsprechung dazu enthält der folgende zentrale Text:

> *„Da stellte sich Paulus in die Mitte des Areopags und sagte:*
> *Athener, nach allem, was ich sehe, seid ihr besonders*
> *fromme Menschen. Denn als ich umherging und mir eure*
> *Heiligtümer ansah, fand ich auch einen Altar mit der*
> *Aufschrift:* einem unbekannten Gott. *Was ihr verehrt,*
> *ohne es zu kennen, das verkünde ich euch. Gott, der die*
> *Welt erschaffen hat und alles in ihr, ... wohnt nicht in*
> *Tempeln, die von Menschenhand gemacht sind ... Er hat*
> *aus einem einzigen Menschen das ganze Menschenge-*
> *schlecht erschaffen ... Sie sollten Gott suchen, ob sie ihn*
> ertasten und finden *könnten; denn keinem von uns ist er*
> *fern. Denn in ihm leben wir, bewegen wir uns und sind*
> *wir, wie auch einige von euren Dichtern gesagt haben: Wir*
> *sind von seiner Art. Da wir also von Gottes Art sind,*
> *dürfen wir nicht meinen, das Göttliche sei wie ein*
> *goldenes oder silbernes oder steinernes Gebilde menschli-*
> *cher Kunst und Erfindung. Gott ... läßt jetzt den Men-*
> *schen verkünden, daß überall alle* umkehren *sollen" (Apg*
> *17,23-30).*

## 1. Was steht im Text?

**2**   Die Rede des Paulus ist Musterbeispiel aller Evangelisierung: Er knüpft an das an, was die Menschen suchen und verehren, und zeigt, daß die christliche Heilsbotschaft die Antwort ist. Die im Text erwähnten Philosophenschulen (V. 18) hatten versucht, den Ursprung und Sinn der Welt zu erklären und herauszufin-den, wie der Mensch glücklich werden kann. In den Götterbil-dern finden diese Erklärungsversuche einen anschaulichen Ausdruck. Der einem „unbekannten" Gott geweihte Altar[6] zeigt, daß sie immer noch auf der Suche sind.

Paulus verkündet den Athenern, daß Gott, der Schöpfer der Welt, nicht in Götterbildern gegenwärtig ist. Er hat vielmehr alle Menschen erschaffen, *damit sie ihn suchen und finden.* Gott hat alle Menschen auf sich hin erschaffen und so auch jedem einzelnen eine *Grundausrichtung* auf sich hin ins Herz gegeben. Paulus schließt sich in diese Aussage ein: Keinem von uns ist er fern. Der Sinn des Lebens ist also: Gott finden, ihm begegnen. Darin besteht das ganze Glück des Menschen. Wer nicht den einen und wahren Gott findet, „erfindet" einen „Gott" (V. 29), der ihm Sinn und Glück verheißt, den er verehren kann.

Der eigentliche Sinn seines Lebens bleibt ihm dann aber *unbekannt*, denn nur in Jesus Christus können wir Gott finden. Nur die Umkehr zu ihm und der Glaube an seine Auferstehung (V. 30f) sind der Zugang zum Ursprung und Sinn der Welt und damit auch zum Sinn *meines* Lebens.

**3** Bemerkenswert ist der Ausdruck, die Menschen sollen versuchen, Gott zu „ertasten" (V. 27). Das entsprechende griechische Wort meint auch „berühren, fühlen". Der Sinn und das tiefste Glück des Lebens besteht also nicht darin, Gott lediglich verstandesmäßig zu erkennen (Röm 1,21), sondern ihn auch zu „berühren" bzw. sich von ihm berühren zu lassen, ihm „von Person zu Person" zu begegnen. Lukas benutzt das gleiche Wort, um die Begegnung des Auferstandenen mit seinen Jüngern zu beschreiben: „Faßt mich doch an!" (Lk 24,39).

Dem zitierten Text entnehmen wir für den Beginn des Glaubensseminars:

---

1. Jeder Mensch verehrt notwendig einen „Gott", von dem er den Sinn seines Lebens erwartet.
2. Dieser Sinn ist dem Menschen von sich aus unbekannt. Der bloße Hunger nach Sinn bringt diesen nicht hervor.

---

## 2. Bedeutung für uns

**4** Die Katechismen beginnen in der Regel mit der Frage: Wozu bin ich auf Erden? In diesem „wozu" ist angedeutet, daß der Mensch eine Grundorientierung braucht, die sein Leben sinnvoll macht. Der Katechismus von Johannes Calvin (1542) beginnt mit der Frage: Was ist das Hauptziel des menschlichen Lebens?

In dieser Frage wird deutlich:

1. Der Mensch hat das Ziel seines Lebens außerhalb seiner selbst.
2. Über die alltäglichen Ziele hinaus gibt es ein Hauptziel, dem alles andere untergeordnet ist. Hauptziel ist für den einzelnen das, wovon er am meisten angezogen, begeistert, fasziniert ist. Auf dieses Hauptziel setzt er sein ganzes Vertrauen.

Wenn Du Dich als einen gläubigen Christen ansiehst, frage Dich: Ist für mich der Gott, der sich in seinem Wort geoffenbart hat, wirklich die Hauptsache in meinem Leben? Das Wort Gottes selbst belehrt uns: Auch im Getauften bleibt ein Streben nach Macht, Anerkennung, Besitz, Genuß, das nicht von Gott kommt (1 Joh 2,16) und unbemerkt zur Hauptsache im Leben werden kann. Kein Mensch kann so wie Jesus ganz aus der Beziehung zu dem einen und wahren Gott leben! Deshalb ist jeder Christ in der Tiefe seines Herzens auch ein „Heide" geblieben und sucht ständig nach einem „unbekannten Gott", der Sinn und Glück verheißt, aber nicht so „schwierig" und undurchschaubar (Ps 139,17) ist wie der Gott der Bibel:

> Jeder Christ verehrt neben dem einen, wahren Gott auch andere „Götter", auf die er vertraut.

### 3. Was soll ich tun?

**5**  Sinn hat Dein Leben nur, wenn Du Ziele und Pläne hast, wenn Du weißt, *wofür Du lebst.* Zu Beginn des Glaubensseminars ist die Erkenntnis wichtig, daß Du überhaupt Ziele und Pläne hast, von irgend etwas oder irgend jemandem angezogen, „begeistert" bist. Überdenke in den nächsten Wochen immer wieder die folgenden Fragen. Die Antworten ergeben sich oft erst nach einer längeren „Herzenserforschung". Halte sie in Deinem geistlichen Tagebuch fest!

1. Ziele und Pläne:
– Was erwarte ich von den *nächsten* Wochen und Monaten? Beruflichen Aufstieg, Steigerung der „Lebensqualität", Verän-

derungen in der Gesellschaft? Daß mein Verhältnis zu einem geliebten Menschen intensiver und beglückender wird?
- Wovon träume ich in meinen Mußestunden? Von den nächsten Anschaffungen, vom Urlaub, von meinem Hobby?
- Wofür setze ich meine ganze Kraft ein? Familie, Kinder, Geldverdienen, Konsum? Für die Steigerung von Macht, Ansehen, Geltung?
- Betrachte ich alles, was ich tue, unter dem Aspekt, welchen Nutzen es für mich hat?
- Was erwarte ich für die *fernere* Zukunft? Mehr Unabhängigkeit und privaten Freiraum? Weiteren medizinischen Fortschritt, der mir mein Leben erleichtert und verlängert? Daß meine Kinder einmal Großes leisten und ich in ihnen weiterlebe? Daß Krieg und Unterdrückung ein Ende haben und alle Menschen in Gerechtigkeit und Frieden leben können?

2. Prägende Einflüsse und Erlebnisse:
- Von welchem Menschen fühle ich mich am meisten angezogen? Wen verehre und bewundere ich: einen bedeutenden Politiker oder Wirtschaftsführer, einen Künstler, Star oder Spitzensportler? Welche Menschen sind für mich Leitbilder, die ich nachzuahmen versuche? Welche Leitideen prägen mein Leben?
- Wovon bin ich so fasziniert und begeistert, daß ich davon nicht mehr loskomme? Kunst, Technik, Sport, Diskothek, Sex, Hobby? Wie viele Stunden in der Woche verbringe ich vor dem Fernsehgerät, mit der Lektüre von Illustrierten?
- Wo suche ich Rat und Hilfe? Welche Bedeutung haben für mich Astrologie (Horoskop), Spiritismus, Wahrsagerei?

3. Anerkennung und Bejahung:
- Wovon mache ich den Wert meiner Person und den Sinn meines Lebens letztlich abhängig? Von meiner Leistung, der Zuwendung meiner Mitmenschen?
- Von wem erwarte ich, in meiner Eigenart und mit meinen Bedürfnissen voll anerkannt und bejaht zu werden? Von dem geliebten Du, von Vorgesetzten, von der Gesellschaft?
- Gibt es einen Menschen, von dem ich alles Glück meines Lebens erwarte?

> Woran du dein Herz hängst, das ist dein Gott (Martin Luther): Alles, was nicht Gott ist, kann an die Stelle Gottes treten!

## Zweiter Tag:
## Gott trägt Dich

**6** Die folgenden Worte hat ein israelitischer Prophet gegen Ende der Gefangenschaft des Volkes Israel in Babylon (586-538 v. Chr.) im Auftrage Gottes gesprochen. Der Gott „Bel" ist nach Auffassung der Babylonier der Schöpfer des Menschen, „Nebo" ist der Gott der Weisheit und des Schicksals. Beide Götter verkörpern also die dem Menschen überlegene, sinngebende Macht. Der Text gehört zu den erschütterndsten Aussagen Gottes über sich selbst und über seine Liebe zu uns:

> *„Bel bricht zusammen, Nebo krümmt sich am Boden. Babels Götter werden auf Tiere geladen ... Die Tiere krümmen sich und brechen zusammen, sie können die Lasten nicht retten; sie müssen selbst mit in die Gefangenschaft ziehen. Hört auf mich, ihr vom Haus Jakob, und ihr alle, die vom Haus Israel noch übrig sind, die mir* aufgebürdet *sind vom Mutterleib an, die von mir getragen wurden, seit sie den Schoß ihrer Mutter verließen. Ich bleibe derselbe, so alt ihr auch werdet, bis ihr grau werdet,* will ich euch tragen. *Ich habe es getan, und ich werde euch weiterhin tragen, ich werde euch schleppen und retten. Mit wem wollt ihr mich vergleichen, neben wen mich stellen? An wem wollt ihr mich messen, um zu sehen, ob wir uns gleichen? ... Man bezahlt einen Goldschmied, damit er einen Gott daraus macht. Man kniet nieder und wirft sich sogar zu Boden ... Ruft man ihn an, so* antwortet er nicht; *wenn man in Not ist, kann er nicht helfen"* (Jes 46,1-7).

## 1. Was steht im Text?

**7** Der Text beschreibt zunächst, wie die babylonischen Götterbilder in Prozessionen durch die Stadt geführt, von den Lasttieren aber nicht getragen werden können. Dann schlägt der Text in fast befremdlicher Weise um: Gott selbst wird mit einem Lasttier verglichen! Im Gegensatz zu den Götterbildern, die getragen werden müssen, trägt Gott sein Volk und jeden einzelnen. Gott hat sein Volk „getragen, wie ein Vater seinen Sohn trägt" (Dtn 1,31), auch beim Auszug aus Ägypten durch die Wüste, auch in Situationen, die scheinbar ausweglos und sinnlos waren. Er wird sein Volk und jeden einzelnen auch weiterhin „schleppen und retten".

> Gott selbst nimmt in persönlicher Zuwendung Dich und Deine Lasten auf sich. Er gibt Dir die Zusage, Dich während Deines ganzen Lebens zu tragen.

Die Anfertigung von Götterbildern, die Macht, Schicksal, Sinn verkörpern, macht deutlich: Der Mensch strebt danach, sich den Sinn seines Lebens selbst zu geben. Die selbstgemachten Götter können jedoch nicht antworten: Sie sind „stumme Götzen" (1 Kor 12,2); zu ihnen kann der Mensch nicht in eine personale Beziehung treten. Der Gott der Bibel aber ist ein „barmherziger und gnädiger Gott" (Ex 34,6), der sich „mit ewiger Liebe" (Jer 31,3) an sein Volk gebunden hat.

## 2. Was will Gott uns sagen?

**8** Die Frage nach dem Sinn des Lebens ist immer gegenwärtig, auch wenn wir nicht an sie denken. Sie bricht für den einzelnen unausweichlich auf, wenn tragende Beziehungen zu anderen Personen oder zur Gesellschaft abbrechen (Tod in der Familie, Alter), bei Krankheit, Schicksalsschlägen, Unglück. Dann fragen wir wie die Beter im Alten Bund: „Jahwe ( = Ich bin da!), warum bleibst du so fern, verbirgst dich in Zeiten der Not?" (Ps 10,1). In Menschen, die sich lediglich einem „blinden", namenlosen Schicksal ausgeliefert wissen, bricht die Sinnfrage nicht so intensiv auf wie in Menschen, die sich ganz dem persönlichen

Gott der Bibel anvertraut haben: Wie kann derselbe Gott, der die Liebe ist, Leiden zulassen? Der Christ hat auf die Frage nach dem „Sinn" der vielfältigen unverschuldeten Leiden in dieser Welt keine glatte Antwort. Er wird nach Kräften an der Beseitigung des Krieges und ungerechter, sündiger gesellschaftlicher Strukturen mitarbeiten, aber es ist eine Utopie, jegliches Leid, Krankheit und Tod, beseitigen zu können. Auch der Christ muß sich den Grundproblemen des Lebens stellen. Aber er vertraut darauf, daß auch das Dunkel einen Sinn hat, weil er durch die Offenbarung um Gottes Liebe weiß.

> Der Christ kann mit unlösbaren Fragen leben, ohne an ihnen zu scheitern.

### 3. Was soll ich tun?

**9** Jesus Christus hat das Kreuz auf sich genommen „angesichts der vor ihm liegenden Freude" (Hebr 12,2). Er hat den Verheißungen Gottes vertraut und wußte sich auch im tiefsten Leid von ihm getragen. Deshalb hat auch der Christ die Gewißheit, daß Gott seine Zusage einhält, ihn unablässig zu tragen: Schenke ihm jetzt, in diesem Augenblick, ein anfängliches Vertrauen! Bitte ihn, in Dir den Entschluß zu festigen, keine „anderen" Götter neben ihm zu haben: Sie geben sich zu Unrecht als das letzte Geheimnis aus und werden Dir den Sinn Deines Lebens nicht geben können! Überdenke nochmals die Fragen des ersten Tages: Woran hängt Dein Herz?

> „Mein Herr und mein Gott, ich vertraue Deiner Zusage, daß Du mir nie fern bist, daß ich vom Anfang bis zum Ende meines Lebens in Dir geborgen bin."

## Dritter Tag:
## Dein Dasein ist kein Zufall

**10** Wer versucht, ohne Gott zu leben, müßte sich ehrlicherweise dafür entscheiden, daß die Welt durch Zufall entstanden ist und daß auch er selbst ein Zufall ist. Das Buch der Weisheit aus dem ersten Jahrhundert vor Christus gibt sehr genau wieder, wie auch heute viele Menschen denken:

> *„Die Gottlosen sprechen zueinander: Kurz und traurig ist unser Leben; für das Ende des Menschen gibt es keine Arznei, und man kennt keinen, der aus der Welt des Todes befreit.* Durch Zufall sind wir geworden, *und danach werden wir sein, als wären wir nie gewesen. Der Atem in unserer Nase ist Rauch, und das Denken ist ein Funke, der vom Schlag des Herzens entfacht wird; verlöscht er, dann zerfällt der Leib zu Asche, und der Geist verweht wie dünne Luft ... Unser Leben geht vorüber wie die Spur einer Wolke und löst sich auf wie ein Nebel, der von den Strahlen der Sonne verscheucht und von ihrer Wärme zu Boden gedrückt wird ... Sie verstehen von Gottes Geheimnissen nichts ... Gott hat den Menschen zur Unvergänglichkeit erschaffen und ihn zum Bild seines eigenen Wesens gemacht"* (Weish 2,1-23).

### 1. Was steht im Text?

**11** Der Text beschreibt die Grundzüge einer „materialistischen", atheistischen Weltanschauung: Die Funktionen des menschlichen Geistes hängen lediglich von biologischen Gesetzmäßigkeiten (vom Schlag des Herzens) ab und verlöschen mit ihnen für immer. Die Existenz des einzelnen ist reiner Zufall, es gibt kein Weiterleben nach dem Tod. Der Text zeigt, daß diese Auffassung nur möglich ist auf dem Hintergrund des biblischen Schöpfungsglaubens, denn sie ist dessen ausdrückliche Leugnung. Er fordert den einzelnen auf, ebenso ausdrücklich zu bejahen, daß er aus Gott hervorgegangen ist und zu ihm zurückkehren wird.

## 2. Was will Gott mir sagen?

**12** Was denkst Du von Dir selbst? Geht Dein Dasein auf einen blinden Zufall zurück? Wirst Du Dich in Deinem Tod wieder in nichts auflösen? Die Bibel sagt, daß Gott Dich nach seinem „Bild" geschaffen hat (Gen 1,26; 2,7) und daß er allein Dir den Sinn Deines Lebens geben kann. Niemand kann Dir mit rein logischen Argumenten beweisen, daß es diesen Gott der Bibel gibt, denn Gott ist kein Gegenstand, dessen Existenz man nachprüfen kann. Niemand kann Dir aber auch das Gegenteil beweisen, nämlich daß es Gott nicht gibt. Deshalb ist festzuhalten:

> Wenn Du die Frage nach dem Sinn Deines Lebens beantwortest, nimmst Du unausweichlich persönlich Stellung
> – zu Deiner Herkunft und zu Deiner Zukunft
> – zur Frage nach der Existenz Gottes.

Die Entscheidung für Gott und gegen die Zufälligkeit Deines Daseins ist jedoch nicht ein reiner Willensakt, sondern eine Hinwendung Deiner ganzen Person zu Deinem Gott in der Kraft seines Heiligen Geistes. Du könntest in keiner Weise nach Gott, dem Schöpfer, fragen, wenn Du nicht von Anfang an von ihm in Deinem Innersten berührt wärst: Gott hat Dich schon immer auf sich hingewendet. Wenn Du dies bejahst, entscheidest Du Dich zugleich dafür, Dein Dasein nicht als Zufall zu verstehen, sondern es von Gott anzunehmen.

## 3. Was soll ich tun?

**13** Du stehst also jetzt, zu Beginn des Glaubensseminars, vor einer der grundlegendsten Entscheidungen, die Du überhaupt treffen kannst: Entweder ist die Welt „von selbst", also durch Zufall, entstanden und dann ist auch Dein Dasein zufällig, oder es gibt einen Gott, der die Welt und auch Dich geschaffen hat. Das Seminar ist ein *Weg*, und jeder Schritt ist dabei wichtig. Vielleicht kannst Du Dich jetzt noch nicht ganz für den Gott der Offenbarung entscheiden, weil viele Fragen für Dich ungelöst bleiben. Versuche deshalb, eine *anfängliche* Entscheidung für Gott zu treffen. Bitte den Geist Gottes, Dir jetzt die Kraft zu geben, der atheistischen, nie begründeten Meinung und Behauptung zu *widersagen*: „Du bist das Ergebnis einer Kette unheimlicher und unbegreiflicher Zufälle. Es gibt niemanden, der für Dein Verlangen nach einer absolut verläßlichen Zuwendung verantwortlich ist. Es gibt keinen Gott, der hinter allem steht, der Dich ins Dasein gerufen hat und Dich trägt."

Auch wenn Du ein gläubiger Christ bist, ist diese Grundentscheidung und diese ausdrückliche Absage wichtig. Sie wird Dir helfen, auch in ausweglos erscheinenden Situationen daran festzuhalten: Ich bin aus der Liebe Gottes hervorgegangen, und Gott bleibt mir in seiner Liebe treu! Deshalb steht die Anregung zu dieser Absage am Beginn dieses Glaubensseminars. Alles weitere baut auf ihr auf (II,12-16)!

**14** Sicherlich wird es weiterhin in Deinem alltäglichen Leben viele „Zufälle" geben, schöne und schmerzliche. Damit sind Vorgänge und Ereignisse gemeint, die so oder auch anders hätten verlaufen können. Sie sind in menschlichen Handlungen oder besonderen Umständen begründet, denn Gott setzt die menschliche Handlungsfreiheit und die Eigengesetzlichkeit der Schöpfung nicht außer Kraft. Wenn Du aus der Beziehung zu Gott lebst, wirst Du ihm für die kleinsten alltäglichen Vorgänge danken, aber nicht alles geht auf ein *direktes* Eingreifen Gottes zurück (daß Du zum Beispiel einen Parkplatz gefunden, einen Zug noch erreicht hast). Nach Deiner Entscheidung für den Gott der Bibel wirst Du aber *eine* Dich tragende Gewißheit haben: Ich selbst bin nicht das bloße Ergebnis eines Zufalls. Die Liebe Gottes hat gewollt, daß ich hier und jetzt da bin.

---

„Mein Gott, ich widersage der falschen Lehre, ich sei nur das Ergebnis einer Kette von Zufällen. Ich glaube Deiner Zusage, daß Du meinem Leben einen Sinn gibst."

---

## Vierter Tag:
## Gott hat einen Plan für Dein Leben

**15**  Der Sinn Deines Lebens hängt auch mit der Beantwortung der Frage zusammen, ob es einen *Gesamtplan* für Dein Leben gibt, in dem Du Dich jederzeit geborgen weißt, auch in Situationen, die als ausweglos und sinnlos erscheinen. Bereits im Bericht über die Schöpfung wird deutlich, daß Gott mit der Welt und dem Menschen einen zielsicheren Plan hat (Gen 1,17f). Der Mensch kann ihn jedoch nur in der Kraft seines Heiligen Geistes erkennen:

> *„Denn welcher Mensch kann* Gottes Plan *erkennen, oder wer begreift, was der Herr will? Unsicher sind die Berechnungen der Sterblichen und hinfällig unsere Gedanken; ... Wir erraten kaum, was auf der Erde vorgeht, und finden nur mit Mühe, was doch auf der Hand liegt; wer kann dann ergründen, was im Himmel ist? Wer hat je* deinen Plan *erkannt, wenn du ihm nicht* Weisheit *gegeben und deinen* Heiligen Geist *aus der Höhe gesandt hast? So wurden die Pfade der Erdenbewohner gerade gemacht, und die Menschen lernten, was dir gefällt; durch die* Weisheit *wurden sie gerettet" (Weish 9,13-19).*

### 1. Was steht im Text?

**16**  Das Buch der Weisheit ist im ersten Jahrhundert vor Christus entstanden. Der Verfasser versetzt sich in die Situation des Königs Salomo und bekennt in einem Gebet, daß der Mensch den Heilsplan Gottes nur erkennen kann, wenn er sich dem Geist Gottes öffnet. Er bittet Gott um Weisung für sein Handeln, das Gott gefällt, weil es seinem Plan entspricht. Wenn der Mensch nur nach seinen eigenen Plänen handelt, scheitert er: Wir finden nur mit Mühe, was doch auf der Hand liegt. Der Plan Gottes mit dem einzelnen Menschen ist im Geheimnis der ewigen „Weisheit" Gottes verborgen. Er offenbart ihn in seinem rettenden, geschichtlichen Handeln. Der Verfasser zeigt an vielen konkreten Beispielen (10,1-11,4), daß der Mensch im

Laufe seines Lebens immer mehr „lernt" (erkennt), was Gott im Plan seiner Liebe mit ihm vorhatte und vorhat.

> Die Geschichte Deines Lebens ist im rettenden Heilsplan Gottes geborgen.

Wenn es den Gott der Offenbarung nicht gäbe, wäre nicht nur Dein Dasein zufällig, sondern auch der Verlauf Deiner Lebensgeschichte!

## 2. Bedeutung für uns

**17** Wie kann ich den Plan Gottes für mein Leben kennenlernen? Das Neue Testament macht sehr deutlich, daß es keinen anderen Weg zur „Einsicht" in das Geheimnis des göttlichen Heilsplanes gibt als als ein Leben in Gemeinschaft mit Jesus Christus in seiner Kirche. Jesus wußte, daß Gott mit ihm einen Plan hat: „Ich *muß* das Evangelium vom Reich Gottes verkünden; denn dazu bin ich gesandt worden" (Lk 4,43). Dieses geheimnisvolle „Müssen" macht den Plan Gottes mit ihm offenbar. Allerdings hat Jesus diesen Plan nicht von Anfang an klar vor sich gesehen. Erst der zunehmende Widerstand der Pharisäer machte ihm bewußt, daß seine Sendung tödlich enden wird. So erkannte er, daß auch sein gewaltsamer Tod dem Heilsplan Gottes entsprach: „An mir *muß* sich das Schriftwort erfüllen: Er wurde zu den Verbrechern gerechnet" (Lk 22,37; 9,22; Mk 8,31 u.ö.):

> Jesus wollte für sein Leben keinen anderen Plan haben als den Plan Gottes.

**18** Wenn wir dies verstehen wollen, muß unterschieden werden zwischen
– *einzelnen* Zielen und Plänen und
– dem *Gesamtplan* für das Leben des einzelnen Menschen.
Es gehört zum Wesen des Menschen, daß er sich selbst Ziele setzt und Pläne macht, um sie zu erreichen (I,5). Den

Gesamtplan für sein Leben kann der Mensch aber nicht selbst machen, da er ja auch sich selbst nicht geschaffen hat. Hier gilt das Gleichnis:

> *„Sagt denn der Ton zum Töpfer: Was machst du mit mir?,*
> *und zu dem, der ihn verarbeitet: Du hast kein Geschick!"*
> *(Jes 45,9). „Oder sagt der Topf vom Töpfer: Er versteht*
> *nichts!" (Jes 29,16).*

Bevor der Töpfer einen Topf herstellt, hat er einen *Plan*, den der Topf nicht selbst entworfen hat. In ähnlicher Weise hatte Gott einen Lebensplan für Dich, bevor er Dich erschuf. Du wirst ihn nie ganz durchschauen; unverschuldetes Leiden und vielfältige Katastrophen werden Dir unverständlich bleiben. Du wirst Dich aber immer wieder an der Grundhaltung Jesu orientieren können:

> Der Plan Gottes mit Dir gibt Deinem Leben Sinn und Wert.

## 3. Was soll ich tun?

**19** Du wirst zu Dir selber finden in dem Maße, als Du immer wieder nach dem Plan Gottes mit Dir fragst. Du wirst ihn nicht vor Dir sehen wie in einem Zukunftsfilm. Du erkennst ihn aber
- an Deinen Begabungen,
- in äußeren, vorgegebenen Umständen (Familie, Berufsmöglichkeiten; Menschen, die ein Vorbild in der Nachfolge Jesu sind),
- im Rat und in der Weisheit geisterfüllter Mitchristen,
- an den Impulsen des Heiligen Geistes, die aus Deinem Herzen aufsteigen.

Laß Dich wie Petrus vertrauensvoll „führen, wohin du nicht willst" (Joh 21,18). Dann wirst Du Frieden haben mit Dir selbst und mit Deinem Gott:

> Das größte Problem Deines Lebens sind nicht Deine gestörten Pläne, sondern die gestörten Pläne Gottes mit Dir!

Vielleicht hat Gott andere Pläne mit Dir als Du selbst. Sei deshalb auch bereit, Deine eigenen Pläne von ihm durchkreuzen zu lassen.

## Fünfter Tag:
## Welche Fähigkeiten hast Du?

**20** Das folgende Gleichnis von den anvertrauten Talenten macht deutlich, daß Du den Sinn und Plan Deines Lebens auch an den Fähigkeiten erkennst, die Gott Dir gegeben hat. Diese Erkenntnis setzt voraus, daß Du Dich selbst liebst und Deine Fähigkeiten *angenommen* hast.

Ein Talent entsprach zur Zeit Jesu dem Lohn, den ein Arbeiter in etwa 18 Jahren verdiente. Unser heutiger Sprachgebrauch: „Talent" im Sinne von Begabung und Fähigkeit, stammt aus dem folgenden Gleichnis. Frage bereits beim Lesen, welche Fähigkeiten Gott Dir persönlich gegeben hat. Er will Dir „große Aufgaben" in seinem Reich übertragen:

*„Es ist wie mit einem Mann, der auf Reisen ging: Er rief seine Diener und vertraute ihnen sein Vermögen an. Dem einen gab er fünf Talente Silbergeld, einem anderen zwei, wieder einem anderen eines, jedem nach seinen Fähigkeiten. Dann reiste er ab. Sofort begann der Diener, der fünf Talente erhalten hatte, mit ihnen zu wirtschaften, und er gewann noch fünf dazu. Ebenso gewann der, der zwei erhalten hatte, noch zwei dazu. Der aber, der das eine Talent erhalten hatte, ging und grub ein Loch in die Erde und versteckte das Geld seines Herrn.*

*Nach langer Zeit kehrte der Herr zurück, um von den Dienern Rechenschaft zu verlangen. Da kam der, der die fünf Talente erhalten hatte, brachte fünf weitere und sagte:*

*Herr, fünf Talente hast du mir gegeben; sieh her, ich habe noch fünf dazugewonnen. Sein Herr sagte zu ihm: Sehr gut, du bist ein tüchtiger und treuer Diener. Du bist im Kleinen ein treuer Verwalter gewesen, ich will dir eine* große *Aufgabe übertragen. Komm, nimm teil an der Freude deines Herrn! Dann kam der Diener, der zwei Talente erhalten hatte, und sagte: Herr, du hast mir zwei Talente gegeben; sieh her, ich habe noch zwei dazugewonnen. Sein Herr sagte zu ihm: Sehr gut, du bist ein tüchtiger und treuer Diener. Du bist im Kleinen ein treuer Verwalter gewesen, ich will dir eine* große *Aufgabe übertragen. Komm, nimm teil an der Freude deines Herrn!*

*Zuletzt kam auch der Diener, der das eine Talent erhalten hatte, und sagte: Herr, ich wußte, daß du ein strenger Mann bist; ... weil ich* Angst *hatte, habe ich dein Geld in der Erde versteckt. Hier hast du es wieder. Sein Herr antwortete ihm: Du bist ein schlechter und fauler Diener! ... Werft den nichtsnutzigen Diener hinaus in die äußerste Finsternis! Dort wird er heulen und mit den Zähnen knirschen"* (Mt 25,14-26a.30).

## 1. Was steht im Text?

**21**  Das Gleichnis hat zwei Schwerpunkte:

1. Gott hat Dir Fähigkeiten gegeben, und er möchte sie zur Entfaltung bringen. Wenn Du sie dankbar als seine Geschenke annimmst und einsetzt für die Ausbreitung seines Reiches, freut er sich über Dich. Forme die Einladung an die beiden ersten Diener: „Komm, nimm teil an der Freude Deines Herrn" um in ein Gebet: „Herr, laß mich teilnehmen an deiner Freude über mich!" (vgl. Jes 62,5). Wenn Du das Lob Gottes annimmst als Bestätigung Deines Wertes, wirst Du mehr und mehr lernen, Dich selbst zu lieben. Diese Selbstliebe ist keineswegs selbstverständlich!

2. Der dritte Diener, der nur ein „Talent" erhalten hat, „versteckt" es, weil er Angst hat, es reiche nicht aus, er könne es seinem Herrn nicht recht machen. Er traut sich selbst nicht zu, was Gott ihm zutraut, und kann deshalb auch nichts Großes in

seinem Leben wagen. Der harte Schlußsatz des Gleichnisses ist Ausdruck der Heilssorge Gottes:

> Gott *gebietet* Dir, Dich selbst mit den Dir gegebenen Fähigkeiten anzunehmen; er *verbietet* Dir, Angst zu haben vor den Dir von ihm zugewiesenen Aufgaben.

Gott möchte Deine Begabungen läutern und so entfalten, daß sie zu Fähigkeiten werden, anderen zu dienen. Davon wird im Zusammenhang mit den Geistesgaben (Charismen) noch genauer die Rede sein.

### 2. Was soll ich tun?

**22**  Frage heute und in den folgenden Tagen: Was kann ich gut, wo werde ich gebraucht, welche Begabungen hat Gott mir gegeben? Es könnte zu den wichtigsten Stunden Deines Lebens gehören, in dieser Weise in Dich hineinzuschauen. Vielen Christen würde es nicht schwerfallen, spontan Fehler und Mängel aufzuzählen; es wäre ihnen aber fast peinlich, wenn sie nach ihren guten Seiten und ihren Begabungen gefragt würden: Sie haben gelernt, daß man sich auf seine Fähigkeiten „nichts einbilden" soll. In dem obigen Gleichnis ermahnt uns Jesus jedoch dazu, sie nicht zu verstecken. sondern dankbar von Gott als *seine* Gaben anzunehmen (vgl. II,19-23).

Du solltest wenigstens drei Befähigungen oder gute Eigenschaften bei Dir entdecken. Notiere sie Dir in Dein geistliches Tagebuch. Lies zum Vergleich nach, was der Apostel Paulus von sich selbst sagt und wie er seine Begabungen von Gott in Dienst nehmen ließ zum Aufbau der Gemeinden (2 Kor 10,2; 11,22-29; 12,12; 13,2; Gal 1,14; Phil 3,17; 4,11).

## Sechster Tag:
## Welche Fähigkeiten haben die Menschen, mit denen Du zusammenlebst?

**23** Zur Selbstfindung vor Gott gehört auch, daß Du die Begabungen und Gaben, die Gott anderen geschenkt hat, dankbar anerkennst und Dich von ihnen bereichern läßt. In dem Maße, als Du in *erfreuenden Beziehungen* zu anderen lebst, wirst Du auch den Sinn Deines Lebens erfahren. Das folgende Gleichnis von dem einen Leib und den vielen Gliedern steht bei Paulus im Zusammenhang mit seiner Lehre von den geistlichen Befähigungen (Charismen) in der Gemeinde:

> *„Der Leib besteht nicht nur aus einem Glied, sondern aus vielen Gliedern. Wenn der Fuß sagt: Ich bin keine Hand, ich gehöre nicht zum Leib!, so gehört er doch zum Leib. Und wenn das Ohr sagt: Ich bin kein Auge, ich gehöre nicht zum Leib!, so gehört es doch zum Leib ... Nun aber hat Gott jedes einzelne Glied so in den Leib eingefügt, wie es seiner Absicht entsprach. Wären alle zusammen nur ein Glied, wo bliebe dann der Leib? ... Das Auge kann nicht zur Hand sagen: Ich bin nicht auf dich angewiesen. Der Kopf kann nicht zu den Füßen sagen: Ich brauche euch nicht ... Gott aber hat den Leib so zusammengefügt, daß er dem geringsten Glied mehr Ehre zukommen ließ, damit im Leib kein Zwiespalt entstehe, sondern alle Glieder einträchtig* füreinander sorgen. *Wenn darum ein Glied leidet, leiden alle Glieder mit; wenn ein Glied geehrt wird, freuen sich alle anderen mit ihm"* (1 Kor 12,14-26).

### 1. Was steht im Text?

**24** In einem Leib stehen alle Glieder in einer notwendigen Beziehung zueinander. Jedes Glied hat eine Aufgabe und Funktion, die nicht von einem anderen Glied übernommen werden kann. Jedes Glied ist unentbehrlich. Deshalb ergänzen die Glieder einander und bilden ein Geflecht von Beziehungen. Der „Sinn" eines jeden Gliedes zeigt sich in seiner Eigenfunktion für den ganzen Leib und in seiner Beziehung zu den anderen Gliedern. Die christliche Gemeinde ist ein solcher „Leib". Die in ihr geschenkte Sinnerfahrung ist nach Paulus Urbild mitmenschlicher Beziehungen.

> Die Erfahrung von Sinn erwächst auch aus erfreuenden Beziehungen zu anderen Menschen.

## 2. Was will Gott mir sagen?

**25** Gott hat auch Dich in die Gemeinschaft der Kirche eingefügt, „wie es seiner Absicht entsprach". Schaue deshalb nicht neidisch auf die Gaben und Befähigungen anderer, sondern laß Dir von Gott schenken, daß Du Dich über sie freuen kannst. Konkurrenzgefühle sind der Tod jedes Gemeinschaftslebens. Jeder ist auf jeden angewiesen zur Ergänzung seiner Einseitigkeit. Nur in der wohlwollenden Beziehung zu den Mitmenschen nimmt jeder den Sinn und die Bedeutung seiner eigenen Fähigkeiten wahr: Sie sind ihm gegeben *für andere*.

## 3. Was soll ich tun?

**26** Laß Deinem Mitmenschen „Ehre zukommen"; übe Dich darin, seine Begabungen und unersetzlichen Aufgaben für die Kirche und für die Gesellschaft zu entdecken und zu fördern. So wirst Du lernen, auch den Sinn Deiner Fähigkeiten besser zu erkennen. Du bist in unserer Gesellschaft mit Recht dazu erzogen worden, Kritik zu üben. Noch wichtiger ist es jedoch, jene Freude „einzuüben", mit der Gott sich über jeden Menschen und über seine Begabungen freut. Nur so kann christliches Gemeinschaftsleben wachsen und die Gesellschaft innerlich gesunden. Übe Dich darin, Deinen Mitmenschen „um Gottes willen" zu loben, und laß Dich von ihm loben!

> Kritik zu üben ist wichtig, Lob zu üben ist wichtiger.

Wenn Neid und Konkurrenzgefühle in Dir aufsteigen, bete sofort zu Gott: „Ich danke dir, daß du diesen Menschen geschaffen hast, ich danke dir für seine Fähigkeiten."

Denke jetzt vor Gott nach über die Menschen, mit denen Du täglich zusammenlebst. Kannst Du Dich über ihre Begabungen und Fähigkeiten von Herzen freuen?

Stelle Dir den Menschen vor Augen, den Du am wenigsten leiden kannst, der Dich vielleicht gekränkt oder verletzt hat, und notiere Dir in Dein geistliches Tagebuch, welche guten Seiten und Eigenschaften, welche Fähigkeiten Du an ihm entdeckt hast. Wenn Du gestern drei gute Eigenschaften bei Dir selbst gefunden hast, solltest Du fünf gute Eigenschaften bei diesem genannten Menschen finden! Lobe Gott um seinetwillen (Gal 1,24), und Du wirst staunen über die innere Freiheit, mit der Du ihm beim nächsten Mal begegnen wirst!

## Siebter Tag:
## Kirche erfahren

**27** Der folgende Text ist ein Sammelbericht des Lukas über das Leben der Urgemeinde in Jerusalem. Er strahlt eine Freude und Zuversicht aus, die auch in der Gemeinschaft des Glaubensseminars wachsen kann und wachsen wird:

> *„Alle, die gläubig geworden waren, bildeten eine Gemeinschaft und hatten alles gemeinsam. Sie verkauften Hab und Gut und gaben davon allen, jedem so viel, wie er nötig hatte. Tag für Tag verharrten sie einmütig im Tempel, brachen in ihren Häusern das Brot und hielten miteinander Mahl in Freude und Einfalt des Herzens. Sie lobten Gott und waren beim ganzen Volk beliebt"* (Apg 2,44-47).

## 1. Was steht im Text?

**28**  Lukas will uns zu Beginn der Apostelgeschichte einführen
in das innerste Wesen der Kirche: Sie ist eine *Gemeinschaft im
Heiligen Geist*, eine Gemeinschaft von Brüdern und Schwestern,
die gemeinsam Gott loben und in Freude das eucharistische
Mahl feiern. Die ersten Christen sind in einer missionarischen
Situation so eng miteinander verbunden, daß sie auch ihren
Besitz teilen. (Auf die gesellschaftlichen Auswirkungen dieser
Teilhabe aller am geistigen und materiellen Reichtum der
einzelnen werden wir noch zu sprechen kommen).

---

Ein von Lobpreis und Freude getragenes Gemeinschaftsleben hat etwas mit Sinnerfahrung zu tun und ist für andere anziehend.

---

Zeitweiliger Ausschluß aus dem Gemeinschaftsleben aufgrund
schwerwiegender Verfehlungen ist deshalb mit menschlicher
und geistlicher „Traurigkeit" verbunden (2 Kor 2,7). Dieser
Abbruch der Beziehung führt den Betroffenen in eine tiefe
Sinnkrise und dient einer geläuterten Rückkehr in das Gemeinschaftsleben (1 Kor 5,2-5; 2 Kor 2,6-8).

## 2. Bedeutung für uns

**29**  Viele Anzeichen weisen darauf hin, daß nach einer langen
Zeit volkskirchlicher Privatheit die Kirche der Zukunft von
kleinen, apostolisch gesinnten Gemeinschaften getragen sein
wird, in denen jeder mit jedem in ein menschlich-geistliches
Verhältnis treten kann. Das Glaubensseminar könnte dazu ein
Anfang werden.

---

Jeder Christ ist und soll „Tempel des Heiligen Geistes"
(1 Kor 6,19) und damit auch für andere Ort der Gegenwart
Gottes sein.

---

In vielen Christen, auch in Amtsträgern und kirchlichen Mitarbeitern, ist jedoch das Gift der Enttäuschung wirksam: über Macht- und Prestigedenken, über die Vorherrschaft des Negativen in kirchlichen Gremien, über Streit und Eifersucht (1 Kor 1,11; 3,3). Nicht wenige sind verletzt oder verwundet durch die Kirche als „Institution".

### 3. Was soll ich tun?

**30**  Frage Dich heute:
1. Welche positiven Erfahrungen habe ich in meiner Gemeinde gemacht? Durch welche Personen wurde Kirche für mich anziehend? Danke Gott für diese Erfahrungen!

2. Habe ich ein gestörtes Verhältnis zu meiner Gemeinde? Zu einzelnen Mitgliedern? Sind eine Enttäuschung über die Kirche als „Institution" für mich Anlaß, mich aus meiner Gemeinde zurückzuziehen? Erweckt die Vorstellung, mit anderen Christen in engen menschlich-geistlichen Beziehungen zu leben, in mir Widerstände? Bitte Gott um die Kraft, allen zu vergeben, die dies mitverschuldet haben!

3. Bin ich mir bewußt, daß ich Mitverantwortung trage für eine lebendige Kirche, daß meine Schwachheit es anderen erschwert, Kirche als befreiende Gemeinschaft zu erfahren? Bemühe ich mich, die Schwachheit anderer im Geiste Jesu zu ertragen?

Notiere Dir die Antworten in Dein geistliches Tagebuch!

## ZWEITE WOCHE

# Begegnung mit dem lebendigen Gott

*Erster und zweiter Tag:* Laut und persönlich beten
*Dritter Tag:* Angst vor Gott?
*Vierter Tag:* Zärtlichkeit und Zorn Gottes
*Fünfter Tag:* Der Schmerz Gottes über Deine Abwendung von ihm
*Sechster Tag:* Der Heilige Geist verbindet uns mit Gott und untereinander
*Siebter Tag:* Umkehr zum Leben

## Erster und zweiter Tag: Laut und persönlich beten

**31** Gott möchte Dich in ein persönliches Verhältnis zu sich rufen und Dich durch seinen Heiligen Geist zu einer persönlichen Antwort befähigen. Urbild allen christlichen Betens ist Jesus selbst. Er hat sich nicht nur der überlieferten Gebetssprache der alttestamentlichen Psalmen bedient (Mt 27,46; Lk 23,46), sondern auch in freier, persönlicher Weise gebetet:

> *„In dieser Stunde rief Jesus, vom Heiligen Geist erfüllt, voll Freude aus: Ich preise dich, Vater, Herr des Himmels und der Erde, weil du all das den Weisen und Klugen verborgen, den Unmündigen aber offenbart hast. Ja, Vater, so hat es dir gefallen"* (Lk 10,21).
>
> *„Vater, ich danke dir, daß du mich erhört hast"* (Joh 11,41).
>
> *„Abba, Vater, alles ist dir möglich. Nimm diesen Kelch von mir! Aber nicht, was ich will, sondern was du willst (soll geschehen)!"* (Mk 14,36).
>
> *„Mein Gott, mein Gott, warum hast du mich verlassen!"* (Mt 27,46).
>
> *„Vater, in deine Hände lege ich meinen Geist"* (Lk 23,46).

## 1. Was steht in den Texten?

**32** Die Anrede „Abba" ist uns in den Evangelien zwar nur bei Mk 14,36 überliefert, sie ist aber auch dort vorauszusetzen, wo Jesus Gott mit „Vater" oder „mein Vater" anredet. Das Wort „Abba" ist schwer zu übersetzen. Es war zur Zeit Jesu eine vertrauensvolle, in das Familienleben eingebettete Anrede der Kinder an ihren leiblichen Vater, etwa im Sinne von „Papa" („Väterchen", „Vati"). Im Munde Jesu erhält diese Anrede die Bedeutung „lieber Vater". Kein Jude hätte jemals gewagt, Gott in einer solch unfeierlichen und „respektlosen" Weise anzureden. Jesus dagegen spricht mit Gott in einer ungezwungenen, selbstverständlichen Einfachheit, die in einem deutlichen Gegensatz steht zu der Verehrung des fernen, unnahbaren Gottes seiner Zeitgenossen. Jesus scheut sich nicht, sein persönliches Verhältnis zu Gott vor anderen zu äußern. Er zeigt uns, daß wir ihm nur dann nachfolgen können, wenn wir uns – seinem Vorbild entsprechend – Gott in einem kindhaften Urvertrauen öffnen.

Nichts charakterisiert das revolutionäre Gottesverhältnis Jesu mehr, als die Gebetsanrede „Abba". Die ersten Christen haben sie in seiner aramäischen Muttersprache übernommen und dabei zugleich die Kraft und Macht des Geistes Jesu in sich erfahren:

> „Weil ihr aber Söhne seid, sandte Gott den Geist seines Sohnes in unser Herz, den Geist, der ruft: Abba, Vater!" (Gal 4,6).
>
> „Ihr habt den Geist empfangen, der euch zu Söhnen macht, den Geist, in dem wir rufen: Abba, Vater!" ( Röm 8,15).

**33** Das Grundverhältnis Jesu zu Gott ist dankbarer Lobpreis: „Ich preise dich, Vater!" In ihm kommt eine *vertrauensvolle Unmittelbarkeit* zu Gott zum Ausdruck, wie sie nur kleine Kinder ihren Eltern gegenüber haben. Jesus widerspricht in dem Gebet Lk 10,21 zugleich dem Versuch der Pharisäer, durch die Einhaltung der vielen Gebote den fernen Gott gnädig zu stimmen. Das Gebet Jesu am Ölberg (Mk 14,36) drückt seine Gewißheit aus, daß Gott ihm in dieser Stunde tiefster Erniedrigung nahe ist. Er warf sich „ungefähr einen Steinwurf weit" von den Jüngern entfernt (Lk 22,41) auf den Boden nieder. Er wollte, daß seine Jünger diesen leibhaften Ausdruck seiner Unterwerfung unter den Willen Gottes in sich aufnehmen und sein Gebet hören: In ihrer eigenen Angst werden sie sich später an sein unerschütterliches Vertrauen zu Gott erinnern und ihm in diesem Vertrauen nachfolgen!

---

Jesus ermutigt uns, in einem festen Urvertrauen in jeder Situation laut und persönlich mit Gott zu sprechen.

---

## 2. Bedeutung für uns

**34** Es ist ein zentraler Anstoß dieses Glaubensseminars, sich nicht nur in vorgeformten Gebeten und Fürbitten an Gott zu wenden, sondern auch in frei formulierten, persönlichen und laut ausgesprochenen Gebeten. Diese Gebetsweise ist sowohl für das „private" als auch für das gemeinschaftliche Verhältnis zu Gott von tragender Bedeutung. Es gibt eine „falsche Scheu, vor- und miteinander zu beten" (GL 20). Diese Scheu ist nicht in der Bibel, sondern in gesellschaftlichen Entwicklungen (in der sogenannten „Aufklärung") begründet. Versuchen wir einen ersten Zugang zum „privaten", frei formulierten Gebet!

**35** Nach Lk 23,46 war das letzte Wort Jesu ein Gebet aus Ps 31,6: *„Vater, in deine Hände lege ich meinen Geist."* Charles de Foucauld hat es für sich selbst folgendermaßen erweitert:

---

„Vater, ich überlasse mich dir; mach mit mir, was dir gefällt. Was du auch mit mir tun magst, ich danke dir. Zu allem bin ich bereit, alles nehme ich an. Wenn nur dein Wille sich an mir erfüllt und an allen deinen Geschöpfen, so ersehne ich weiter nichts, mein Gott. In deine Hände lege ich meine Seele. Ich gebe sie dir, mein Gott, mit der

> ganzen Liebe meines Herzens, weil ich dich liebe und weil
> diese Liebe mich treibt, mich dir hinzugeben, mich in
> deine Hände zu legen, ohne Maß, mit einem grenzenlosen
> Vertrauen. Denn du bist mein Vater" (GL 5,5).

Sprich dieses Gebet mehrmals laut, langsam, Wort für Wort, bevor Du weiterliest. Notiere Dir in Dein geistliches Tagebuch, was Du dabei innerlich wahrnimmst, welche Empfindungen in Dir aufgestiegen sind: Vertrauen, Dank, Freude; Scham, Erschrecken, Angst? Viele, die sich selbst als „gläubige Christen" bezeichnen, bezeugen: Ich habe mich bei diesem Gebet vor Gott und vor mir selbst geschämt, denn es hat verborgene Tiefen in mir aufgedeckt:

1. Ich bin nicht davon überzeugt, daß Gott mir beim lauten, persönlichen Gebet zuhört und daß er reagiert.
2. Ich habe entdeckt, daß ich nicht so gläubig bin, wie ich angenommen habe.
3. Ich habe Angst, mich Gott ganz anzuvertrauen.

**36** 1. Wenn Du laut und persönlich betest, dann setzt Du voraus, daß Gott jetzt und hier anwesend ist. Es hat keinen Sinn, laut zu jemandem zu sprechen, wenn er nicht hier und jetzt anwesend ist, Dich also auch nicht hören kann. Gott ist „allgegenwärtig", haben wir gelernt. Bist Du aber auch davon überzeugt, daß Gott jetzt, in diesem Augenblick, an dem Ort gegenwärtig ist, an dem Du Dich befindest? Daß er auf Dich wartet, Dir gerne zuhört und auf Dein Gebet *reagiert*? Oder kommst Du Dir unehrlich vor, wenn Du dies voraussetzt? Erschrickst Du vielleicht sogar bei dem Gedanken, daß Du Gott jetzt ganz unmittelbar, „Auge in Auge", gegenüberstehst?

Es ist ein großer Unterschied, ob Du lediglich an Gott *denkst*, oder ob Du laut zu ihm sprichst! Wenn Du Deinem Gott im Gedächtnis auswendig gelernte Gebete aufsagst, hältst Du im Grunde Abstand von ihm, schützt Du Dich vor einer allzu großen Nähe. Beim lauten Gebet dagegen ist nicht nur Dein Verstand, sondern Deine ganze Person in das Verhältnis zu Gott einbezogen, also auch Dein Wille, Dein Gefühl und Dein „Herz": Du kannst Dich ihm jetzt nicht mehr entziehen; Du erlaubst ihm, in Deine unbewußten Tiefen einzudringen und Dein Herz zu berühren. Sei davon überzeugt, daß er sich Dir in

Liebe zuwendet und sich über Dein Gebet freut. Er wird Dir nicht nur zuhören, sondern auch reagieren:

> *„Wir haben ihm gegenüber die Zuversicht, daß er uns hört, wenn wir etwas erbitten, das seinem Willen entspricht. Wenn wir wissen, daß er uns bei allem hört, was wir erbitten, dann wissen wir auch, daß er unsere Bitten schon erfüllt hat" (1 Joh 5,14f).*

**37** 2. Das laute, persönliche Gebet deckt unser Inneres auf und führt uns zur Wahrheit über uns selbst. Vielleicht hast Du schon nach dem ersten Satz gezögert weiterzubeten. Wer könnte schon ohne inneren Widerstand Gott sagen: „Mach mit mir, was dir gefällt"! Gehört Gott wirklich die *ganze* Liebe unseres Herzens (vgl. Deine Notizen zu I,5)? Sind wir ihm dankbar für alles, was er mit uns tut? Vielleicht wäre es ehrlicher zu sagen: „Mein Gott, ich *möchte* dich aus ganzem Herzen lieben": Uns wird schlagartig bewußt, daß unser „Herz" mit vielen anderen Dingen ausgefüllt und unsere Erlebnisfähigkeit nicht auf Gott ausgerichtet ist. Wir entdecken, daß unsere Gefühlswelt keineswegs christusförmig, verchristlicht ist, ja, daß wir in der Tiefe unseres Herzens „Feinde Gottes" geblieben sind, denn „das Trachten des Fleisches [= der Mensch in seiner irdischen Existenz] ist Feindschaft gegen Gott" (Röm 8,7). Gott selbst muß uns befreien und läutern, bevor wir zu ihm in ein persönliches Verhältnis treten können. Diese Entdeckung ist ein wichtiger Schritt auf dem Weg einer tieferen Umkehr zu ihm:

> *„So nimmt sich auch der Geist unserer Schwachheit an. Denn wir wissen nicht, worum wir in rechter Weise beten sollen; der Geist selber tritt jedoch für uns ein mit Seufzen, das wir nicht in Worte fassen können" (Röm 8,26).*

### 3. Was soll ich tun?

**38** Versuche, jetzt ein persönliches Gebet zu formulieren, das Deiner augenblicklichen Situation vor Gott entspricht, und halte es in Deinem geistlichen Tagebuch fest.

In tiefere Formen der Meditation führen *Wiederholungsgebete*, wie etwa das jeweils beim Ausatmen oder im Einklang mit dem Herzschlag gesprochene Gebet: „Herr Jesus Christus, erbarme dich meiner" (GL 6,1). Mache es Dir zur Gewohnheit, jeden Tag einige Minuten lang dieses Gebet laut zu Gott hin zu sprechen. Es wird sich Deinen unbewußten Tiefen einprägen und hin und wieder von selbst in Dir aufsteigen: Der in Dir wohnende Geist Gottes wird Dich lehren, aus dem Erbarmen Gottes zu leben! Eine ähnliche Bedeutung hat das in der katholischen Kirche geübte Rosenkranzgebet: Es führt in einen „Zustand des Betens" (GL 33,1).

# Dritter Tag:
## Angst vor Gott?

**39** Nicht wenige „gläubige" Christen tragen ein unbiblisches, falsches Bild von Gott in sich, das sie daran hindert, die „frohe" Botschaft von der befreienden Liebe Gottes zu verkünden: Sie haben Angst vor Gott. In den folgenden zentralen Texten des Neuen Testamentes bezeugt der Geist Gottes selber, daß diese Angst nicht von Gott kommen kann:

> „Gott ist die Liebe, *und wer in der Liebe bleibt, bleibt in Gott, und Gott bleibt in ihm. Darin ist unter uns die Liebe vollendet, daß wir am Tag des Gerichts Zuversicht haben. Denn wie er, so sind auch wir in dieser Welt.* Furcht gibt es in der Liebe nicht, *sondern die vollkommene Liebe vertreibt die Furcht. Denn die Furcht rechnet mit Strafe, und wer sich fürchtet, dessen Liebe ist nicht vollendet"* (1 Joh 4,16b-18).

> „Ihr habt nicht einen Geist empfangen, der euch zu Sklaven macht, so daß ihr euch immer noch fürchten

> *müßtet, sondern ihr habt den Geist empfangen, der euch
> zu Söhnen macht, den Geist, in dem wir rufen: Abba,
> Vater! So bezeugt der Geist selber unserem Geist, daß wir
> Kinder Gottes sind" (Röm 8,15).*

## 1. Was steht in den Texten?

**40** In Jesus Christus ist die „Güte und Menschenliebe Gottes"
leibhaft „erschienen" (Tit 3,4). Wie er können und sollen auch
wir uns zu Gott verhalten (1 Joh 4,17): Im Urvertrauen des
Kindes, das Gebote und Androhung von Strafe als Ausdruck
elterlicher Liebe erfährt. Jesus Christus hat jegliche Angst, die
ein Mensch erleiden kann, auf sich genommen (Lk 22,44). Er
wurde von Gott „aus seiner Angst befreit" und so zum „Urheber
des ewigen Heils" (Hebr 5,7f). Deshalb gilt:

> *„Wenn das Herz uns auch verurteilt, Gott ist größer als
> unser Herz" (1 Joh 3,20).*

Solange Gericht und Strafe im Vordergrund unseres Bewußtseins stehen, ist unsere Liebe noch nicht „vollkommen", wissen
wir uns noch nicht als „Kinder Gottes". Wer Gott ängstlich
fürchtet, ohne mit seinem übergroßen Erbarmen zu rechnen,
dessen Herz wird „hart" (Jes 63,17), so daß er schließlich
versucht, jede Beziehung zu ihm aufzugeben.

**41** Von dieser falschen Angst vor Gott ist die echte, geistgewirkte Gottesfurcht zu unterscheiden: „Wer den Herrn *fürchtet*,
verzagt nicht und hat *keine Angst*, denn der Herr ist seine
Hoffnung" (Sir 34,16).

In der Verkündigung Jesu sind die zehn Gebote, die Gott
durch Moses gegeben hat (Ex 20,1-21), zusammengefaßt in dem
einen Gebot der Gottes-, Selbst- und Nächstenliebe (Mk
12,29-31). Dies macht deutlich: Gott will uns durch seine
Gebote nicht Angst einjagen, sondern jeden einzelnen und die
Gesellschaft vor sich selbst schützen. Die echte Gottesfurcht
anerkennt deshalb den heiligen Gott in seinem unergründlichen

Erbarmen, das nur der Geist Gottes „ergründet" (1 Kor 2,10),
und gibt ihm allein die Ehre.

---

1. Der Christ soll und kann angstfrei vor Gott leben.

2. Die echte Gottesfurcht erwächst aus dem Vertrauen,
daß Gott uns seine Gebote aus Liebe gegeben hat.

---

## 2. Bedeutung für uns

**42** Die falsche Angst vor Gott ist in einem Gottesbild
begründet, das seine Allmacht, Allwissenheit und Gerechtigkeit
übertrieben in den Vordergrund stellt. Kindern wurde häufig
der Merkvers beigebracht: „Wo ich bin und was ich tu, sieht mir
Gott mein Vater zu." Hier kann durchaus in biblischem Sinne
gemeint sein, daß Gott der liebende Vater ist, der sich um mich
sorgt, der immer bei mir ist. Bedrohlicher aber lautet ein anderer
Merkvers: „Ein Auge ist, das alles sieht, selbst was in finsterer
Nacht geschieht." Hier erscheint Gott als das „höchste Wesen",
das dem Menschen willkürlich Gebote und Grenzen setzt, ihn
mißtrauisch beobachtet und alles registriert (II, 44). Mißtrauen
gegen Gott und Angst vor den Konsequenzen einer Hingabe an
ihn sind die Folgen.

Ein Gewissensspiegel zur Vorbereitung auf die Beichte enthält
die Frage:

---

„Ist Gott für mich nur ein unverbindliches ‚höchstes
Wesen'? Eine Art Kontrollbehörde, vor der ich Angst
habe, daß sie mir alles kleinlich nachrechnet?" (GL 63,1).

---

In dieser Frage kommt deutlich zum Ausdruck, daß die Angst
vor Gott eine Folge des „Erbmißtrauens" Gott gegenüber ist und
in persönlich schuldhaftes Mißtrauen übergehen kann. Diese
Angst trennt von Gott und wird in der Beichte unter sein
erbarmendes Gericht gestellt.

**43**  Allerdings ist mit der Zurückweisung eines unbiblischen Verständnisses von Gott oft auch ein Verlust der Ehrfurcht vor Gott und die Ablehnung jeglicher von Gott gegebenen Ordnung verbunden:

> „Ist Gott für mich nur der gutmütige ‚liebe Gott‘, der für mich dazusein hat?" (GL 63,1).

Nachdem seit Jahrhunderten nicht selten eine falsche Angst vor der Strafe Gottes gepredigt und „vererbt" wurde, ist in unserem Jahrhundert das Gespür für die Sünde fast völlig verlorengegangen. Gott ist zu einer obersten „Behörde" geworden, an die ich lediglich Forderungen stelle, die auf meine Wünsche und Bedürfnisse Rücksicht zu nehmen hat. Das einseitig vom Gerichtsgedanken geprägte Verhältnis zu Gott ist umgeschlagen in eine Nähe ohne ehrfürchtigen Abstand von ihm.

Auch diese Vorstellung trennt von Gott, weil sie ihn nicht ernst nimmt: Das lebendige Wort Gottes „ist schärfer als jedes zweischneidige Schwert" und „richtet über die Regungen und Gedanken des Herzens; vor ihm bleibt kein Geschöpf verborgen, sondern alles liegt nackt und bloß vor den Augen dessen, dem wir *Rechenschaft schulden*" (Hebr 4,12).

> Die wahre Ehrfurcht vor Gott weiß um den *Abstand* zwischen Schöpfer und Geschöpf und vertraut gleichzeitig auf seine liebende *Nähe*, auf sein übergroßes Erbarmen.

### 3. Was soll ich tun?

**44**  Überprüfe Deine Vorstellungen von Gott:
- Habe ich eine „unüberwindliche" Angst vor der Strafe Gottes? Habe ich Angst davor, diese Angst loszulassen, weil ich glaube, daß Gott sie von mir erwartet?
- Sind Angst und Zurückhaltung in mir aufgestiegen, als ich Gott sagen wollte, daß ich ihn aus ganzem Herzen lieben

möchte: Wird er neue „Forderungen" an mich stellen, zu deren Erfüllung ich nicht bereit bin? Wird er mir meine Freiheit nehmen? Ist es nicht vielleicht besser, seine Nähe nicht zu suchen oder doch wenigstens weiterhin über bestimmte Bereiche des Lebens selbst zu verfügen?

– Lebe ich in vertrauender Ehrfurcht vor Gott? Erkenne ich in seinen Geboten den Ausdruck seiner Liebe? Oder lebe ich praktisch so, als ob es Gott und seine Gebote nicht gäbe?

– Manche Christen haben eine unbiblische Angst vor Gott hinter sich gelassen. Sie haben aber noch nicht zu einer vertrauensvollen Begegnung mit ihm gefunden.

Notiere Dir in Dein geistliches Tagebuch, welches Gottesbild Dir von Pfarrern, Lehrern, Deinen Eltern vermittelt wurde oder Dein Leben prägt. Überlasse Dich jetzt dem Geist Gottes, der in Dir betet: Abba, lieber Vater!

## Vierter Tag:
## Zärtlichkeit und Zorn Gottes

**45**  Im Zuge einer Neu-Evangelisierung, eines neuen Rufes zur Umkehr, werden zentrale Aussagen Gottes über sich selbst neu entdeckt: Es wird deutlich, daß die alles bestimmende Grundeigenschaft Gottes sein Erbarmen ist, seine väterliche und mütterliche Fürsorge. Sie ist auch der tiefere Grund für seinen Zorn:

### 1. Gottes Zärtlichkeit

*„Kann denn eine Frau ihr Kindlein vergessen, eine Mutter ihren leiblichen Sohn? Und selbst wenn sie ihn vergessen würde: Ich vergesse Dich nicht. Sieh her: Ich habe dich eingezeichnet in meine Hände" (Jes 49,15). „Wie eine Mutter ihren Sohn tröstet, so tröste ich euch" (Jes 66,13).*

*„Halte dich nicht von uns fern! Du bist doch unser Vater" (Jes 63,15). „Wie ein Vater sich seiner Kinder erbarmt, so erbarmt sich der Herr über alle, die ihn fürchten" (Ps 103,13).*

> *„Wenn mich auch* Vater und Mutter *verlassen, der Herr nimmt mich auf" (Ps 27,10). „Ich war es, der Efraim gehen lehrte, ich nahm ihn auf meine Arme ... Ich war da für sie wie die* Eltern, *die den Säugling an ihre Wangen heben"* (Hos 11,3f).

## 2. Gottes Zorn

> *„Singt und spielt dem Herrn, ihr seine Frommen, preist seinen heiligen Namen! Denn sein* Zorn *dauert nur einen Augenblick, doch seine* Güte *ein Leben lang" (Ps 30,5f).*
>
> „Weißt Du nicht, daß Gottes Güte Dich zur Umkehr treibt? *Weil du aber starrsinnig bist und dein Herz nicht umkehrt, sammelst du* Zorn *gegen dich ... für den Tag der Offenbarung von Gottes gerechtem Gericht" (Röm 2,4).*

### 1. Was steht in den Texten?

**46** Das hebräische Wort für „Erbarmen" geht auf eine Wurzel zurück, die „Mutterschoß" bedeutet. Aus der ursprünglichen Einheit der Mutter mit ihrem Kind entspringt eine einzigartige, durch nichts zu erschütternde Verbundenheit. Sie ist nicht Lohn für eine Leistung, sondern völlig ungeschuldet. Sie zeigt sich in Güte und Zärtlichkeit, Geduld und Vergebungsbereitschaft. Das „väterliche" Erbarmen Gottes hat einen ähnlichen Charakter. Es zeigt sich vor allem darin, daß Gott den Menschen als sein Kind anerkennt, ihm Schutz und Geborgenheit schenkt:

> Wenn das Alte Testament vom „Erbarmen" Gottes spricht, kommen Gefühle zum Ausdruck, die das Verhältnis der Eltern zu ihren Kindern bestimmen.

Aus dieser väterlich-mütterlichen Liebe erfließt auch der Zorn Gottes: Gott wird zornig, wenn wir seine Gebote und Verbote mißachten, denn dadurch schaden wir uns selbst. Sie sollen uns in ähnlicher Weise vor uns selbst schützen, wie die Gebote und Verbote, die Eltern ihren Kindern geben.

Gottes Zorn ist im Alten Testament Ausdruck seiner *Treue zu sich selbst*, seiner Gerechtigkeit, mit der er die Befolgung seiner Gebote erwartet (Dtn 7,9f). In Jesus zeigt sich dieser Zorn Gottes auch als *Traurigkeit*: „Als er näher kam und die Stadt Jerusalem sah, *weinte* er über sie und sagte: Wenn doch auch du an diesem Tag erkannt hättest, was dir Frieden bringt. Jetzt aber bleibt es vor deinen Augen verborgen ... Du hast die Zeit der Gnade nicht erkannt" (Lk 19,41f.44). Hier gewährt Jesus uns einen Blick in die Tiefen der väterlich-mütterlichen Liebe Gottes: Es schmerzt Gott, wenn wir unseren Weg verfehlen, und deshalb zeigt er uns seine Liebe als Fürsorge, Traurigkeit und Zorn. Diese „zornige" Liebe Gottes läßt uns immer wieder erkennen, wie es um unser Verhältnis zu ihm, zu unseren Mitmenschen und zu uns selbst bestellt ist. So ruft sie uns zur Umkehr.

---

1. Gottes Fürsorge ist der Grund für seinen Zorn gegen Dich und für seinen Ruf zur Umkehr.

2. Sein Erbarmen ist stärker als sein gerechter Zorn.

3. Seine Gebote sind Wegweiser zu ihm.

---

## 2. Was will Gott mir sagen?

**47** Gott will Dir in seinem Wort versichern, daß er nicht eine höchste „Instanz" ist, der gegenüber Du lediglich Deine Pflicht zu erfüllen hast. Seine Gebote sind nicht „unangenehme Forderungen" an Dich, sondern Ausdruck seiner *schützenden Fürsorge*.

Vielleicht hat auch für Dich das Wort „Umkehr" einen negativen Klang: Du fühlst Dich an Deine Sünden und Fehler erinnert und siehst Dich vor die unangenehme Aufgabe gestellt, Dich *aus eigener Kraft* zu ändern, um dem richtenden Gott gerecht zu werden. Diese Vorstellung legt sich wie ein lähmender Zwang auf Dein Herz: Vor einem Gott, der nur darauf wartet, Dich zu bestrafen, erstirbt jeder Lobpreis; ihn kannst Du nicht „mit ganzem Herzen und all deiner Kraft" lieben.

Das Neue Testament aber geht davon aus, daß Du in der Taufe Gottes geliebter Sohn, Gottes geliebte Tochter geworden bist, daß Gott mit Dir den Bund „ewiger Liebe" (Jer 31,3) geschlossen hat. Er zieht Dich immer wieder zärtlich an sich „mit den Ketten der Liebe" (Hos 11,4). Wenn er Dich zu neuen Schritten der Umkehr ruft, dann gilt Dir ganz persönlich das Wort, das er dem Volk Israel zugerufen hat:

> „Den ganzen Tag streckte ich meine Hände aus nach dir" (Jes 65,2).

### 3. Was soll ich tun?

**48** Laß Dich heute einmal von Deinem Gott umarmen: In seinem übergroßen Erbarmen möchte er Dich beschenken mit der Gnade der Umkehr zu ihm. Aus Dir selbst hast Du keinen Antrieb zu dieser Dich befreienden Hinwendung zu Gott. Die Güte Gottes aber „treibt" Dich in seine Arme (Röm 2,4). Wenn Du sein Angebot annimmst, macht er Dich aufs neue zu einem „Gefäß des Erbarmens" (Röm 9,23). Erwarte, daß er Dich neu mit seinem Heiligen Geist „erfüllt"! Er hat Dich nicht geschaffen, um Dich in seinem Zorn zu vernichten. Er wird Dich auch nicht überfordern:

> Umkehr ist nicht Deine Leistung, sondern ganz und gar sein Geschenk: Er zieht Dich mit „elterlicher Liebe" zärtlich an sein Herz (Hos 11,4).

## Fünfter Tag:
## Der Schmerz Gottes über Deine Abwendung von ihm

**49** Der Heilige Geist läßt uns die Tiefe der Liebe Gottes zu uns erst voll ahnen, wenn wir die biblischen Aussagen über das „Herz" Gottes auf uns einwirken lassen. Das alttestamentliche Bundesvolk hat Gott erfahren als einen lebendigen Gott, der auf das Handeln der Menschen *reagiert*. In der Wiederentdeckung der biblischen Aussagen über die leidenschaftliche Liebe und den darin begründeten Schmerz Gottes kündigt sich eine neue Epoche der Glaubensgeschichte und der Evangelisierung an:

*„Ist mir denn Efraim ein so teurer Sohn oder mein Lieblingskind? Denn so oft ich ihm auch Vorwürfe mache, muß ich doch immer wieder an ihn denken.* Deshalb schlägt mein Herz für ihn, *ich muß mich seiner erbarmen – Spruch des Herrn" (Jer 31,20).*

*„Wie könnte ich dich preisgeben, Efraim, wie dich aufgeben, Israel?* Mein Herz wendet sich gegen mich, *mein Mitleid (wörtlich: mein Mutterschoß) lodert auf. Ich will meinen glühenden Zorn nicht vollstrecken und Efraim nicht noch einmal vernichten. Denn ich bin Gott, nicht ein Mensch (wörtlich: ein Mann), der Heilige in deiner Mitte. Darum komme ich nicht in der Hitze des Zorns" (Hos 11,8f).*

*„Einen Augenblick nur verbarg ich vor dir mein Gesicht in aufwallendem* Zorn; *aber mit ewiger Huld habe ich* Erbarmen *mit dir, spricht dein Erlöser, der Herr" (Jes 54,8).*

### 1. Was steht in den Texten?

**50** Mit dem Wort „Herz" bezeichnet die Bibel die Mitte und Tiefe des Menschen, aus der alles Denken, Wollen und Fühlen aufsteigt. Wenn sie auch vom „Herzen" Gottes spricht, will sie Gott nicht vermenschlichen, sondern seine Liebe dem Menschen zugänglich machen: Obwohl das Volk Israel ( = Efraim) sich von ihm abgewandt hat, *muß* er doch immer wieder an es denken und sich seiner erbarmen: Gott bleibt seinem Volk *„aus ganzem Herzen"* zugewandt (Jer 32,41). Er empfindet *Schmerz*en darüber, daß das Volk sich von ihm abwendet. Sein „Herz" (seine Liebe und sein Erbarmen) wendet sich gegen seinen Zorn (seine Gerechtigkeit). Gott wundert sich gleichsam über sich selbst, daß er sein Volk – wie ein gütiger Vater seinen mißratenen Sohn (Jer 31,9) – nicht aufzugeben vermag:

> Gott muß immer wieder an Dich denken. Sein Herz schlägt für Dich.

Der Prophet Hosea deutet den Schmerz Gottes als Widerstreit zwischem seinem Zorn und seinem Erbarmen: Sein Zorn ist Ausdruck dafür, daß sein Volk ihm nicht gleichgültig ist; in seinem Erbarmen hält er unverändert an der Zusage seines Bundes fest. Er liebt in seinem Erbarmen diejenigen, die er aufgrund seines Zornes eigentlich nicht lieben kann. Hosea zeigt deutlich, daß Gottes Zorn nicht mit menschlichem Jähzorn zu vergleichen ist. Er entspringt vielmehr seiner liebenden Fürsorge.

51 Diese tiefen Aussagen über das Herz Gottes haben im Neuen Testament eine Entsprechung in dem Gleichnis der unveränderten Liebe des Vaters zu seinem jüngeren Sohn (Lk 15,11-24): Er ist ihm von Herzen zugewandt und bereit, alles für ihn zu tun. Der Sohn zwingt ihn jedoch, ihm sein Erbteil auszuzahlen, bricht jede Beziehung zu ihm ab und verschleudert sein Erbteil. Wie der weitere Verlauf der Erzählung zeigt, empfindet der Vater Schmerz über den plötzlichen Abbruch der Beziehung, über den Mißbrauch seiner Gaben. Dieser Schmerz beruht nicht auf einer Kränkung des Vaters, sondern darauf, daß der Sohn sein Glück außerhalb der Beziehung zu ihm sucht und so den Sinn seines Lebens verfehlt: Der Sohn kommt in der Fremde fast um vor Hunger nach persönlicher Zuwendung. Wir dürfen davon ausgehen, daß sich während der Abwesenheit des Sohnes im Vater ein Kampf zwischen seinem Zorn und seinem Erbarmen abspielt:

1. Der Vater leidet darunter, daß es seinem Sohn „sehr

schlecht geht" (V. 14). Er empfindet Schmerz über seine Undankbarkeit und über sein Elend.

2. Er liebt seinen Sohn jedoch so sehr, daß er nicht von ihm loskommt und immer wieder an ihn denken muß. Mitleid und Erbarmen brechen in ihm auf.

Je länger der Sohn fortbleibt, um so mehr erkennt der Vater, wie sehr sein Herz für ihn schlägt. In einem schmerzlichen Prozeß *überwindet er seinen Zorn* und erwartet seine Rückkehr mit herzlichem Erbarmen: Er sieht ihn schon von weitem kommen, schließt ihn in die Arme und schenkt ihm in schöpferischer Liebe eine neue Beziehung zu sich als seinem Vater.

> Gott empfindet Schmerz, wenn Du Dich von ihm abwendest und seine Liebe nicht erwiderst: Du verfehlst dann den Sinn Deines Lebens. Um *Deinetwillen* ist er zornig; um *Deinetwillen* überwindet er diesen Zorn in übergroßem Erbarmen.

### 2. Was will Gott mir sagen?

52 Vielleicht ist Dir der Gedanke fremd, daß Gott um Deinetwillen Schmerz empfindet. Widerspricht dies nicht seiner unvorstellbaren Erhabenheit, seiner Unveränderlichkeit, die nicht direkt auf menschliches Verhalten reagiert? Die Bibel kennt aber keine starre Unveränderlichkeit Gottes. Sie hält daran fest, daß Gott in seiner Liebe und Treue unveränderlich ist und auf die Sünde des Menschen mit einem übergroßen Erbarmen reagiert:

1. Gott hat Dich aus Liebe erschaffen, und es „tut seinem Herzen weh", daß alles Sinnen und Trachten Deines Herzens böse ist (vgl. Gen 6,5f), daß Du andere „Götter" neben ihm hast, denn so verfehlst Du den Sinn Deines Lebens. Er ist deshalb um Deinetwillen zornig auf Dich. In seiner Liebe zu Dir verzichtet er jedoch auf Strafe, verzichtet er auf sein Recht: Er überwindet seinen gerechten Zorn in seinem übergroßen Erbarmen mit Dir.

2. Die Abwendung von Gott verändert Dich bis in die Wurzel Deines Menschseins, denn als Geschöpf und Ebenbild Gottes bedarfst Du seiner Zuwendung und Liebe. Du kannst aber nicht aus eigener Kraft zu ihm zurückkehren, so groß auch Dein Schmerz über die Trennung von Gott sein mag.[7] Der dreifaltige Gott tut deshalb das Äußerste, wozu Liebe fähig ist: Er *nimmt in seinem Sohn Deine Stelle ein*:

> Jesus Christus hat in seinem erlösenden Tod Deine Trennung von Gott auf sich genommen und Dir so einen neuen Zugang zu Gott eröffnet.

### 3. Was soll ich tun?

**53** Überdenke noch einmal Deine Notizen zu der Frage, was die Hauptsache in Deinem Leben ist (I,5). Es schmerzt Gott *um Deinetwillen*, wenn das, was Dich anzieht, begeistert, fasziniert, an seine Stelle tritt: Er hat Dich auf sich hin geschaffen, und nur in der Beziehung zu ihm wirst Du den letzten Sinn Deines Lebens entdecken. Auch in diesem Augenblick muß er an Dich denken. Es schmerzt ihn *um Deinetwillen*, wenn Du in der Fremde Heimat und Geborgenheit suchst. Er zwingt Dich nicht zur Umkehr, aber er erwartet Dich mit offenen Armen! „Weißt du nicht, daß Gottes Güte dich zur Umkehr treibt?" (Röm 2,4).

Oder bist Du als jemand, der sich bemüht, ein guter Mensch und „gläubiger" Christ zu sein, der Überzeugung, daß Du einer Umkehr nicht bedarfst? Dann ist der Schmerz Gottes über die Zurückweisung seiner frei gewährten Liebe noch größer: Du erwartest sie als Lohn für Deine Leistung, aber „es kommt nicht auf das Wollen und Streben des Menschen an, sondern auf das Erbarmen Gottes" (Röm 9,16). Bitte Gott um die Bereitschaft, Dir sein Erbarmen neu schenken zu lassen:

> „Herr, es tut mir leid, daß ich dir Schmerz zugefügt habe. Schenke mir die Gnade der Umkehr zu dir!"

## Sechster Tag:
## Der Heilige Geist verbindet uns mit Gott und untereinander

**54** Umkehr und Begegnung mit Gott ist nur möglich, wenn wir uns dem Wirken seines Heiligen Geistes in uns überlassen. Er war die Kraft, durch die sich Jesus dem Vater für uns hingegeben (Hebr 9,14), mit der er im Pfingstereignis die Jünger „getauft" hat (Apg 1,5). Der heilige Geist ist jedoch weithin der „unbekannte Gott" geblieben. Weil wir ihn zu wenig kennen, sind wir zu wenig offen für seine Gegenwart und für die Begegnung mit Gott. Die folgenden Texte zeigen, daß wir ihn nur in unserem Herzen wahrnehmen können:

> *„Der* Wind *(pneuma) weht, wo er will; du hörst sein Brausen, weißt aber nicht, woher er kommt und wohin er geht. So ist es mit jedem, der aus dem* Geist *(pneuma) geboren ist" (Joh 3, 8).*
>
> *„Was von Anfang an war, was wir gehört haben, was wir mit unseren Augen gesehen, was wir geschaut und was unsere Hände angefaßt haben, das verkünden wir: das Wort des Lebens ... Was wir gesehen und gehört haben, das verkünden wir auch euch, damit auch ihr* Gemeinschaft *mit uns habt. Wir aber haben* Gemeinschaft *mit dem Vater und mit seinem Sohn Jesus Christus" (1 Joh 1,1-3).*
>
> *„Die Liebe Gottes ist ausgegossen in unsere Herzen durch den Heiligen Geist, der uns gegeben ist" (Röm 5,5).*

### 1. Was steht in den Texten?

**55** Die erste Stelle ist dem Gespräch Jesu mit Nikodemus entnommen. Für „Wind" und „Geist" steht im griechischen Text das gleiche Wort (pneuma). Es hat die Grundbedeutung: Luft in Bewegung, Atem, Hauch, Lebenskraft. Die energiegeladene Bewegung der Luft können wir nicht sehen, mit Händen greifen. Wir erkennen sie aber an ihren *Wirkungen*, etwa wenn ein Sturm über das Land fegt. Auch den Atem können wir nicht sehen, aber er ist untrügliches Zeichen des Lebens.

In diesem Vergleich kommt eine Eigentümlichkeit des Heiligen Geistes, der „dritten" göttlichen Person, zum Ausdruck: Den Menschen Jesus konnten seine Zeitgenossen sehen, hören, betasten. Den Heiligen Geist aber haben die Jünger Jesu nicht in dieser leibhaften Weise wahrgenommen. Er war vielmehr die innere Kraft der Liebe, durch die sie gläubig „erkannt" haben, daß sie in Jesus dem ewigen Wort Gottes selbst begegnet sind. Auch wir können ihn mit unseren leiblichen Sinnen nicht wahrnehmen. Wir dürfen ihn uns auch nicht nach Art einer menschlichen Person vorstellen. Die in der Bibel benutzten Symbole (Wind, Taube, feurige Zungen) sagen nur wenig aus über sein innerstes Wesen:

> Den Heiligen Geist können wir mit unseren leiblichen Sinnen nicht wahrnehmen, aber wir erkennen seine Gegenwart an seinen Wirkungen in uns: Er ist die Kraft der Liebe, durch die Gott uns auf sich und auf die Mitmenschen hinwendet.

## 2. Bedeutung für uns

**56** Man frage einmal in einer Zusammenkunft von Christen, was ihnen bei dem Wort „Gott" einfällt. Die häufigsten Antworten werden sein: Vater, Allmacht, Gerechtigkeit, Liebe. Selten wird Jesus Christus genannt und fast nie der Heilige Geist! Dies hängt auch damit zusammen, daß man mit den Worten „Vater" und „Sohn" die Vorstellung einer konkreten *Person* verbinden kann, mit „Geist" dagegen nicht: Er ist wirksam als die Kraft der Liebe *zwischen* Gott und uns, *zwischen* den Gliedern der Kirche. Er will jede menschliche Liebe und Gemeinschaft läutern und intensivieren.

**57** Liebe können wir nicht mit den leiblichen Augen sehen, nicht mit Händen greifen, und doch ist sie die Urkraft, die *zwischen* Menschen wirksam ist und sie einander zuführt: Liebende denken nicht nur aneinander, man hat ihnen auch nicht nur gesagt, daß sie einander lieben, sondern sie nehmen ihre gegenseitige Liebe unmittelbar wahr. Sie sind in ihrem Herzen (in ihrer Tiefe und in ihren Gefühlen) voneinander betroffen und „angerührt". Wenn sie einander sehen, hören, betasten, geschieht deshalb zugleich eine gegenseitige *innere Berührung*, die eine sinnliche Wahrnehmung übersteigt: Sie nehmen *in ihrem Herzen* wahr, daß sie einander zugewandt sind, und drücken dies etwa in dem Wort aus: „Mein Herz gehört dir." Sie *wissen* um diese gegenseitige „geistige" Berührung und sprechen deshalb „aus Erfahrung" von ihrer Liebe.

> Liebende nehmen *in ihrem Herzen* wahr, daß sie einander zugewandt sind. Sie erfahren ihre Liebe als eine Kraft, die *zwischen* ihnen wirksam ist und sie miteinander verbindet (II, 35).

**58**  Ähnliches ist in dem oben zitierten Text aus dem ersten Johannesbrief gemeint: Die Jünger haben den Menschen Jesus gesehen, gehört, betastet. Dabei wurden sie in ihrer Tiefe, in ihrem Herzen, von seiner Gegenwart erfaßt und „angerührt". Diese innere „geistige" Berührung war nicht durch ihre leiblichen Sinne vermittelt, sondern durch den von Jesus ausgehenden Heiligen Geist! So hatten sie die gläubige Gewißheit, daß sie in dem Menschen Jesus dem ewigen Sohn Gottes begegnet waren. Von dieser Begegnung konnten sie „aus Erfahrung" Zeugnis geben. Sie erkannten, daß ihre Gemeinschaft untereinander zugleich „Gemeinschaft mit dem Vater und mit seinem Sohn Jesus Christus" ist.

> Der Heilige Geist ist als Person die Kraft und Dynamik der Liebe *zwischen* dem Vater und Jesus Christus und *zwischen* den Gliedern der Kirche.

### 3. Was soll ich tun?

**59**  Frage Dich jetzt, wann und wie Du die Gegenwart des Heiligen Geistes schon einmal erahnt oder erfahren hast: Beim Lesen der Bibel oder während einer Predigt? In einem persönlichen Gespräch, bei dem Gott durch das Wort eines anderen Dein Herz berührt hat? Beim Gebet? Im Gemeindegottesdienst? Beim Empfang eines Sakramentes?

Vielleicht hast Du auch schon einmal wahrnehmen dürfen, daß Gott *durch Dich* an anderen handelt: durch ein Wort, das von ihm kam; durch eine Tat, zu der Du aus Dir selbst nicht fähig gewesen wärest; durch Deinen sozialen und politischen Einsatz, der beiträgt zur Änderung sündiger gesellschaftlicher Strukturen?

Halte Deine Beobachtungen in Deinem geistlichen Tagebuch fest!

## Siebter Tag:
## Umkehr zum Leben

**60**  Die Begegnung mit Gott geschieht in einer Hinwendung zu ihm, die in der Bibel „Umkehr" und „Glaube" (Mk 1,15) genannt wird. Sie wird durch Gott selbst im einzelnen bewirkt, schließt eine Grundentscheidung für ihn ein und ist eine Beziehung von Herz zu Herz:

*„Ich gebe ihnen ein Herz, damit sie erkennen, daß ich der Herr bin. Sie werden mein Volk sein, und* ich werde Ihr Gott sein; *denn sie werden* mit ganzem Herzen *zu mir umkehren" (Jer 24,7).*

*„Ich schließe mit ihnen einen* Ewigen Bund, *daß ich mich* nicht von ihnen abwenden will ... *Ich werde mich über sie freuen, wenn ich ihnen Gutes erweise ...* aus ganzem Herzen und aus ganzer Seele*" (Jer 32,40f).*

*„Ich schenke euch ein* neues Herz *und lege einen* neuen Geist *in euch. Ich nehme das Herz von Stein aus eurer Brust und gebe euch ein Herz von Fleisch. Ich lege meinen Geist in euch und bewirke, daß ihr meinen Gesetzen folgt und auf meine Gebote achtet und sie erfüllt" (Ez 36,26f).*

> *„Dieses Volk soll erkennen, daß du, Herr, der wahre Gott bist und daß* du *sein Herz* zur Umkehr wendest" *(1 Kön 18,37).*
>
> *„Als sie das hörten, ... priesen sie Gott und sagten: Gott hat also auch den Heiden die* Umkehr zum Leben *geschenkt" (Apg 11,18).*

## 1. Was steht in den Texten?

**61** Umkehr meint im Alten Testament die ständige Hinwendung des Menschen zu Gott, der sich in einem „ewigen" Bund für immer an sein Volk gebunden hat. Die immer wiederkehrende Bundesformel lautet: „Ich bin euer Gott, und ihr seid mein Volk" (Ex 6,7; Dtn 26,17f; 29,12f; Jer 7,23; Ez 11,20 usw.). Die Initiative für diesen Bund liegt einzig und allein bei Gott. Er freut sich darüber, seinem Volk *„aus ganzem Herzen und aus ganzer Seele"* Gutes zu erweisen. Dieses Zitat findet sich zwar nur in Jer 32,41, macht aber die Grundstimmung deutlich, in der das Bundesvolk den Bund mit Gott erfahren hat.

> Die Antwort auf das Angebot Gottes ist dem Menschen von sich aus nicht möglich. Deshalb schenkt Gott ihm ein „neues Herz" und seinen eigenen Geist.

Gott selbst wendet das Herz des Menschen auf sich hin! Nur so kann er sich für Gott und gegen die „anderen Götter" entscheiden. Der Ruf zur Umkehr ist auch die zentrale Botschaft Jesu: „Kehrt um, und glaubt an das Evangelium!" (Mk 1,15).

> „Umkehr zum Leben" (Apg 11,18) meint die Hinwendung
> – zu Jesus als dem „Urheber des Lebens" (Apg 3,15),
> – zu seinem „Wort des Lebens" (Apg 5,20),
> – zum ewigen Leben (Apg 13,48).

Diese Umkehr schließt eine entschiedene Absage an die heidnischen Götter und eine Grundentscheidung für Jesus ein.

## 2. Was will Gott mir sagen?

**62** Für viele Christen hat das Wort „Umkehr" angesichts eines bedrohlichen Gottesbildes einen negativen Klang erhalten: Viele meinen, Umkehr sei eine „Forderung" Gottes nur an solche, die sich durch schwere Verfehlungen von Gott abgewandt haben und nun „sich ändern" sollen. Deshalb muß nochmals betont werden:

---

Umkehr ist nicht in erster Linie „Sinnesänderung", sondern die vom Heiligen Geist in Dir bewirkte Hinwendung zum Herzen Gottes.

---

Gott hat ein Herz für Dich: Er empfindet *um Deinetwillen* Schmerzen darüber, daß Du seine Liebe zurückgewiesen oder nur mit halbem Herzen erwidert hast (I,53f). Der Schmerz Gottes ist nicht in einem Mangel an Zuwendung oder in einer „Verletzung" begründet. Er empfindet vielmehr Schmerzen darüber, daß Du ihm *nicht erlaubst*, Dir „Gutes zu erweisen", denn dadurch verfehlst Du den Sinn und das Glück Deines Lebens. Sein Heiliger Geist läßt Dich „*teilhaben an diesem Schmerz*" (Johannes Paul II., DEV 45). Er läßt Dich Schmerzen darüber empfinden, daß Gott um Deinetwillen leidet, und erweckt in Dir die Reue über den Schmerz Gottes! Diese Reue ist die „Umkehr zum Leben": Antwort auf die Liebe Gottes, die zu leiden weiß.

---

Reue ist Schmerz über den Schmerz Gottes und nicht nur Schmerz über vergangene böse Taten!

---

### 3. Was soll ich tun?

**63**  In der Taufe hat Gott Dich durch seinen Heiligen Geist in überströmender Liebe und gänzlich unverdient in seine Gemeinschaft aufgenommen und Dir ganz persönlich das Angebot eines bleibenden Bundes gemacht. Er hat sich damit an Dich *gebunden*, aber er zwingt Dich nicht, sein Angebot anzunehmen, sondern achtet Deine Freiheit.

Dein Leben wird von einer bleibenden Freude getragen sein, wenn Du jetzt, in dieser Stunde, Dein Herz neu für den Gott der Liebe und des Erbarmens öffnest und dem von ihm angebotenen Bund erneut und ausdrücklich zustimmst.

Die grundlegendste aller Entscheidungen war die gegen die Zufälligkeit Deines Daseins (I,10ff). Gott lädt Dich aber auch dazu ein, ihm in der Kraft seines Heiligen Geistes bewußt und ausdrücklich zu sagen: Ich möchte mehr und mehr dir gehören! Im Gottesdienst der vierten Woche werden wir Gott um die Gabe der Reue, um Heilung und Vergebung bitten. Im Gottesdienst der achten Woche bist Du eingeladen, Deine Grundentscheidung für Gott in Anwesenheit der Seminarteilnehmer erneut und vertieft auszusprechen.

# DRITTE WOCHE

# Befreiung und Heilung

## Erster Tag:
## „Gott, du kennst mich, und du erforschst mich"

**64** Die Begegnung mit dem lebendigen Gott heilt und befreit. Er selbst räumt die Hindernisse aus dem Weg, die der Begegnung mit ihm im Wege stehen.

Der folgende Psalm 139 regt Dich dazu an, Dir von Gott zeigen zu lassen, warum – auch ohne Deine persönliche Schuld – Dein Verhältnis zu ihm, zu Mitmenschen und zu Dir selbst gestört ist. Tritt vertrauensvoll vor Deinen Gott und erlaube ihm, Dein Herz zu erforschen. Seine Allwissenheit ist nicht bedrohlich, sondern befreiend:

1. Der gütige Gott kennt Dich seit Beginn Deines Lebens

*(1) Herr, du hast mich erforscht, und du kennst mich.*
*(2) Ob ich sitze oder stehe, du weißt von mir. Von fern erkennst du meine Gedanken.*
*(3) Ob ich gehe oder ruhe, es ist dir bekannt; du bist vertraut mit all meinen Wegen.*
*(4) Noch liegt mir das Wort nicht auf der Zunge – du, Herr, kennst es bereits.*
*(5) Du umschließt mich von allen Seiten und legst deine Hand auf mich.*

> *(6) Zu wunderbar ist für mich dieses Wissen, zu hoch, ich kann es nicht begreifen.*

## 2. Der gnädige Gott ist überall gegenwärtig

> *(7) Wohin könnte ich fliehen vor deinem Geist, wohin mich vor deinem Angesicht flüchten?*
> *(8) Steige ich hinauf in den Himmel, so bist du dort; bette ich mich in der Unterwelt, bist du zugegen.*
> *(9) Nehme ich die Flügel des Morgenrots und lasse mich nieder am äußersten Meer,*
> *(10) auch dort wird deine Hand mich ergreifen und deine Rechte mich fassen.*
> *(11) Würde ich sagen: „Finsternis soll mich bedecken, statt Licht soll Nacht mich umgeben",*
> *(12)* auch die Finsternis wäre für dich nicht finster, *die Nacht würde leuchten wie der Tag, die Finsternis wäre wie Licht.*

## 3. Der allmächtige Gott hat Dich erschaffen

> *(13) Denn du hast mein Inneres geschaffen, mich gewoben im Schoß meiner Mutter.*
> *(14) Ich danke dir, daß du mich so wunderbar gestaltet hast. Ich weiß: Staunenswert sind deine Werke.*
> *(15) Als ich geformt wurde im Dunkeln, kunstvoll gewirkt in den Tiefen der Erde, waren meine Glieder dir nicht verborgen.*
> *(16)* Deine Augen sahen, wie ich entstand, *in deinem Buch war schon alles verzeichnet; meine Tage waren schon gebildet, als noch keiner von ihnen da war.*
> *(17) Wie schwierig sind für mich, o Gott, deine Gedanken, wie gewaltig ist ihre Zahl!*

4. Der heilende Gott bewahrt Dich vor Deinen (inneren)
Feinden

> *(19) Wolltest du, Gott, doch den Frevler töten! Ihr
> blutgierigen Menschen, laßt ab von mir!*
> *(20) Sie reden über dich voll Tücke und mißbrauchen
> deinen Namen.*
> *(21) Soll ich die nicht hassen, Herr, die dich hassen, die
> nicht verabscheuen, die sich gegen dich erheben?*
> *(22) Ich hasse sie mit glühendem Haß; auch mir sind sie zu
> Feinden geworden.*

5. Der prüfende Gott führt Dich auf den rechten Weg

> *(23)* Erforsche mich, Gott, *und erkenne mein Herz, prüfe
> mich, und erkenne mein Denken!*
> *(24) Sieh her, ob ich auf dem Weg bin, der dich kränkt,
> und leite mich auf dem altbewährten Weg!*

## 1. Was steht im Text?

**65** Der Beter weiß sich in der gütigen Allwissenheit und Sorge
Gottes geborgen. Er bittet Gott inständig, sein Herz zu
erforschen und alle Hindernisse zu beseitigen, die ihn noch von
ihm trennen. In großem Vertrauen geht der Beter deshalb mit
Gott zurück an den Anfang seiner Lebensgeschichte (V. 13-17)
und bittet ihn, auch die in seinem Herzen *verborgenen*
Hindernisse aufzudecken, die eine tiefere Beziehung zu ihm
verhindern (V. 23f).

Ein Hindernis für die Gottesbeziehung des Beters sind aber
auch die Menschen, die verächtlich über Gott reden und seinen
Namen mißbrauchen. Der Beter verspricht Gott, sich von ihnen
nicht beeindrucken zu lassen, sondern sie zu „hassen": Weil sie
Gottes Feinde sind, sind sie auch seine Feinde (V. 19-22). Vom
Neuen Testament her und in einem tieferen, „geistlichen"

Verständnis sind hier die *inneren* Gottesfeinde gemeint: die aus dem Herzen des Menschen aufsteigenden Antriebe zum Bösen (Mk 7,21ff), die „in mir wohnende Sünde" (Röm 7,17); denn „das Trachten des Fleisches ist Feindschaft gegen Gott" (Röm 8,7). In vielen alttestamentlichen Gebeten wird das aus dem eigenen Inneren aufsteigende Böse häufig *unbewußt* auf andere Menschen übertragen („projiziert") und in ihnen bekämpft.

---

Gott kennt die Geschichte Deines Lebens von Anfang an. Er allein kann die Erinnerung an negative Lebenserfahrungen heilen.

---

## 2. Was will Gott mir sagen?

**66** Es ist von zentraler Bedeutung für Deine Beziehung zu Gott, daß Du innere Verletzungen und Verwundungen erkennst, die Du durch andere erlitten hast und die Dich von Gott trennen. Sie sind nämlich der Grund für ein aus der Tiefe Deines Herzens aufsteigendes *Mißtrauen gegen Gott* („wie konnte Gott so etwas zulassen?").

---

Dein Mißtrauen gegen Gott geht auch auf Verletzungen und Verwundungen zurück, die Du durch andere erlitten hast.

---

Gott lädt Dich dazu ein, die damit verbundenen Gefühle der Angst, der Wut, der Traurigkeit, vor ihm zuzulassen, damit er sie heilen kann.

Mißtrauen gegen Gott ist nämlich eine der tieferen Ursachen für *persönliche* Sünden, für die wir vor Gott persönlich verantwortlich sind. In ihnen wirken sich immer auch negative Einflüsse aus, die wir seit unserer Geburt durch unsere Mitwelt in uns aufgenommen haben. Wir machen sie insgeheim Gott zum Vorwurf und wollen nichts mehr mit ihnen zu tun haben. So kommt es zu der Tendenz, „unverletzlich" zu werden, indem

wir uns auf uns selbst zurückziehen. Die dadurch entstehenden Grundhaltungen sind Ursprung persönlicher Sünden:
- Wenn ich von Gott und anderen Menschen Abstand halte, kann mich nichts mehr verletzen.
- Ich vertraue niemandem mehr, auch Gott nicht.
- Ich verschaffe mir die Anerkennung anderer, dann werden sie mir nicht mehr zu nahe treten.
- Wenn ich mächtig bin, kann mir keiner etwas antun.
- Wenn ich genieße, kann mich nichts mehr erschüttern.

---

Persönliche Sünden sind der Versuch, Dich gegen Gott und gegen andere abzusichern!

---

### 3. Was soll ich tun?

**67** Erlaube dem Geist Gottes jetzt, in Deine Lebensgeschichte einzudringen, danke ihm für die Gabe der Erinnerung und gehe mit ihm Abschnitt für Abschnitt durch, so weit Du Dich zurückerinnern kannst.

Notiere Dir in Dein geistliches Tagebuch mit allen Einzelheiten und Umständen, was Dich jemals verwundet und verletzt hat, was Ärger, Zorn, Wut, Traurigkeit auslöst, sobald Du daran denkst.

Von besonderem Gewicht sind Störungen der menschlichen Ur-Beziehungen: der Beziehung zu Vater und Mutter, zu Bruder und Schwester, zwischen Ehemann und Ehefrau, zu Tochter und Sohn.

**68** Notiere Dir auch alle *Einzelheiten und Umstände,* die besonders schmerzlich waren: Vor Deinem Gott brauchst Du nichts zu verdrängen. Vielleicht fallen Dir spontan Worte oder Handlungen des Vaters, der Mutter ein, die immer noch Schmerz auslösen und Dein Leben überschatten. Wie war (ist) Dein Verhältnis zu Deinem Bruder, Deiner Schwester? Welche Erinnerungen hast Du an Deine Schulzeit, an die Jahre der Pubertät? Hast Du Verletzungen empfangen aus den Beziehungen im Berufsleben, in der Gesellschaft? Überdenke auch Deinen Lebensstand: Wie ist das Verhältnis zum Ehemann, zur

Ehefrau, zu den Kindern? Wenn Du Ordenschrist bist: Gibt es gestörte Beziehungen zu Mitgliedern der Gemeinschaft, zu Vorgesetzten? Wie ist Dein Verhältnis zur Kirche, zu Mitgliedern der Gemeinde, zum Pfarrer?

> Denke an Menschen, die negative Gefühle in Dir ausgelöst haben oder auslösen, in tiefer Vergebungsbereitschaft.

Es geht nicht darum, sie zu „verurteilen": Auch sie waren (und sind) von ihrer Vorgeschichte und ihrer Umgebung, von der „Sünde der Welt" (Joh 1,29) geprägt. Stelle sie in das Licht des sich erbarmenden Gottes! Laß Dir von Gott auch zeigen, ob und inwiefern Du selber mitschuldig bist an gestörten Beziehungen: durch Egoismus, Intoleranz, mangelnde Vergebungsbereitschaft. Ein zentraler Schritt in diesem Glaubensseminar wird dann das Gebet um Heilung Deiner Erinnerungen und Erwartungen und um Vergebung sein.

## Zweiter Tag:
## Du bist Gott gegenüber mißtrauisch

**69** Der Blick in Deine Lebensgeschichte hat vielleicht in Dir den Gedanken aufkommen lassen: Ich habe doch allen Grund, Gott gegenüber mißtrauisch zu sein! Warum läßt er dies alles zu? Warum ist mein Leben von Anfang an von negativen Einflüssen bestimmt?

Auch die biblischen Schriftsteller haben über diese Frage nachgedacht. Sie gingen dabei von Erfahrungen aus, die sie mit sich selbst und mit ihrer Umwelt gemacht haben. Diese unterscheiden sich nicht wesentlich von den Erfahrungen, die jeder Mensch macht. Der biblische Bericht über die Ursünde, über den *Anfang* des Mißtrauens Gott gegenüber, beschreibt deshalb nicht lediglich ein einmaliges Geschehen, sondern eine Grundverfassung jedes Menschen: Mißtrauen gegen Gott ist in jedem Menschen wirksam, hat die Geschichte der Menschheit von Anfang an bestimmt und wird von Generation zu Generation „vererbt".

Das Neue Testament spricht in diesem Zusammenhang von der „Sünde der Welt" und das kirchliche Lehramt von der „Erbsünde".

> „Gott, der Herr, nahm also den Menschen und setzte ihn in den Garten von Eden, damit er ihn bebaue und hüte. Dann gebot Gott, der Herr, dem Menschen: Von allen Bäumen des Gartens darfst du essen, doch vom Baum der Erkenntnis von Gut und Böse darfst du nicht essen – denn sobald du davon ißt, wirst du sterben ... Die Schlange war schlauer als alle Tiere des Feldes, die Gott, der Herr, gemacht hatte. Sie sagte zu der Frau: Hat Gott wirklich gesagt, ihr dürft von keinem Baum des Gartens essen? Die Frau entgegnete der Schlange: Von den Früchten der Bäume im Garten dürfen wir essen; nur von den Früchten des Baumes, der in der Mitte des Gartens steht, hat Gott gesagt: Davon dürft ihr nicht essen, und daran dürft ihr nicht rühren, sonst werdet ihr sterben" (Gen 2,15ff; 3,1-3).
>
> „Alles, was in der Welt ist, die Begierde des Fleisches, die Begierde der Augen, und das Prahlen mit dem Besitz, ist nicht vom Vater, sondern von der Welt" (1 Joh 2,16).

### 1. Was steht in den Texten?

**70** Die Erzählung von dem fruchtbaren „Garten", vom Paradies, ist eine Umschreibung des vertrauensvollen Verhältnisses zwischen Gott und dem Menschen: Gott hat dem Menschen – im Unterschied zu den Tieren – das Geschenk der *Freiheit* gegeben. Gott wollte zum Menschen in eine persönliche Beziehung treten. Deshalb hat er ihn zur freien, vertrauensvollen Antwort auf seine Zuwendung befähigt. Diese Freiheit schließt nun aber die *Möglichkeit* des Mißtrauens gegen ihn ein:

> Wenn der Mensch Gott nicht auch mißtrauen könnte, wäre sein Vertrauen nicht frei, sondern erzwungen.

Damit ist Gott gleichsam das „Risiko" eingegangen, daß der Mensch seine Freiheit auch mißbraucht und sich von ihm abwendet. Gott gab dem Menschen deshalb das ihn schützende Gebot: Überlasse dich nie dem Mißtrauen mir gegenüber! Dies wird anschaulich dargestellt im Bild des „Baumes der Erkenntnis von Gut und Böse":

---

Das „Gute" ist das Vertrauen zu Gott, das „Böse" ist das Mißtrauen ihm gegenüber.

---

Die „Mitte" des Gartens, die Mitte des Verhältnisses zu Gott, ist das Vertrauen zu ihm!

**71**  Die biblische Erzählung über die erste Sünde beschreibt sehr genau den Weg vom möglichen zum wirklichen Mißtrauen Gott gegenüber. Die Schlange, Sinnbild für die gefährliche und hinterhältige Macht des Bösen, fragt: „Hat Gott wirklich gesagt: Ihr dürft von *keinem* Baum des Gartens essen?" (Gen 3,1). Die Ausleger der Bibel sagen übereinstimmend, daß in dieser Frage der Schlange eine verhängnisvolle *Übertreibung* verborgen ist. Gott hatte ja nur gesagt, von *einem* Baum des Gartens darfst du nicht essen! Die Schlange versteht es, durch diese Übertreibung des Gebotes Gottes in der Frau den Eindruck zu erwecken, Gott sei hart, tyrannisch und mißgünstig (Gen 3,4f): Er schaffe für den Menschen einen prächtigen Garten, verbiete ihm aber, von den Früchten zu genießen, und wolle ihm so jede Daseinsfreude nehmen.

Dieses falsche Bild von Gott muß *Mißtrauen* gegen ihn erregen: Vielleicht ist Gott ganz anders, als er sich gibt; vielleicht ist er gar nicht der gute und liebende, sondern ein mißgünstiger Gott, der den Menschen unterdrückt und ihm den Gebrauch seiner Freiheit verbietet:

---

1. Mißtrauen gegen Gott ist der Ursprung jeder Sünde.

2. Sünde ist die Störung der Beziehung zu Gott.

---

Die Bibel geht davon aus, daß Mißtrauen gegen Gott von einer Generation auf die andere vererbt wird. Dadurch ist die Beziehung des einzelnen zu Gott grundlegend gestört. Die Folge ist, daß er in einer von Gott losgelösten Weise nach Ansehen, Macht, Genuß strebt, wie der Text aus dem ersten Johannesbrief zeigt. Dies wiederum hat eine Störung der Beziehungen der Menschen untereinander und des einzelnen zu sich selbst zur Folge. Die von Gott abgewandte Menschheit bezeichnet das Neue Testament auch als „diese Welt" (vgl. Joh 1,9f.29; 12,31).

## 2. Bedeutung für uns

**72** Zum Verständnis der biblischen Urgeschichte ist es wichtig, das Verhältnis von Mißtrauen und Freiheit in *mitmenschlichen* Beziehungen zu bedenken. Nehmen wir ein einfaches Beispiel: Jemand hat Dir etwas versprochen, das für Dich sehr wichtig ist, eine Hilfe, eine Unterstützung. Du erwartest voll Vertrauen, daß der andere seine Zusage einhält. Dein Vertrauen ist jedoch notwendig begleitet von Zweifel, Sorge, Mißtrauen: Du kannst über die freie Entscheidung des anderen nicht verfügen. Vielleicht wird er anders handeln, als er versprochen hat! Wenn Du ihm dennoch „glaubst", *überwindest Du Dein Mißtrauen* und wartest in Geduld auf die Einlösung seines Versprechens. Du könntest, wenn du wolltest, Dich auch Deinem Zweifel und Deinem Mißtrauen überlassen. Dann aber riskierst Du eine Störung der Beziehung zu dem anderen.

Tiefere (unbewußte) Schichten menschlicher Freiheit macht folgendes Beispiel deutlich: Wenn Mann und Frau sich gegenseitig das eheliche Ja-Wort geben, wenn sie sich „trauen" lassen, dann ist dies ein Akt tiefen *Vertrauens* zueinander: Sie versprechen sich Treue und bleibende Zuwendung, in jeder Situation, bis der Tod sie scheidet. Im Hintergrund dieses Ja-Wortes lauert jedoch immer auch die besorgte und zweifelnde Frage: Wird der andere wirklich in jeder Situation zu mir halten, wird er mir treu bleiben?[8] Keiner kann ja über die Freiheit des anderen verfügen und eine bleibende Zuwendung erzwingen. Zweifel und Mißtrauen sind häufig *unbewußt*, aber gerade deshalb umso mehr wirksam. In dem Maße, als ein Partner sich ihnen ganz überläßt, zerstört er die Grundlage der Beziehung.

**73** Ähnliches gilt für das Verhältnis zu Gott: Er hat Dir Zuwendung und Treue versprochen und Dir in der Taufe die neue, gnadenhafte Freiheit geschenkt, Dich ihm zuzuwenden, ihm in jeder Situation zu vertrauen. Dennoch bleibt auch im Getauften ein tief verborgener Antrieb wirksam, Gott zu mißtrauen und sich in der persönlichen Sünde gegen ihn abzusichern.[9] Dies kannst Du an Dir selbst deutlich wahrnehmen (vgl. oben 1 Joh 2,16 sowie Mk 7,21).

---

Der Glaube ist das von Gott gnadenhaft geschenkte Vertrauen, in dessen Kraft Du den Antrieb zum Mißtrauen ihm gegenüber überwinden kannst.

---

### 3. Was soll ich tun?

**74** Frage Dich heute, wie es um Dein Vertrauen zu Gott bestellt ist. Ist Gott wirklich der gute Gott, wenn es Leiden gibt, die schon mit der Geburt beginnen; wenn Gott Naturkatastrophen, Kriege, Unterdrückung und Folterung zuläßt; wenn viele Menschen nicht das zum Leben Notwendige haben? Ist Gott vielleicht anders als er sich uns in der Bibel zeigt?

Vertraust Du der Zusage Gottes, daß er in jeder Situation Dein Helfer und Retter ist? Steigen aus Deiner Tiefe hin und wieder Warnungen auf, die begründet sind in negativen Erfahrungen mit anderen Menschen: Vertraue niemandem, auch Gott nicht!

Notiere Dir in Dein geistliches Tagebuch, warum Du an der Güte Gottes zweifelst und ihm mißtraust. Im Gottesdienst der achten Woche dieses Glaubensseminars bist Du eingeladen, Dein Taufbekenntnis persönlich zu erneuern. Du könntest Deine Absage an den Satan auch so formulieren:

---

Mein Gott, ich widersage dem Mißtrauen gegen Dich!

---

## Dritter Tag:
## Selbstverwirklichung ohne Gott?

**75**   In dem Maße, als der Mensch versucht, getrennt von Gott zu leben, wendet er sich auf sich selbst zurück. Er entdeckt die „unbegrenzten" Möglichkeiten seiner Freiheit und glaubt, sein höchstes Glück bestehe darin, in möglichst großer Bindungslosigkeit selbst zu bestimmen, was er tut und was er läßt. Dabei erleidet er tiefe Verwundungen. Dies zeigt sich deutlich am Schicksal des jüngeren Sohnes in dem folgenden Gleichnis vom barmherzigen Vater. Es ist bei Lukas gleichsam ein „Evangelium im Evangelium".

### 1. Abkehr vom „Vater"

> *„Ein Mann hatte zwei Söhne. Der jüngere von ihnen sagte zu seinem Vater: Vater, gib mir das Erbteil, das mir zusteht. Da teilte der Vater das Vermögen auf. Nach wenigen Tagen packte der jüngere Sohn alles zusammen und zog in ein fernes Land. Dort führte er ein zügelloses Leben und verschleuderte sein Vermögen."*

### 2. Hunger nach Zuwendung

> *„Als er alles durchgebracht hatte, kam eine große Hungersnot über das Land, und es ging ihm sehr schlecht. Da ging er zu einem Bürger des Landes und drängte sich ihm auf; der schickte in aufs Feld zum Schweinehüten. Er hätte gern seinen Hunger mit den Futterschoten gestillt, die die Schweine fraßen; aber niemand gab ihm davon."*

## 3. Reue und Umkehr

> *„Da* ging er in sich *und sagte: Wie viele Tagelöhner meines Vaters haben mehr als genug zu essen, und ich komme hier vor Hunger um. Ich will aufbrechen und zu meinem Vater gehen und zu ihm sagen: Vater, ich habe mich gegen den Himmel und gegen dich versündigt. Ich bin nicht mehr wert, dein Sohn zu sein; mach mich zu einem deiner Tagelöhner. Dann brach er auf und ging zu seinem Vater"* (Lk 15,11-20a).

### 1. Was steht im Text?

**76**   Nach jüdischem Recht konnte der Vater schon zu Lebzeiten sein Vermögen auf die Söhne aufteilen, er behielt jedoch ein lebenslängliches Nutzungsrecht. Das sündhafte Verhalten des Sohnes beginnt in unserem Gleichnis damit, daß er dem Vater nicht mehr vertraut: Er läßt sich sein Erbteil auszahlen in der Absicht, ohne Rücksicht auf den Vater beliebig darüber zu verfügen. Schon nach wenigen Tagen bricht er die Beziehung zu seinem Vater radikal ab, zieht in die Fremde und macht sich selbst *zur letzten Instanz seines Handelns.* Der Vater hindert den Sohn nicht daran, seine Freiheit „genießen" zu wollen. Wie der weitere Verlauf des Gleichnisses zeigt, läßt er ihn mit Schmerzen ziehen, bleibt ihm aber innerlich zugewandt. Der Sohn verschleudert das, was er vom Vater erhalten hat und was letztlich immer noch ihm gehört.

> Das Gleichnis schildert, wie der Versuch einer totalen Selbstverfügung und Selbstverwirklichung ohne Gott zum Mißbrauch der Freiheit führt.

Nachdem der Sohn alles durchgebracht hatte, kam eine „große Hungersnot" über das Land. Dieser Hinweis deutet eine tiefe *innere* Not an. „Es ging ihm sehr schlecht" meint nicht nur leiblichen, sondern inneren Hunger nach menschlicher Zuwendung, die ihm in dem selbstbezogenen Ausleben seiner Freiheit, in einem „zügellosen Leben", offenbar versagt geblieben ist. Der Sohn drängt sich nun einem ihm völlig fremden Menschen auf und bettelt dabei nicht nur um Arbeit und Nahrung, sondern auch um Bejahung seiner Person. Der Gutsherr verweigert diese Zuwendung radikal, denn er schickt den jungen Mann aufs Feld zum Schweinehüten. Dies ist nach jüdischem Standpunkt eine tiefe Erniedrigung und verletzende Verunreinigung (Lev 11,7f).

**77** Die Erfahrung des fundamentalen Mangels an Zuwendung führt den Sohn in eine tiefe Krise:

---

Der Sohn geht in sich und erkennt, daß seine eigenmächtige Abkehr von seinem Vater Sünde war und der Versuch einer Selbstverwirklichung ohne ihn gescheitert ist.

---

Er erinnert sich daran, daß die Tagelöhner zu Hause ständig in der Nähe seines Vaters sein dürfen und „mehr als genug zu essen haben". Damit ist nicht nur der Lebensunterhalt gemeint, sondern auch die Geborgenheit in der Gemeinschaft mit dem Vater. Er möchte fortan wenigstens wie ein Tagelöhner bedingungslos für ihn dasein, um so das Vertrauen des Vaters zurückzugewinnen. Er rechnet bei seiner Rückkehr mit seinem gerechten Zorn und legt sich deshalb ein Schuldbekenntnis zurecht. Der Inhalt dieses Bekenntnisses ist jedoch nicht das vergangene Leben, sondern die Sünde, die in der Zurückweisung der Liebe des Vaters besteht!

## 2. Was will Gott uns sagen?

**78** Wenn Du Gott Dein Vertrauen entziehst, ist die Folge eine doppelte innere Verwundung:

### 1. Selbst-Verwundung.

Der Mensch hat in sich eine „unerklärliche" Tendenz, aus der Beziehung zu Gott „auszusteigen" und ihm das Vertrauen zu entziehen: Er möchte seine Freiheit als sein ureigenstes „Vermögen" (vgl. Lk 15,12) betrachten, über das er beliebig verfügen kann. In dem Maße, als Du Dich – aus welchen

Gründen auch immer – dieser Tendenz überläßt, wird ein innerer Widerspruch in Dir aufbrechen:
– Du bist aus der Liebe Gottes hervorgegangen und bleibst deshalb notwendig auf Gott bezogen.
– Du verweigerst ihm Dein Vertrauen und versuchst, so zu leben, als ob es ihn nicht gäbe.

Du kannst eine Zeitlang mit diesem inneren Widerspruch leben, Du kannst ihn verdrängen (wie der Sohn in unserem Gleichnis), aber irgendwann wird er in Dir aufbrechen (vielleicht durch einen von außen kommenden Leidensdruck oder durch eine innere „Hungersnot"; vgl. Lk 15,14).

Je mehr Dir dieser Widerspruch bewußt wird, um so schmerzlicher wird er. Dieser Schmerz ist Zeichen einer tiefen inneren Wunde, die letztlich zum (geistigen und körperlichen) Tod führt, wie unser Gleichnis andeutet: „Mein Sohn war tot." (Lk 15,24.32) *Radikale* Verweigerung des Vertrauens zu Gott ist eine „Sünde, die zum Tod führt" (1 Joh 5,16), eine „Todsünde".

**79**  *2. Verwundung durch andere.*
Der Sohn ist tief verletzt, weil der fremde Gutsherr sein Betteln um Zuwendung auf eine ihn erniedrigende Art zurückweist. Er verliert jede Selbstachtung und menschliche Würde (man erlaubt ihm nicht einmal, sich vom Schweinefutter zu ernähren) und kann sich selbst nicht mehr lieben: Die meisten Menschen leben nicht getrennt von Gott, weil sie sich bewußt von ihm abgewandt haben, sondern weil sie durch das bewußte oder unbewußte Fehlverhalten anderer innerlich verwundet und sich selbst entfremdet sind. Sie können niemandem mehr vertrauen, auch Gott nicht.

Aus unserem Gleichnis lernen wir:

---

1. Sünde beginnt mit der Weigerung, Gott zu vertrauen.

2. Diese Störung der Beziehung zu Gott hat eine Störung der Beziehung des Menschen zu sich selbst und zu anderen zur Folge.

---

### 3. Was soll ich tun?

80  Frage Dich heute:
- Betrachte ich meine Freiheit als ein „Vermögen", über das ich eigenmächtig verfügen will, oder als die Befähigung zur Antwort auf seine Zuwendung?
- Ist Gott für mich die letzte Instanz meines Denkens und Handelns, oder strebe ich (unbewußt) nach einer Selbstverwirklichung ohne Gott? Welche Bereiche meines Lebens (Geld, Sexualität, negative Lebenserfahrungen; vgl. I,5) verschließe ich vor Gott?
- Ist mein Selbstwertgefühl *abhängig* von der Zuwendung anderer Menschen (bettle ich ständig um Anerkennung), oder erwarte ich, daß Gott mich total bejaht?

Von grundlegender Bedeutung für die Umkehr zu Gott ist das Verständnis von *„Reue"* in unserem Gleichnis: Der Sohn bereut nicht in erster Linie sein vergangenes Leben, sondern die Aufkündigung der Gemeinschaft mit dem Vater. Das Motiv seiner Reue ist nicht *Furcht* vor der strafenden Gerechtigkeit des Vaters, sondern die neu aufgebrochene *Liebe* zu ihm und die Sehnsucht nach Heimat bei ihm: Ich will aufbrechen und zu meinem Vater gehen! Das Sündenbekenntnis, das er sich zurechtlegt, lautet nicht: Ich habe schlecht gelebt, dieses und jenes getan, sondern: „Ich habe mich gegen *dich* versündigt!" Obwohl er weiß, daß er nicht mehr wert ist, „Sohn" zu sein, vertraut er dennoch darauf, daß der Vater ihn nicht wegschickt, sondern neu in seine Gemeinschaft aufnimmt. In einem tieferen Verständnis des Textes dürfen wir nochmals (vgl. I,62) festhalten:

1. Reue ist nicht nur Schmerz über vergangene böse Taten.

2. Reue ist Schmerz über den Schmerz, den wir Gott zugefügt haben.

## Vierter Tag:
## Heilende Zuwendung Gottes

81 Der folgende Text gehört zu den tiefsten Aussagen der Bibel über die Beziehung Gottes zum Menschen:

> *„Der Vater sah ihn schon von weitem kommen, und er hatte* Mitleid *mit ihm. Er lief dem Sohn entgegen, fiel ihm um den Hals und küßte ihn. Da sagte der Sohn: Vater, ich habe mich gegen den Himmel und gegen dich versündigt; ich bin nicht mehr wert, dein Sohn zu sein. Der Vater aber sagte zu seinen Knechten: Holt schnell das beste Gewand, und zieht es ihm an, steckt ihm einen Ring an die Hand, und zieht ihm Schuhe an. Bringt das Mastkalb her, und schlachtet es; wir wollen essen und fröhlich sein. Denn* mein Sohn war tot und lebt wieder; er war verloren und ist wiedergefunden worden. *Und sie begannen, ein* fröhliches Fest *zu feiern" (Lk 15, 20b-24).*

### 1. Was steht im Text?

82 Der Vater hat in seinem Herzen die Beziehung zu seinem Sohn nicht abgebrochen und schon immer auf ihn gewartet. Nun sieht er ihn kommen und läuft ihm entgegen. Das Wort „Mitleid" (aus einer sprachlichen Wurzel, die „starkes Gefühl" bedeutet) bringt zum Ausdruck, daß der Vater von Erbarmen bewegt ist. Er macht dem Sohn keine Vorwürfe, wie dies ein menschlicher Vater vielleicht tun würde: „Wo kommst du her, wie siehst du aus, du Dreckskerl. Ich habe es dir ja immer gesagt: Aus dir wird nichts. Tue jetzt erst einmal deine Arbeit, bewähre dich, dann wollen wir weitersehen." Vielmehr umarmt und küßt der Vater seinen Sohn, bevor dieser sein Schuldbekenntnis loswerden kann: Zeichen einer Vergebung (2 Sam 14,33), die aller eigenen Anstrengung *zuvorkommt*, und Ausdruck tiefer Zuwendung: „Wie gut, daß du wieder da bist!" (vgl. Gen 46,29).

Was wird der Sohn in diesem Augenblick empfunden haben? Jetzt erst erkennt er, welchen Schmerz er seinem Vater zugefügt hat, so daß seine Reue *Teilhabe am Schmerz des Vaters* ist. Das

Gleichnis läßt die Gerechtigkeit Gottes keineswegs in den Hintergrund treten: In seinem Schuldbekenntnis unterstellt der Sohn sich ausdrücklich der Gerechtigkeit des Vaters – immer noch in Erwartung einer gerechten Strafe.

**83** Die Antwort des Vaters ist überwältigend: Er stellt das ursprüngliche Verhältnis zu seinem Sohn nicht lediglich wieder her, sondern seine Vergebung ist so groß, daß er ihn auf eine neue, „übernatürliche", gnadenhafte Weise als seinen Sohn annimmt. Das neue, „beste" Gewand ist Zeichen dafür, daß der Sohn jetzt ein „neuer Mensch" geworden ist; der Ring ermächtigt ihn zur vollmächtigen Stellvertretung des Vaters (1 Makk 6,15). Der Vater gibt ihm also eine Würde, die er vorher nicht hatte! Der Sohn darf mit ihm ein „fröhliches Fest" feiern, das Fest der Umkehr und der Heimkehr:

> *„Wo die Sünde mächtig wurde, da ist die Gnade übergroß geworden" (Röm 5,20).*

## 2. Bedeutung für uns

**84** Das Gleichnis vom barmherzigen Vater macht deutlich, daß das *Heil* Gottes zugleich Heilung ist: Die inneren Verletzungen, die der Sohn durch seine eigene Sünde und durch das Fehlverhalten anderer erlitten hat, sind *geheilt* durch die Zuwendung des Vaters. Der zurückkehrende Sohn darf ganz und gar hinter sich lassen, was in verletzt und verwundet hat. Er ist befreit von seinem gestörten Verhältnis zu sich selbst und zu seinen Mitmenschen: Seine *Erinnerungen* sind geheilt!

Hier wird eine Kernbotschaft des Neuen Testamentes sichtbar, die für eine neue und neuartige Verkündigung, für eine Neu-Evangelisierung, von besonderer Bedeutung ist: Durch die Erforschung der menschlichen Seele („Tiefen-Psychologie") wissen wir heute, daß viele organische Erkrankungen durch Beziehungsstörungen, durch innere Verletzungen und Verwundungen, ausgelöst werden. Eine Behandlung vieler Erkrankungen durch Medikamente bleibt auf die Dauer unwirksam, wenn die auslösenden seelischen Störungen nicht erkannt und aufgearbeitet werden. Gespräche und menschliche Zuwendung können eine Hilfe sein, sie bewußt zu machen. Der einzelne muß aber letztlich selbst mit ihnen fertig werden. Deshalb versuchen viele, schmerzliche Erinnerungen zu überdecken und zu verdrängen, sie zu „vergessen". Dies aber ist keine innere Heilung, sondern Selbsttäuschung und Ursache neuer emotionaler Störungen.

85  In unserem Text wird deutlich, daß nur die sich erbarmende Zuwendung Gottes den Menschen in seiner Tiefe heilen kann. Die pastorale Praxis der Kirchen bietet zu einem *ganzheitlichen* Heilungsprozeß jedoch wenig Hilfen an. Deshalb sei im Hinblick auf den Gottesdienst in der vierten Woche dieses Glaubensseminars hervorgehoben:

1. In der Beichte trägt der einzelne seine *persönliche Schuld* vor Gott hin. Dadurch wird die Selbst-Verwundung durch die persönliche Sünde vor Gott aufgearbeitet.
2. In einem „Gebet um Heilung der Erinnerungen und Erwartungen und um Vergebung" stellt der einzelne auch das Fehlverhalten *anderer* unter das heilende Heil Gottes.

So kann neu deutlich werden, was Jesus meint, wenn er sagt: *„Dein Glaube hat dir geholfen"* (Mk 5,34; 10,52).

---

1. Ein gestörtes Verhältnis zu sich selbst und zu anderen ist die Ursache vieler Erkrankungen.

2. Das Heil Gottes ist Heilung.

3. Verkündigung der Frohen Botschaft war und ist immer auch mit Heilungsvorgängen verbunden.

---

### 3. Was soll ich tun?

86  Überlasse Dich jetzt der heilenden Nähe Gottes. Er zwingt Dich nicht, bei ihm zu bleiben, aber er ruft Dich aus der Fremde zurück an sein Herz und möchte durch seine Zuwendung Deine Erinnerungen an negative Erfahrungen heilen.

Auch in der Beichte wird er Dich mit offenen Armen

empfangen: Er wartet auf Dein Schuldbekenntnis, weil er Dich zu einer neuen, persönlichen Beziehung zu ihm befähigen will. Er hat Dir deshalb in seinem Herzen schon vergeben, bevor Du zu ihm kommst. Wir werden auf das Geschenk der Beichte in der vierten Woche zurückkommen. Laß Dich heute ermutigen durch das Psalmwort:

> *„Meine Seele, warum bist du betrübt und bist so unruhig in mir? Harre auf Gott; denn* ich *werde ihm noch danken, meinem Gott und Retter, auf den ich schaue" (Ps 43,5).*

## Fünfter Tag:
## Jesus öffnet Deine verschlossenen Tiefen

**87**   Das Gleichnis vom barmherzigen Vater schildert, wie Gott sich durch Jesus zu einem Menschen verhält, der die Begegnung mit ihm sucht. Der folgende Text dringt noch tiefer in das Innerste des Menschen ein und weist auf die in seinem Herzen verborgene Behinderung hin, die einer solchen Begegnung im Wege steht: auf die Verschlossenheit Gott gegenüber. Er zeigt, daß die heilende Zuwendung Gottes die Tiefe der menschlichen Person berührt, sie aufbricht und heilt.

Bei der Vorbereitung Erwachsener auf die Taufe ist dieser Text Grundlage für den sogenannten „Effata-Ritus"[10]. Innerhalb dieses Glaubensseminars dient er der Vorbereitung auf das „Gebet um Heilung der Erinnerungen und Erwartungen und um Vergebung", das in der vierten Woche in einer Feier der Versöhnung gesprochen wird:

> *„Da brachte man einen Taubstummen zu Jesus und bat ihn, er möge ihn* berühren. *Er nahm ihn beiseite, von der Menge weg, legte ihm die Finger in die Ohren und berührte dann die Zunge des Mannes mit Speichel; danach blickte er zum Himmel auf, seufzte und sagte zu dem Taubstummen: Effata!, das heißt:* Öffne dich! *Sogleich öffneten sich*

> *seine Ohren, seine Zunge wurde von ihrer Fessel befreit,*
> *und er konnte richtig reden. Jesus verbot ihnen, jemand*
> *davon zu erzählen. Doch je mehr er es ihnen verbot, desto*
> *mehr machten sie es bekannt. Außer sich vor Staunen*
> *sagten sie: Er hat alles gut gemacht; er macht, daß die*
> *Tauben hören und die Stummen sprechen" (Mk 7,32-37).*

### 1. Was steht im Text?

**88** Jesus wendet sich dem Taubstummen nicht nur zu, um einem Behinderten zu helfen. Wenn Jesus heilt, dann ist dies der konkrete Anbruch der Herrschaft Gottes (Mk 1,15). Heilungsberichte müssen unter diesem Aspekt gelesen werden. Der Taubstumme, von dem der Text berichtet, ist deshalb nicht lediglich ein bedauernswerter Mensch, der vor mehr als 1900 Jahren in Palästina gelebt hat, sondern wir selbst sind vor Gott taub und stumm: Unsere innere Feindschaft gegen Gott, unsere negativen Lebenserfahrungen und das daraus erwachsene Mißtrauen, haben uns taub gemacht für das Wort Gottes. Wir sind geschaffen „zum Lob seiner herrlichen Gnade" (Eph 1,6), aber unser Mund bleibt stumm. Blind sind wir auch, denn „wem Glaube und Liebe fehlt, der ist blind" (2 Petr 1,9). Mit einem Wort: Unser Herz ist „verfinstert", „hart", auf das Negative fixiert und für Gott verschlossen (Röm 1,21; Joh 12,40).

> Auch als Getaufte sind wir in der Tiefe unseres Herzens immer noch für Gott verschlossen. Wir sind „Heiden" und „Ungläubige" geblieben.

### 2. Bedeutung für uns

**89** Die Verschlossenheit unserer Tiefe für Gott kommt nicht aus uns selbst, sondern ist Anzeichen dafür, daß die widergöttlichen Mächte in uns am Werke sind. Sie schleichen sich ein in die Beziehung des Menschen zu Gott, zu sich selbst und zu anderen, stören diese Beziehungen und bewirken so eine innere Verschlossenheit Gott und anderen Menschen gegenüber.

Wenn Jesus die Tauben, Stummen, Blinden, Lahmen aus ihrer *menschlichen* Beziehungslosigkeit befreit, bringt er damit zum Ausdruck, daß er jeden Menschen aus seiner Verschlossenheit *Gott* gegenüber befreien will: „Er hat mich gesalbt, damit ich ... den Gefangenen die Entlassung verkünde und den Blinden das Augenlicht" (Lk 4,18). Was Jesus damals an dem Taubstummen getan hat, will er an jedem Menschen tun, der ihm erlaubt, seine innere Verschlossenheit aufzubrechen, seine Tiefen zu heilen. Unser Gleichnis macht deutlich, daß die eigentliche „Krankheit" die innere Verschlossenheit Gott gegenüber ist.

> Niemand kann sich selbst aus seiner inneren Verschlossenheit Gott gegenüber befreien.

### 3. Was soll ich tun?

**90**  Häufig wird in den Evangelien berichtet, daß die Kranken nicht selbst zu Jesus finden, sondern daß andere sie ihm zuführen: „Weil sie den Gelähmten wegen der vielen Leute nicht bis zu Jesus bringen konnten, deckten sie dort, wo Jesus war, das Dach ab" (Mk 2,4). Jeder Getaufte bleibt in seinem Glauben behindert und bedarf der Hilfe der Mitchristen. Vielleicht bist Du verbittert über das, was Gott Dir zugemutet hat, und hast nicht mehr die Kraft, mit ihm zu sprechen. Vielleicht bist Du so stumm, daß Du die Bitte um Heilung nicht einmal selbst aussprechen kannst, hast nicht das Vertrauen, daß Gott Dich heilen wird, bist gelähmt durch Deine negativen Erfahrungen mit Dir selbst und mit anderen. Erlaube den anderen, für Dich die Bitte um Heilung auszusprechen.

> Laß Dich durch andere, vielleicht durch einige Seminar-
> teilnehmer, zu Jesus bringen.
>
> Jesus wird auch Dich beiseite nehmen. Er wird auch Dir
> das befreiende Wort sagen: „Öffne dich!" und Dich in
> Deiner Tiefe heilen.

**91** Dem Taubstummen hat Jesus die Finger in die Ohren
gelegt; er hat seine Zunge mit Speichel berührt. Dies ist eine
sehr persönliche, leibhafte Berührung, die zum Ausdruck
bringt, daß Jesus die Tiefe des Menschen berühren will. Jesus hat
nicht gesagt: Öffne deine Ohren, öffne deinen Mund, sondern:
Öffne *dich*! Die leiblichen Gebrechen, die Beziehungslosigkeit
zu anderen, waren für den Taubstummen eine tiefe innere
Verwundung.

Jesus sagt auch Dir: Du brauchst nicht vor die Hunde zu
gehen in Deiner Verschlossenheit Gott gegenüber, aus der Du
Dich selbst nicht befreien kannst. Ich werde mit Dir durch
Deine Lebensgeschichte gehen, ich werde Dir alle Einzelheiten
und Umstände ins Gedächtnis rufen, die Dich verwundet
haben. Erlaube meinem Heiligen Geist, in Deine verschlossenen
Tiefen einzudringen, laß Dich von mir befreien! Öffne Dich
jetzt dem heiligen und heilenden Geist Jesu:

> Wenn das Gebet um Heilung gesprochen wird, steht Jesus
> neben Dir. Sein Heiliger Geist betet in Dir und mit Dir
> zum Gott allen Erbarmens.

Es ist ein entscheidender Beitrag zur Erneuerung in der Kirche,
wenn auch in *kirchlichen Gremien* negative Erfahrungen
miteinander in einem „Gebet um Heilung der Erinnerungen"
vor Gott gebracht werden!

## Sechster Tag:
## Laß Dich durch den Geist Gottes befreien von falschen Bindungen

**92**  Die Macht des Bösen wendet den Menschen nicht nur von Gott ab, sondern fixiert ihn zugleich auf irdische Werte, so daß er sich an sie bindet. In dem folgenden Text wird geschildert, wie Jesus einen reichen Mann auffordert, alles zu verkaufen und ihm nachzufolgen. Im Anschluß daran belehrt Jesus seine Jünger über falsche Bindungen, die Menschen daran hindern, zu Gott zu finden:

*Ein reicher junger Mann möchte alles tun, um das „ewige Leben zu gewinnen", und beteuert, daß er die Gebote Gottes von Jugend an befolgt habe. „Da sah ihn Jesus an, und weil er ihn liebte, sagte er: Eines fehlt dir noch: Geh, verkaufe, was du hast, gib das Geld den Armen, und du wirst einen bleibenden Schatz im Himmel haben; dann komm und folge mir nach! Der Mann aber war betrübt, als er das hörte, und ging traurig weg; denn er hatte ein großes Vermögen. Da sah Jesus seine Jünger an und sagte zu ihnen: Wie schwer ist es für Menschen, die viel besitzen, in das Reich Gottes zu kommen! ... Da sagte Petrus zu ihm: Du weißt, wir haben alles verlassen und sind dir nachgefolgt. Jesus antwortete: Amen, ich sage euch: Jeder, der um meinetwillen und um des Evangeliums willen Haus oder Brüder, Schwestern, Mutter, Vater, Kinder oder Äcker verlassen hat, wird das Hundertfache dafür empfangen: Jetzt in dieser Zeit wird er Häuser, Brüder, Schwestern, Mütter, Kinder und Äcker erhalten, wenn auch unter Verfolgungen, und in der kommenden Welt das ewige Leben" (Mk 10,21-30).*

## 1. Was steht im Text?

**93**  Beachten wir, daß der junge Mann von Jugend auf die Gebote Gottes befolgt hat und in diesem Sinne „fromm" ist. Gleichzeitig ist er aber an seinen Reichtum so gebunden, daß er Jesus nicht nachfolgen kann. Die Bindung an den Besitz ist ein Beispiel für vielfältige andere Bindungen (an Ansehen, Macht, Genuß), die uns daran hindern können, ganz für Gott dazusein.

Jesus will nicht sagen, daß jeder Mensch in radikaler Armut leben muß, wenn er ihm nachfolgen will, aber er warnt eindringlich vor einer *falschen Bindung* an den Besitz. Jesus lehnt es keineswegs ab, daß jemand Freude an den Beziehungen zu den Mitgliedern seiner Familie hat, aber er fordert dazu auf, sich einen *inneren Abstand* von ihnen zu bewahren. Sonst könnten sie unbemerkt an die Stelle Gottes treten.

Ähnliches gilt in Bezug auf Macht, Ansehen und Genuß (1 Joh 2,16). Die widergöttlichen Mächte verführen uns dazu, diese Werte als *Absicherungen* gegen Gott zu benutzen (I,66): Wenn ich viel besitze, bin ich unabhängig, auch Gott gegenüber; wenn ich mächtig bin, kann mir keiner etwas antun; wenn ich genieße, kann mich nichts mehr erschüttern!

Wer sich auf irdische Werte *fixiert*, wird unfähig, die Zuwendung Gottes „wie ein Kind" als sein Geschenk anzunehmen (Mk 10,15) und in der Nachfolge Jesu das Evangelium überzeugend zu verkünden. Für den Menschen ist es unmöglich, sich aus eigener Kraft innerlich von ihnen zu lösen: Nur Gott kann den befreienden Abstand schenken!

> Wer die Gebote Gottes befolgt, sich aber an Dinge oder Menschen bindet, ist in seiner Tiefe nicht offen für die Zuwendung Gottes und für den Dienst der Evangelisierung.

## 2. Was will Gott mir sagen?

**94**  Es gehört zum Wesen des Menschen, daß er in personalen Beziehungen lebt. Jesus fordert Dich nicht auf, Deine Verpflichtungen aufzugeben, die Du Deinen Eltern, Geschwistern,

Kindern gegenüber hast. Im Gegenteil: Es kann sein, daß Deine Entscheidung für ihn von Dir ein verstärktes Engagement für Deine Eltern, Geschwister und Kinder fordert, einen verstärkten sozialen und politischen Einsatz mit Hilfe Deines Besitzes und Deines Ansehens. Laß Dich von Jesus dazu befreien, alle irdischen Werte und Güter innerlich an Gott *abzugeben*: Der Geist Gottes wird Dich lösen von übertriebenen und negativen Bindungen an Bezugspersonen oder irdische Werte. Er wird diese Bindungen verwandeln und heilen: Du wirst Häuser, Brüder, Schwestern, Kinder und Äcker *zurückerhalten*. Alle Beziehungen, in denen Du lebst, werden in der Tiefe *geheilt*, wenn Du Dich auf Gott hin *losläßt*: Der Geist Gottes schenkt Dir dann eine *innere Distanz* von allem, was nicht Gott ist, und macht Dich frei für den Dienst in seinem Reich.

---

Das Gebot Jesu „alles zu verlassen" meint: Laß Dir vom Geist Gottes eine innere Freiheit *von* irdischen Werten schenken, damit Du frei bist *für* Gott!

---

### 3. Was soll ich tun?

**95** Vielleicht hörst Du jetzt in Dir eine innere Stimme: „Wenn Du Dich Gott anvertraust, dann mußt Du *ganz konsequent* sein, dann mußt Du Dich radikal ändern und alle Bindungen aufgeben! Das kannst Du nicht, und das willst Du nicht! Also bleibe, wie Du bist!" Die widergöttliche Stimme stellt Dir falsche Konsequenzen vor Augen. Sie sagt Dir nicht, daß bei Gott nichts unmöglich ist, daß *Gott selbst* Dich verändert und Deine Beziehungen ordnet.

Denke jetzt an die Menschen, zu denen Du eine enge Beziehung hast: Vater, Mutter (auch wenn sie schon gestorben sind), Bruder, Schwester, Ehegatte, Kinder, Freunde: „Mein Herr und mein Gott, Du hast sie mir gegeben, ich gebe sie Dir zurück. Nimm sie auf in Deine Liebe, und befreie mich von falschen Bindungen an sie." Du wirst sie von Gott „zurückerhalten", und Deine Liebe zu ihnen wird wachsen.

Bringe jetzt auch Dein Streben nach Ansehen, Macht, Genuß und Deinen ganzen Besitz vor Gott hin: „Mein Herr und mein

Gott, ich gebe Dir alles zurück. Nimm hin mein Ansehen, meine Macht, mein Streben nach Genuß, und behalte alles, was mich hindert, die befreiende Botschaft Deines Evangeliums zu verkünden."

> Laß Dir von der widergöttlichen Macht nicht *übertriebene Konsequenzen* einreden. Warte geduldig auf weitere Anregungen des Heiligen Geistes, die Dich Schritt für Schritt zur geistlichen Reife führen!

Beachte: Zu dieser geistlichen Reife gehört auch der rechte Umgang mit den Werten, die Gott uns gegeben hat! Widergöttliche Mächte sind auch in einer falschen „christlichen" Erziehung wirksam, die nur von außen her zu Verzichten auffordert. *Wer nie gelernt hat, Besitz, Ansehen, Genuß als Gaben von Gott anzunehmen, wird auch keinen freien, inneren Abstand von diesen Werten haben können.*

## Siebter Tag:
## Leben aus der Vergebung

**96** Das Heil Gottes ist Heilung und Befreiung. Du wirst dieses Heil nicht erfahren können, wenn Du an negativen Gefühlen festhältst. Vergebung ist die von Gott geschenkte innere *Zuwendung* zu Menschen, die Dir das Leben schwermachen, die Dich verletzt und verwundet haben. In den folgenden Texten wird deutlich: Wenn Du Dich in der Kraft der vergebenden Liebe Gottes Deinen „Feinden" von Herzen zuwendest und sie vor Gott annimmst, dann fließt die heilende und befreiende Zuwendung Gottes selbst durch Dich hindurch, dann hast Du sie bereits in Deinem Herzen wahrgenommen!

> *„Da trat Petrus zu ihm und fragte: Herr, wie oft muß ich meinem Bruder vergeben, wenn er sich gegen mich versündigt? Siebenmal? Jesus sagte zu ihm: Nicht siebenmal, sondern siebenundsiebzigmal" (Mt 18,21f).*

115

*„Wenn ihr beten wollt und ihr habt einem anderen etwas vorzuwerfen, dann* vergebt *ihm, damit auch euer Vater im Himmel euch eure Verfehlungen vergibt" (Mk 11,25).*

*„Liebt eure Feinde; tut denen Gutes, die euch hassen. Segnet die, die euch verfluchen; betet für die, die euch mißhandeln ... Wenn ihr nur die liebt, die euch lieben, welchen Dank erwartet ihr dafür? Auch die Sünder lieben die, von denen sie geliebt werden. Und wenn ihr nur denen Gutes tut, die euch Gutes tun, welchen Dank erwartet ihr dafür? Das tun auch die Sünder ... Seid* barmherzig, *wie es auch euer Vater ist! Richtet nicht, dann werdet auch ihr nicht gerichtet werden. Verurteilt nicht, dann werdet auch ihr nicht verurteilt werden. Erlaßt einander die Schuld, dann wird auch euch die Schuld erlassen werden" (Lk 6,27-28.32-37).*

## 1. Was steht in den Texten?

**97** Die Frage des Petrus steht im Zusammenhang mit Weisungen Jesu für das Verhalten der Gemeinde einem Mitglied gegenüber, das durch seine Sünde die Gemeinschaft gestört und aufgegeben hat. Jesu Antwort spielt auf die Bosheit Lamechs an, der ein Nachkomme des Brudermörders Kain war und sich rühmte: „Einen Mann erschlage ich für eine Wunde und einen Knaben für eine Strieme. Wird Kain siebenfach gerächt, dann Lamech siebenundsiebzigfach" (Gen 4,23f). Der maßlosen Rachsucht des Lamech stellt Jesus schroff eine ebenso unbegrenzte *Vergebungsbereitschaft* gegenüber. (Sieben ist die Zahl der Vollkommenheit; „siebzig mal sieben" meint deshalb eine unvorstellbar große Zahl im Sinne von „immer". Nur wenn seine Jünger aus der Kraft des vergebenden Erbarmens Gottes leben, kann sein Heil wirksam und Feindschaft überwunden werden, kann der Prozeß einer *Heilung gestörter Beziehungen* beginnen.

Auch in den übrigen Texten geht es nicht nur um punktuelle Vergebung, sondern in einem umfassenden Sinn um die dauerhafte Heilung gestörter Beziehungen und um die Befreiung von negativen Gefühlen. Die von Jesus verkündete und gelebte Vergebung ist immer Gottes Tat und zugleich des Menschen eigenes Tun. Sie befähigt den Christen zu einem befreiten Leben aus der Kraft der Vergebung.

> Nur wer *täglich* aus der Kraft der Vergebung lebt, kann glaubwürdiger Zeuge des Evangeliums sein.

### 2. Was will Gott mir sagen?

**98** Die Unfähigkeit, anderen von Herzen zu vergeben, hängt auch damit zusammen, daß jeder (unbewußt) in anderen das bekämpft, was er an sich selbst nicht leiden kann. Jeder Mensch hat gute Seiten und die entsprechenden Schattenseiten. Dem positiven Pol entspricht der negative Pol. Die positiven Seiten in uns stehen den negativen Seiten feindlich gegenüber (Gal 5,17); wir lehnen sie ab und verdrängen sie ins Unbewußte. Bekannt ist die Klage: „Ich kann mich selbst nicht mehr leiden": Anzeichen dafür, daß die negativen Seiten sich bemerkbar machen. „Das werde ich mir nie verzeihen": Zeichen für die mangelnde Demut, die eigenen Schwächen vor sich selbst zuzugeben.

Vielleicht ist jemand Dir unsympathisch, weil er dieselben Schattenseiten hat wie Du. Du lehnst ihn ab, weil Du das Schwache in Dir selbst ablehnst. Du verurteilst ihn, weil Du Dich selbst innerlich verurteilst. Du richtest ihn, weil Du Dich Dir selbst gegenüber zur richterlichen Instanz gemacht hast: Ich dürfte diese oder jene Untugenden und negativen Eigenschaften *eigentlich* gar nicht haben!

**99** Wenn Du dagegen Deine eigenen Schattenseiten kennst, kannst Du den Geist Gottes bitten, das Starke und das Schwache in Dir zusammenzubringen und miteinander zu versöhnen. Diese Versöhnung mit Dir selbst wird in Gal 5,23 „Sanftmut" genannt. Das deutsche Wort „sanft" meint ursprünglich „gut zusammenpassend" und die Endung -mut kommt von „Mühe": Die wahre Selbstliebe erfordert die Mühe und den Mut, auch die eigenen Schattenseiten vor Gott anzunehmen. Diese „sanftmütige" Selbstannahme ist eine „Frucht des Geistes": Nur der Geist Gottes kann Dich zur Ganzheit reifen lassen!

> *„Woher kommen die Kriege bei euch, woher die Streitig-*
> *keiten? Doch nur vom Kampf der Leidenschaften in eurem*
> *Innern" (Jak 4,1):*
>
> Wir übertragen unsere negativen Seiten unbewußt auf
> andere, um sie in ihnen zu bekämpfen: Wir haben nicht
> nur Feinde, wir erfinden sie auch!

**100** Letztlich machen wir (bewußt oder unbewußt) das
Negative in uns und in der Welt Gott zum Vorwurf. Wir
können nicht aus der Kraft der Vergebung leben, wenn wir nicht
in der Kraft seines Geistes auch ihm „vergeben", was wir ihm
„vorwerfen". Anderenfalls bleibt er unser „Feind": „Das Trachten des Fleisches ist Feindschaft gegen Gott" (Röm 8,7; mit
„Fleisch" ist hier die Existenz des Menschen gemeint, insofern
sie dem Tod unterworfen und vom Bösen beherrscht ist). Der
von unverschuldetem Leid gequälte Ijob ruft aus: „Ich schreie zu
dir, und du erwiderst mir nicht … Du wandelst dich zum
grausamen *Feind* gegen mich, mit deiner starken Hand befehdest
du mich" (Ijob 30,20f). „Wieviel habe ich an Sünden und
Vergehen? Meine Schuld und mein Vergehen sag mir an!
Warum verbirgst du dein Angesicht und siehst mich als deinen
*Feind* an?" (Ijob 13,23f). Der uns aufgezwungene Tod wird von
Paulus als der „letzte Feind" bezeichnet (1 Kor 15,26), der erst bei
der künftigen Auferstehung endgültig entmachtet wird. So ist
gerade im „frommen" Christen eine heimliche Tendenz wirksam, in Gott auch den Feind zu sehen.

**101** Unter diesem Aspekt ist die prophetische Mahnung: „Laßt
euch mit Gott versöhnen" (2 Kor 5,20) von besonderer Bedeutung. Das Erbarmen Gottes mit uns so groß, daß er uns erlaubt,
in der Kraft seines Geistes auch uns mit ihm zu versöhnen, ihm
gleichsam zu verzeihen, daß er vieles zuläßt, was wir nicht
verstehen und nie verstehen werden. Wenn wir Gott mit
„Abba" anreden dürfen, wie die Kinder ihren leiblichen Vater
(Röm 8,15; Gal 4,6), dann dürfen wir ihm auch vergeben, daß
unverschuldetes Leiden und Tod wie eine Macht über uns
herrschen (Röm 5,14.17). Dies ist kein Widerspruch zu seiner
unergründlichen Heiligkeit, denn er selbst wendet – über alles

Verstehbare hinaus – unser Herz zu sich hin. Nur der Heilige Geist kann unsere „Feindschaft mit Gott" überwinden; nur er befähigt uns zu einem radikalen Leben aus der Vergebung:

> Wenn Du Gott nicht mehr als Deinen „Feind" betrachtest, kannst Du in der Kraft seines Geistes auch Deinen Feinden vergeben.

### 3. Was soll ich tun?

**102**  1. *Laß Dich mit Dir selbst versöhnen!* Die Worte Jesu: Liebt eure Feinde, seid barmherzig, wie es auch euer Vater ist, gilt auch den *inneren* Feinden in uns selbst! Bitte Dir vertraute Menschen, Dich auf Deine schwachen Seiten aufmerksam zu machen. Sei in der Kraft des Geistes Gottes *barmherzig zu Dir selbst*: Vergib Dir, daß Du *zum Beispiel* (vgl. II, 105ff)
– herrschsüchtig und anmaßend oder unterwürfig und unselbständig,
– geltungssüchtig und eitel oder ohne Anstrengungsbereitschaft und träge,
– leichtsinnig oder schwermütig bist.
Bitte den Geist Gottes, das Negative in Dir mit den jeweils entsprechenden, positiven Seiten zusammenzubringen und zu versöhnen. Dann wird die Frucht der Sanftmut in Dir reifen, dann wirst Du Frieden haben mit Dir selbst und mit anderen. Dies ist ein wesentlicher Beitrag zum Frieden in der Welt, den Du unmittelbar selbst geben kannst!

**103**  2. *Vergib Deinen Feinden!* Stelle Dir jetzt ganz konkret die Menschen vor, die Dir unsympathisch sind, die Dich nicht akzeptieren, von denen Du Dich verletzt fühlst, die Du als Deine Konkurrenten und Feinde betrachtest. Laß vor Gott alle negativen Gefühle zu, die jetzt in Dir aufsteigen: Wut, Zorn, Empörung, Verachtung, Neid, Haß, damit sein Heiliger Geist sie durchdringen, läutern und heilen kann. Versuche, Dir die guten Seiten und Eigenschaften dieser Menschen zu vergegenwärtigen (I,26), und danke Gott, daß er sie erschaffen hat. Vielleicht hast Du jemandem einmal gesagt: „Das werde ich Dir nie verzeihen!"

Laß Dir jetzt vom Geist Gottes die drei Worte ins Herz geben: „Ich verzeihe Dir!" Versuche, diese Worte laut auszusprechen! Mache es Dir zur Gewohnheit, *sofort* zu beten: „Erlöse *mich* von dem Bösen", wenn Gefühle der Feindschaft in Dir aufsteigen! Versuche, *täglich* aus der Kraft dieser Erlösung zu leben!

**104**   *3. Laß Dich mit Gott versöhnen.* Mache Dir nochmals bewußt, was negativ in Dir und an Dir ist:

– Verletzungen und Verwundungen, die Du von anderen empfangen hast (I,67 f);
– unverschuldetes Leid und negative Lebenserfahrungen, die Dich Gott gegenüber mißtrauisch gemacht haben;
– Verwundungen, die Du Dir durch Deine persönliche Sünde zugefügt hast (I,78 f);
– die Schattenseiten Deines Charakters.

Prüfe, ob Du dies alles als Absicherung gegen Gott benutzt, als Alibi, um von Gott Abstand zu halten. Laß Dir von Paulus die Worte tief in Dein Herz einsenken:

---

*„Was kann uns scheiden von der Liebe Christi? Bedrängnis oder Not oder Verfolgung, Hunger oder Kälte, Gefahr oder Schwert? ... All das überwinden wir durch den, der uns geliebt hat" (Röm 8,35-37).*

---

# VIERTE WOCHE

# Die Feier der Versöhnung

**105** Die vierte Woche ist ein Einschnitt in diesem Glaubensseminar. Sie dient zunächst einer Rückbesinnung auf den ersten Abschnitt des Seminars. Halte auch in dieser Woche Deine tägliche Gebets- und Besinnungszeit treu ein, überdenke die Notizen in Deinem geistlichen Tagebuch sowie biblische Texte und Anregungen, die Dich besonders betroffen haben oder die Dir zunächst fremd geblieben sind.

Zugleich ist in der vierten Woche Raum für zwei gottesdienstliche Feiern, die unter dem prophetischen Leitwort stehen: „Laßt euch mit Gott versöhnen" (2 Kor 5,20): Die Seminarteilnehmer sind eingeladen,

– Gott um die Heilung ihrer Erinnerungen und Erwartungen zu bitten (Aufarbeitung der „Sünde der Welt" bzw. der Folgen der „Erbsünde"), *342 – 367*

– ihre persönliche Schuld in der Beichte vor ihn hinzutragen.

Für jede Feier sollte in der vierten Woche jeweils ein Abend zur Verfügung stehen. Als sehr fruchtbar hat es sich erwiesen, wenn die Seminarteilnehmer das Wochenende nach der dritten Woche gemeinsam in einem Haus verbringen, das zu Ruhe und Besinnung einlädt (oder sich doch wenigstens dieses Wochenende freihalten). Dabei könnten beide Feiern (getrennt voneinander) angeboten werden. *Die Termine müssen schon zu Beginn des Seminars bekannt sein.*

Beide Feiern hängen eng zusammen. Durch sie schenkt Gott uns jenes Urvertrauen zu ihm, das Jesus gelebt und verkündet hat. Sie sollten innerlich und äußerlich gut vorbereitet werden, denn sie sind „Feste" der Umkehr und Versöhnung, die Gott selbst uns bereitet (Lk 15,24.32) und zugleich leibhafter Ausdruck und Erfahrung kirchlicher Gemeinschaft.

*A. Das Gebet um Heilung der Erinnerungen und Erwartungen und um Vergebung*

  I. Der äußere Rahmen
 II. Grundaspekte

### III. Das Gebet um innere Heilung
1. Bitte um den Heiligen Geist
2. Zeugung – Geburt – Kindheit
3. Schulzeit – Pubertät – Beruf
4. Lebensstand
5. Kirche

### B. Die persönliche Beichte

I. Der äußere Rahmen
II. Beichte – katholisch
III. Beichte – evangelisch

## A. Das Gebet um Heilung der Erinnerungen und Erwartungen und um Vergebung

### I. Der äußere Rahmen

**106** Das Gebet um innere Heilung kann allein, in Anwesenheit vertrauter Menschen oder auch im Zusammenhang mit der persönlichen Beichte gesprochen werden. Im folgenden wird die gottesdienstliche Feier mit allen Seminarteilnehmern beschrieben.

1. Der Text des Gebetes um Heilung wird von zwei Sprecherinnen und zwei Sprechern vorgetragen. Es ist wichtig, daß sie sich durch gemeinsames und persönliches Gebet auf ihren Dienst vorbereiten und sich vorher den jeweiligen Abschnitt innerlich zu eigen machen.

> Das Gebet sollte *langsam, Wort für Wort* vorgetragen werden. Jeder Sprecher läßt eine Stille von etwa einer Minute, bevor er mit seinem Gebet beginnt, damit die Anwesenden die Anstöße auf sich selbst und ihre jeweilige Lebenssituation beziehen können.

2. Das Gebet hat *Beispielcharakter* und betrifft nicht jeden persönlich. Es werden jeweils konkrete Einzelheiten erwähnt,

um darauf hinzuweisen, daß sie in ein Gebet um innere Heilung einbezogen werden sollten. Der einzelne ist eingeladen, sein *persönliches* Gebet um innere Heilung (beginnend während der Stille zwischen den Abschnitten des Gebetes) entsprechend umzuformen. Dies gilt auch für die jeweilige „Rolle" von Mann und Frau.

Der ökumenische Abschnitt (Kirche) enthält beispielhaft ebenfalls einige konkrete Einzelheiten (Gebet um Heilung geschichtlicher Erinnerungen). In der Regel werden nur die beiden ersten Gebete dieses Abschnittes vorgetragen.

3. Der Heilige Geist verbindet alle Glieder des Leibes Christi miteinander. So kann jeder das Gebet auch *stellvertretend* für andere mitbeten: „Einer trage des anderen Last" (Gal 6,2). Auch die Sprecherinnen und Sprecher beten es stellvertretend, wenn der Text sie nicht persönlich betrifft. So erhält dieses Gebet zugleich den Charakter der Fürbitte.

4. Die Feier kann an dem für das Glaubensseminar vorgesehenen Tag der vierten Woche stattfinden. Das Gebet nimmt einen Zeitraum von etwa einer Stunde in Anspruch. Es kann je nach Zusammensetzung der Teilnehmer gekürzt werden. Für die gesamte Feier sollten 2-3 Stunden zur Verfügung stehen.

5. Die Seminarteilnehmer versammeln sich in einem gottesdienstlichen Raum. Die Feier hat folgenden Ablauf:
a) Lieder des Lobpreises und der Danksagung
b) Einführung durch den Leiter des Gottesdienstes
c) Gebet für die Sprecherinnen und Sprecher
d) Vorstellung der Helfer, die anschließend für persönliches Gebet und Segnungen zur Verfügung stehen
e) für katholische Gruppen: eucharistische Aussetzung.
f) Vortrag des Gebetes für alle
g) Angebot des persönlichen Gebetes um innere Heilung in kleinen Gruppen

6. Für dieses persönliche Gebet bieten sich mehrere Möglichkeiten an:
a) Im Gottesdienstraum – etwa einer größeren Kirche – bilden sich um je zwei geschulte Helfer kleine Gruppen. Die Helfer sollten ausdrücklich darauf hinweisen, daß nicht persönliche

Schuld ausgesprochen wird, die Gegenstand der Beichte ist. Auch ist höchste Diskretion und Verschwiegenheit geboten.

b) Die Helfer beten mit einzelnen in entsprechenden Nebenräumen.

c) Das persönliche Gebet um innere Heilung kann auch im Zusammenhang mit der persönlichen Beichte gesprochen werden (die an einem weiteren Tag der vierten Woche angeboten wird).

7. Die Helfer und (oder) die Anwesenden beten für den einzelnen unter Handauflegung:

> „Das Auflegen oder Ausbreiten der Hände bei der Segnung von Personen bringt die Bitte um den Segen Gottes über sie und die Mitteilung des Segens *durch die Kirche* besonders stark zum Ausdruck" (Benediktionale, Pastorale Einführung, Nr. 31).

8. Seminarteilnehmner, die den Dienst der persönlichen Segnung nicht in Anspruch nehmen, verharren in fürbittendem Gebet. Ein Lied und ein Segensgebet über alle beschließen den Gottesdienst.

## II. Grundaspekte

107 Im folgenden seien noch einmal die wesentlichen Aspekte des Gebetes um innere Heilung zusammengefaßt.

> 1. Im Gebet um innere Heilung geht es nicht um Deine *persönliche* Schuld, die Du in der Beichte vor Gott aussprichst, sondern um Verletzungen und Verwundungen, die Du *durch andere* erlitten hast.

Von besonderem Gewicht sind die menschlichen Ur-Beziehungen: zu Vater und Mutter, Bruder und Schwester, zwischen Ehemann und Ehefrau, zu Tochter und Sohn. Aus ihnen erwachsen die weiteren Beziehungen (zwischen Lehrer und

Schüler, im Berufsleben und in der Gesellschaft). Häufig gehen Verletzungen und Verwundungen nicht auf eine bewußte Schuld der Bezugspersonen zurück, sondern auf ihre unbewußten Antriebe und Grundhaltungen (die meistens wiederum von anderen übernommen sind).

> 2. Jeder Mensch ist umgeben von der „Sünde der Welt" (Joh 1,29), so daß niemand in einer völlig heilen und ungestörten Beziehung zu anderen, zu sich selbst und zu Gott lebt.

Unangenehme, schmerzliche Erfahrungen werden in der Regel in das Unbewußte verdrängt. Sie bestimmen das gesamte Verhalten, dringen aber nie oder nur hin und wieder mehr oder weniger deutlich in das Bewußtsein ein. Viele körperliche und seelische Erkrankungen gehen auf (verdrängte) Beziehungsstörungen zurück. Überdenke in dieser Woche noch einmal Deine Notizen zu der Frage, welche Erinnerungen und Erwartungen in Dir Angst, Zorn, Wut, Groll, Schmerz auslösen. Suche jedoch nicht „krampfhaft" nach Beziehungsstörungen zu Gott, zu Dir selbst und zu anderen Menschen. Sie werden Dir zu gegebener Zeit von Gott selbst gezeigt.

Werde Dir in dieser Woche auch über die negativen Aspekte Deiner Persönlichkeit klar.

> 3. Heilung und Vergebung gehören eng zusammen (Mt 18,21f).

Bitte bei der Vorbereitung auf das Gebet um innere Heilung Gott um die Gnade, den Menschen, die Dich verletzt oder verwundet haben, von Herzen vergeben zu können. Es geht nicht darum, sie zu „verurteilen". Denke an sie in tiefer Vergebungsbereitschaft. Solange Du nicht wirklich vergeben hast (vergeben ist mehr als „vergessen"), bleiben Erinnerungen negativ besetzt.

4. Scheue Dich nicht, dabei auch alle *Einzelheiten und Umstände* zu nennen, die Dich in besonderer Weise belasten.

Der Heilige Geist befähigt Dich dazu, Dich der Liebe Gottes *vorbehaltlos* zu öffnen, und bewahrt Dich davor, nochmals etwas zu verdrängen. Wenn Du Einzelheiten und Umstände, die Zorn, Scham, Traurigkeit auslösen, *bewußt* vor Deinem Gott verschweigst, verschließt Du sie vor seinem heilenden Erbarmen.

5. Innere Heilung setzt die Bereitschaft voraus, sich von Gott heilen zu lassen und mit seiner Gnade mitzuwirken.

Die erste Frage Jesu bei Heilungsvorgängen lautet: „Willst du gesund werden?" (Joh 5,6; vgl. Mk 10,51). Die heilende Gnade Gottes wirkt nicht ohne Dich, gleichsam „automatisch", sondern befähigt Dich zur Mitwirkung mit ihr. Du mußt also in der Kraft des Heiligen Geistes von Dir aus alles tun, um seelische Verwundungen aufzuarbeiten. Beichte, Leben aus der Vergebung und innere Heilung stehen in engem Zusammenhang.

6. Heilung ist in der Regel ein längerer menschlicher und geistlicher Reifungsprozeß.

Er hat dann begonnen, wenn die negativen Gefühle nachlassen, die mit Bezugspersonen oder nicht erfüllten Erwartungen verbunden sind. Das Gebet um innere Heilung sollte deshalb von Zeit zu Zeit *wiederholt* werden.

7. Das Gebet um innere Heilung ist kein Ersatz für eine notwendig werdende ärztliche oder psychotherapeutische Hilfe.

Wenn bei der Vorbereitung auf das Gebet um innere Heilung oder während dieses Gebetes Erinnerungen und Erwartungen in Dir aufsteigen, die Dich sehr bedrängen oder überwältigen, dann vertraue Dich einem erfahrenen Menschen, einem Arzt oder einem Psychotherapeuten an, dessen Grundhaltung die Ehrfurcht vor Deinem persönlichen Verhältnis zu Gott ist.

## III. Das Gebet um innere Heilung

### 1. Bitte um den Heiligen Geist

**108** *Sprecher 1:*
Mein Herr und mein Gott, mein Ursprung und mein Ziel! Du bist der Herr der Geschichte und auch der Herr über die Geschichte meines Lebens. Ich bitte dich jetzt um deinen Heiligen Geist, damit ich mit seiner Kraft zurückgehe in die Geschichte meines Lebens und auch meine Erwartungen in sein heilendes Licht stelle. Ich danke dir für die Gabe des Gedächtnisses und bitte dich: Wecke die Erinnerung an Ereignisse in meinem Leben, die mich dir entfremdet haben, die ich dir im Geheimen zum Vorwurf mache oder die ich verdrängt habe. Ich möchte jetzt meine Tiefen öffnen für dein Erbarmen. Ich möchte aus der Fremde heimkehren zu dir und deine Nähe neu als Geschenk annehmen. Nimm mich in deine Arme, und nimm mir alles Mißtrauen gegen dich.

Du bist so groß, daß du mir erlaubst, dir zu vergeben, daß du vieles zugelassen hast, was ich nicht verstehe und nie verstehen werde. Du machst die Geschichte meines Lebens nicht rückgängig, aber du hast im Leiden deines Sohnes meinen Schmerz zu deinem Schmerz gemacht. Versöhne mich durch deinen Heiligen Geist mit dir, mit den Menschen, die mich verletzt und verwundet haben, und mit mir selbst.

*Sprecherin 1:*
Mein Herr und mein Gott, du weißt, wieviel Angst, Zorn, Wut und Überheblichkeit in mir angestaut sind. Gib mir jetzt die Kraft, diese Gefühle vor dir zuzulassen, damit du sie heilen und verwandeln kannst. Ich möchte jetzt von Herzen jedem vergeben, der sie in mir hervorgerufen hat.

Ich weiß, daß du mein Glück und meine Gesundheit mehr

wünschst, als ich sie für mich selbst erstreben kann. Ich bitte dich, dringe jetzt ein in die Bereiche meines Lebens und in die Tiefen meiner Seele, die noch nicht von deiner Vergebungskraft erfüllt sind. Ich widersage der Versuchung,
- ohne dich meine Gefühlswelt in Ordnung bringen zu wollen,
- meine negativen Gefühle auf andere zu übertragen und sie in ihnen zu bekämpfen,
- mich vor mir selbst und anderen zu rechtfertigen und nach Gründen zu suchen, ihnen nicht vergeben zu müssen.

## 2. Zeugung – Geburt – Kindheit

*Sprecher 2:*
Mein Herr und mein Gott, ich bitte dich, laß jetzt die *ersten Monate* meines Lebens in dir geborgen sein. Dir allein verdanke ich mein Dasein, und ich danke dir auch dafür, daß ich es jetzt, in diesem Augenblick, an dich zurückgeben darf in der Freiheit jenes Vertrauens, das du selbst mir schenkst. Ich habe mich nicht selbst gewollt, geplant, entworfen, aber ich weiß, daß mein Dasein nicht ein Zufall ist, daß ich schon vor Erschaffung der Welt in deiner Liebe geborgen war.

*Sprecherin 2:*
Ich kann in meinen Erinnerungen nicht an den allerersten Anfang meines Daseins zurückgehen, aber „deine Augen sahen, wie ich entstand" (Ps 139,16). Du warst mit deiner schöpferischen Kraft anwesend, als meine Eltern sich vereinigten und als ich dann im dunklen Schoß meiner Mutter wuchs. Als die beiden Zellen meiner Eltern sich vereinigten, hast du mir den Grundriß meines Charakters mitgegeben. Ich danke dir für die Befähigungen, die du mir gegeben hast, und bitte dich, laß mich auch meine schwachen Seiten erkennen und annehmen. Du allein bist vollkommen und die Fülle des Guten. Ich möchte jetzt in deiner Kraft bewußt bejahen, daß ich als dein Geschöpf in meinen Fähigkeiten und Veranlagungen begrenzt bin. Du allein kannst das Starke und das Schwache in mir zusammenbringen und versöhnen, so daß ich immer mehr so werde, wie du mich in deinem ewigen Plan gewollt hast.

*Sprecher 1:*
Du allein kennst alle guten und schlechten Einflüsse, die sich

schon *vor meiner Geburt* in meine Tiefen eingesenkt haben. Berühre jetzt durch deinen Heiligen Geist die Schuld aller meiner Vorfahren, die sich seit Beginn meines Daseins auf mich übertragen hat. Berühre alles Negative, das mich von Anfang an belastet und mich daran hindert, ganz zu dir und zu mir zu finden.

Ich begreife nicht, warum es Leiden gibt, die schon mit der Zeugung beginnen, aber ich vertraue dir: Du hast mich und alle Menschen von Anfang an mit liebender Sorge begleitet. Dein Sohn hat alle meine Leiden, Enttäuschungen und Verzweiflungen auf sich genommen und durchlitten. Ich danke dir, daß du mich in der Kraft seines Leidens heilen wirst und daß du jetzt, in diesem Augenblick, damit beginnst.

*Sprecherin 1:*
Mein Herr und mein Gott, ich bringe jetzt meine *Eltern* vor dich hin. Ich danke dir, daß du mir durch sie mein Leben gegeben hast. Ich bitte dich, gehe du selbst jetzt mit mir zurück in meine ersten Lebensjahre, und laß mich auch Fehlentwicklungen erkennen, die eine Reaktion auf mangelnde oder übertriebene Zuwendung waren.

Ich danke dir, daß es Eltern gibt, die sich als deine Kinder wissen, sich gemeinsam mit ihren Kindern dir öffnen und versuchen, ihnen deine Liebe erfahrbar zu machen. Aber nur du allein kannst ganz selbstlos lieben. Ich vergebe meinen Eltern, daß sie mich nicht so geliebt haben, wie es deinem ursprünglichen Schöpfungsplan entsprochen hätte, denn auch sie waren geprägt von ihren eigenen Eltern und von ihrer Lebensgeschichte. Laß sie jetzt geborgen sein in deiner verzeihenden Liebe.

*Sprecher 2:*
Mein Herr und mein Gott, ich weiß nichts mehr von meinem *ersten Lebensjahr.* Du warst anwesend, als ich durch die engen Geburtsgänge meiner Mutter herausgepreßt wurde in dieses Leben. Vielleicht treibt mich seit dieser Stunde die Angst, getrennt zu werden vom Ursprung des Lebens. Vielleicht hat mein damals noch unerwachter Geist in seiner Tiefe eine erste große Enttäuschung aufbewahrt. Ich vertraue deinem Wort, daß du, mein Gott, mich schon bei meiner Geburt in deine Arme genommen hast und immer da warst für mich „wie die Eltern, die den Säugling an ihre Wange heben" (Hos 11,4).

*Sprecherin 2:*

Du weißt, daß es mir schwerfällt, anderen zu vertrauen, obwohl ich es gerne möchte und ein Hunger nach Anerkennung und Geborgenheit mich treibt; daß ich keinen Mut habe, spontan zu sein, Gefühle zu äußern; daß ich Angst habe, ausgelacht und verletzt zu werden. Du weißt, ob ich in meinen ersten Lebensjahren mehr *mütterliche,* bergende Liebe gebraucht hätte. Präge ein in mein Herz dein Wort: „Kann denn eine Frau ihr Kindlein vergessen, eine Mutter ihren leiblichen Sohn? Und selbst wenn sie ihn vergessen würde: ich vergesse dich nicht" (Jes 49,15). Sei du mir jetzt nahe mit deinem mütterlichen Erbarmen.

*Sprecher 1:*

Ich vergebe meiner *Mutter* den Mangel an Wärme, Geborgenheit und Zuwendung. Ich vergebe ihr ihre Empfindlichkeit, ihren Ärger über mich, jede einzelne Strafe, die sie mir ungerecht auferlegt hat. Ich vergebe ihr, daß sie meinen Bruder, meine Schwester vorgezogen hat, daß sie mir gesagt hat, ich sei dumm, widerwärtig, ungezogen, ich tauge nichts, sie habe sich unter ihrem Kind etwas anderes vorgestellt. Ich vergebe ihr, daß sie mich gezwungen hat, meine Aggressionen gegen sie zu unterdrücken. Ich vergebe ihr, daß ich jetzt immer noch eine Stimme in mir höre: du sollst, du mußt, du darfst nicht.

*Sprecher 2:*

Ich vergebe meiner Mutter, daß sie mich in übergroßer Mutterliebe und Fürsorge nie in die Freiheit und Selbständigkeit entlassen, sondern versucht hat, mich ständig an sich zu binden, auch als ich erwachsen wurde. Ich vergebe ihr, daß sie mich verwöhnt hat, so daß ich heute übergroße Erwartungen an meine Umgebung stelle.

Ich vergebe ihr, daß sie zu meinem Vater kein gutes Verhältnis hatte und in mir ihr Gegenüber gesucht hat, so daß ich mich nie frei entfalten konnte, nicht ich selbst sein durfte. Ich vergebe ihr jede einzelne Verletzung, die sie mir zugefügt hat.

*Sprecherin 1:*

Mein Herr und mein Gott, du weißt, daß ich mir nichts zutraue, daß ich Angst vor dem Leben habe, Angst, zu versagen, daß ich von dem Urteil anderer abhängig bin und ständig versuche, es ihnen recht zu machen. Du weißt, ob ich mehr *väterliche* Liebe gebraucht hätte, eine starke, treue Zuwendung, die mir Festigkeit gibt und die Kraft, mir selbst treu zu bleiben. Ich vertraue deinem Wort: „Wie ein Vater sich seiner Kinder erbarmt, so erbarmt sich der Herr über alle, die ihn fürchten" (Ps 103,13). Sei du mir jetzt nahe mit deiner väterlichen Güte und Treue.

*Sprecher 2:*
Ich vergebe meinem *Vater*, daß er nie Zeit für mich hatte, daß ich nur selten seine Liebe und Zuwendung spüren durfte. Ich vergebe ihm, daß er mich nur korrigiert, mir aber nicht geholfen hat, daß er übermäßige Leistungen von mir erwartete, ohne mich wirklich zu bejahen. Ich vergebe ihm, daß er mich in meiner Reifezeit nicht begleitet, mir nicht die unmittelbare Zuwendung geschenkt hat, die mir die Ablösung von der Mutter erleichtert hätte.

*Sprecherin 1:*
Ich vergebe meinem Vater die Streitereien mit meiner Mutter, die mich erschreckt und verwundet haben. Ich vergebe ihm, daß er meine Mutter im Stich gelassen hat und kaum zu Hause war. Ich vergebe meinem Vater, daß ich zu dir, meinem Gott, lange Zeit nicht „Vater" sagen konnte.

*Sprecherin 2:*
Mein Herr und mein Gott, du hast mich aus Liebe ins Dasein gerufen. Laß mich immer mehr erfahren, daß ich dein Kind bin, daß ich in meiner Einmaligkeit vor dir wichtig bin, daß du mich bejahst, so, wie ich geworden bin. Du hast mir in deinem Wort zugesagt, daß du mehr bist als Vater und Mutter, du väterlicher und mütterlicher Gott. Ich halte mich an das Wort der Psalmen: „Wenn mich auch Vater und Mutter verlassen, der Herr nimmt mich auf" (Ps 27,10). Befreie mich von negativen Bindungen an meine Eltern, und gib mir die innere Freiheit, Wut, Zorn, Groll und Haß, die ich verdrängt habe, vor dir, meinem Gott, zuzulassen: Du wirst alles Schritt für Schritt heilen und verwandeln. Ich bitte dich, beginne jetzt damit durch deinen Heiligen Geist, der allein meine Tiefen erforscht.

131

*Sprecher 1:*
Ich bitte dich auch um Heilung aller Verletzungen, die ich aus dem Verhältnis zu meinen *Geschwistern* in mir trage. Ich vergebe meinen Eltern, daß sie meinen Bruder, meine Schwester vorgezogen oder benachteiligt haben. Laß mich das Gute in meinen Geschwistern neu entdecken, und laß mich jetzt an sie denken in tiefer Versöhnungsbereitschaft. Wenn wir uns beim nächsten Mal begegnen, dann sei deine vergebende Liebe zwischen uns. Gib uns das Vertrauen, daß dein Heiliger Geist unsere Beziehung ordnen und heilen wird. Bereinige alles, was zwischen uns steht.

*Sprecher 2:*
Ich vergebe meinem *Bruder*, daß er mich seine Überlegenheit hat spüren lassen, daß er mich unterdrückt und geschlagen hat. Ich vergebe ihm, daß er es verstanden hat, das Interesse meiner Eltern auf sich zu lenken, weil er intelligenter und tüchtiger war als ich.

*Sprecherin 1:*
Ich vergebe meiner *Schwester*, daß sie meiner Mutter gesagt hat, sie sei dumm und rückständig, sie verstehe nichts von der heutigen Jugend. Ich vergebe ihr, daß sie schlechten Umgang hatte und ständig Auseinandersetzungen in unserer Familie provoziert hat. Ich vergebe ihr jeden Versuch, mich zu bevormunden.

*Sprecherin 2:*
Herr, unser Gott, laß uns Vater, Mutter, Bruder und Schwester um deinetwillen verlassen (Mk 10,29f), sie innerlich an dich zurückgeben, und mache sie neu zur Gabe an unsere Familie. Mache unter uns die Liebe und Gemeinschaft gegenwärtig, die du selbst bist.

3. Schulzeit – Pubertät – Beruf

*Sprecherin 1:*
Mein Herr und mein Gott, ich möchte jetzt auch negative Erinnerungen vor dich bringen, die ich aus meiner *Schulzeit* in meiner Tiefe aufbewahrt habe. Du weißt, daß für mich damals schon die Last des Lebens begann. Ich wurde ungerecht

behandelt, zurückgesetzt, selten gelobt. Ich begann, mich ängstlich in mich selbst zurückzuziehen. Du weißt, wie ich die Erwartungen und Forderungen meiner Lehrer und meiner Eltern als Zwang empfunden habe. Bei jedem Versagen wuchs in mir das Gefühl, nichts zu taugen. Nimm mir den Drang, mich jetzt dafür zu rächen durch Rücksichtslosigkeit und Unterdrückung anderer.

*Sprecher 2:*
Du hast mir reiche *Begabungen* geschenkt, so daß ich meine ersten Erfolge hatte. Ich wurde selbstbewußt, bekam Freude daran, mächtig und stark zu sein. Du weißt, mein Gott, daß damals übergroße Lebenserwartungen in mir wach wurden, an denen ich heute scheitere. Laß mich jetzt neu erkennen, daß meine Begabungen deine Gaben sind, die du mir zum Dienst an anderen gegeben hast. Mache mich demütig, und laß mich das Lob anderer dankbar als dein Lob annehmen.

*Sprecherin 1:*
Gib mir jetzt die Kraft, meinen Lehrern und Erziehern zu vergeben, die nicht die Befähigungen geweckt haben, die du mir gegeben hast, die mich ungerecht bestraft haben. Ich vergebe meinen Mitschülern und Mitschülerinnen, die mich auf dem Schulhof verlacht, wegen einer Eigenart verspottet, aus der Gruppe herausgedrängt haben.

*Sprecherin 2:*
Mein Herr und mein Gott, ich möchte jetzt auch die Zeit meiner *Reifung* vor dich bringen. Du kennst mein Ringen um Selbstfindung. Ich war zum erstenmal begeistert, fasziniert von anderen Menschen, aber ich wuchs auf in einer Gesellschaft, in der mein Herz nicht zu dir hin erwachen konnte. Heile mich von einem übertriebenen Streben nach Anerkennung, Macht, Besitz, Genuß, das damals in mir geweckt wurde.

Du kennst die schmerzlichen Auseinandersetzungen mit meinen Eltern. Heile in mir die Erinnerung an Wut und Zorn, die in mir aufstiegen, als ich das Gefühl hatte, von meinen Eltern unterdrückt zu werden. Heile mich auch von jeder falschen Unterwürfigkeit und Bindung an sie.

*Sprecherin 1:*
Mein Gott, du kennst die Geschichte meiner ersten Freundschaft, meiner ersten Liebe. Du hast mir die Sehnsucht nach einer verläßlichen, treuen Zuwendung ins Herz gegeben und wolltest, daß ich in der Begegnung mit dem Du auch näher zu dir, meinem Gott, finde. Du weißt um den ersten Schmerz über die Zurückweisung meiner Liebe, um meine ersten bewußt erfahrenen Enttäuschungen. Heile du die Wunden, die der erste Mißbrauch meines Vertrauens in mir zurückgelassen hat. Ich bitte dich auch um die Heilung erster sexueller Erfahrungen, die mich heute noch belasten. Laß mich meine Geschlechtlichkeit annehmen als Geschenk deiner schöpferischen Gnade.

*Sprecher 2:*
Du weißt auch, welchen Umgang ich als Heranwachsender hatte. Du kennst die Clique, der ich mich angeschlossen, die Stars, die ich verehrt habe. Du kennst jede Disko, in der ich ein und aus gegangen bin. Ich wollte leben, mich begeistern lassen, aber meine Erlebnisfähigkeit wurde nicht auf dich hingeordnet. Berühre jetzt durch deinen Heiligen Geist meine Tiefen. Decke alles auf, was mich seit meiner Jugendzeit von dir trennt. Laß mich durch alle Verwirrung hindurch dich neu als den Gott meines Lebens verehren und preisen.

*Sprecherin 2:*
Ich vergebe jetzt auch dem Menschen, der mit schuld daran ist, daß die erste bewußte Erfahrung des Bösen in mir aufbrach. Ich vergebe dem Menschen, der mein Vertrauen mißbraucht hat, so daß ich auch dir gegenüber mißtrauisch geworden bin.

*Sprecher 1:*
Ich möchte jetzt, mein Herr und mein Gott, auch mein *Berufsleben* vor dich bringen. Ich bin nicht so vorangekommen, wie ich es mir gewünscht hatte. Meine übertriebenen Erwartungen an beruflichen Aufstieg haben sich nicht erfüllt. Neid und Feindseligkeit bestimmen mein Handeln in einer erbarmungslosen Leistungsgesellschaft. Heile mich von dem bohrenden Zweifel an mir selbst, und laß mich auf Aggressionen angemessen reagieren.

*Sprecher 2:*
Ich bin stolz auf meine beruflichen Leistungen, und es macht mir nichts aus, daß mein Vorteil notwendig der Nachteil anderer ist. Heile mich von dem Antrieb zu rücksichtsloser Selbstdurchsetzung, heile mich von einem selbstbezogenen Sicherungsbedürfnis. Mache mich fähig, nicht nur für meinen privaten Nutzen zu arbeiten, sondern meinen Beruf als Dienst an anderen und an der Gesellschaft aufzufassen. Mache mich empfindsamer für das Unrecht, das anderen geschieht.

*Sprecher 1:*
Ich vergebe allen, die mich an meinem beruflichen Fortkommen gehindert haben. Ich vergebe meinen Mitarbeitern und Kollegen, die mir mein Leben schwermachen, nicht mit mir zusammenarbeiten oder mir meine Stellung nehmen wollen, die verächtlich und negativ über mich reden. Ich vergebe ihnen allen Spott und alle Ironie, die mich verletzt haben. Ich vergebe auch meinen Vorgesetzten jedes harte und ungerechte Wort, jede Zurücksetzung.

*Sprecherin 1:*
Heile auch die Verletzungen, die gesellschaftliche Gruppen sich gegenseitig zufügen. Heile die Erinnerungen an Unterdrückung und Unrecht in der Arbeitswelt. Deine Kirche hat häufig nicht auf der Seite der Armen und Entrechteten gestanden. Laß uns dazu beitragen, daß die notwendigen gesellschaftlichen Veränderungen nicht aus Haß angestrebt werden, sondern weil dein Heiliger Geist die gesellschaftlichen Beziehungen ordnen will.

### 4. Lebensstand

*Sprecher 2:*
Mein Herr und mein Gott, laß uns jetzt den *Lebensstand* vor dich bringen, in dem jeder von uns lebt und dabei auch stellvertretend um Heilung von Beziehungen beten, in denen wir selbst nicht leben.

*Sprecher 1:*
Ich bitte dich um die Heilung gestörter Erwartungen, die *Jugendliche* daran hindern, von dir das Glück lebenslanger Bindung zu erhoffen. Du hast es so eingerichtet, daß jeder

135

Mensch nach einer verbindlichen, zuverlässigen, ausschließlichen und beständigen Beziehung verlangt. Du weißt, daß dieses tiefe Verlangen heute in vielen jungen Menschen keine Erfüllung findet. Heile sie von der falschen Vorstellung, daß Freiheit Bindungslosigkeit ist. Heile sie von dem Mißtrauen, das sie daran hindert, eine lebenslange eheliche Bindung für möglich zu halten. Schenke ihnen die Gnade, dir, dem Gott der Liebe, des Lebens und der Freude, persönlich zu begegnen, und wecke in ihnen die Erwartung, daß du selbst ihnen die Kraft der Treue schenken wirst, wenn die Gefühle füreinander nachlassen oder wenn es zu Krisen kommt.

*Sprecherin 1:*
Ich bitte dich um Heilung für alle, die im *Ehestand* leben. Gib den Ehegatten den Blick deiner Liebe, so daß sie die Befähigungen des anderen dankbar anerkennen. Wecke in ihnen die Bereitschaft, den anderen anzunehmen, wie du ihn im Grundriß seines Charakters geschaffen hast und wie er durch seine Lebensgeschichte geworden ist.

Du allein bist das ganze Glück und die volle Erfüllung aller Sehnsucht. Heile, befreie, läutere die Beziehung der Ehegatten durch das Charisma der Zärtlichkeit. Gib ihnen Geduld, und mache sie immer mehr zur Gabe aneinander. Mache ihre leibliche Vereinigung zu einer heilenden Teilhabe an der Liebe und Gemeinschaft, die du selbst bist.

*Sprecher 2:*
Mein Herr und mein Gott, du weißt, wie viele Ehen heute gestört und gefährdet sind. Gib den Ehegatten die Bereitschaft, gemeinsam zurückzugehen in die Geschichte ihrer Ehe, und heile ihre Beziehung in der Wurzel, von Anfang an. Nimm ihnen alle Hemmungen, die sie daran hindern, Enttäuschungen und Verletzungen, die sie einander zugefügt haben, mit allen Einzelheiten vor dir und voreinander auszusprechen.

Heile auch gestörte Beziehungen zu ihren Eltern, die ihre Ehe belasten, und heile unerfüllbare Erwartungen: Laß den Mann erkennen, daß seine Frau ihm nicht die eigene Mutter ersetzen kann; nimm der Frau das unbewußte Verlangen, in ihrem Mann den eigenen Vater zu suchen. Laß sie nichts voneinander erwarten, was sie nicht geben können.

Laß sie vertrauensvoll dich, den väterlichen und mütterlichen Gott, um Heilung ihrer Beziehung bitten. Schenke ihnen die Kraft der Vergebung und die Gnade der ehelichen Treue.

*Sprecherin 2:*
Mein Herr und mein Gott, ich möchte jetzt meinem *Mann* vergeben den Mangel an Liebe, Zuwendung, Aufmerksamkeit, Hilfe. Ich nehme ihn vor deinem Angesicht an mit seinen Fehlern, Einseitigkeiten und Schwächen. Ich verzeihe ihm jedes Wort und jede Handlung, die mich verletzt oder verwirrt haben. Ich verzeihe ihm, daß er stundenlang am Fernsehen sitzt, aber keine Zeit für mich und die Kinder hat. Ich verzeihe ihm, daß sein Beruf ihm wichtiger ist als seine Familie.

*Sprecher 1:*
Ich vergebe meiner *Frau*, daß sie mich mit vielen ärgerlichen Kleinigkeiten des Alltags überfällt, wenn ich müde von der Arbeit nach Hause komme, aber keinen Anteil nimmt an meinem Beruf. Ich vergebe ihr, daß sie Geborgenheit außerhalb unserer Familie sucht und Bekanntschaften mit anderen Männern unterhält. Ich vergebe ihr, daß sie zu unseren Nachbarn kein gutes Verhältnis hat.

*Sprecherin 1:*
Ich vergebe auch meinen *Kindern*, daß sie mir nicht genügend Liebe, Aufmerksamkeit, Hilfe, Wärme und Respekt entgegenbringen. Ich vergebe ihnen, daß sie nicht mehr zur Kirche gehen, einen meiner Meinung nach schlechten Umgang oder schlechte Gewohnheiten haben. Ich vergebe ihnen jedes Wort und jede Handlung, die mich verletzt haben.

*Sprecherin 2:*
Ich vergebe auch meinem *Schwiegersohn* jede Zurückweisung meiner Person: Worte, Handlungen oder Unterlassungen, die mir Schmerzen bereitet haben. Ich vergebe ihm, daß er mir meine Tochter genommen hat, daß er mein Kind nicht so liebt, wie ich es gerne sähe.

*Sprecher 1:*
Herr, hilf mir, daß ich jetzt auch meinen *übrigen Verwandten* vergebe, meinem Großvater, meiner Großmutter, daß sie sich

ständig in unsere Familie einmischen, daß sie Herrschaft ausüben wollen. Ich vergebe auch allen meinen Verwandten, die lieblos und überheblich über mich geredet haben.

*Sprecher 2:*
Heile auch alle Verwundungen und Verletzungen, die Kinder durch das gestörte Verhältnis ihrer Eltern zueinander erlitten haben. Du weißt, wie viele Kinder nach der Scheidung ihrer Eltern lebenslange Schäden davontragen. Umgib sie mit deiner erbarmenden Liebe, berühre ihr Herz mit deiner väterlichen und mütterlichen Zuwendung.

*Sprecherin 2:*
Mein Herr und mein Gott, ich bitte dich jetzt auch für alle, die *alleinstehend, verwitwet oder geschieden* sind. Vielleicht hatten sie andere Pläne mit sich, haben diesen Lebensstand nicht aus eigenem Entschluß gewählt, empfinden ihn als Zwang und Unterdrückung ihrer Entfaltungsmöglichkeit. Gib ihnen die Gewißheit, daß du sie bejahst, daß sie vor dir wertvoll und kostbar sind. Heile sie an der Wurzel ihres Daseins, dort, wo sie am meisten verwundet sind. Laß sie erkennen, daß du einen Plan mit ihnen hast und ihnen Aufgaben geben willst, daß du sie brauchst, um in deiner Kirche und in der Gesellschaft anwesend zu bleiben.

*Sprecherin 1:*
*(zur Auswahl das folgende Gebet eines Ordenschristen)*
Mein Herr und mein Gott, ich bitte dich jetzt auch für alle, die im *Ordensstand* leben und vielleicht gerade dort Erfahrungen gemacht haben, die sie nicht zu dir hinführen. Viele sind in ihren Erwartungen an das Ordensleben enttäuscht worden und leben nun in einer schmerzlichen Isolierung. Schenke den Ordenschristen neu die befreiende Gemeinschaft im Geist, und gib ihnen die Kraft, ihre Berufung von dir neu anzunehmen. Nimm ihnen jeden Zweifel, daß du sie in diesen Lebensstand gerufen hast, und heile gestörte Beziehungen zu Mitgliedern der Gemeinschaft und zu den Vorgesetzten.

*Ordenschrist:*
*Mein Herr und mein Gott, du hast mich in den Ordensstand*
berufen. Du weißt, mit welcher Freude ich dir mein Ja-Wort

gegeben habe. Du weißt aber auch, daß meine Erwartungen an das Ordensleben enttäuscht worden sind. Laß mich zurückkehren zur Anfangserfahrung meiner Berufung, und nimm mir jeden Zweifel, daß du mich in diesen Lebensstand gerufen hast. Gib mir die Kraft, meine Bindung an dich und an meine Ordensgemeinschaft neu zu leben. Heile besonders die Beziehung zu *dem* Mitglied unserer Gemeinschaft, mit dem ich nicht auskomme, dem ich aus dem Weg gehe. Heile *alle* gestörten Beziehungen in unserer Gemeinschaft, damit wir neu zum Zeichen dafür werden, daß dein Reich in dieser Welt begonnen hat. Ich preise dich, daß du dies tun wirst, ich bete dich an!

Herr, ich vergebe jetzt von ganzem Herzen meinem Mitbruder (meiner Mitschwester) den Mangel an Zuwendung und Gemeinschaft. Ich vergebe ihm (ihr) jede Bemerkung, die mich gekränkt hat, jedes ungute Wort über mich in der Gemeinschaft. Ich vergebe auch meinen Oberen, daß sie keine Zeit für mich hatten, mich ungerecht behandelt und zurückgesetzt haben.

*Amtsträger:*
Mein Herr und mein Gott, du hast mich zu den *Amtsträgern* in deiner Kirche berufen. Ich danke dir für die Freude an meinem Dienst, die du mir geschenkt hast. Du kennst aber auch meine Enttäuschung darüber, daß trotz meiner Mühe viele die mir anvertraute Gemeinde verlassen. Manchmal verfalle ich in tiefe Resignation und denke, meine Arbeit sei vergeblich. Du kennst auch meine Enttäuschung über Streit und Eifersucht unter Mitbrüdern, über Spaltungen und Feindschaften in der Gemeinde.

Heile diese Verwundungen und erneuere in mir die Gnade, die du mir in der Priesterweihe/Ordination geschenkt hast. Laß mich deine Kirche so lieben, wie du sie liebst. Laß mich wissen, daß meine Gemeinde deine Gemeinde ist, und nimm mir alles übertriebene Vertrauen in meine eigenen Fähigkeiten, Strategien und Pläne. Gib mir die Kraft, mein Amt (die Gnade des Weihesakramentes und des ehelosen Lebens) neu von dir anzunehmen, und senke tief in mein Herz das Wort des Paulus: „Entfache die Gnade Gottes wieder, die in dir ist, seit ich dir die Hände aufgelegt habe. Denn Gott hat uns nicht einen Geist der Verzagtheit gegeben, sondern den Geist der Kraft, der Liebe und Besonnenheit" (2 Tim 1,6f).

*Amtsträger 2:*
Herr Jesus Christus, in der Kraft deines priesterlichen Opfers
vergebe ich jetzt allen, die mir meinen Dienst erschweren. Ich
bekenne vor dir, daß die Ablehnung meiner Person mich mehr
schmerzt als die Zurückweisung meines Dienstes.

Ich vergebe meinen Mitbrüdern den Mangel an Beziehung
und Hilfe, an geistlicher Gemeinschaft. Ich vergebe allen
Gemeindegliedern, die mir zu erkennen gaben, daß sie meine
Predigt, meine Art, den Gottesdienst zu feiern, langweilig
finden. Ich vergebe meinen Vorgesetzten jeden Mangel an
Verständnis, jede ungeistliche Machtausübung. Laß mich deine
Kirche nicht lieben, weil sie perfekt wäre, sondern weil du sie
liebst und dich für sie hingegeben hast.

*Sprecherin 1:*
Und nun, mein Herr und mein Gott, bitte ich dich um die
Gnade, jenem Menschen zu vergeben, der mich in meinem
Leben am meisten verletzt hat, den ich als meinen größten Feind
betrachte, dem zu vergeben mir sehr schwerfällt, dem ich gesagt
habe, daß ich ihm nie vergeben könne. Gib mir die Kraft, dir
dafür zu danken, daß du ihn geschaffen hast. Laß mich dich
loben für seine guten Seiten und seine Befähigungen.

*Sprecher 1:*
Laß mich nicht nur vergessen, was mich verletzt hat, sondern
laß mich wirklich vergeben. Dringe jetzt durch deinen Heiligen
Geist ein in meine Tiefen, in meine Dunkelheiten: „Wasche,
was befleckt ist; heile, was verwundet ist; tränke, was dürre
steht; beuge, was verhärtet ist; wärme, was erkaltet ist; lenke,
was irre geht!"

Laß meine Vergebungsbereitschaft wachsen, und vollende in
mir, was du begonnen hast. Erlöse mich von dem Bösen und
heile mich.

## 5. Kirche

*Sprecherin 2:*
Mein Herr und mein Gott, du weißt auch, daß in mir das Gift
der *Enttäuschung über deine Kirche* arbeitet: über Streit und
Eifersucht unter ihren Gliedern, über ihre Kraftlosigkeit und die
Distanzierung vieler von der Gemeinde. Beseitige jetzt durch

140

deine Vergebungskraft dieses Gift aus meinem Herzen. Laß nicht zu, daß ein gestörtes Verhältnis zu deiner Kirche mich hindert, für ihre Erneuerung mich einzusetzen; daß ein falscher Eifer mich treibt, andere Richtungen und Gruppierungen abzuwerten.

Ich vergebe jetzt allen, die in mir den Eindruck erweckt haben, deine Kirche sei nur ein Verwaltungsapparat, nur eine menschliche Organisation. Ich vergebe den kirchlichen Institutionen, daß sie mir Anlaß geben, mich dem kirchlichen Leben zu entfremden.

Ich vergebe auch meinem Pfarrer, daß er mich nicht genügend unterstützt, nicht freundlich zu mir ist, keine Zeit für mich hat, mir keine Aufgaben in der Gemeinde überträgt. Ich vergebe ihm, daß er den Gottesdienst nicht so feiert und nicht so predigt, wie ich es erwarte.

*Sprecherin 1:*
Mein Herr und mein Gott, wir tragen jetzt auch vor dich den Schmerz, daß wir in *getrennten Kirchen* leben müssen. Nicht dein Heiliger Geist hat deine Kirche gespalten, sondern die Schuld der Menschen auf allen Seiten. Wir bitten dich jetzt: Heile die Erinnerungen an verletzende geschichtliche Ereignisse, die Aufspaltungen der Christenheit begleitet haben. Schenke uns die Kraft der Vergebung, und nimm von uns die Erbschuld der Trennung. Entgifte die Treue zu der Kirche, in der wir getauft wurden.

(Hier kann das Gebet mit einem „Amen" beendet werden.)

*Sprecher 1:*
Du kennst alle Einzelheiten, die im Gedächtnis der Kirchen haften geblieben sind. Wir bringen vor dich hin, daß Papst Leo X. Martin Luther als einen „Eber aus dem Wald" bezeichnet hat, als ein „wildes Tier", das deinen Weinberg verwüstet, daß er von „lügnerischen Lehrern" gesprochen hat, deren Zunge „voll vom Gift des Todes" sei. Wir bringen vor dich hin, daß Luther vom Papst gesagt hat: „Der wahrhaftige Antichrist sitzt im Tempel Gottes." Du hast mit angesehen, wie zum erstenmal öffentlich Schriften Luthers verbrannt wurden und wie Luther das kirchliche Gesetzbuch und die Androhung des Papstes, ihn aus der Kirche auszuschließen, öffentlich ins Feuer geworfen hat. Du kennst alle Worte, Handlungen und Ereignisse, die seit

dieser Zeit zwischen den Kirchen stehen. Du weißt um alle Vorurteile, Verwünschungen, Verurteilungen, um Haß, Groll, Feindseligkeiten und Verfolgungen durch die Jahrhunderte hindurch, um weitere Spaltungen.

*Sprecher 2:*
Wir bitten dich jetzt: Heile die Geschichte deiner Kirche in der Wurzel, von Anfang an. Wir bringen vor dich das Bekenntnis von Papst Hadrian VI. aus dem Jahre 1522. Nimm es jetzt an in deinem heilenden Erbarmen: „Wir bekennen, daß Gott diese Verfolgung seiner Kirche geschehen läßt wegen der Menschen und besonders der Priester und Prälaten Sünden ... Wir wissen, daß auch bei diesem Heiligen Stuhl schon seit vielen Jahren viel Verabscheuungswürdiges vorgekommen ist: Mißbräuche in geistlichen Dingen, Übertretungen der Gebote ... So ist es nicht zu verwundern, daß die Krankheit sich vom Haupt auf die Glieder, von den Päpsten auf die Prälaten verpflanzt hat. Wir alle, Prälaten und Geistliche, sind vom rechten Weg abgewichen, und es gab schon lange keinen einzigen, der Gutes getan hat ... Deshalb müssen wir alle Gott die Ehre geben und vor ihm uns demütigen."

*Sprecherin 1:*
Wir danken dir, daß du in unserem Jahrhundert die Ökumenische Bewegung geschenkt hast, und bringen vor dich alle gegenseitigen Bitten um Vergebung. Wir danken dir für die Erklärung Papst Pauls VI. zu Beginn der zweiten Session des Zweiten Vatikanischen Konzils (1963): „Wenn uns eine Schuld an dieser Trennung zuzuschreiben ist, dann bitten wir demütig Gott um Verzeihung und bitten auch die Brüder um Vergebung, wenn sie sich von uns verletzt fühlen." Wir danken dir für die Erklärung des Lutherischen Weltbundes vom Jahre 1970, daß „das Urteil der Reformatoren über die Römisch-katholische Kirche und Theologie ihrer Zeit oft nicht frei war von polemischen Verzerrungen, die zum Teil bis in die Gegenwart nachwirken. Wir bedauern aufrichtig, daß unsere römisch-katholischen Brüder durch solche polemischen Darstellungen gekränkt und mißverstanden worden sind".

*Sprecherin 2:*
Wir danken dir, daß Papst Paul VI. und der orthodoxe Patriarch Athenagoras I. 1965 gemeinsam erklärt haben,
– „daß sie die beleidigenden Worte, grundlosen Vorwürfe und verwerflichen Handlungen bedauern", die die Trennung von Römisch-katholischer und Orthodoxer Kirche begleitet haben,
– „daß sie die gegenseitigen Bannsprüche, die auf sie gefolgt sind, bedauern und aus dem Gedächtnis und der Mitte der Kirche tilgen".

*Sprecher 1:*
Herr, unser Gott, wir danken dir, daß du trotz aller Sünden gegen die Einheit unterschiedliche geistliche Überlieferungen in den getrennten Kirchen lebendig erhalten hast. Schenke uns neu die Treue zu der Kirche, in der wir getauft wurden, und laß uns erkennen, welche Gnadengaben du in anderen Kirchen und kirchlichen Gemeinschaften geschenkt hast. Gib uns die Bereitschaft, uns von den Gaben der anderen Kirchen bereichern zu lassen. Du hast deiner Kirche die Fülle deiner Heilsgaben verheißen. Laß uns erkennen, daß wir diese Fülle nur in der Offenheit füreinander, die dein Heiliger Geist schenkt, erstreben und leben können. Wir danken dir auch für die Arbeit der Theologen und für die Erkenntnis, daß unterschiedliche Weisen des Christseins nicht zur Trennung führen müssen.

*Sprecher 2:*
Herr, unser Gott, wir bringen jetzt auch vor dich die *konfessionsverschiedenen Ehen*[11]. Du weißt, daß die Glaubensspaltung für viele dieser Ehen eine tiefe Verwundung ist. Wir bitten dich: Heile sie in der Kraft deiner Liebe, die niemals aufhört (1 Kor 13,8). Stärke in beiden Ehepartnern das Bewußtsein, daß sie durch die Taufe in deine Kirche eingegliedert und so über alle Spaltungen hinweg in Christus verbunden sind. Laß sie die Charismen entdecken, die du jedem zum Dienst am anderen gegeben hast. Schenke ihnen und ihren Kindern die Freude des gemeinsamen persönlichen Gebetes, zu dem jeder etwas beiträgt. Laß in ihrem gemeinsamen Leben auch die Wirkungen deines Geistes fruchtbar werden, die in den getrennten Kirchen jeweils besonders ausgeprägt sind: Liebe zu

deinem Wort, zu deinen Sakramenten, Vertrauen auf dein Erbarmen ... Laß die Treue eines jeden Ehegatten zu seiner Kirche zum Zeichen dafür werden, daß dein Heiliger Geist die Vielfalt seiner Gaben zur Einheit zusammenführen wird. Amen.

## B. Die persönliche Beichte

### I. Der äußere Rahmen und Grundaspekte

**109** 1. Die Seminarteilnehmer versammeln sich in einem gottesdienstlichen Raum. Die Feier hat folgenden Ablauf:
a) Lieder des Lobpreises und der Danksagung
b) Schriftlesung (Lk 15,11-24 oder Lk 7,36-50)
c) kurze Auslegung des Textes (10 Min.)
d) für katholische Gruppen: Aussetzung des Allerheiligsten
e) Beichtgelegenheit
f) Segensgebet für alle

2. Diejenigen, die die Beichte entgegennehmen (in der katholischen Kirche sind dies die Priester; zum evangelischen Verständnis vgl. Nr. 116f), begeben sich in vorbereitete Nebenräume.

3. Die Helfer führen diejenigen, die beichten möchten, in die jeweils frei werdenden Räume. Sie achten darauf, daß das Beichtgeheimnis gewahrt wird.

4. Nach Liedern der Danksagung und des Lobpreises sowie einem Segensgebet über alle feiern die Teilnehmer ein schlichtes, festliches Mahl miteinander (das sorgfältig vorbereitet ist).

**110** Heilung von der Sünde und ihren Folgen ist ein ganzheitliches Geschehen, das die persönliche Beichte einschließt. Sie hat in ihrer äußeren Gestalt eine lange geschichtliche Entwicklung durchgemacht. Vielen Christen ist sie fremd geworden. Es ist offensichtlich, daß der Zusammenbruch der Beichtpraxis auch in der katholischen Kirche mit einem bedrohlichen Gottesbild zusammenhängt (I,39-44; II,40-45). Die Wiederentdeckung der biblischen Aussagen über das Herz

Gottes und das „neue" Verständnis der Reue als „Schmerz über den Schmerz Gottes" (I,62,80) nehmen dem Bußsakrament seine düstere Grundstimmung und machen es zu einem „Fest" der Umkehr (Lk 15,24.32). Seine ursprüngliche neutestamentliche Gestalt macht deutlich, daß Gott in ihm nicht nur die Versöhnung mit sich, sondern auch mit der Gemeinschaft der Kirche schenkt (1 Kor 5,1-13; 2 Kor 2,5-11).

Verständnis und Praxis des Bußsakramentes waren zur Zeit der Reformation Gegenstand tiefgreifender Auseinandersetzungen. Im folgenden seien Hinweise auf die gegenwärtige katholische und evangelische Praxis gegeben.

## II. Beichte – katholisch

111  In den letzten Jahrzehnten hat sich das Verständnis des Bußsakramentes innerhalb der katholischen Kirche nicht unerheblich gewandelt. Im Jahre 1973 hat die Kongregation für den Gottesdienst Vorschläge zur „Feier der Versöhnung" herausgegeben.[12]

In der *„gemeinschaftlichen* Feier der Versöhnung" (Bußandacht) helfen die Christen sich gegenseitig dazu, sich für die versöhnende Gnade Gottes zu öffnen und sich von ihm die Gnade der Reue schenken zu lassen. „Der Priester selbst, der *Diakon oder ein anderer*" kann dazu kurze Anregungen geben (aaO., Pastorale Einführung, Nr. 26). Hier wird das *gemeinsame* Priestertum aller Gläubigen in Erinnerung gerufen: *Jeder* soll sich offenhalten für den prophetischen Dienst (1 Kor 14,3), „an Christi Statt" zu bitten: „Laßt euch mit Gott versöhnen" (2 Kor 5,20). Nach einem gemeinsamen, allgemeinen Sündenbekenntnis und dem Gebet des Herrn begeben sich die Priester an den für die Einzelbeichte vorgesehenen Ort. Den Abschluß bildet ein gemeinsamer Lobpreis der Barmherzigkeit Gottes (aaO., Nr. 27-30).

112  Die *Einzelbeichte* ist ein *gemeinsames* Tun zwischen dem Priester und dem Gläubigen und von der Bußandacht deutlich unterschieden. Beide sollen sich durch Gebet auf diese Feier vorbereiten (aaO., Nr. 15). Zu Beginn liest der Priester *oder der Beichtende* einen Schrifttext (aaO., Nr .17): Der Glaube des einen weckt und bestärkt den Glauben des anderen. Nicht nur der Priester hilft dem Beichtenden, sondern auch der Beichtende

kann und soll durch Schriftlesung und seinen eigenen Glauben den Priester auf seinen sakramentalen Dienst der Versöhnung vorbereiten! Nach dem Bekenntnis kann der Beichtende seine innere Umkehr und seinen Vorsatz durch ein frei formuliertes Gebet zum Ausdruck bringen. Während des sakramentalen Wortes der Versöhnung (der Absolution) streckt der Priester seine Hände über das Haupt des Gläubigen aus (aaO., Nr. 19). Die Handauflegung ist hier Zeichen dafür, daß Gott seine versöhnende Gnade „durch die Kirche" mitteilt (vgl. Benediktionale, Pastorale Einführung, Nr. 31) und daß das Bußsakrament nicht nur Versöhnung mit Gott, sondern zugleich auch Versöhnung mit der Kirche ist. Die Feier schließt ab mit einem Lobpreis Gottes, den der Gläubige ebenfalls wieder frei formulieren kann (aaO., Nr. 20).

Benutze zur Vorbereitung auf den Empfang des Bußsakramentes einen der Gewissensspiegel aus dem „Gotteslob" (61-64).

### III. Beichte – evangelisch

#### 1. Verschiedene Formen

**113** „In der evangelischen Kirche gibt es verschiedene Formen, seine Schuld zu bekennen und Gottes Vergebung zu erbitten:
– das Schuldbekenntnis im persönlichen Gebet (Herzensbeichte),
– die gemeinsame Beichte im Gottesdienst (Sündenbekenntnis, Beichtfrage, Absolution),
– die Einzelbeichte.
Die Einzelbeichte kann in einem Gespräch geschehen, ohne jede gebundene Form. Wir legen dar, was als Last auf uns liegt; aber auch, was an Schuld und Leid ungeklärt ineinandergeht. Dann spricht der Beichtiger mit seinen eigenen Worten im Namen Jesu das lösende Wort zu uns. Sie kann aber auch ohne ein Gespräch oder am Ende desselben an Hand einer liturgischen Ordnung erfolgen.

Die Vollmacht zur Sündenvergebung ist der Gemeinschaft der Kirche als ganzer verliehen (Joh 20,20ff). Durch die Ordination beruft und bevollmächtigt sie einzelne Christen, Beichte zu hören und Absolution zu erteilen. Doch darüber hinaus ist es der Auftrag aller Christen, sich gegenseitig in ihren

Sorgen anzuhören und mit der Vergebung der Sünden durch Christus zu trösten (Jak 5,16)" (EvGK 382f; vgl. EvEK 1197f).

Im evangelischen Gottesdienst, vor allem wenn er die Abendmahlsfeier einschließt, gibt es die „allgemeine Beichte". Wer sie ernst nimmt oder wer es gewohnt ist, sich zu Hause vor der Teilnahme am heiligen Abendmahl zu prüfen, sein Gewissen zu erforschen und Gott um die Vergebung seiner konkreten Schuld zu bitten, der wird den Segen dieser Praxis verspürt haben (vgl. EvEK 1118).

## 2. Zur Einzelbeichte

**114** Viele Evangelische meinen, die Beichte als konkretes Schuldbekenntnis vor einem „Beichtiger" sei unevangelisch. Das trifft nicht zu. Martin Luther hat sich wohl scharf gegen Mißbräuche der „Ohrenbeichte" und gegen den kirchlichen Zwang zur Beichte gewandt. Er selbst hat sie jedoch während seines ganzen Lebens aufs höchste geschätzt. Er sagt: „Die heimliche Beichte [damit meint er die Einzelbeichte] will ich mir von niemandem nehmen lassen und wollte sie nicht um der ganzen Welt Schätze geben, denn ich weiß, was sie an Stärke und Trost mir gegeben hat. Ich wäre längst vom Teufel überwunden und abgewürgt worden, wenn mich diese Beichte nicht erhalten hätte." Im Großen Katechismus Martin Luthers heißt es: „Wenn du ein Christ bist, so bedarfst du weder des Zwanges durch mich noch des Gebotes des Papstes, sondern du wirst dich selbst dazu zwingen ... Darum wenn ich zur Beichte vermahne, so tue ich nichts anderes, als daß ich dazu vermahne, ein Christ zu sein."

Die Einzelbeichte soll ein Angebot sein, kein Zwang. Wie schwierig es freilich ist, die Beichte nicht zu einer bloßen Gewohnheit werden zu lassen oder sie mit der Zeit zu verachten und zu vernachlässigen, zeigt die Geschichte auch der evangelischen Kirche. Im 18. Jahrhundert wurde unter dem Einfluß der Aufklärung die Einzelbeichte bekämpft und abgeschafft. Da sie vielerorts zu einem Katechismusverhör geworden war, stieß sie auch bei der Erweckungsbewegung des Pietismus auf Ablehnung.

**115** Es hat viele Anstöße zu einer Erneuerung der Einzelbeichte in der evangelischen Kirche gegeben. In den Gemeinschaften, die aus der Erweckungsbewegung kommen, spricht man von „persönlicher Seelsorge", wenn ein Christ dem anderen seine Schuld bekennt und von ihm den Zuspruch der Vergebung empfängt. Was anderswo in der Christenheit Beichte genannt wird, ist oftmals Bestandteil einer das Leben verändernden Entscheidung für Jesus Christus, zu der bei Evangelisationen Mut gemacht wird. In der Bekennenden Kirche während des Dritten Reiches und auf Kirchentagen der Nachkriegszeit wurde die Beichte wiederentdeckt, angeboten und begehrt. Theoretisch war sie in den evangelischen Kirchen nie abgeschafft. In den neueren evangelischen Kommunitäten und den ihnen nahestehenden Gruppen und Bruderschaften gehört sie zur verbindlichen Form des christlichen Lebens. Ein Beichtspiegel als Hilfe zur Gewissenserforschung, der oft herangezogen wird, ist von den Brüdern von Taizè verbreitet worden (vgl. auch EvEK 1201f).

## 3. Kann jeder Christ Beichte hören?

**116** In der katholischen Kirche hat der Priester die Vollmacht zur Absolution (Lossprechung von Sünden). In der orthodoxen Kirche erwartet man auch von den „Starzen" (Mönche, die als geistbegabte Seelsorger gelten, aber nicht Priester sind), daß sie Beichte hören. Die evangelische Lehre dazu ist nicht einheitlich, vor allem wohl auch, weil sie die Frage meist gar nicht stellt. Man müßte aus evangelischer Sicht zunächst sagen: Beichte hören und jemandem, der seine Schuld ausspricht, die Gnade Gottes und die Vergebung der Sünde tröstend verkündigen – das kann und darf jeder Christ. Aber das heißt nicht, daß man damit so leicht umgehen könnte oder daß die katholische und orthodoxe Sicht keinen geistlichen Sinn hätte. Diese Regelung stammt aus der frühen Christenheit, als die Christen in einer engen Gemeinschaft zusammenlebten und es also notwendig war, daß jemand eindeutig die Entscheidung dieser Gemeinschaft vertrat. Dazu mußte er bevollmächtigt sein. Nicht irgendein einzelner kann für die ganze Gemeinschaft handeln.

So wird es sich auch in der Gegenwart als geistlich geboten herausstellen, daß dort, wo eine Gemeinschaft von engagierten Christen lebt, zumindest diejenigen Sünden, die auch Verstöße gegen die Gemeinde sind, vor die Gemeinde oder den Gemeindeleiter gebracht werden. Hier wäre ein einzelner, der Beichte entgegennimmt, überfordert. Dazu kommt, daß ein einzelner Laie es immer ablehnen darf, eine Beichte zu hören. Er hat das Recht, sich dazu nicht berufen zu fühlen.

**117** Das heißt nicht, daß man nur bei einem Pfarrer beichten dürfe. Es gibt geistliche Menschen, die Erfahrung in der Beichtseelsorge haben und die offensichtlich zu diesem Dienst berufen sind, ohne Pfarrer zu sein. Aber auch das heißt: Nicht jeder kann sich einfach diese Berufung herausnehmen. Wer Beichte entgegennimmt, muß wissen, was er tut. Er wird nur dann die Vollmacht haben, wenn er selbst beichtet. Und er wird den Zuspruch und das fürbittende Gebet anderer Christen brauchen, die ihn dieses seines Dienstes und seiner Berufung vergewissern.

„Das Entgegennehmen einer Beichte ist ein wichtiger Dienst, den ein Christ dem anderen erweisen kann. Damit ist aber auch die Versuchung gegeben, sich über den anderen Menschen zu erheben. Wir sollen nie vergessen, daß immer nur ein Sünder zu einem anderen spricht" (EvEK 1198).

### 4. Beichte und Gemeinschaft

**118** Was hat die Beichte mit der Gemeinschaft zu tun? Es ist auch eine gute Praxis, eine Aussprache und ein Bekenntnis der Sünden vor zwei oder noch mehr Christen zu vollziehen. Es kann eine Hilfe sein, wenn mehrere mit jeweils ihren Gaben zum Zuspruch der Vergebung, zum Trost im Glauben und zur Wegweisung im neuen Leben beitragen. Manchmal wird es sogar einer Gruppe oder Gemeinschaft geschenkt werden, daß sie im gemeinsamen und gegenseitigen Bekenntnis einen Neuanfang von Gott empfängt. Aber man hüte sich, so etwas zu fordern oder zu planen! Im allgemeinen wird sich Beichte unter vier Augen ereignen.

Aber auch dann ist sie auf die Gemeinschaft der Christen bezogen. Bei Dietrich Bonhoeffer heißt es: „Es kann sein, daß Christen trotz gemeinsamer Andacht, gemeinsamen Gebets, trotz aller Gemeinschaft im Dienst allein gelassen bleiben, daß der letzte Durchbruch zur Gemeinschaft nicht erfolgt, weil sie zwar als Gläubige, als Fromme, Gemeinschaft miteinander leben, aber nicht als die Unfrommen, als die Sünder. Die fromme Gemeinschaft erlaubt es ja keinem, Sünder zu sein. Darum muß jeder seine Sünde vor sich selbst und vor der Gemeinschaft verbergen ... In der Beichte geschieht der Durchbruch zur Gemeinschaft. Die Sünde will mit dem Menschen allein sein, sie entzieht ihn der Gemeinschaft. Je einsamer ein Mensch wird, desto zerstörender wird die Macht der Sünde über ihn und je tiefer wieder die Verstrickung, desto heilloser die Einsamkeit. In der Beichte bricht das Licht des Evangeliums in die Finsternis und Verschlossenheit des Herzens hinein" (Gemeinsames Leben).

# FÜNFTE WOCHE

# Jesus Christus – der einzige Zeuge Gottes

Das ganze Glaubensseminar handelt von Jesus Christus. Die fünfte Woche dient einer Besinnung auf die zentralen Geheimnisse seines Lebens: Anfang (Taufe) und Ende (Tod und Auferstehung) seines öffentlichen Wirkens; menschliche Ausstrahlung und göttlicher Anspruch; „Evangelisierung" als Zusammenfassung aller Aspekte seines Lebens.

Wegen ihrer zentralen Bedeutung sind die Texte der kommenden Woche etwas umfangreicher. Deshalb sei nochmals auf den Vorschlag hingewiesen:

> Verweile bei Schriftstellen oder Erläuterungen, die Dich persönlich betreffen.

*Erster und zweiter Tag:* Die Taufe Jesu – Urbild der persönlichen Erneuerung des Taufbekenntnisses
*Dritter Tag:* „Ich muß das Evangelium verkünden"
*Vierter Tag:* „Noch ehe Abraham wurde, bin ich"
*Fünfter Tag:* Die Menschen waren sehr betroffen
*Sechster Tag:* „Mein Gott, warum hast du mich verlassen?"
*Siebter Tag:* „Ich lebe und auch ihr werdet leben"

## Erster und zweiter Tag:
## Die Taufe Jesu – Urbild der persönlichen Erneuerung des Taufbekenntnisses

**119** Die Taufe Jesu wurde für die Urkirche zum Urbild des Taufsakramentes. Die Berichte über dieses historische Ereignis waren Teil des urkirchlichen Taufunterrichtes (Apg 10,37f). Sie sind im Lichte der Pfingsterfahrung so abgefaßt, daß die Taufbewerber in ihnen erkennen können, was in ihrer eigenen Taufe geschehen wird: Sie werden nicht nur mit Wasser (zum

151

Zeichen der Umkehr), sondern damit zugleich auch mit dem Heiligen Geist und mit der Vollmacht zum Zeugnis getauft (Mt 3,11f; Apg 1,5.8; 10,44-48).

Im Zuge einer Neu-Evangelisierung geben die Berichte über die Taufe Jesu auch Anstöße zur persönlichen Erneuerung des Taufbekenntnisses. Sie haben für dieses Glaubensseminar ein besonderes Gewicht. Die Erschließung des Textes löst sich von dem bisherigen Schema, um seine Bedeutung für die heutige Situation besser herausheben zu können.

---

*„Zu dieser Zeit kam Jesus von Galiläa an den Jordan zu Johannes, um sich von ihm taufen zu lassen. Johannes aber wollte es nicht zulassen und sagte zu ihm: Ich müßte von dir getauft werden, und du kommst zu mir? Jesus antwortete ihm:* Laß es nur zu! *Denn nur so können wir die Gerechtigkeit (die Gott fordert) ganz erfüllen. Da gab Johannes nach. Kaum war Jesus getauft und aus dem Wasser gestiegen, da öffnete sich der Himmel, und* er sah *den Geist Gottes wie eine Taube auf sich herabkommen. Und eine Stimme aus dem Himmel sprach: Das ist mein geliebter Sohn, an dem ich Gefallen gefunden habe" (Mt 3,13-17).*

*„Zusammen mit dem ganzen Volk ließ auch Jesus sich taufen. Und während er betete, öffnete sich der Himmel, und der Heilige Geist kam sichtbar in Gestalt einer Taube auf ihn herab, und eine Stimme aus dem Himmel sprach: Du bist mein geliebter Sohn, an dir habe ich Gefallen gefunden" (Lk 3,21f).*

---

### 1. Schritt im Gehorsam

**120** Warum hat Jesus zu Beginn seiner öffentlichen Tätigkeit die Bußtaufe des Johannes an sich geschehen lassen, obwohl er doch selbst nicht der Umkehr bedurfte? Warum begann er nicht mit einer Antrittspredigt (vgl. Lk 4,16-27) oder einem aufsehenerregenden „Wunder"? Die Antwort finden wir im Text des Matthäus. Auf die Weigerung des Johannes, Jesus zu taufen, antwortet Jesus: „Laß es nur zu! Denn nur so können wir die Gerechtigkeit ganz erfüllen" (Mt 3,15). Matthäus meint hier mit

„Gerechtigkeit" die Gehorsamstat, mit der Jesus das sündige Volk Israel und damit alle Menschen vor dem heiligen Gott vertritt:

> Jesus bezeugt zu Beginn seines öffentlichen Wirkens seinen Gehorsam Gott gegenüber, indem er die Taufe des Johannes an sich geschehen läßt.

**121** Mit der Taufe Jesu wurde offenbar, daß die neue und entscheidende Epoche der Heilsgeschichte begonnen hat: der „Neue Bund". Die Verheißungen Gottes, die mit ihm verbunden sind (persönliche Beziehung des einzelnen zu ihm, Friede und Gerechtigkeit für alle), gelten für „immer" und sind so umfassend, daß sie erst im Laufe der Geschichte in Erfüllung gehen. Viele Anzeichen deuten darauf hin, daß in unseren Tagen eine lange Epoche der Glaubensgeschichte zu Ende gegangen ist (sie begann im vierten Jahrhundert mit Kaiser Konstantin). Gott ruft die Christenheit und jeden einzelnen zu einer erneuten und vertieften Hinwendung zu sich. Deshalb hat eine neue und aktuelle Bedeutung das Wort Jesu:

> *„Die Zeit ist erfüllt, das Reich Gottes ist nahe. Kehrt um und glaubt an das Evangelium" (Mk 1,15).*

**122** Vielleicht erreicht dieser Ruf Jesu Dich jetzt, wenn Du ihn auf Dich einwirken läßt. Vielleicht führt der Geist Gottes Dich in diesem Glaubensseminar zu dem persönlichen Schritt einer erneuten und vertieften Annahme der Gnade der Umkehr, des Glaubens, der Sakramente, der Geistesgaben. Dieser Schritt wird nicht Deine eigene Leistung oder Anstrengung sein, sondern ein *Schritt im Gehorsam auf den Ruf Gottes hin*, der in unseren Tagen neu ergeht! Oder bist Du der Meinung, eines solchen Schrittes nicht zu bedürfen, weil Du bereits ein guter und „gläubiger" Christ bist? Vielleicht kommen Widerstände in Dir hoch: „Das habe ich doch gar nicht nötig. Ich bemühe mich, ein guter Christ zu sein. Was werden die anderen von mir denken, wenn ich einen solchen Schritt tue?" Laß das „persönliche Zeugnis" Jesu auf Dich einwirken, das er bei seiner Taufe abgelegt hat: Er ließ sich zusammen mit anderen von Johannes taufen, obwohl er ohne Sünde war und der Umkehr nicht bedurfte. Die Gehorsamstat Jesu wird auch Dich dazu ermutigen, Dich Gott neu anzuvertrauen und Dich von seinem Geist neu in Dienst nehmen zu lassen.

## 2. Gemeinschaft mit den Sündern und mit den Armen

**123** Die Johannestaufe war eine „Taufe zur Vergebung der Sünden". Jeder, der sich taufen ließ, bekannte damit zugleich, daß er ein Sünder ist und der Umkehr bedarf (Mk 1,4f; Mt 3,6; Lk 3,3). Um so erstaunlicher ist, daß auch Jesus sich „zusammen mit dem ganzen Volk" (Lk 3,21) taufen ließ. Wußte er sich ebenfalls als Sünder? Keineswegs! Er wird später von sich sagen: „Ich bin gekommen, um die Sünder zur Umkehr zu rufen, nicht die Gerechten" (Lk 5,32; Mk 2,17). Er selbst aber ist „ohne Sünde" (1 Joh 3,5) und kann deshalb stellvertretend unsere Sünden auf sich nehmen als der „Knecht Gottes". In diesem Sinne ist Jesus im Verständnis der Urkirche vor allem der leidende Gottesknecht, von dem Jesaja sagt:

> *„Er hat unsere Krankheit getragen und* unsere Schmerzen auf sich geladen ... Zu unserem Heil lag die Strafe auf ihm, durch seine Wunden sind wir geheilt ... Er trug die Sünden von Vielen *und trat für die Schuldigen ein"(Jes 53, 4-12).*

**124** Die bewußte Solidarisierung Jesu mit den Sündern, Schwachen, und Armen zu Beginn seines öffentlichen Wirkens war eine Tatverkündigung, ein *prophetisches Zeichen.* Jesus hat sich selbst nicht einen Propheten genannt, denn er hat nicht nur eine Botschaft auszurichten, sondern er ist der *endgültige* Bote Gottes: Er sagt das Heil nicht nur an, sondern *bewirkt* es durch alles, was er sagt und tut. In Jesus kommt die alttestamentliche Prophetie zu ihrer endgültigen „Erfüllung". Seine ganze Existenz ist prophetisch: Er ist der lebendige Anruf und das endgültige Heilsangebot Gottes.

Jesus bezeugt bei seiner Taufe: In mir wendet Gott sich endgültig den Sündern, Armen, Unterdrückten, Zerschlagenen, Benachteiligten zu.

**125** Auch die persönliche Erneuerung des Taufbekenntnisses in Anwesenheit anderer kann den Charakter eines *prophetischen Zeichens* annehmen: Durch diesen Schritt bekennt der einzelne, daß er erneut des Geschenkes der Umkehr, des Glaubens, der Geistesgaben bedarf. Die Ernsthaftigkeit und Echtheit dieses Schrittes kann in der Regel von den Anwesenden nicht bezweifelt werden. Durch die Situation, in der er geschieht, erhält er Zeugnischarakter: Die Anwesenden sehen sich direkt vor die Frage gestellt, ob sie ihn auch einmal vollziehen sollen.

Zugleich führt der Geist Gottes bei diesem Schritt zu einer Solidarisierung mit allen, die sich nach einer vertieften Begegnung mit Gott sehnen: In vielen bricht ein neuer Antrieb zur Evangelisierung auf. Sie bezeugen, daß sie durch die erneute Annahme der Taufgnade fähiger wurden, die Last und Sünde anderer mitzutragen, daß sie empfindsamer wurden für das Unrecht, das anderen geschieht. So ist oft auch ein verstärkter sozialer und politischer Einsatz die Frucht der Erneuerung des Taufbekenntnisses.

### 3. Tauferfahrung

**126** Die Evangelien berichten nicht von einem „Berufungserlebnis" Jesu nach dem Vorbild der alttestamentlichen Prophetenberufungen (Jes 6; Jer 1; Ez 1-3). Das plötzliche Auftreten Jesu zu Beginn seiner öffentlichen Tätigkeit hat aber alle Anzeichen eines personalen Durchbruches an sich. Der Heilige Geist, der seit seiner Empfängnis in ihm wirksam war, tritt bei seiner Taufe erneut und vertieft in sein Bewußtsein ein, derselbe Heilige Geist, mit dem er als der Auferstandene die Jünger beim Pfingstereignis „getauft" und bevollmächtigt hat (Apg 2,4).

Die Berichte über die Taufe Jesu zeigen, daß sie von dieser Pfingsterfahrung geprägt sind (vgl. Apg 11,15): Sie beschreiben die Herabkunft des Heiligen Geistes auf Jesus als ein „objektives", für alle wahrnehmbares *inneres* Ereignis. Die „Taube" und die „Stimme" dienen der Veranschaulichung dieses inneren Geschehens und wollen nicht als sinnlich wahrnehmbare Vorgänge verstanden werden. (Der Text will nicht sagen, ein „Vogel" habe sich auf den Kopf Jesu gesetzt oder eine „Stimme" sei wie aus einem Lautsprecher erklungen.) Dies wird bei Markus und Matthäus besonders deutlich: *Jesus selbst* „sah", daß der Geist auf ihn herabkam, und *er selbst* „hörte" die Stimme seines Vaters (Mk 1,10; Mt 3,16). Mit „sehen" und „hören" ist eine *innere Wahrnehmung* Jesu gemeint, eine neue „Erfahrung" seiner einzigartigen Sendung und Beauftragung durch Gott:

> Die Zeugnisse der Evangelien über die Taufe Jesu weisen auf eine innere Erfahrung Jesu hin.

**127**  Die Berichte über die Taufe Jesu sind auch mitgeprägt von der urkirchlichen Tauferfahrung. Paulus fragt im Hinblick auf die empfangene Taufe:

> *„Habt ihr denn so Großes vergeblich erfahren?"* (Gal 3,4).
>
> *„Erfahrt ihr nicht an euch selbst, daß Christus Jesus in euch ist?"* (2 Kor 13,5).
>
> *„Habt ihr den Heiligen Geist empfangen, als ihr gläubig wurdet?"* (Apg 19,2).

**128**  Die Taufe ist verbunden mit einem Empfang des Heiligen Geistes, an den der Getaufte sich später erinnern kann. Auch heute kann mit der Taufe Erwachsener eine innere geistliche „Erfahrung" verbunden sein. Damit ist nicht in jedem Falle ein tief bewegendes, emotionales Erlebnis gemeint, sondern die ganz schlichte Wahrnehmung, daß Gott gegenwärtig ist und den Täufling in Liebe als sein Kind annimmt. Dies kommt im „dialogischen" Charakter des Taufgeschehens zum Ausdruck: „*Ich* taufe *dich* im Namen des Vaters und des Sohnes und des Heiligen Geistes." Im „Ich" des menschlichen Taufspenders wird das „Ich" Gottes gegenwärtig, er selbst spricht den Täufling mit „Du" an.

---

Im Sakrament der Taufe hast Du Anteil erhalten an der Tauferfahrung Jesu.

---

Auch die persönliche Erneuerung des Taufbekenntnisses kann mit einer neuen inneren Wahrnehmung der Gegenwart Gottes verbunden sein, die Dein Leben in ein „Einst" und „Jetzt" gliedert und es durchgreifend verändert. Vielleicht wirst auch Du bei diesem Schritt in Dir die „Stimme" Gottes neu hören: „Du bist mein geliebter Sohn, du bist meine geliebte Tochter, an dir habe ich Gefallen gefunden."

## 4. Erfahrung der Kirche

**129** *„Während Jesus betete,* öffnete sich der Himmel", das heißt, zeigte sich ihm Gott, handelte Gott an ihm. In diesem Hinweis des Lukas (3,21) leuchtet nochmals die Pfingsterfahrung der Urgemeinde auf: Der Heilige Geist war über die Jünger gekommen, während sie „einmütig im Gebet verharrten" (Apg 1,14; vgl. 4,31). Lukas sagt uns nicht, was Jesus nach Auffassung der Urkirche bei seinem ersten öffentlichen Auftreten gebetet hat. Die „Stimme", die Jesus und die Umstehenden „gehört" haben („Du bist mein geliebter *Sohn*"), könnte uns aber einen Hinweis geben: Dieser „Stimme" entspräche das Grundgebet Jesu: „Abba, lieber Vater!" (I,31).

Bei Matthäus lautet die Himmelsstimme: *„Dieser ist* mein geliebter Sohn, an dem ich Gefallen gefunden habe". Er legt Wert darauf, daß die Umstehenden diesen Vorgang mitgesehen und mitgehört haben: Jesus hat bei seiner Taufe die Anwesenden an seiner Geist-Erfahrung teilnehmen lassen, so daß Johannes der Täufer sagen konnte: *„Ich sah,* daß der Geist vom Himmel herabkam wie eine Taube und auf ihm blieb" (Joh 1,32).

Wir können die Zeugnisse und Deutungen der Taufe Jesu durch die Evangelisten wie folgt zusammenfassen:

---

1. Die erste Wortverkündigung Jesu war ein Gebet.

2. In ihm hat Jesus seine Geist-Erfahrung veröffentlicht.

3. Dies war der Beginn der Kirche.

---

Die Kirche lebt davon, daß Christus seine eigene Geist-Erfahrung offenbar gemacht hat und daß die Christen sie durch die Geschichte hindurch einander bezeugen.

**130** Auch heute wird vielen Christen im gemeinsamen Gebet eine vertiefte Erfahrung von Kirche geschenkt. Wenn wir mitsehen und mithören dürfen, wie andere sich im lauten, persönlichen Bekenntnis Gott öffnen, geschieht etwas Ähnliches wie beim ersten Pfingstereignis. Damals brach ein neuer Lobpreis Gottes auf, der zugleich den Charakter der Verkündigung hatte (Apg 2,4.11), so daß Petrus sagen konnte: Der erhöhte Herr hat den Heiligen Geist ausgegossen, *„wie ihr seht und hört"* (Apg 2,33)!

## Dritter Tag:
## „Ich muß das Evangelium verkünden"

**131** Lukas betont, daß Jesus nach seiner Taufe „erfüllt vom Heiligen Geist" und in der Kraft des Geistes mit seinem öffentlichen Wirken begann (Lk 4,1.14). Bei seiner „Antrittspredigt" in der Synagoge seiner Vaterstadt Nazaret bezeugt er: Ich bin gesandt, um zu „evangelisieren". Damit weist Lukas programmatisch auf das eigentliche Ziel alles dessen hin, was Jesus gesagt und getan hat:

---

*„So kam er auch nach Nazaret, wo er aufgewachsen war, und ging, wie gewohnt, am Sabbat in die Synagoge. Als er aufstand, um aus der Schrift vorzulesen, reichte man ihm das Buch des Propheten Jesaja. Er schlug das Buch auf und fand die Stelle, wo es heißt: ,Der Geist des Herrn ruht auf mir; denn der Herr hat mich gesalbt. Er hat mich gesandt,*

---

*damit ich den Armen* eine gute Nachricht bringe *(um die Armen zu evangelisieren)* [13]*; damit ich den Gefangenen die Entlassung verkünde und den Blinden das Augenlicht; damit ich die Zerschlagenen in Freiheit setze und ein Gnadenjahr des Herrn ausrufe'* ... *Da begann er, ihnen darzulegen:* Heute *hat sich das Schriftwort, das ihr eben gehört habt, erfüllt" (Lk 4,16-21).*

*„Ich muß auch den anderen Städten das Evangelium vom Reich Gottes verkünden (evangelizare);* Denn dazu bin ich gesandt worden " *(Lk 4,43).*

## 1. Was steht im Text?

**132** Der Ausdruck „der Herr hat mich gesalbt" ist nur von den alttestamentlichen Weihesalbungen her zu verstehen. Ursprünglich wurde der König mit einem eigens dazu bereiteten Olivenöl von einem Propheten oder einem Priester gesalbt: „Samuel nahm das Horn mit dem Öl und salbte David mitten unter seinen Brüdern. *Und der Geist des Herrn war über David von diesem Tag an"* (1 Sam 16,13). Die Propheten wurden nicht mit Öl gesalbt. Ihre „Salbung" bezeichnet in einem *übertragenen* Sinn ihre Berufung, „Mund Gottes" zu sein: Der Prophet weiß sich *unmittelbar* von Gott selbst gesalbt, da sein Geist auf ihm ruht. Der Geist Gottes befähigt den Propheten dazu, den Armen „eine gute Nachricht zu bringen" (Jes 61,1).

Das Selbstzeugnis Jesu in der Synagoge von Nazaret hat in mehrfacher Hinsicht grundsätzliche Bedeutung und läßt das göttliche „Müssen" ahnen, das hinter seiner Evangelisierung steht: *„Denn dazu bin ich gesandt worden"* (Lk 4,43):

„Dieses Selbstzeugnis Jesu erklärt mit einem Wort die ganze Sendung Jesu. Alle Aspekte seines Mysteriums ... zielen auf diese vorrangige Tätigkeit: die Verkündigung der Frohbotschaft" (Paul VI., EN 6).

Die Berichte über die Taufe Jesu (I,119) machen auch deutlich, warum Jesus „der Christus" genannt wird. „Christus" heißt wörtlich „der Gesalbte". Wie Petrus in seiner grundlegenden Katechese im Hause des Kornelius verkündet, hat Gott Jesus bei seiner Taufe „mit dem Heiligen Geist und mit Kraft *gesalbt*" (Apg 10,38), das heißt, ganz mit der Kraft des Heiligen Geistes *erfüllt.*

## 2. Bedeutung für uns

**133**   Wenn Jesus den prophetischen Text aus Jesaja vorliest, stellt er sich nicht in eine Reihe mit den alttestamentlichen Propheten, denn dieses Schriftwort hat sich „heute" *erfüllt* (Lk 4,21). In Jesus erreicht die prophetische Verheißung des Alten Bundes ihr Ziel und ihre endgültige Erfüllung, denn „alle Propheten ... haben diese Tage angekündigt" (Apg 3,24). *Indem* Jesus den Text vorliest, beginnt die Evangelisierung der Welt. Das „heute" ist nicht in der Synagoge von Nazaret ein für allemal verhallt, sondern dauert fort bis in diese Stunde hinein.

Evangelisierung ist deshalb auch der Grundauftrag der Kirche und jedes einzelnen Christen. Dies kommt in der Taufliturgie deutlich zum Ausdruck:

> „Nach der Taufe salbt der Zelebrant die Neugetauften mit Chrisam; denn wer getauft ist, gehört zu Christus und ist wie er ‚gesalbt' (‚gesalbt' ist die Wortbedeutung von ‚Christus') zum Amt des Priesters, des Königs und des Propheten" (GL 48,3).

## 3. Was soll ich tun?

**134**   Lies das von Jesus verkündete prophetische Wort (Lk 4,18) noch einmal laut, Wort für Wort, und beziehe den Text auf Dich selbst: „Der Geist des Herrn ruht auf *mir*, denn er hat *mich* gesandt, die Frohe Botschaft zu verkünden." Ist Dir schon einmal bewußt geworden, daß

– Du als Christ teilhast an der prophetischen Sendung Jesu Christi,
– seit Deiner Taufe der Heilige Geist auch auf Dir „ruht",
– Du nicht Christ sein kannst, ohne zu „evangelisieren"?

> „Derjenige, der evangelisiert worden ist, wird auch seinerseits wieder evangelisieren ... Es ist *undenkbar*, daß ein Mensch das Wort Gottes annimmt und in das Reich eintritt, ohne auch von sich aus Zeugnis zu geben und dieses Wort zu verkünden" (Paul VI., EN 24).

## Vierter Tag:
## „Noch ehe Abraham wurde, bin ich"

**135** Viele sehen heute in Jesus lediglich einen Menschen, der sich zu seiner Zeit vorbildhaft eingesetzt hat für die Armen und Unterdrückten, der die Nächstenliebe gepredigt und gelebt hat. Er stünde dann mit anderen „Religionsstiftern" (zum Beispiel Buddha, Mohammed) auf gleicher Stufe. Die Kirche bekennt jedoch mit dem Neuen Testament, daß Jesus Christus „wahrer Gott vom wahren Gott" ist, „eines Wesens mit dem Vater". Es gehört zu den zentralen Anstößen dieses Glaubensseminars, sich der darin enthaltenen Herausforderung zu stellen. Lies den folgenden Text als Wort Jesu an Dich persönlich und laß Dich von ihm fragen, ob Du ihm glaubst:

> *„Er sagte zu ihnen [den Juden]:Ihr stammt von unten, ich stamme von oben; ihr seid aus dieser Welt, ich bin nicht aus dieser Welt. Ich habe euch gesagt: Ihr werdet in euren Sünden sterben; denn* wenn ihr nicht glaubt, daß ich bin[14], *werdet ihr in euren Sünden sterben ... Sie verstanden nicht, daß er damit den Vater meinte. Da sagte Jesus zu ihnen: Wenn ihr den Menschensohn erhöht habt, dann werdet ihr erkennen, daß Ich es bin ... Von Gott bin ich ausgegangen und gekommen ... Noch ehe Abraham wurde, bin ich" (Joh 8,23f.27f.42.58).*

### 1. Was steht im Text?

**136** Der Text stammt zwar aus dem Ende des ersten Jahrhunderts. In ihm sind uns aber Worte Jesu überliefert, durch die er uns sein innerstes Geheimnis offenbart. Der Satz „Wenn ihr nicht glaubt, daß ich bin" ergibt zunächst keinen Sinn. Man erwartet eine Ergänzung, wie etwa in ähnlichen Aussagen des Johannesevangeliums: „Ich bin der Weg und die Wahrheit und das Leben" (Joh 14,6). In dem zitierten Text aber steht mehrmals ohne Zusatz ein zunächst schwer verständliches „ich bin". Die Bibelwissenschaft hat gezeigt, daß Jesus hier die zentrale Form der Selbstoffenbarung Gottes im Alten Bund wiederholt, auf sich bezieht, und sich so auf eine Stufe mit Gott stellt:

Im Alten Bund hat Gott sich als „Ich", als Person, geoffenbart, als der Gott, der für sein Volk da ist (II,53): *„Ich bin Jahwe, ich, und außer mir gibt es keinen Retter!"* (Jes 43,11). „Ich bin der Ich-bin-da" (Ex 3,14). Indem Jesus sich durch die Worte „Ich bin" mit dieser Selbstoffenbarung Jahwes identifiziert, bezeugt er:

– Bevor die Welt erschaffen wurde, war ich bei Gott (Joh 1,1; 17,24). In meinem „Ich" tritt euch das ewige „Ich" Gottes entgegen.

– Ich habe eine exklusive Gemeinschaft mit Gott: „Ich und der Vater, wir sind eins" (Joh 10,30).

– Ich bin der einzige Zeuge und Offenbarer Gottes: Ich allein kenne ihn (Joh 6,46; 8,55).

---

> Jesus bezeugt, daß in ihm Gott selbst den Menschen *unmittelbar* entgegentritt und nahe ist.

---

### 2. Bedeutung für uns

**137** Die Menschwerdung des ewigen „Wortes" (Joh 1,14) gehört zu den zentralen Geheimnissen des christlichen Glaubens. Die menschliche Sprache versagt, wenn wir versuchen, es in Worte zu fassen. Ein Hinweis kann uns helfen, die Unbegreiflichkeit dieses Geheimnisses zu erahnen:

1. Vielleicht ist es Dir schon einmal so ergangen: Du hast an eine Zimmertür geklopft. Von innen kam die Frage: „Wer ist da?", und Du hast spontan geantwortet: „Ich". Diese Auskunft ist genauer als die Angabe des Namens, denn „Paul" oder „Peter" können viele Menschen heißen. „Ich" aber kannst nur Du als dieser ganz bestimmte Mensch sagen, der hier und jetzt angeklopft hat. Die vollständige Antwort würde lauten: „Ich bin da". In ihr bringst Du nicht nur Deine Anwesenheit zum Ausdruck, sondern auch Deine Einmaligkeit: „Ich bin da und kein anderer" (II,54). In dem Satz: „Ich bin da" kommt eine (vorbewußte) Ur-Erfahrung jedes Menschen zum Ausdruck.

2. Im Alten Bund hat Gott diese Ur-Erfahrung in Dienst genommen, um zu bezeugen, daß er immer für sein Volk da ist: Ich bin der „Ich-bin-da" (Ex 3,14). Er hat dieses Zeugnis gegeben durch die Propheten, indem er sie mit seinem Geist erfüllt hat (I,132). Dabei waren sie sich des unendlichen Abstandes von dem heiligen Gott deutlich bewußt: „Weh mir, ich bin verloren. Denn ich bin ein Mann mit unreinen Lippen" (Jes 6,5).

3. In Jesus ist Gott nicht nur gegenwärtig wie in einem der alttestamentlichen Propheten:

> Gott macht sich nicht nur in den Worten Jesu gegenwärtig, sondern Jesus ist „Gott".

**138** Wenn Jesus „Ich" sagt, dann spricht hier sicherlich ein Mensch, wie zum Beispiel in dem Satz: „Gib mir zu trinken" (Joh 4,7). Das Zeugnis der Evangelien enthält aber auch Ich-Worte Jesu, die in unbegreifliche Tiefen seiner Person verweisen, auf seine *direkte* Herkunft aus Gott: „Ich *bin* das Brot des Lebens ... Wie mich der lebendige Vater gesandt hat und wie ich durch den Vater lebe, so wird jeder, *der mich ißt,* durch mich leben" (Joh 6,48.57; Johannes verweist in diesem Zusammenhang auf das Geheimnis der Eucharistie). Diese und andere Ich-Worte Jesu (Joh 10,30.36) veranlassen die Juden zu dem Vorwurf: „Du bist nur ein Mensch und machst dich selbst zu Gott" (Joh 10,33).

### 3. Was soll ich tun?

**139** Um das Geheimnis der aus göttlicher Tiefe kommenden Ich-Worte Jesu in seiner Unergründlichkeit erahnen zu können, ist es hilfreich, wenn Du jetzt den Satz laut aussprichst: „Ich bin da." Mache Dir bewußt, daß Du jetzt und hier da bist in Deiner Einmaligkeit und mit Deinen Beziehungen zu anderen Menschen. Stelle Dir nun vor, daß

– in dem Wort „Ich", das Du jetzt aussprichst, der ewige, unendliche, heilige Gott selbst direkt und unmittelbar gegenwärtig ist,

– nicht nur Du dieses Wort aussprichst, sondern Gott selbst: Gott selbst spricht jetzt: „Ich bin da!"

Das würde bedeuten, daß durch Dein menschliches „Ich" hindurch das „Ich" Gottes selbst in die Welt eintritt, daß Du mit dem Schöpfer des Himmels und der Erde auf gleicher Stufe stehst, daß Du „Gott" bist. Du wärest dann nicht nur ein Glied in der Kette der menschlichen Zeugung, sondern hättest eine absolut exklusive Beziehung zu Gott, von der alle anderen Menschen ausgeschlossen sind.

Dem Zeugnis und Bekenntnis des Johannes entsprechend hat Jesus Christus schon existiert „vor der Erschaffung der Welt" (Joh 17,24). Wenn Du also „Jesus" wärest und wie er sagen könntest: „Bevor Abraham wurde, bin ich" (Joh 8,58), wärest Du aus Gott, dem „Vater", hervorgegangen, bevor das Weltall entstand: Du wärest das ewige „Du" Gottes!

**140** Verweile einige Zeit bei diesen Erwägungen und erkenne: Du bist nicht Jesus, Du bist nicht „Gott". Jesus tritt Dir mit göttlicher Hoheit gegenüber. Er allein kann sagen: „Ich und der Vater, wir sind eins" (Joh 10,30).

Jesus ist in seinem Wort anwesend. Er lädt Dich jetzt ein – wie den geheilten Blinden –, seinem Zeugnis zu glauben:

> *„Glaubst du an den Menschensohn? Der Mann antwortete: Wer ist das, Herr? (Sag es mir,) damit ich an ihn glaube. Jesus sagte zu ihm: Du siehst ihn vor dir; er, der mit dir redet, ist es. Er aber sagte: Ich glaube, Herr! Und er warf sich vor ihm nieder" (Joh 9,35-38).*

Vielleicht kannst Du eine solch klare und überzeugte Antwort jetzt noch nicht geben. Der Geist Christi wird Dich schrittweise „in die ganze Wahrheit führen" (Joh 16,13). Er ist „Gott in Dir" und öffnet Dein Herz für die volle Antwort:

„Komm, allgewaltig heilger Hauch, der alle Kreatur belebt; o komm, erfüll uns bis zum Grund und bleib in uns, o Heilger Geist.

Daß Gott dem Vater wir vertraun und lieben seinen Sohn, den Herrn, und dich erfahren, *Gott in uns,* dazu hilf uns, o Heilger Geist" (GL 242).

## Fünfter Tag:
## Die Menschen waren sehr betroffen

**141**  Die Zeitgenossen Jesu haben nicht ohne weiteres erkannt, daß sie in dem Menschen Jesus dem ewigen „Wort", dem ewigen „Sohn", begegnet sind. Die Worte und Taten Jesu haben zunächst nur Verwunderung, Staunen, Betroffenheit ausgelöst. Die Menschen kamen dadurch nicht ohne weiteres zum Glauben an ihn, aber sie haben anfänglich wahrgenommen, daß er ein außer-gewöhnlicher Mensch war. Den Evangelisten war es deshalb wichtig, uns auch den *Menschen* Jesus nahezubringen. Lies die folgenden Texte als Hilfe für Dich, zu Jesus als Mensch in eine Beziehung zu treten (schlage einige Texte auf, und erschließe ihre Bedeutung aus dem jeweiligen Zusammenhang):

*„Seine Rede fand bei allen Beifall; sie staunten darüber, wie begnadet er redete, und sagten: Ist das nicht der Sohn Josefs?" (Lk 4,22; vgl. Mt 13,54f).*

*„Die Menschen waren sehr betroffen von seiner Lehre; denn er lehrte sie wie einer, der (göttliche) Vollmacht hat, nicht wie die Schriftgelehrten ... Hier wird mit Vollmacht eine ganz neue Lehre verkündet" (Mk 1,22.27; vgl. Lk 4,32.36).*

*Nach der Heilung eines Gelähmten „gerieten alle außer sich; sie priesen Gott und sagten: So etwas haben wir noch nie gesehen" (Mk 2,12; vgl. Mt 9,33).*

*„Da gerieten alle außer sich; sie priesen Gott und sagten voller Furcht: Heute haben wir etwas Unglaubliches gesehen" (Lk 5,26).*

*„Sein Ruf verbreitete sich immer mehr, so daß die Menschen von überall herbeiströmten. Sie alle wollten ihn hören und von ihren Krankheiten geheilt werden" (Lk 5,15).*

*„Als die Menschen sahen, daß Stumme plötzlich redeten, Krüppel gesund wurden, Lahme gehen und Blinde sehen konnten, waren sie erstaunt und priesen den Gott Israels" (Mt 15,31).*

### 1. Was steht in den Texten?

**142** Der christliche Glaube ist nicht irgendeine „Weltanschauung" oder „Idee", sondern rückbezogen auf historische Ereignisse. Zum Zentrum des christlichen Glaubens gehört auch, daß Jesus Christus „wahrer Mensch" war (vgl. Phil 2,7). Die Evangelien sind jedoch nicht ein protokollarischer Bericht über das Leben Jesu, sondern geistgewirkte Verkündigung. Sie wollen nicht in erster Linie historisches Wissen über Jesus vermitteln, sondern die lebendige Begegnung mit ihm und den Glauben an ihn: Wenn ich alle Einzelheiten über das Leben Jesu wüßte (wie etwa über das Leben Napoleons), dann wäre dies noch keine Begegnung: Jesus hat seinen Jüngern nicht aufgetragen, Bücher oder eine Biographie über ihn zu verfassen, sondern seine Zeugen zu sein (Apg 1,8) und zu verkünden, was sie im Umgang mit ihm „gesehen und gehört", also erfahren haben (Apg 4,20; 1 Joh 1,1-3). Dabei kam es ihnen nicht auf historische Einzelheiten an, sondern auf den Gesamteindruck, den Jesus auf seine Zeitgenossen gemacht hat:

Laß Dich von dem *Menschen* Jesus betreffen. Dann wirst Du mit *Gott* zu tun bekommen!

## 2. Bedeutung für uns

**143** Jeder Mensch verehrt (bewußt oder unbewußt) andere Menschen, die er nachzuahmen versucht. Für jeden ist das, was ihn am meisten anzieht, fasziniert und begeistert, die sinngebende Instanz. Sie kann ihn so „fesseln", daß sie für ihn zur alles bestimmenden Macht wird (I,5). Paulus schreibt den Korinthern: Als Heiden wart ihr „hingerissen" zu den stummen Götzen. Jetzt aber ist eure ganze Begeisterungsfähigkeit auf Jesus gerichtet (1 Kor 12,2f). Im ersten Petrusbrief (verfaßt nach dem Jahre 60) wird diese Faszination wie folgt beschrieben:

> *„Ihn habt ihr nicht gesehen, und dennoch liebt ihr ihn; ihr seht ihn auch jetzt nicht; aber ihr glaubt an ihn und jubelt in unsagbarer, von himmlischer Herrlichkeit verklärter Freude, da ihr das Ziel des Glaubens erreichen werdet: euer Heil" (1 Petr 1,8f).*

## 3. Was soll ich tun?

**144** Im Zeugnis der Augenzeugen des Lebens Jesu und der Urgemeinden tritt der Mensch Jesus auch vor Dich hin. Sein Blick ruht auf Dir (Mk 10,21); er möchte Dir persönlich begegnen (Joh 4,7-19); er ist auch im geschriebenen Wort gegenwärtig; er selbst spricht zu Dir! Je tiefer Du in die Schriften des Neuen Testamentes eindringst, um so mehr wirst Du entdecken, daß er ein außer-gewöhnlicher und vollkommener Mensch war.

Lies noch einmal nach, was Du am Anfang dieses Glaubensseminars zur Grundfrage nach der sinngebenden Instanz Deines Lebens in Deinem geistlichen Tagebuch festgehalten hast. Kannst Du von Dir sagen, daß die Worte und Taten Jesu bei Dir Zustimmung und die Bereitschaft zur Nachfolge auslösen (I,92ff)? Steigen Widerstände in Dir auf, wenn Du dem Anspruch Jesu begegnest, mit Gott auf gleicher Stufe zu stehen?

## Sechster Tag:
## „Mein Gott, warum hast du mich verlassen?"

**145**  An den beiden letzten Tagen haben wir zwei wichtige Inhalte des Bekentnisses der Kirche zu Jesus Christus bedacht: Wahrer Gott und wahrer Mensch. Nunmehr sei gefragt, was es für uns bedeutet, wenn die Kirche von Jesus Christus bekennt: „gelitten unter Pontius Pilatus, gekreuzigt, gestorben und begraben, hinabgestiegen in das Reich des Todes".

Das Kreuzesgeschehen ist die tiefste Selbstoffenbarung Gottes. In ihm deckt er die geheime Macht des Bösen endgültig auf, besiegt der „Sohn" diese Macht in der Kraft des Heiligen Geistes. Du warst in diesem Geschehen anwesend: Jesus Christus hat auch Dir einen neuen Zugang zu Gott eröffnet. Laß beim Lesen der Texte die Heilskraft seines Todes in Dich eindringen:

> *„Jetzt ist meine Seele erschüttert [wörtlich: gestört] ... Jetzt wird Gericht gehalten über diese Welt; jetzt wird der Herrscher dieser Welt hinausgeworfen werden" (Joh 12,27.31).*
>
> *„Als die sechste Stunde kam, brach über das ganze Land eine Finsternis herein. Sie dauerte bis zur neunten Stunde. Und in der neunten Stunde rief Jesus mit lauter Stimme: Eloï, Eloï, lema sabachtani?, das heißt übersetzt: Mein Gott, mein Gott, warum hast du mich verlassen? ... Jesus aber schrie laut auf. Dann hauchte er den Geist aus. Da riß der Vorhang im Tempel von oben bis unten entzwei. Als der Hauptmann, der Jesus gegenüberstand, ihn auf diese Weise sterben sah, sagte er: Wahrhaftig, dieser Mensch war Gottes Sohn" (Mk 15,33-39).*

### 1. Was steht in den Texten?

**146**  Zum Verständnis der Texte muß früher Gesagtes mitbedacht werden:

1. Sünde ist der Mißbrauch geschöpflicher Freiheit und beginnt mit der Weigerung, Gott zu vertrauen (I,71; II,77).

2. Die Folge der Sünde ist die Störung der Beziehung des Menschen zu Gott, zu sich selbst und zu anderen Menschen (I,79; II,96-108).

3. In diesen Beziehungsstörungen ist die Macht des Bösen wirksam, die der Mensch von sich aus nicht bezwingen kann (I,71; II,88-95).

Laß jetzt diese Überlegungen auf sich beruhen und lies den Bericht über den Tod Jesu in der Bereitschaft, Dich von diesem Heilsgeschehen persönlich betreffen zu lassen.

**147** In dem ersten der oben zitierten Texte bezeugt Johannes, daß Jesus in Erwartung seines Leidens „erschüttert" war. Vom Zusammenhang her darf dieses Wort nicht rein psychologisch gedeutet werden. Es kann auch mit „verstört", „gestört" übersetzt werden: Johannes meint nicht nur, daß der Mensch Jesus Angst hatte vor dem Leiden, sondern auch: Jesus nahm alle „Störungen" auf sich, die der Satan, der „Herrscher dieser Welt", jemals verursacht hat und verursachen wird.

Dies wird in dem zweiten Text noch deutlicher: Nach der Überlieferung bei Markus (und Matthäus) hat Jesus in seiner Todesstunde den Psalm 22 gebetet, der mit dem Ruf beginnt: „Mein Gott, mein Gott, warum hast du mich verlassen, bist fern meinem Schreien, den Worten meiner Klage?" Der Mensch Jesus fühlt sich nicht nur von seinen Jüngern (Mt 26,56), sondern von Gott selbst „verlassen". Seine einzige Nähe zu Gott ist sein Vertrauen: „Dir haben unsere Väter vertraut, sie haben vertraut, und du hast sie gerettet", heißt es in V. 5 von Ps 22. Jesus als der einzige Mensch, der ohne Sünde war, hat auch Dich in sein äußerstes Vertrauen zu Gott hineingenommen.

**148** Jesus schreit aber nicht nur als Mensch zu Gott: Sein menschliches „Ich" ist in der Tiefe getragen vom „Ich" des ewigen „Sohnes". Das Abschiedsgebet Jesu bei Johannes enthält die Bitte:

> *„Vater, verherrliche du mich jetzt bei dir mit der Herrlichkeit, die* ich *bei* dir *hatte,* bevor die Welt war " (Joh 17,5).

Mit „Verherrlichung" ist bei Johannes die Rückkehr des Erlösers in seine himmlische Herrlichkeit gemeint, die mit seinem Tod beginnt. Am Kreuz schreit also auch der ewige „Sohn" Gottes nach Gott, dem Vater (vgl. II,42,65). Er schreit in einen stummen Himmel hinein. Er hört in dieser Stunde nicht mehr die „Stimme" seines Vaters wie bei seiner Taufe oder auf dem Berg der Verklärung: „Du bist mein geliebter Sohn" (Lk 3,22; Lk 9,35). Er erhält keine Antwort:

> Das Leiden Jesu Christi am Kreuz war ein Geschehen in Gott selbst.

Im Kreuzesgeschehen wird das ganze Ausmaß der Sünde offenbar: Sie führt in letzter Konsequenz in die „Hölle" der totalen Beziehungslosigkeit. In dieses „Reich des Todes" ist der Erlöser, der ewige „Sohn" Gottes, hinabgestiegen, um alle Menschen vor diesem Tod zu bewahren. Der Mensch ist nicht fähig, sich *aus eigener Kraft* aus ihm zu befreien. Je mehr er dies versucht, um so mehr unterliegt er „den listigen Anschlägen des Teufels" (Eph 6,11; II,77-79). Deshalb hat Gott das Äußerste getan, wozu Liebe fähig ist. Er hat in seinem Sohn Deine Stelle eingenommen und den Platz mit Dir getauscht:

> Jesus Christus hat am Kreuz aus Liebe zu Dir *Deine Stelle eingenommen.*
> Er hat stellvertretend für Dich Deine *gestörte Beziehung* zu Gott durchlitten.
> So hat er Dir einen *neuen Zugang* zu Gott, zu Dir selbst und zu anderen Menschen eröffnet.

## 2. Bedeutung für uns

**149** Im Kreuzesgeschehen hat Gott grundlegend alle Menschen auf sich hin ausgerichtet und ihnen eine neue Freiheit geschenkt. Versuchen wir im folgenden, *einen* zentralen Aspekt dieses umfassenden Geschehens zu bedenken, der offenbar macht, daß jeder Mensch einer „Erlösung" durch Jesus Christus bedarf. Dabei wird zugleich deutlich, was „Rechtfertigung" durch Gott bedeutet.

Es gehört zum Wesen des Menschen, daß er eine ihm übergeordnete Macht verehrt, die ihm Glück verheißt, seinem Dasein Sinn gibt und von ihm „Rechenschaft" fordert (I,5; II,8). Durch Jesus Christus hat Gott alle Mächte entthront, die den Menschen „fesseln" und zu Unrecht verheißen, dem Leben einen Sinn zu geben! Durch ihn hat er seine Liebe und sein Erbarmen ein für allemal zur letzten sinngebenden Instanz unseres Lebens gemacht.

1. In jedem Menschen ist der Antrieb wirksam: Ich bin von niemandem abhängig, außer von mir selbst. Wenn Du nach diesem Grundsatz lebst, mußt Du versuchen, Dir selbst den Sinn Deines Lebens zu geben. Da Du selbst Deine oberste sinngebende Instanz bist, stehst Du ständig unter der Forderung, Dir selbst den Wert und die Wichtigkeit Deiner Person zu beweisen: durch Steigerung Deiner Leistung, durch Zuwachs an Ansehen und Macht. So stehst Du ständig unter dem Zwang, Deinen Wert vor Dir selbst *rechtfertigen* zu müssen. Dies hat eine ständige Selbstüberforderung zur Folge, die zu einer letztlich tödlichen Störung Deines Verhältnisses zu dir selbst, zu anderen und zu Gott führt.

2. Wenn die *Gesellschaft* zur obersten, sinngebenden Instanz wird, gilt: Dein Dasein ist in dem Maße *gerechtfertigt*, als Du Werte schaffst und mitarbeitest am Fortschritt: Leiste etwas, und Dein Leben hat einen Sinn (II,3)! Du erwirbst Dir in dem Maße Ansehen in Deiner gesellschaftlichen Mitwelt, als Du für sie wertvoll bist: Du hast Deinen Wert letztlich nicht in Dir selbst, sondern mußt ihn durch Deinen Nutzen für die Gesellschaft ständig neu unter Beweis stellen. Wo Gott nicht die oberste Instanz ist, tritt (in totalitären Systemen) die namenlose Zentrale an seine Stelle. Vor ihr hat der einzelne sich zu rechtfertigen. Hier zeigt sich deutlich die gesellschaftliche und politische Auswirkung des Kreuzesgeschehens.

---

Wenn Du nicht aus der Beziehung zu Gott lebst, wirst Du selbst oder werden andere Menschen zur letzten Instanz, vor der Du Dich ständig zu rechtfertigen hast.

---

### 3. Was soll ich tun?

**150** 1. Sei gewiß, daß der Tod Jesu für Dich von grundlegender Bedeutung ist: Du hast ein neues Ansehen bei Gott und wirst nie mehr Dein Dasein und Deinen Wert vor Dir selbst und vor anderen rechtfertigen müssen. Gott hat Dich ein für allemal als sein „Kind" angenommen. Vor ihm bist Du wichtig und wertvoll. Du brauchst deshalb Dir selbst und anderen nichts vorzumachen. Sei gewiß:

> Gott wird Dich auch im Scheitern bedingungslos bejahen!

Wenn Du diese Botschaft vertrauensvoll annimmst, wirst Du auch in ausweglosen Situationen nicht in das Dunkel der Sinnlosigkeit versinken, hat Deine „Auferstehung" schon begonnen!

2. Bedenke heute auch Deine Stellung zu dem gesellschaftlichen System, in dem Du lebst. Welche vereinnahmenden Forderungen kommen auf Dich zu? Konsumzwang? Zwänge zu rücksichtsloser Machtausübung und Selbstdurchsetzung im Streben nach Gewinn und Profit? Sozialer Druck zu sexueller Ungebundenheit?

Welche Ideologien bestimmen das System, in dem Du lebst? Möglichst schrankenlose „Freiheit des einzelnen" („Ich bestimme selbst, was ich tun und lassen soll")? Zwang zur Unterordnung unter eine gesellschaftliche Zentrale und ihre Planungen?

Mußt Du Dich vor Deiner Umgebung in Arbeitswelt und Familie *rechtfertigen*, wenn Du Dich gesellschaftlichen Zwängen und Forderungen nicht anpaßt? Bedenke:

> Jesus Christus hat den Zugang zu Gott als der *einzigen* Instanz eröffnet, die nicht unterdrückt, sondern innere und äußere Freiheit schenkt.

Die *innere* Freiheit vom vereinnahmenden Anspruch der Gesellschaft ermöglicht eine kritische und positive Mitarbeit an der Entwicklung gesellschaftlicher Systeme, in denen die *äußere*

Freiheit und Gerechtigkeit in den gesellschaftlichen Einrichtungen verankert ist und von ihnen garantiert wird.

## Siebter Tag:
## „Ich lebe, und auch ihr werdet leben"

151 Kreuzesgeschehen, Auferstehung Jesu und Geistsendung sind die Mitte des christlichen Glaubens. Bei Paulus lesen wir: „Ist Christus nicht auferweckt worden, dann ist unsere Verkündigung leer und euer Glaube sinnlos" (1 Kor 15,14). Der Bericht aus dem ersten Korintherbrief (entstanden um 54) ist der älteste uns erhaltene schriftliche Beleg über die Erscheinungen des Auferstandenen.

*„Denn vor allem habe ich euch überliefert, was auch ich empfangen habe: Christus ist für unsere Sünden gestorben, gemäß der Schrift, und ist begraben worden. Er ist am dritten Tag auferweckt worden, gemäß der Schrift, und erschien dem Kephas, dann den Zwölf. Danach erschien er mehr als fünfhundert Brüdern zugleich ... Als letztem von allen erschien er auch mir, dem Unerwarteten, der ‚Mißgeburt' ... Durch Gottes Gnade bin ich, was ich bin, und sein gnädiges Handeln an mir ist* nicht ohne Wirkung geblieben" *(1 Kor 15,3-10).*

*„Ich werde den Vater bitten, und er wird euch einen anderen Beistand geben, der für immer bei euch bleiben soll ... Ich werde euch nicht als Waisen zurücklassen, sondern ich komme wieder zu euch. Nur noch kurze Zeit, und die Welt sieht mich nicht mehr;* ihr aber seht mich, weil ich lebe und weil auch ihr leben werdet. *An jenem Tag werdet ihr erkennen: Ich bin in meinem Vater, ihr seid in mir, und ich bin in euch" (Joh 14,16-20).*

## 1. Was steht in den Texten?

**152**   Viele Gläubige und Ungläubige fragen heute: Läßt sich die Auferstehung Jesu *historisch*, beweisen und wie sollen wir sie uns vorstellen? Diese Fragestellung ist veranlaßt durch das neuere naturwissenschaftliche Denken. Die „Osterberichte" am Ende der Evangelien (Mk 16; Mt 28; Lk 24; Joh 20) wollen jedoch nicht in erster Linie historische Fakten mitteilen, sondern setzen sie voraus (den Tod Jesu, das „leere Grab", die Auferweckung Jesu durch Gott in eine neue Daseinsweise). Beachten wir, daß Paulus nicht sagt, Menschen hätten direkt den Vorgang der Auferstehung beobachtet. Die Jünger bezeugen vielmehr die *Begegnung* mit ihm und wollen zu dieser Begegnung hinführen: Die Jünger waren nicht Zeugen der Auferstehung, sondern Zeugen der *Erscheinungen* des Auferstandenen. Die neutrale Mitteilung historischer Fakten hätte historisches Wissen vermittelt, aber nicht die Begegnung mit dem Auferstandenen.

Der historische Vorgang der Auferstehung Jesu ist als solcher jeglicher menschlichen *Sinneswahrnehmung* entzogen. Er hat keine innerweltlichen Parallelen: „Ich lebe" ist die Botschaft dessen, der aus dem Zustand des Todes zurückgekehrt ist in das unzerstörbare Leben Gottes, der war, ist und kommt (Offb 4,8). Die Auferstehung Jesu kann deshalb nicht wie innerweltliche Vorgänge überprüft und bewiesen werden, ebensowenig wie die Existenz Gottes selbst. Die Tatsache der Auferstehung Jesu kann aber in der Kraft des Heiligen Geistes innerlich wahrgenommen werden.

**153**   In der Begegnung unter Menschen ereignet sich ein *inneres Berührt-Sein* durch den anderen, das eine bloße Sinneswahrnehmung deutlich übersteigt (II,35). Dies gilt erst recht von der Begegnung mit Jesus (I,57f). Der Auferstandene begegnet seinen Jüngern leibhaftig und zugleich von Herz zu Herz:

> *„Brannte uns nicht das Herz in der Brust, als er unterwegs mit uns redete und uns den Sinn der Schrift erschloß?" (Lk 24,32).*

Diese innere Wahrnehmung der Tatsache der Auferstehung geschah in der Kraft des Pfingstgeistes: „Zeugen dieser Ereignisse sind *wir und der Heilige Geist,* den Gott allen verliehen hat, die ihm gehorchen" (Apg 5,32). Berichte über die *sinnliche* Wahrnehmung des Auferstandenen (Maria von Magdala meint zunächst, er sei der Gärtner; Thomas darf seine Hände in die Seite Jesu legen; Jesus hat mit den Jüngern Mahl gehalten usw.) sind *Veranschaulichungen* der Begegnung mit ihm und unterstreichen die *Tatsache* seiner Auferstehung.

1. Die Tatsache der Auferstehung Jesu kann nicht wie innerweltliche Vorgänge überprüft, bewiesen oder widerlegt werden.

2. Das Neue Testament bezeugt die Begegnung der Apostel mit dem Auferstandenen als historische Tatsache.

3. Die Veränderungen im Leben der Apostel und ihr einzigartiges Wirken in der Welt bezeugen die Wahrheit ihrer Berichte.

## 2. Bedeutung für uns

### 1. Annahme des eigenen Todes

**154** Es besteht kein Zweifel, daß ich meinen eigenen Tod jetzt schon in mir trage und daß ich dieser Macht jetzt schon ausgeliefert bin. Diese unbestreitbare Tatsache ist ein „Stachel", der ständig in mir bohrt und meinen Protest hervorruft: Ich versuche, diese Tatsache zu verdrängen oder zu verharmlosen. Dies zeigt mir, daß ich meinen eigenen Tod nicht einfachhin bejahen und in mein Leben integrieren kann.

Viele trösten sich mit dem Gedanken, daß sie irgendwie fortleben in ihren Kindern, in den von ihnen geschaffenen Werten, in den von ihnen mitgetragenen Ideen, im ehrenden Angedenken der Mitarbeiter und Hinterbliebenen; daß eine bessere Gesellschaft, die sie selbst mitgestaltet haben, sie überdauert.

Eine Weltanschauung, die die Tatsache des eigenen Todes verschweigt, überspielt oder verharmlost, ist zutiefst unehrlich.

Zu den Grundaussagen der Bibel gehört die Botschaft von der Überwindung des Todes durch Jesus Christus. Er hat seinen eigenen Tod für uns auf sich genommen, um jeden Menschen von der Macht des Todes zu befreien und das Ärgernis des eigenen Todes zu verwandeln in die gewisse Hoffnung auf die eigene Auferstehung: „Ich glaube an die Auferstehung der Toten. Ich glaube an *meine* Auferstehung!"

*„Der letzte Feind, der entmachtet wird, ist der Tod ... Tod, wo ist dein Sieg? Tod, wo ist dein Stachel?" (1 Kor 15,26.55).*

*„Christus will ich erkennen und die Macht seiner Auferstehung und die Gemeinschaft mit seinen Leiden; sein Tod soll mich prägen" (Phil 3,10).*

## 2. Liebe ist stärker als der Tod

**155** Jesus hat sich in seinem Tod vertrauend in die Hände Gottes gelegt. Diese äußerste Freiheitstat war ein letzter Ausdruck seiner Liebe zu Gott und zu den Menschen, die sein *ganzes* Leben bestimmt hat. Schon sein vorösterliches Leben war Ausdruck dafür, daß er „sein Leben hingibt" für die Menschen (Joh 10,15.17), daß er ganz für sie da ist: „Es gibt keine größere Liebe, als wenn einer sein Leben für seine Freunde hingibt" (Joh 15,13). Die Liebe, mit der er sich eingesetzt hat für die „Armen", für die Unterdrückten und Entrechteten, war bereits eine Form seiner Lebenshingabe, eine Vorwegnahme seines Sterbens. Diese Liebe war der Beginn seiner Auferstehung und überdauert seinen leiblichen Tod: „Ich werde euch wiedersehen; dann wird euer Herz sich freuen, und niemand nimmt euch eure Freude" (Joh 16,22).

> Die Auferstehung Jesu hat schon während seines irdischen Lebens begonnen: in seiner Liebe zu Gott und zu den Menschen.

Dieses Verhältnis von Liebe, Tod und Auferstehung gilt auch für uns:

> *„Wir wissen, daß wir* aus dem Tod in das Leben hinübergegangen sind, *weil wir die Brüder lieben. Wer nicht liebt, bleibt im Tod"* (1 Joh 3,14).

Wenn Du Deine Mitmenschen so liebst wie Jesus, dann ist dies eine Form des Hineinsterbens in den Dienst. In diesem Sterben beginnt Dein ewiges Leben, Deine Auferstehung: Dir wird das „Wissen", die Gewißheit geschenkt, daß Du „aus dem Tod in das Leben hinübergegangen" bist. Wenn Du aber in einer selbstbezogenen Liebe verharrst, bleibst Du im „Tod", der letztlich die totale Beziehungslosigkeit sein wird.

### 3. Was soll ich tun?

**156** Dein Glaube an die Auferstehung Jesu ist nicht lediglich in den Worten längst verstorbener Zeugen begründet, sondern auch in dem lebendigen Wort des Auferstandenen selbst, das Du in der Kraft seines Heiligen Geistes in Dich aufnimmst:

> *„Ich bin die Auferstehung und das Leben. Wer an mich glaubt, wird leben, auch wenn er stirbt, und jeder, der* lebt und an mich glaubt, wird auf ewig nicht sterben. Glaubst du das?" *(Joh 11,25f)*.

Laß jetzt das Wort und die Frage des Auferstandenen in Dich eindringen und gib ihm Deine Antwort . . .

177

Blicke jetzt auch zurück auf Dein bisheriges Leben: Hast Du einen inneren Anrieb verspürt,

– für andere dazusein und nicht nur auf Dich selbst bezogen zu leben;
– Not und Unrecht entgegenzutreten, auch wenn Dir dies Nachteile bringt;
– Gefühle des Hasses zu überwinden, obwohl Du meinst, im Recht zu sein;
– einem Menschen zu vergeben, obwohl sich alles in Dir dagegen sträubt;
– zu dienen, ohne auf den sichtbaren Erfolg zu achten.

In diesen und anderen Antrieben ist jene Liebe wirksam, die nicht aus Dir selbst kommt und die Dich aus dem Tod egoistischer Selbstbezogenheit in das Leben bei Gott und aus Gott hinüberführt. Nichts, was Du jemals mit dem Blick auf Jesus für andere getan hast, war umsonst:

> In der Kraft der geistgewirkten Liebe zu Gott und Deinen Mitmenschen hast Du die Todesgrenze schon überschritten, hat Deine Auferstehung schon begonnen!

# Kirche als Ort des Geistes

## Erster Tag:
## „Ich werde meinen Geist ausgießen"

**157** Zwischen dem ersten Pfingstereignis und der Niederschrift des Pfingstberichtes durch Lukas (Apg 2,1-36) liegen etwa 50 Jahre. Während dieser Zeit wurde das erste öffentliche Auftreten der Jünger mit den altbundlichen Verheißungen über die Ausgießung des Heiligen Geistes in Verbindung gebracht, wie die Pfingstpredigt des Petrus zeigt (Apg 2,17f.33). Diese Verheißung bleibt in der Kirche wirksam, da der Neue Bund erst am Ende der Geschichte zur Vollendung kommen wird (1 Kor 15,28). Von Zeit zu Zeit, vor allem in Krisensituationen, läßt Gott die Kirche seine Verheißungen deutlicher wahrnehmen und öffnet sie für einen neuen Empfang seines Geistes. Auf diese Weise korrigiert Gott häufig auch Fehlentwicklungen in der Kirche. Lies die folgenden Texte als Verheißung Gottes an unsere Zeit und an Dich persönlich:

> *„So spricht der Herr, dein Schöpfer, der dich im Mutterleib geformt hat, der dir hilft: Fürchte dich nicht, Jakob, mein Knecht ... den ich erwählte. Denn ich gieße Wasser auf den dürstenden Boden, rieselnde Bäche auf das trockene Land.*

> Ich gieße meinen Geist über deine Nachkommen aus *und meinen Segen über deine Kinder" (Jes 44,2f).*
>
> *„Ich werde meinen* Geist ausgießen *über alles Fleisch. Eure Söhne und Töchter werden* Propheten *sein, eure Alten werden Träume haben, und eure jungen Männer haben Visionen. Auch über Knechte und Mägde werde ich meinen Geist ausgießen in jenen Tagen" (Joel 3,1f = Apg 2,17f).*
>
> *„Nachdem er [Jesus Christus] durch die rechte Hand Gottes erhöht worden war und vom Vater den verheißenen Heiligen Geist empfangen hatte, hat er ihn ausgegossen,* wie ihr seht und hört" *(Apg 2,33).*

### 1. Was steht in den Texten?

**158** Wie der Regen das ausgetrocknete Land belebt, so kam beim ersten Pfingstereignis der Geist des Auferstandenen über die Jünger, die noch ohne die innere Kraft zur Verkündigung in erwartendem Gebet versammelt waren (Apg 1,14). Diese „Ausgießung" des Heiligen Geistes wird von Lukas auch als Getauft-Werden mit dem Heiligen Geist beschrieben: „Johannes hat mit Wasser getauft, ihr aber werdet schon in wenigen Tagen *mit dem Heiligen Geist getauft* ... Ihr werdet die Kraft des Heiligen Geistes empfangen, der auf euch herabkommen wird; und ihr werdet meine Zeugen sein" (Apg 1,5.8). Das Wort „Taufe" (von „tauchen, eintauchen") ist hier in einem übertragenen Sinn gemeint:

> Die Jünger werden gleichsam in die Kraft des Heiligen Geistes eingetaucht, von ihr überflutet und erfüllt.
>
> Diese Kraft befähigt sie zum Zeugnis für die Auferweckung des Gekreuzigten durch Gott.

Das Neue Testament drückt diesen Vorgang auch mit anderen Worten aus: Die Christen sind mit dem Heiligen Geist „gesalbt" (2 Kor 1,21f), mit ihm „erfüllt" (Apg 2,4; 4,31; 9,17), er kommt auf sie herab (Apg 8,16; 10,44), sie empfangen ihn (Apg 2,38; 8,15). In diesen passivischen Formulierungen kommt zum Ausdruck: Das Wirken des Geistes Gottes kann nicht durch menschliches Tun bewirkt, sondern nur in Ehrfurcht und Gehorsam von Gott *empfangen* werden.

## 2. Bedeutung für uns

**159**  In ähnlicher Weise wie Kreuz, Auferstehung und Geistsendung eine Einheit bilden, gehören auch Taufe und Geistempfang untrennbar zusammen. Dies ist für eine Neu-Evangelisierung von besonderer Bedeutung.

a) Der Empfang des Heiligen Geistes geht der Taufe voraus:

> *„Noch während Petrus predigte, kam der Heilige Geist auf alle herab, die das Wort hörten. Die gläubig gewordenen Juden, die mit Petrus gekommen waren, konnten es nicht fassen, daß auch auf die Heiden* die Gabe des Heiligen Geistes ausgegossen wurde ... *Petrus aber sagte: Kann jemand denen das Wasser zur Taufe verweigern, die ebenso wie wir den Heiligen Geist empfangen haben?"* (Apg 10,44-47).

Diese Ausgießung des Heiligen Geistes beschreibt das Konzil von Trient folgendermaßen: Gott bereitet den Menschen auf die Taufe vor durch einen Ruf, der jedem eigenen Tun vorausgeht. Dabei *„berührt Gott das Herz des Menschen durch das Licht seines Heiligen Geistes."* Er lädt den Taufbewerber dazu ein, auf diesen Ruf zustimmend zu antworten. Er könnte ihn auch „ablehnen". Wenn er ihm zustimmt, geschieht dies nur in der Kraft der zuvorkommenden Zuwendung Gottes. Wenn er ihn ablehnt, ist dies ganz seine eigene Entscheidung (II,171).

b) Der Empfang des Heiligen Geistes ist mit der Taufe verbunden:

> *„Gott hat uns gerettet ... durch das Bad der Wiedergeburt und der Erneuerung im Heiligen Geist. Ihn hat er in reichem Maß über uns ausgegossen durch Jesus Christus unseren Retter" (Tit 3,5f).*
>
> *„Wenn jemand nicht aus Wasser und Geist geboren wird, kann er nicht in das Reich Gottes kommen" (Joh 3,5).*

Manche Erneuerungsbewegungen innerhalb der reformatorischen Kirchen neigen dazu, die pfingstliche „Ausgießung des Heiligen Geistes" und die „Taufe mit Wasser" als zwei getrennte und voneinander unabhängige Vorgänge anzusehen. Diese Auffassung ist vom Neuen Testament her nicht gedeckt, wie die obigen Texte zeigen: Die Wiedergeburt aus der Taufe ist die Wiedergeburt „aus dem Geist" (Joh 3,6; vgl. Gal 3,3-5; Apg 19,2).

c) Nach der Taufe kann sich eine erneute „Erfüllung mit dem Heiligen Geist" ereignen:

> *„Als sie gebetet hatten, bebte der Ort, an dem sie versammelt waren, und alle wurden mit dem Heiligen Geist erfüllt, und sie verkündeten freimütig das Wort Gottes" (Apg 4,31).*

Lukas setzt in diesem Text die Taufpredigt des Petrus voraus: „Kehrt um, und jeder von euch lasse sich auf den Namen Jesu Christi *taufen* zur Vergebung seiner Sünden; dann werdet ihr die Gabe des Heiligen Geistes empfangen" (Apg 2,38). Nach der ersten Verfolgung hat Gott den Getauften ein „neues Pfingsten" geschenkt (darauf weist das „Beben" des Ortes hin, an dem sie versammelt waren). Dieser erneute Geistempfang befähigte sie zu einer kraftvollen Verkündigung. In diesem Sinne nennt Paulus die Geistesgaben (Charismen) eine „Offenbarung des Geistes" (1 Kor 12,7).

---

Der zu Gott erhöhte Christus hat beim ersten Pfingstereignis der Kirche seinen Heiligen Geist gegeben.

Der Heilige Geist bleibt in der Kirche und durch die Kirche wirksam.

Von Zeit zu Zeit schenkt Gott der Kirche und dem einzelnen ein „neues Pfingsten".

---

### 3. Was soll ich tun?

**160** Wenn Du als kleines Kind getauft worden bist, konntest Du damals die Berührung Deines Herzens durch den Geist Gottes noch nicht bewußt wahrnehmen, dem Ruf Gottes nicht bewußt antworten. Durch die Taufe *ist* die Liebe Gottes schon „ausgegossen" in Dein Herz durch den Heiligen Geist, der Dir gegeben ist (Röm 5,5).

Halte Dich offen dafür, daß Gott Dich diese Berührung Deines Herzens von Zeit zu Zeit deutlicher wahrnehmen läßt und Dich neu „zum Lob seiner herrlichen Gnade" (Eph 1,6) und zum kraftvollen Zeugnis für Jesus Christus befähigt. Vielleicht erinnerst Du Dich an Stunden, Tage oder Wochen, in denen die Nähe Gottes für Dich spürbar war, in denen Du Dich in Gott geborgen wußtest oder Dir neue Impulse für den Dienst an anderen geschenkt wurden. In einem um 1200 entstandenen Gebet heißt es:

„Komm herab, o Heilger Geist, der die finstre Nacht zerreißt,
   strahle Licht in diese Welt.
Komm, o du glückselig Licht, fülle Herz und Angesicht,
   dring bis auf der Seele Grund.
Ohne dein lebendig Wehn kann im Menschen nichts bestehn,
   kann nichts heil sein noch gesund."

(GL 244; Gemeinsame Kirchenlieder 39)

Bete jetzt dieses Gebet laut, Wort für Wort. Du rufst den Heiligen Geist nicht als einen Fremden auf Dich herab: Er selbst betet in Dir. Halte Dich offen für neue und tiefere Eingriffe Gottes in Deine Lebensgeschichte. Er allein kennt die Zeit, in

der er Dich zu einer neuen Begegnung mit sich und mit dem
auferstandenen Christus führt.

## Zweiter Tag:
## Ort der Gegenwart Gottes

**161** Das deutsche Wort „Kirche" ist abgeleitet von dem
griechischen Wort kyriakos und meint das „zum Herrn
gehörige" Haus, das Gotteshaus. Ort der Gegenwart Gottes ist
jedoch nicht in erster Linie dieses Haus, sondern die Versammlung der Gemeinde: Das mit „Kirche" übersetzte griechische
Wort (ekklesia) ist abgeleitet von ek-kalein = herausrufen und
meint die *von Gott herausgerufene Versammlung.*

Das Verhältnis der Kirche zu Christus umschreibt das Neue
Testament mit verschiedenen Bildern („Herde", „Weinstock",
„Braut" Christi, „Leib" Christi usw.). In der Bezeichnung
„Tempel Gottes", „Tempel des Heiligen Geistes" kommt am
deutlichsten zum Ausdruck, daß die Kirche „Ort des Geistes"
ist. In den folgenden Texten wird als „Tempel" bezeichnet 1.
Jesus selbst, 2. die Gemeinde, 3. der einzelne Christ:

*„Jesus antwortete ihnen: Reißt diesen Tempel nieder, in
drei Tagen werde ich ihn wieder aufrichten ... Damit
meinte er den Tempel seines Leibes" (Joh 2,19.21).*

*„Ihr seid auf das Fundament der Apostel und Propheten
gebaut; der Schlußstein ist Christus Jesus selbst. Durch ihn
wird der ganze Bau zusammengehalten und wächst zu
einem heiligen Tempel im Herrn. Durch ihn werdet auch
ihr im Geist zu einer Wohnung Gottes erbaut" (Eph
2,20ff). „Wir sind der Tempel des lebendigen Gottes"
(2 Kor 6,16).*

*„Wißt ihr nicht, daß euer Leib ein Tempel des Heiligen
Geistes ist, der in euch wohnt und den ihr von Gott habt?
Ihr gehört nicht euch selbst" (1 Kor 6,19; vgl. 1 Kor 3,16 f).*

## 1. Was steht in den Texten?

**162** Die Bedeutung des Zeltheiligtums zur Zeit des Mose und des von Salomo erbauten Tempels für das altbundliche Verhältnis zu Gott kann kaum überschätzt werden: Der alttestamentliche Tempel war (wie auch in anderen Religionen) der aus der profanen Welt ausgesonderte Ort, an dem Gott in besonders dichter und erfahrbarer Weise anwesend war: „Der Herr aber wohnt in seinem heiligen Tempel. Alle Welt schweige in seiner Gegenwart" (Hab 2,20; vgl. Jes 6,1; Ez 9,3; 44,4; Ps 27,4; 65,5). Dieser Erfahrung entspricht die Grundbedeutung des Wortes „Tempel". Es ist abgeleitet von einem griechischen Wort mit der Bedeutung „abschneiden, aussondern". Der Tempel ist also der aus dem profanen Bereich ausgesonderte „Ausschnitt".

Im Alten Testament findet sich kein Text, aus dem hervorgeht, daß der einzelne als „Tempel Gottes", als Ort seiner Gegenwart, angesehen wurde. Nirgendwo ist angedeutet, daß einer dem anderen in einer menschlich-geistlichen Begegnung die Erfahrung der Gegenwart Gottes vermittelt! Die Mitglieder des alttestamentlichen Bundesvolkes stehen gleichsam *nebeneinander* vor ihrem gewaltigen „furchterregenden" Gott (Dtn 10,17ff). Der „Nächste" ist lediglich der, mit dem man vor Gott und unter seinen Geboten steht. Es wäre geradezu eine Gotteslästerung gewesen, einen Menschen als „Tempel Gottes" zu bezeichnen.

**163** Von da her wird deutlich, welch fundamentale Umdeutung der Tempelvorstellung Jesus vollzogen hat: Für ihn war der Tempel von Jerusalem durchaus „Haus Gottes" und damit der besondere Ort der Gegenwart Gottes (Lk 2,49; 6,4; Joh 2,16); zugleich aber sagt er von sich selbst, er sei „größer als der Tempel" (Mt 12,6). Damit läßt er alle Religionen hinter sich, denn in allen Religionen gibt es einen aus dem profanen Bereich ausgesonderten Ort, an dem die Gottheit in besonderer Weise gegenwärtig ist. Im Zusammenhang mit der Tempelreinigung spricht er dann das für ihn tödliche Wort aus: „Reißt diesen Tempel nieder, und in drei Tagen werde ich ihn wieder aufrichten" (Joh 2,19ff). Dieser Anspruch war mit ein Grund zu seiner Verurteilung (Mt 26,61; 27,40; Mk 14,58; 15,29).

> Jesus erhebt den Anspruch, daß er selbst der eigentliche
> Ort der Gegenwart Gottes ist.

## 2. Bedeutung für uns

**164** Von den Mitgliedern der Urgemeinde heißt es: „Tag für
Tag verharrten sie einmütig *im Tempel,* brachen *in ihren
Häusern* das Brot und hielten miteinander Mahl in Freude und
Einfalt des Herzens" (Apg 2,46): Der eigentliche Ort der
Gegenwart Gottes war für sie nunmehr das eucharistische Mahl
und der gemeinsame Lobpreis! Hier nahmen sie in ihrem Herzen
wahr (Lk 24,32), daß Christus in jedem einzelnen und in ihrer
Gemeinschaft gegenwärtig ist. Jeder einzelne ist nunmehr Ort
der „Offenbarung des Geistes" (1 Kor 12,7), so daß ein
Ungläubiger, der in ihre Versammlung kommt, erstaunt ausruft:
„Wahrhaftig, Gott ist bei (zwischen) euch!" (1 Kor 14,25). Die
Christen „vermitteln" sich also *gegenseitig* „geistliche Gabe"
(Röm 1,11f): Sie stehen nicht nur nebeneinander vor Gott,
sondern wenden sich in einem geistgewirkten Geschehen
einander zu (1 Kor 12,12-31; I,55-59).

> Christen nehmen in ihrem Herzen wahr, daß Gott, der
> Heilige Geist, in ihrer Beziehung zueinander gegenwärtig
> und erfahrbar ist.

## 3. Was soll ich tun?

**165** Frage Dich heute, in welchem Maße Du Zugang hast zu
dieser zentralen Erfahrung der ersten christlichen Gemeinden.
Lebst Du aus dem Bewußtsein, daß der Geist Gottes in Dir
wohnt? Hast Du schon einmal wahrgenommen, daß in einem
Mitchristen der Geist Christi auf Dich zukommt? Daß dieser
Geist Christi Dich sogar dazu treibt, in *jedem* hungrigen, armen,
entrechteten Menschen Christus selbst zu begegnen (Mt
25,31-46)?

Erkenne Deine Würde: Gott will Dich mehr und mehr für andere zum Ort seiner Gegenwart machen!

## Dritter Tag:
### „Einst wart ihr Finsternis, jetzt seid ihr Licht"

**166** Mitglied der Kirche wird der einzelne durch die persönliche Umkehr, den Glauben an Jesus Christus und den Empfang der Taufe (Apg 2,38). Der Christ zur Zeit des Neuen Testamentes war nicht von Geburt an Christ, sondern ist bewußt Christ *geworden*. Dieser Schritt teilt sein Leben ein in ein „Einst" und ein „Jetzt":

*„Habt ihr den Heiligen Geist empfangen, als ihr gläubig wurdet!" (Apg 19,2).*

*„Erinnert euch also, daß ihr einst Heiden wart ... Damals wart ihr von Christus getrennt ... Jetzt aber seid ihr, die ihr einst in der Ferne wart, durch Christus Jesus ... in die Nähe gekommen" (Eph 2,11-13).*

*„Einst wart ihr Finsternis, jetzt aber seid ihr durch den Herrn Licht geworden" (Eph 5,8; vgl. Gal 4,8f).*

*„Es ist unmöglich, Menschen, die einmal erleuchtet [getauft] worden ..., dann aber abgefallen sind, erneut zur Umkehr zu bringen" (Hebr 6,4.6).*

### 1. Was steht in den Texten!

**167** Der Taufbewerber wird an einem bestimmten Tag der Gemeinschaft der Glaubenden „hinzugefügt", als „lebendiger Baustein" eingefügt in die Kirche (Apg 2,47; 1 Petr 2,5). An dieses Ereignis kann der Christ sich erinnern: Wer zu neutestamentlicher Zeit getauft wurde, war vorher Jude oder Heide. Er löste sich aus seiner bisherigen religiösen Gemeinschaft und vollzog einen ausdrücklichen und bewußten Schritt auf Christus hin.

Umkehr ist von ihrem Ursprung her geistgewirkte Glaubensentscheidung zur Taufe, denn diese ist das „Grundsakrament der Umkehr und des Neubeginns" (GL 54,3). Im Taufbekenntnis („ich widersage", „ich glaube") bringt der Taufbewerber seine *Grundentscheidung* für Gott inmitten der Gemeinde leibhaft zum Ausdruck. Das Taufbekenntnis (bzw. die Taufe) prägt den Menschen deshalb für immer. Er kann diese „Liebeserklärung an Gott" nicht einfach ungeschehen machen und ein zweites Mal in derselben Weise „umkehren": Wer getauft ist und „die Kräfte der zukünftigen Welt kennengelernt" hat (Hebr 6,5), sich dann aber von Gott abwendet, kann nicht ein zweites Mal getauft werden.

Ein Vergleich mag dies verdeutlichen: Wenn Mann und Frau sich in tiefer *personaler Begegnung* einander zugewandt und den Ehebund geschlossen haben, bleiben sie von diesem Geschehen geprägt: Nach einer Scheidung können sie nie mehr so tun, als hätten sie sich nie gekannt.

---

Die Entscheidung zum Taufbund ist ein deutlicher Lebenseinschnitt, der das ganze weitere Leben prägt.

---

## 2. Bedeutung für uns

**168** Wahrscheinlich bist Du als kleines Kind getauft worden. Hatte die „Erneuerung des Taufbundes" (vor der Erstkommunion, vor der Firmung [Konfirmation], in der Osternacht) für Dich die Tiefe und den Ernst des Taufbekenntnisses bei der Erwachsenentaufe? Es hat folgende Aspekte:

1. Der Taufbewerber bereitet sich während der Vorbereitungszeit (Katechumenat) in vielen kleinen Schritten auf das Taufbekenntnis und die Taufe vor. Das Taufbekenntnis erwächst aus diesem Prozeß, ist aber nicht lediglich eine Summe dieser vielen Glaubensschritte, die sich gleichsam „von selbst" ergibt. Es ist ein *ausdrücklicher Grundakt*, an den der Getaufte sich später erinnern kann (Gal 3,3f; Apg 19,2).

2. Das Taufbekenntnis ist ebenso wie die Taufe selbst ein *leibhaft* vollzogener Schritt und nicht nur ein innerer Akt: Der Taufbewerber spricht es in Begleitung der Paten vor der Gemeinde aus, an einem bestimmten Tag, zu einer bestimmten Stunde.

3. Im Taufbekenntnis nimmt der Taufbewerber den von Gott angebotenen Taufbund ausdrücklich an. Er stellt sein vergangenes, gegenwärtiges und zukünftiges Leben unter die Herrschaft Gottes.

4. Die Annahme des Taufbundes ist der Beginn einer lebenslangen Begegnung mit Gott durch Jesus Christus in der Gemeinschaft der Kirche.

**169** Durch die Praxis der Taufe kleiner Kinder ist die persönliche Annahme des Taufbundes stark in den Hintergrund getreten. Deshalb ist festzuhalten:

---

1. „In der Taufe unmündiger Kinder kommt stärker als bei der Taufe Erwachsener zum Ausdruck, daß sie nicht das Werk des Menschen ist, sondern immer zuerst Geschenk Gottes" (GL 44,1).

2. „Wenn Gott in der Taufe Kinder in seine Kirche aufnimmt, übernimmt die Pfarrgemeinde mit den Eltern die schwere Pflicht, dem Kind durch Unterricht und Vorleben des Glaubens die *spätere persönliche Glaubensentscheidung* möglich zu machen" (GL 44,2).

---

Das eigentliche Problem ist also nicht das Taufalter, sondern das kirchliche Angebot, eine spätere *persönliche* Glaubensentscheidung zu ermöglichen, die den ganzen Menschen erfaßt und den Ernst des Taufbekenntnisses bei der Erwachsenentaufe hat (EvEK 1073f; 1077-1080).

Das Taufbekenntnis hat einen sehr persönlichen Charakter: Auf die Fragen: Widersagst du dem Satan; glaubst du an Gott, an Jesus Christus, an den Heiligen Geist, antwortet der Taufbewerber: *Ich* widersage, *ich* glaube. Im Taufbekenntnis kommt die *persönliche* Beziehung des Taufbewerbers zu Gott zum Ausdruck, die nicht stellvertretend von einer anderen Person vollzogen und gelebt werden kann: Die Taufe ist Teilhabe an Tod und Auferstehung Jesu, das heißt die grundlegende Überwindung *meines* Todes durch den Tod Jesu, der Beginn *meiner* Auferstehung. Niemand kann an meiner Stelle sterben, niemand kann an meiner Stelle auferstehen.

Ein Vergleich mit dem Abschluß des Ehebundes ist auch hier hilfreich: Der Ehebund entsteht „durch den personal freien Akt, in dem sich die Eheleute gegenseitig schenken und annehmen"[14]. In bestimmten Notfällen ist beim ehelichen Ja-Wort eine rein *juristische* Stellvertretung möglich. Die ganzheitliche, *leibhafte* Selbstschenkung bei der ehelichen geschlechtlichen Vereinigung kann jedoch nicht von einer anderen Person stellvertretend vollzogen werden. Ähnliches gilt für den personal freien, leibhaften Akt des Ja-Wortes zum Taufbund.

### 3. Was soll ich tun?

**170** Das Zweite Vatikanische Konzil hat angeordnet, den Ritus der Kindertaufe zu ändern: Seit 1969 antworten in der katholischen Kirche die Eltern und Paten nicht mehr anstelle des Kindes, sondern bekennen ihren *eigenen* Glauben und widersagen *persönlich* dem Bösen in Erinnerung an ihre *eigene* Taufe (GL 47,8; II,176-179). Diese Neuordnung ist von großer glaubensgeschichtlicher Bedeutung. Aus ihr ergibt sich:

---

1. Bei der Kindertaufe bekennen die gläubigen Eltern und Paten ihren eigenen Glauben, in den das Kind hineinwachsen soll.

2. Das Taufbekenntnis der Eltern und Paten ersetzt nicht die spätere persönliche Annahme des Taufbundes durch das Kind.

3. Der liturgische Ausdruck der persönlichen Annahme des Taufbundes im Taufbekenntnis kann der Spendung der Taufe nachfolgen.

---

Daraus ergibt sich die große Bedeutung der „Tauferneuerung". Sie ist nicht eine nochmalige Taufe, sondern ihrem Wesen nach eine persönliche Annahme des Taufbundes, den Gott ein für allemal geschlossen und besiegelt hat, eine *Nachholung* des Taufbekenntnisses. Dies ist noch kaum in das Bewußtsein der Kirche eingedrungen. Die Würde der Taufe und die Ehrfurcht vor der Selbstschenkung Gottes in diesem Grundsakrament schließt ein, daß der einzelne das Angebot Gottes zum Taufbund auch *persönlich* annimmt. In neuerer Zeit haben sich Formen dieser Annahme herausgebildet, die der Tiefe und dem Ernst des Taufbekenntnisses bei der Erwachsenentaufe entsprechen.

Die gottesdienstliche Feier in der achten Woche dieses Glaubensseminars ist ein Angebot, Dein Taufbekenntnis in einer persönlichen Weise zum Ausdruck zu bringen. Viele bezeugen übereinstimmend, daß dieser leibhafte Schritt ihr Leben in ein „Einst" und ein „Jetzt" gegliedert und es durchgreifend verändert hat. Einige entdecken Gott zum ersten Mal oder neu als lebendiges Gegenüber; für andere ist dieser Schritt verbunden mit einer Vertiefung ihrer Begegnung mit Gott oder mit der Erkenntnis, daß Gott sie zu Geduld und Offenheit für sein weiteres Handeln befähigen will. Manche entdecken einige Zeit nach diesem Schritt, daß Gott ihnen eine neue Grundorientierung des Lebens geschenkt hat.

Auch können Erfahrungen aufbrechen, die denen der Erwachsenentaufe ähnlich sind. Die Intensität dieser Erfahrungen hängt ab von der Ernsthaftigkeit der Vorbereitung in der Kraft der zuvorkommenden Gnade Gottes, aber auch von der Lebensgeschichte und dem Charakter des einzelnen und letztlich vom freien Gnadenhandeln Gottes.


Vierter Tag:
## Die Taufe – Mitvollzug des Todes und der Auferstehung Jesu

171 Die Taufe ist als das Sakrament der Umkehr zugleich das „Bad der Wiedergeburt und der Erneuerung im Heiligen Geist" (Tit 3,5). „Taufen" kommt von „eintauchen". „Taufe" ist deshalb in ihrer Vollgestalt „Eintauchung": „Philippus und der Kämmerer stiegen in das Wasser hinab, und er [Philippus] taufte ihn." (Apg 8,38) Mit diesem äußeren Ritus war (und ist) ein inneres Geschehen verbunden, das Paulus wie folgt beschreibt:

*„Mit Christus wurdet ihr in der Taufe begraben, mit ihm auch auferweckt, durch den Glauben an die Kraft Gottes, der ihn von den Toten auferweckt hat" (Kol 2,12).*

*„Wie können wir, die wir für die Sünde tot sind, noch in ihr leben? Wißt ihr denn nicht, daß wir alle, die wir auf Christus Jesus getauft wurden, auf seinen Tod getauft worden sind? Wir wurden mit ihm begraben durch die Taufe auf den Tod; und wie Christus durch die Herrlichkeit des Vaters von den Toten auferweckt wurde, so sollen auch wir als neue Menschen leben. Wenn wir nämlich ihm gleich geworden sind in seinem Tod, dann werden wir mit ihm auch in seiner Auferstehung vereinigt sein" (Röm 6,2-5).*

## 1. Was steht in den Texten?

**172** Die heutige Praxis der Säuglingstaufe läßt kaum noch erkennen, was Paulus beschreibt.

1. Das Untertauchen ist der leibhafte *Mitvollzug des Todes Jesu*: In ähnlicher Weise, wie Jesus begraben wurde, steigt der Täufling hinab in das „Wassergrab": Er wird „mit Christus begraben". Im Grab des Taufwassers ist er wirklich tot, nämlich „tot für die Sünde" (Röm 6,2). In der Taufe befreit Christus den Menschen von allen Einflüssen widergöttlicher Mächte, er reinigt ihn von aller Schuld und macht ihn so zu einem „neuen Menschen" (Kol 3,10). Was Paulus in seinem Text beschreibt, hat er selbst erlebt (Apg 9,18).

2. Das „Auftauchen" aus dem Wasser ist leibhafter *Mitvollzug der Auferstehung Jesu* (Kol 2,12) und Anfang einer den Christen von da an prägenden Begegnung mit ihm.

## 2. Bedeutung für uns

**173** Die Taufe ist kein rein geistiger Vorgang, sondern der leibliche Vollzug der Abwaschung bezeichnet und bewirkt zusammen mit dem Taufbekenntnis und der Taufformel eine innere Reinigung und Erneuerung des Menschen. Durch die

Praxis der Säuglingstaufe ist diese bewußt erfahrene *Leibhaftigkeit* des Taufgeschehens verlorengegangen. Die Säuglingstaufe ist von der Tradition und Lehre der Kirche her angemessen und vertretbar (II,176-179). Der Erwachsene kann jedoch die Erneuerung bzw. Nachholung der Annahme des Taufbundes nicht rein geistig vollziehen. Nach biblischer Lehre ist der Mensch eine Einheit von Leib und Geist. Wirklich menschliches Verhalten ist deshalb nur da gegeben, wo geistige Vollzüge leibhaft ausgedrückt werden. Auch im Verhältnis zu Gott – etwa bei der Erneuerung und Nachholung des Taufbekenntnisses – sind bewußt vollzogene leibliche Ausdrucksformen nicht belanglose Äußerlichkeiten, sondern können tiefgreifende Auswirkungen auf die Beziehung zu Gott haben (I,36f).

---

„Der Verlust leibhaften Ausdrucks oder der Verzicht darauf sind nicht Verinnerlichung, sondern Gefährdung der Frömmigkeit." Eine „Verleiblichung der Frömmigkeit" bleibt *nicht ohne Rückwirkung auf unseren inneren Mitvollzug*. Manches wird uns innerlich gar nicht ganz zu eigen, wenn wir es nicht auch äußern" (GL 41,2).

---

### 3. Was soll ich tun?

**174** Es ist ein großer Unterschied, ob Du Dein Taufbekenntnis gemeinsam mit anderen sprichst oder – ähnlich wie bei der Erwachsenentaufe – als einzelner vor der Gemeinde. Bei der Erwachsenentaufe wird der einzelne mit seinem Namen aus der Versammlung herausgerufen, er widersagt als *einzelner* dem Satan, bekennt als *einzelner* seinen Glauben und wird als *einzelner* getauft. Vielleicht führt der Geist Gottes Dich in diesem Glaubensseminar dazu, in ähnlicher Weise Dein Taufbekenntnis in Gegenwart der Mitchristen erneut, bewußt und entschieden zum Ausdruck zu bringen.

> Gott lädt Dich dazu ein, den Bund, den er in der Taufe ein
> für allemal mit Dir geschlossen hat, persönlich anzuneh-
> men.

Dieser leibhafte Schritt wird auf Dein Inneres zurückwirken
und Deinen Glauben festigen!

## Fünfter Tag:
## „Wir haben unterschiedliche Charismen"

**175** Durch die Taufe wird der einzelne Glied der Kirche. Zum
Dienst in Kirche und Welt verleiht Gott ihm zugleich jeweils
besondere Befähigungen. Sie werden „Geistesgaben" oder auch
„Charismen" genannt. Das Wort „Charisma" ist abgeleitet von
„charis" = Gnade und bedeutet wörtlich: „Gnadengabe". Der
folgende Text zeigt, wie Gott die Charismen verleiht und wie
der einzelne sie annimmt.

> *„Angesichts des Erbarmens Gottes ermahne ich euch,
> meine Brüder, euch selbst als* lebendiges und heiliges
> Opfer darzubringen, *das Gott gefällt; das ist für euch der
> wahre und angemessene Gottesdienst ... Wir haben* unter-
> schiedliche Charismen, *je nach der uns verliehenen
> Gnade. Hat einer das Charisma prophetischer Rede, dann
> rede er in Übereinstimmung mit dem Glauben; hat einer
> das Charisma des Dienens, dann diene er. Wer zum
> Lehren berufen ist, der lehre; wer zum Trösten und
> Ermahnen berufen ist, der tröste und ermahne. Wer gibt,
> gebe ohne Hintergedanken; wer Vorsteher ist, setze sich
> eifrig ein; wer Barmherzigkeit übt, der tue es freudig" (Röm
> 12,1-8).*

## 1. Was steht im Text?

**176** In unserem Text werden vornehmlich Charismen genannt, die den natürlichen, von Geburt an gegebenen Anlagen
und Fähigkeiten des einzelnen Christen entsprechen, sie
zugleich aber auch übersteigen. Sie werden vom Heiligen Geist
in Dienst genommen: Die innere Hinordnung auf die Sorge für
Kranke und Arme wird durch den Heiligen Geist zum Charisma
des „Dienens"; sozialer und gesellschaftlicher Einsatz wird
durch den Heiligen Geist zum Charisma der „Barmherzigkeit".
Die Fähigkeit, anderen eine Wahrheit einleuchtend darzulegen,
wird durch den Heiligen Geist zum Charisma des Lehrens. Auch
die Weggabe materiellen Besitzes, die „Spende", wird unter den
Charismen aufgezählt.

> Dem Charisma des einzelnen Christen entspricht häufig
> eine persönliche Veranlagung. Sie wird vom Heiligen
> Geist geläutert, entfaltet und in Dienst genommen.

Paulus hebt hervor, daß Charismen nicht „von selbst" aufbrechen oder gar Ergebnis menschlicher Anstrengung sind: Er
ermahnt jeden einzelnen dazu, sich selbst Gott als „lebendige
Gabe" darzubringen, bevor er von den Charismen spricht.
　Charismen sind letztlich so zahlreich und verschieden wie die
Menschen selbst. Auch jeder Beruf kann zum „Charisma"
werden, wenn er in der Grundgesinnung des Dienens, im
Hinblick auf den „Nutzen" anderer (1 Kor 12,7), und nicht nur
zum privaten Nutzen ausgeübt wird. Charismen werden dem
einzelnen von Gott je besonders zugeteilt und sind deshalb
nicht „übertragbar" (wie etwa das kirchliche Amt). Sie sollen
einander ergänzen und gegenseitig tragen wie die Glieder eines
Leibes (I,23-25).

> Gott teilt jedem seine besondere Gnadengabe zu, wie er
> will. Keiner vereinigt in sich die Fülle aller Gaben, keiner
> hat die gleichen Gaben wie andere.

## 2. Bedeutung für uns

**177**   Den Plan Gottes für Dein Leben erkennst Du auch an den Begabungen, die er Dir gegeben hat. In seiner Heilssorge verbietet Gott Dir sogar, Deine Begabungen zu verstecken aus Angst vor den Dir zugewiesenen Aufgaben (I,21): Gott möchte Dich durch seinen Heiligen Geist dazu befähigen, im Dienst an anderen Dich selbst zu entfalten und zu verwirklichen. Dienst und Selbstverwirklichung werden oft als unvereinbarer Gegensatz angesehen. Jesus aber hat gesagt: „Wer sein Leben (= sich selbst) zu bewahren sucht, wird es verlieren; wer es dagegen verliert, wird es gewinnen" (Lk 17,33). Wenn Du Dich in der Kraft des Heiligen Geistes weggibst im Dienst an anderen, wird Gott den Wert und die Würde Deiner Person auf ungeahnte Weise bestätigen: Er wird Dich zu seinem „Mitarbeiter" (1 Kor 3,9; 2 Kor 6,1) machen; er wird Deine ganze Person, Deine Begabungen, Deine Stimme, Deine Hände, in Dienst nehmen. Er wird Dich dazu gebrauchen, den Glauben anderer zu stärken, ihnen Trost und Frieden zu spenden, mitzuarbeiten an einer besseren Welt. Dies ist die höchste Form Deiner Selbstverwirklichung!

---

Gott will durch Dich an anderen handeln! Indem Du dienst, verwirklichst Du Dich selbst!

---

## 3. Was soll ich tun?

**178**   Paulus nennt zu Beginn unseres Textes die Grundvoraussetzung für den Aufbruch von Charismen: Bringe Dich Gott als lebendiges und heiliges Opfer dar und erlaube ihm, Dich zur Gabe an andere zu machen. Paulus sagt nicht: Bringt eure Begabungen Gott dar, sondern: bringt *euch selbst* Gott dar! „Charisma", Gabe Gottes an Deine Mitmenschen, bist zunächst Du selbst als diese ganz bestimmte Person. Gott erwartet von Dir aber auch, daß Du Deine Begabungen erkennst, annimmst und in der Hingabe an ihn läutern läßt. Lies noch einmal nach, was Du Dir am fünften Tag der ersten Woche dieses Glaubensseminars in Dein geistliches Tagebuch notiert hast (I,22).

Denke jetzt an die Menschen, mit denen Du täglich zu tun hast. Frage Dich, wie Du ihnen mit Deinen Begabungen und Fähigkeiten dienen kannst. Bitte Gott unmittelbar vor einer Begegnung, einem Gespräch, einem bestimmten Dienst, um seine Gegenwart: „Mein Herr und mein Gott, ich bringe mich dir dar und bitte dich, sei du jetzt in mir und zwischen uns gegenwärtig."

---

Charismen können nur in jeweils neuer Hingabe an Gott empfangen und ausgeübt werden.

---

Vielleicht will Gott Dir auch Charismen schenken, die Du Dir selbst nicht zutraust oder in der Kirche weniger lebendig sind: die Gabe der Erstverkündigung in einer entchristlichten Umwelt, des prophetischen Wortes, der Heilung, der Leitung. Sei bereit, *alle* Geistesgaben anzunehmen, die Gott Dir schenken will!

---

Setze dem Angebot Gottes an Dich nicht begrenzte Erwartungen entgegen!

---

## Sechster Tag:
## „Das bin ich für euch"

**179**  Das zentrale Geheimnis der Kirche als „Gemeinschaft im Geist" ist die Feier der Eucharistie: In ihr verwandelt Jesus durch seinen Heiligen Geist die Versammlung der Gläubigen zu seinem „Leib" ( = Gemeinde Gottes = Kirche am Ort). Wenn dies nicht ernst genommen wird, schwindet auch die Ehrfurcht vor der vom Heiligen Geist gewirkten Gegenwart Jesu in den Gestalten von Brot und Wein.

Der folgende Text ist der früheste Bericht (um 55) über das urkirchliche „Herrenmahl". In ihm war die Feier der Eucharistie (1) verbunden mit einem Sättigungsmahl (2). Paulus tadelt scharf, daß in Korinth die Verwandlung der ganzen Versammlung zum „Leib Christi" nicht ernst genommen wird:

(1) „Ich habe vom Herrn empfangen, was ich euch dann überliefert habe: Jesus, der Herr, nahm in der Nacht, in der er ausgeliefert wurde, Brot, sprach das Dankgebet, brach das Brot und sagte [zu seinen Jüngern]: Das ist mein Leib für euch. Tut dies zu meinem Gedächtnis! Ebenso nahm er nach dem Mahl den Kelch und sprach: Dieser Kelch ist der Neue Bund in meinem Blut. Tut dies, sooft ihr daraus trinkt, zu meinem Gedächtnis!" (1 Kor 11,23ff).

(2) „Was ihr bei euren Zusammenkünften tut, ist keine Feier des Herrenmahls mehr; denn jeder verzehrt sogleich seine eigenen Speisen, und dann hungert der eine, während der andere schon betrunken ist. Könnt ihr denn nicht zu Hause essen und trinken? Oder verachtet ihr die Kirche Gottes? ... Denn sooft ihr von diesem Brot eßt und aus dem Kelch trinkt, verkündet ihr den Tod des Herrn, bis er kommt. Wer also unwürdig von dem Brot ißt und aus dem Kelch des Herrn trinkt, macht sich schuldig am Leib und Blut des Herrn ... Denn wer davon ißt und trinkt, ohne zu bedenken, daß es der Leib des Herrn ist [wörtlich: ohne den Leib des Herrn zu unterscheiden], der zieht sich das Gericht zu, indem er ißt und trinkt" (1 Kor 11,20ff26-29).

## 1. Was steht im Text?

**180** (1) Im Abendmahlsgeschehen ist Jesus in der Kraft seines Geistes der Gastgeber, der sich selbst an die Anwesenden verschenkt. In der Aufforderung an die Jünger: „Nehmt und eßt!", „Trinkt alle daraus!" (Mt 26,26f; Mk 14,22) wird deutlich: Jesus stiftet (im Rahmen des jüdischen Pascha-Mahles) eine neue *Gemeinschaft* zwischen sich und seinen Jüngern und damit den „Neuen Bund" zwischen Gott und seinem Volk. Nur *innerhalb* dieses Geschehens macht Jesus sich in Brot und Wein gegenwärtig: Er sagt „Das ist mein Leib" nicht zum Brot oder über das Brot, sondern zu seinen Jüngern! Er macht nicht lediglich Brot und Wein zu einer Speise, in der er selbst gegenwärtig ist, sondern er macht die Anwesenden zu Repräsentanten des neuen Bundesvolkes.

> Die Grundbeziehung im Abendmahlsgeschehen ist nicht „Jesus und das Brot", sondern „Jesus und seine Jünger".

Die Jünger sollen zu einer Gemeinschaft werden, die in der Kraft seines Geistes sein „Gedächtnis" bewahrt und auf ihn wartet. Dieses Gesamtgeschehen fordert die Antwort, den Glauben, der Jünger heraus, so daß die Feier eine *Wechselbeziehung* zwischen Jesus und seinen Jüngern ist.

(2) Das von Paulus beschriebene „Herrenmahl" bestand aus der Eucharistiefeier und einem (vorausgehenden) Sättigungsmahl. Der oben zitierte Text schildert folgende Situation: Man versammelt sich zu abendlicher Stunde, bevorzugt an Sonntagen (1 Kor 16,2), in einem Haus. Die wohlhabenderen Gemeindeglieder, die freier über ihre Zeit verfügen können, treffen früher ein. Sie bringen Speise und Getränke mit, die auch für die ärmeren Gemeindeglieder gedacht sind, die nichts zu diesem Abendessen beitragen können. Sie wollen jedoch nicht warten und verzehren ohne Rücksicht auf die ärmeren Gemeindeglieder für sich, „privat", was sie mitgebracht haben.

181    Paulus tadelt die Wohlhabenderen mit aller Schärfe, weil sie in ihrem Verhalten zu erkennen geben, daß sie „die Kirche Gottes verachten" und „den Leib des Herrn nicht unterscheiden". Es sprechen viele Gründe dafür, daß der Ausdruck „Leib des Herrn" hier zwei sich ergänzende Bedeutungen hat:

1. das eucharistische *Brot*. Dieses ist nur dann von dem profanen, gewöhnlichen Brot unterscheidbar, wenn auch die Versammlung von einer profanen, gewöhnlichen Versammlung unterscheidbar ist. Nur die Gemeinschaft der *Glaubenden* kann „den Leib des Herrn unterscheiden".

2. die *Versammlung* als „Leib Christi". „Durch den einen Geist wurden wir in der Taufe alle in einen einzigen Leib aufgenommen" (1 Kor 12,13). Wer also die Gemeindeversammlung nicht von einer „profanen" Versammlung unterscheidet, zieht sich das Gericht zu!

Beide Weisen der Gegenwart Jesu sind deutlich unterschieden und zugleich miteinander verbunden: Brot und Wein macht

Jesus durch seinen Heiligen Geist zu sakramentalen Zeichen seines Leibes und seines Blutes; die Versammlung formt er durch diesen selben Heiligen Geist um zu einer Gemeinschaft, die Paulus ebenfalls als „Leib Christi" bezeichnet (Kol 1,18.24; vgl. Eph 4,12.16; 5,23).

## 2. Bedeutung für uns

**182** Erneuerung der Kirche wird auch Erneuerung des Gottesdienstes sein. Trotz vielfältiger Bemühungen nimmt in den europäischen Kirchen der Gottesdienstbesuch weiter ab. Einer der Gründe ist die mangelnde geistliche Gemeinschaftserfahrung in den Gemeinden und im Gottesdienst selbst. Jeder bleibt im Grunde ein „Privatchrist". Im Gemeindegottesdienst ist eine Beziehung der Teilnehmer untereinander nur schwach spürbar. Sie stehen nebeneinander und sind ausgerichtet auf die Kanzel und den Altar. Es wird kaum bewußt, daß der Heilige Geist die ganze Versammlung zum „Leib Christi" umwandelt, daß jeder für jeden Ort der Gegenwart des Heiligen Geistes ist (I,163f). Aber erst in der vom Heiligen Geist zum „Leib Christi" geformten Versammlung der Glaubenden kann innerlich wahrgenommen werden, daß das verwandelte Brot und der verwandelte Wein der „Leib des Herrn" ist. Deshalb wurde in der alten Kirche der Heilige Geist nicht nur auf die Gaben von Brot und Wein herabgerufen, sondern zunächst über die ganze Versammlung!

---

1. Jesus macht sich auf einzigartige Weise in Brot und Wein gegenwärtig.
2. Zugleich macht er die Versammlung zu seinem „Leib".

---

Außerdem wird in der Austeilung der Mahlgaben deutlich, daß die Eucharistie zugleich Opfer ist: Jesus hat sich am Kreuz ein für allemal in der Kraft des Heiligen Geistes „Gott als makelloses Opfer dargebracht" (Hebr 9,14), an Gott hingegeben für uns. Dieses Opfer wird gegenwärtig in der Feier des Abendmahles und in der Hingabe seines Lebens an uns. Der Empfang der Abendmahlsgaben ist deshalb nicht eine „private" Begegnung zwischen Christus und dem einzelnen, sondern Ursprung und Ausdruck der Kirche als „Gemeinschaft im Geist".

Empfangt, was ihr seid, und werdet, was ihr empfangt: Leib Christi! (Augustinus).

Christus verteilt sich an uns und gliedert jeden einzelnen tiefer ein in seinen Leib, die Kirche.

### 3. Was soll ich tun?

**183**  1. Jesus sagt auch zu Dir: „Mein Fleisch ist wirklich eine Speise, und mein Blut ist wirklich ein Trank. Wer mein Fleisch ißt und mein Blut trinkt, der bleibt in mir, und ich bleibe in ihm" (Joh 6,55f). Viele Jünger nahmen damals Anstoß an dieser Rede Jesu und zogen nicht mehr mit ihm. „Da fragte Jesus die Zwölf: Wollt auch ihr weggehen?" (Joh 6,67). Jesus stellt diese Frage auch an Dich. Wirst Du ihm mit Petrus antworten: „Herr, zu wem sollen wir gehen? Du hast Worte des ewigen Lebens" (Joh 6,68)? Jesus möchte mit Dir Gemeinschaft haben und Dich neu oder vertieft der Gemeinschaft seiner Brüder und Schwestern zuführen.

2. Frage Dich deshalb heute auch, ob Du bereit bist, Dein „privates" Christsein aufzugeben und so Glied des „Leibes Christi" zu sein, daß Du bewußt die Gemeinschaft mit den Mitchristen suchst. Aus Glaubensseminaren entstehen neue Formen christlichen Gemeinschaftslebens: Hausgemeinschaften, „Hauskirchen", Bibelkreise und andere Gruppen in der Gemeinde. Der Geist Gottes wird Dich dazu befähigen, Dein Leben mehr und mehr mit anderen zu teilen, und Dir ein vertieftes Verständnis für das Geheimnis der Eucharistie schenken: Es ist das Geheimnis der „Kommunion" ( = Gemeinschaft) mit Gott und mit den Mitchristen.

Die Gemeinde der Zukunft wird eine Gemeinschaft aus Gemeinschaften sein.

## Siebter Tag:
## „Ist denn der Christus zerteilt?"
## (Das Menschliche in der Kirche)

**184** Die Erfahrung des Geistes in der Kirche wird im ersten Korintherbrief des Paulus am ausführlichsten beschrieben. Der folgende Text zeigt, daß sie gefährdet ist durch ein Überwiegen menschlicher Beziehungen, durch persönliche Abhängigkeit von „Leitfiguren" und dadurch entstehende Spaltungen:

> *„Es wurde mir berichtet, daß es Zank und Streit unter euch gibt. Ich meine damit, daß jeder von euch etwas anderes sagt: Ich halte zu Paulus – ich zu Apollos – ich zu Kephas [= Petrus] – ich zu Christus.* Ist denn der Christus zerteilt? *... Seid ihr nicht irdisch eingestellt, handelt ihr nicht* sehr menschlich, *wenn* Eifersucht und Streit unter euch herrschen? *... Daher soll sich niemand eines Menschen rühmen" (1 Kor 1,11ff; 3,3.21).*

*1. Was steht im Text?*

**185** Es fällt zunächst auf, daß für Paulus die Gemeinde „der Christus" ist (vgl. 1 Kor 12,12). Mit diesem Ausdruck sind drei Wirklichkeiten gemeint:
- der jetzt erhöhte Herr,
- die konkrete Gemeinde von Korinth,
- der Heilige Geist, der Christus mit den Christen und die Christen untereinander verbindet.

> Die Gemeinde ist keine rein menschliche Einrichtung oder Versammlung, sondern Christus selbst ist durch seinen Heiligen Geist in ihr gegenwärtig (1 Kor 12,12).

Spaltungen und Parteiungen in der Gemeinde sind deshalb nicht rein menschliche Gegensätzlichkeiten, sondern sie reißen gleichsam Christus selbst auseinander: „Ist denn der Christus zerteilt?"

In der Gemeinde von Korinth waren verschiedene „Missionare" tätig gewesen (Paulus, „Petrus", der gelehrte Jude Apollos). Die von ihnen jeweils Getauften verstanden sich als ihre Anhänger und wußten sich ihnen persönlich zugehörig. Dies hatte – modern ausgedrückt – eine ungute „Gruppendynamik" und damit Eifersucht unter den Gruppen und Spaltungen zur Folge. Paulus tadelt eine solche Gruppenbildung als irdisch und „sehr menschlich" und betont: Alles gehört euch, *ihr aber gehört Christus,* denn nur auf seinen Namen wird der Christ getauft. Deshalb soll niemand sich als Anhänger eines Apostels oder eines geistbegabten „Lehrers" verstehen. Paulus selbst unterstellt sein Missionswerk der Prüfung durch Gott (1 Kor 3,10.13ff).

> Wo menschliche Beziehungen vorherrschen, kann der Geist Christi nicht wirken.

### 2. Was will Gott uns sagen?

**186** Beachten wir, daß Paulus die Beziehungsstörungen in der Gemeinde von Korinth nicht direkt auf den Einfluß dämonischer Mächte zurückführt, sondern auf die Vorherrschaft menschlicher Sympathie für einen Taufspender, auf das menschliche Streben nach Überlegenheit: Die einzelnen und die Gruppen „machen sich wichtig" voreinander (1 Kor 4,6) und verwechseln menschliche Erfahrungen mit der Erfahrung von Kirche. Paulus verurteilt nicht die Gruppenbildung als solche, denn er lobt am Schluß seines Briefes ausdrücklich die „Hauskirche", die sich um Stephanas gebildet hatte (1 Kor 16,15-18). Paulus mahnt jedoch eindringlich dazu, das *Menschliche* in der Kirche vom Wirken des Heiligen Geistes zu *unterscheiden:* Er kann vor den Korinthern noch nicht „wie vor Geisterfüllten reden", da sie noch „sehr menschlich" empfinden (1 Kor 3,1-3). Ähnliches gilt auch heute:

> Die gegenwärtige Erneuerung der Kirche ist auf allen Ebenen durch Gruppenbildungen gekennzeichnet. Mit der Einrichtung von Synoden, Räten und Gremien ist jedoch zunächst nur die *soziologische* Ebene der Kirche erreicht, aber noch nicht ohne weiteres die *geistliche*.

Es wird noch ein weiter Weg sein, bis in diesen Gremien jeder den anderen als „Ort der Gegenwart Gottes" empfindet und die ganze Versammlung sich als Teil des „Leibes Christi" erfährt. Häufig überwiegen menschliche Tendenzen zur Durchsetzung bestimmter Interessen und Auffassungen – zuweilen auch mit Hilfe von Mitteln, die im politischen Kampf üblich sind. Paulus würde wahrscheinlich auch heute einigen Gremien zurufen: Geht es bei euch nicht noch sehr menschlich zu? Betet ihr vor euren Entscheidungen ganz konkret und gemeinsam um das Charisma der Erkenntnis und der Weisheit (1 Kor 12,8), um die Bewahrung vor dem Bösen, um den Dienst an der Gemeinde und der ganzen Kirche?

**187** Ähnliches gilt von Hauskreisen, Gebetsgemeinschaften, Bibelkreisen. Überwiegt hier nicht häufig menschliche Sympathie? Nicht selten werden natürliche Begabungen oder ungewöhnliche Fähigkeiten vorschnell als Geistesgaben ausgegeben. In „geistlichen" Impulsen einzelner ist zuweilen das Streben nach Macht, Ansehen, menschlicher Zuwendung spürbar. Gruppendynamische Prozesse werden vorschnell mit der Erfahrung von Kirche gleichgesetzt. Seelische Bewegtheit, Gefühle der Freude, werden ungeprüft als Wirkungen des Heiligen Geistes angesehen. Methoden und Techniken aus nicht-christlichen Religionen werden unbesehen übernommen und nicht in das Ganze der Christusbegegnung integriert.

Von Paulus lernen wir: Gott setzt geschöpfliche Kräfte, menschliche Begabungen und Gruppenprozesse nicht außer Kraft, sondern trägt, intensiviert, läutert und übersteigt sie als deren Ursprung.

Menschliche Selbst- und Gemeinschaftserfahrung ist in allen geistlichen Vorgängen eingeschlossen. Sie darf jedoch mit dem Wirken des Geistes Gottes nicht gleichgesetzt werden!

### 3. Was soll ich tun?

**188**  Frage Dich heute:

1. Trage ich bei zu Eifersucht und Streit in der Gemeinde? Gehöre ich einer Gruppierung an, die um eine Person zentriert ist und sich anderen Gruppen überlegen fühlt?

Wenn Du einem Verband oder einer geistlichen Bewegung angehörst: Bin ich bereit, die geistlichen Impulse und Charismen in anderen Verbänden und Bewegungen dankbar als Geschenke Gottes an die ganze Kirche anzunehmen, oder habe ich ihnen gegenüber Konkurrenzgefühle?

2. Bin ich mir bewußt, daß bei meinem Einsatz in der Kirche und für die Kirche auch mein Streben nach Ansehen und menschlicher Zuwendung wirksam ist? Bin ich bereit, auch bei anderen (Amtsträgern) menschliche Schwächen zu ertragen? Bin ich bereit, mein Handeln der geistlichen Prüfung durch andere zu unterziehen?

Wir lieben die Kirche nicht, weil sie menschlich perfekt wäre, sondern weil Gott sie liebt und Christus sich für sie hingegeben hat.

# Ihr werdet meine Zeugen sein

## Erster Tag:
## „Wenn du mit deinem Mund bekennst"

**189** Die ganze Sendung Jesu kann in dem einen Wort zusammengefaßt werden: Verkündigung der Frohbotschaft (Lk 4,43). Evangelisierung ist deshalb auch das Grundcharisma der Kirche, auf das alle anderen Charismen hingeordnet sind. Der folgende Text zeigt, wie dieses Charisma in den Urgemeinden ausgeübt wurde:

*„Das Wort ist dir nahe, es ist in deinem Mund und in deinem Herzen. Gemeint ist das Wort des Glaubens, das wir verkündigen; denn wenn du mit deinem Mund bekennst: »Jesus ist der Herr« und in deinem Herzen glaubst: »Gott hat ihn von den Toten auferweckt«, so wirst du gerettet werden. Wer mit dem Herzen glaubt und mit dem Mund bekennt, wird Gerechtigkeit und Heil erlangen ... Wie sollen sie [Juden und Griechen] an den glauben, von dem sie nichts gehört haben? Wie sollen sie hören, wenn niemand verkündigt? Wie soll aber jemand verkündigen, wenn er nicht gesandt ist? Darum heißt es in der Schrift: Wie sind die Freudenboten willkommen, die Gutes verkündigen! ... So gründet der Glaube in der*

Botschaft, die Botschaft im Wort Christi" *(Röm 10,8-10.14f.17).*

### 1. Was steht im Text?

**190** Der Glaube wird von Gott geweckt durch das „Wort des Glaubens", das der Mensch durch die Verkündigung in sich aufnimmt und das in seinem Herzen gegenwärtig bleibt. Der Glaube kommt jedoch erst zu seiner vollen Auswirkung, wenn er sich *verleiblicht* im „Bekenntnis mit dem Mund". Zwei Inhalte werden genannt: die Anrufung Jesu als „Herr" (Bestandteil des heutigen „Gloria") und der Glaube an die Auferweckung Jesu (Bestandteil des heutigen „Credo").

Die persönliche Anrede mit „du" zeigt, daß hier das laut gesprochene Glaubensbekenntnis des *einzelnen* gemeint ist: bei der Taufe, in der Gemeindeversammlung. Es ist ein Bekenntnis „von Gott her und vor Gott" (2 Kor 2,17): Als „Wort des Glaubens" spricht der einzelne es zu Gott hin aus. Für die Anwesenden wird es zur „Verkündigung": Der Geist Gottes läßt sie am Glauben des Sprechenden teilnehmen und befähigt sie dazu, dieses allen gemeinsame Bekenntnis tiefer in sich aufzunehmen. So führen die Christen in der Gemeindeversammlung einander zu Christus hin. In der Kraft des Geistes wissen sie sich dann auch dazu gesandt, ihren Glauben in die nichtchristliche Umwelt hinein zu verkünden.

Wo Christen ihren Glauben voreinander bekennen, wird Kirche gegenwärtig.

### 2. Bedeutung für uns

**191** Evangelisierung innerhalb der Kirche und in die Welt hinein beginnt mit dem Zeugnis des gelebten Lebens, im Zeugnis „ohne Worte" (1 Petr 3,1). Es zeigt sich in den geistgewirkten Grundhaltungen: Liebe, Freude, Friede, Langmut, Freundlichkeit, Güte, Treue, Sanftmut, Selbstbeherr-

schung (Gal 5,22f); in einem Leben nach Gottes Ordnung; in der
inneren Distanz zu Einflüssen, die nicht zu Gott hinführen; in
der Solidarität mit den Benachteiligten und Unterdrückten. Ein
solches „Zeugnis ohne Worte" ist auch innerhalb der Kirche der
Anfang aller Evangelisierung. „Doch dieses Zeugnis ist niemals
ausreichend, denn auch das schönste Zeugnis des gelebten
Lebens erweist sich auf die Dauer als unwirksam, wenn es nicht
erklärt, begründet und durch eine klare und eindeutige
Verkündigung des Herrn Jesus Christus entfaltet wird. Die
Frohbotschaft, die durch das Zeugnis des Lebens verkündet
wird, wird also früher oder später durch das *Wort des Lebens*
verkündet werden müssen. Es gibt keine wirkliche Evangelisierung, wenn nicht der Name, die Lehre, das Leben, die
Verheißungen, das Reich, das Geheimnis von Jesus von Nazaret,
des Sohnes Gottes, verkündet werden" (Paul VI., EN 22). Paulus
sagt in dem oben zitierten Text sehr deutlich: Der Glaube
gründet in der Botschaft, der Glaube kommt vom Hören. Wenn
also niemand das Wort des Glaubens verkündet, wird der
Glaube in unserer Gesellschaft allmählich absterben.

> Der Christ darf nicht auf das Zeugnis des Wortes
> verzichten und sich auf ein allgemeines Gläubigsein
> zurückziehen.

**192** Wie der zitierte Text aus dem Römerbrief zeigt, bekennen
wir uns im Wort-Zeugnis vor allem zu den Inhalten unseres
Glaubens, also etwa: „Ich glaube fest, daß Gott Jesus Christus
von den Toten auferweckt hat." Wir geben nicht Zeugnis von
unseren „frommen Gefühlen", sondern von Tatsachen. Zu
diesen können auch Veränderungen in unserem Leben gehören.

Viele „gläubige" und „fromme" Christen sind wenig geübt in
diesem Wort-Zeugnis. Es gibt heute viele Eltern, die versuchen,
christlich zu leben, aber nie mit ihren Kindern persönlich über
den Glauben sprechen. (Manchmal werden heute Kinder und
Jugendliche zu Missionarinnen und Missionaren ihren Eltern
gegenüber.) Es gibt einsatzbereite Helferinnen und Helfer in
caritativen und diakonischen Diensten, die mit vielen Menschen zusammenkommen, sich aber „überfordert" fühlen, ihren
Glauben auch von Person zu Person weiterzugeben. In vielen

Gruppen von Firmlingen und Konfirmanden wird nicht gebetet, weil die erwachsenen Begleiter darin nicht „eingeübt" sind: Auch Christen aus den noch bestehenden Kerngemeinden werden unruhig und verlegen, wenn von ihnen das Wort des Glaubens erwartet wird.

Deshalb gewinnt für eine Evangelisierung innerhalb der Kirche („Neu-Evangelisierung") das Firmsakrament eine neue Bedeutung: „Die Wirkung dieses Sakramentes besteht darin, daß in ihm der Heilige Geist zur Stärkung gegeben wird, wie er den Aposteln am Pfingstfest gegeben wurde, damit der Christ mit Mut *Christi Namen bekenne.* Deshalb wird der Firmling auf der Stirn, wo sich die *Scham* kundtut [man bekommt einen „roten Kopf"], gesalbt, auf daß er sich *nicht schäme, Christi Namen zu bekennen"* (DS 1319). Ähnliches gilt von der Konfirmation in den evangelischen Kirchen.

Vor allem in den letzten zweihundert Jahren wurde in Europa das persönliche Bekenntnis zu Christus tabuisiert: Es gehöre nicht in eine „aufgeklärte" Öffentlichkeit, denn Religion sei „Privatsache"!

---

„Der heutige Mensch hört lieber auf Zeugen als auf Gelehrte, und wenn er auf Gelehrte hört, dann deshalb, weil sie Zeugen sind" (Paul VI., EN 41).

---

### 3. Was soll ich tun?

**193** Schlage in Deinem Gebet- und Gesangbuch das „Gloria" oder das „Credo" auf (GL 354, 356; Evangelisches Kirchengesangbuch jeweils in der Gottesdienstordnung) und sprich den Text laut und sehr langsam, Wort für Wort. Laß dieses „Bekenntnis mit dem Mund" einsinken in Dein Herz. Halte inne, wenn Du Widerstände in Dir wahrnimmst, und mache Dir entsprechende Notizen in Dein geistliches Tagebuch.

Du bist durch die Taufe berufen, erwählt, gesandt, ein „Freudenbote", ein „Prophet" zu sein (I, 133f). Sei davon überzeugt, daß die Botschaft von Gott her, die Du verkünden sollst, willkommen ist, auch wenn sie zunächst auf Widerstände stößt. Bitte den Geist Gottes auch um die Erkenntnis dessen, was in den „Herzen verborgen" ist; bitte ihn um „das rechte Wort", das Widerstände gegen Gott in Liebe aufdeckt (1 Kor 14,25; Eph 6,19).

Denke jetzt an die Menschen, mit denen Du in Deiner Familie, in der Gemeinde, am Arbeitsplatz täglich zusammenkommst. Hat es Situationen gegeben, in denen von Dir ein „Wort des Glaubens" erwartet wurde:
– bei freudigen Ereignissen,
– in schwierigen Lebensumständen, in einer Not, bei Krankheit?
Waren Dir diese Situationen peinlich? Hast Du eine Scheu empfunden, Deinen Glauben an die Frohe Botschaft Jesu auch im Wort zu äußern?

Notiere Dir in Dein geistliches Tagebuch, wann und wo Du ein „Wort des Glaubens" nicht ausgesprochen hast, obwohl Du in Dir einen Antrieb zu einem solchen Wort verspürt hast.

## Zweiter Tag:
## „Gott ist es, der durch uns mahnt"

**194** Wir bekennen im Glaubensbekenntnis: „Wir glauben an den Heiligen Geist, der Herr ist und lebendig macht, ... der *gesprochen hat durch die Propheten."* Jesus war nicht im damaligen Sinne „Priester", sondern „Prophet" (Apg 3,22; 7,37). Die Kirche ist nicht nur auf die Apostel, sondern ebenso auf die Propheten gegründet (Eph 2,20). „Prophet" heißt wörtlich: „Künder", „Sprecher": Prophet ist, wer im Auftrag Gottes und an Gottes Stelle sein Wort verkündet. Die folgenden Texte machen deutlich, was damit gemeint ist:

*„Das Wort des Herrn erging an mich: Noch ehe ich dich im Mutterleib formte, habe ich dich ausersehen ...* zum Propheten *für die Völker habe ich dich bestimmt. Da sagte ich: Ach, mein Gott und Herr, ich kann doch nicht reden, ich bin ja noch so jung. Aber der Herr erwiderte mir: Sag nicht: Ich bin noch so jung. Wohin ich dich auch sende, dahin sollst du gehen, und was ich dir auftrage, das sollst*

*du verkünden. Fürchte dich nicht vor ihnen; denn ich bin mit dir, um dich zu retten – Spruch des Herrn.* Dann streckte der Herr seine Hand aus, berührte meinen Mund und sagte zu mir: Hiermit lege ich meine Worte in deinen Mund" *(Jer 1,4-9).*

*„Kamen Worte von dir, so verschlang ich sie; dein Wort war mir Glück und Herzensfreude ... Jetzt sitze ich nicht heiter im Kreis der Fröhlichen; von deiner Hand gepackt, sitze ich einsam; denn du hast mich mit Groll angefüllt ... Wie ein versiegender Bach bist du mir geworden, ein unzuverlässiges Wasser. Darum – so spricht der Herr:* Wenn du umkehrst, ... darfst du mir wieder Mund sein ... *Mögen sie dich bekämpfen, sie werden dich nicht bezwingen; denn ich bin mit dir, um dir zu helfen und dich zu retten – Spruch des Herrn"* *(Jer 15,16-20).*

*„Jetzt geschieht, was durch den Propheten Joël gesagt worden ist: In den letzten Tagen wird es geschehen, so spricht Gott: Ich werde von meinem Geist ausgießen über alles Fleisch.* Eure Söhne und eure Töchter werden Propheten sein" *(Apg 2,16f).*

*„Wir sind also Gesandte an Christi Statt, und* Gott ist es, der durch uns mahnt. *Wir bitten an Christi Statt: Laßt euch mit Gott versöhnen!"* (2 Kor 5,20).

*„So spricht Er, der »Amen« heißt, der treue und zuverlässige Zeuge, der Anfang der Schöpfung Gottes: ... Ich* stehe *vor der Tür und klopfe an. Wer* meine *Stimme hört und die Tür öffnet, bei dem werde ich eintreten, und wir werden Mahl halten, ich mit ihm und er mit mir"* (Offb 3,14.20).

### 1. Was steht in den Texten?

**195** Der Prophet Jeremia beschreibt im Bericht über seine Berufung einen inneren Vorgang, der sich im Neuen Bund in jedem Christen ereignen kann: „Das Wort des Herrn erging an mich." Jeremia hätte dieses Wort nicht vernommen, wenn nicht Gott ihm das Herz geöffnet hätte. So konnte er auch von sich aus für die Berufung durch Gott und seine Eingebungen offen sein. In der ständigen Haltung des Hinhörens vernimmt er in sich den „Spruch des Herrn": „Ich lege *meine Worte in deinen Mund.*" Der Prophet redet also nicht aus sich selbst, sondern er redet, was er von Gott her hört. Kommen Worte von Gott her, dann ist ihm dies „Glück und Herzensfreude", denn er darf ja „Mund Gottes" sein. Wenn aber keine Worte von Gott her kommen, wenn die Quelle „versiegt", dann erfüllt den Propheten tiefe Traurigkeit, dann ist dies eine „Wunde".

Jeremia war in der Gefahr, sich aus dem prophetischen Dienst der Gerichtsankündigung zurückzuziehen und den Leuten nach dem Mund zu reden. Er soll jedoch auch Aufträge Gottes ausführen, die Widerstände hervorrufen. Deshalb hat Gott ihm eine Zeitlang den Mund verschlossen und ihm gesagt: Wenn du *erneut umkehrst,* dann darfst du mir wieder Mund sein:

Ein Sprechen von Gott her kann sich nur in der Haltung ständiger Umkehr zu ihm und in jeweils neuer Hingabe an ihn ereignen.

**196** In der pfingstlichen Geistausgießung wird deutlich, daß im Neuen Testament *alle* Glieder des Volkes Gottes zu einem prophetischen Dienst berufen sind: Der Christ (im Text des zweiten Korintherbriefes sind Paulus und seine Mitarbeiter gemeint) kann und darf „an Christi Statt" bitten, ermahnen, trösten. Er spricht nicht nur so, als ob Christus selber anwesend wäre, sondern *in seinem Wort macht Christus sich selbst gegenwärtig.* Dies wird deutlich in dem oben wiedergegebenen prophetischen Wort aus der Geheimen Offenbarung: In dem Person-Wort „Ich" ist der Auferstandene selbst anwesend, spricht er die Hörer direkt an.

### 2. Bedeutung für uns

**197** Heute macht prophetisches Sprechen das ein für allemal ergangene Wort Gottes für die jeweilige Situation gegenwärtig und fruchtbar. Das Christentum ist eine Wort-Religion, ist doch Christus selbst das ewige „Wort", das sich im Menschenwort gegenwärtig machen will. Das ganze Gottesvolk nimmt teil am prophetischen Amt Christi (GL 48,3). Dies wird angesichts der Notwendigkeit einer Neu-Evangelisierung auf geschichtlich neue Weise bewußt. Gottes bzw. Christi Wort im Mund sündiger Menschen – darin liegt auch heute die ganze Spannung des Verkündigungsgeschehens:

> Der Verkünder muß mehr sagen, als er von sich her sagen kann: Wort Gottes.

Viele Christen schrecken deshalb vor dem Gedanken zurück, daß sie von Gott her einen „prophetischen" Dienst haben, daß sie gerufen sind, „an Christi Statt" das Erbarmen Gottes zu verkünden, zur Umkehr einzuladen und zu ermahnen. Paulus sagt aber auch uns heute: „Ich wünschte, ihr alle ... würdet prophetisch reden" (1 Kor 14,5).

> „Der Heilige Geist ist derjenige, der heute *wie in den Anfängen der Kirche* in all jenen am Werk ist, die das Evangelium verkünden und *sich von ihm ergreifen und führen lassen.* Er legt ihnen Worte in den Mund, die sie *allein niemals finden könnten"* (Paul VI., EN 75).

Dies ist nicht nur im Hinblick auf die Amtsträger gesagt, die aufgrund kirchlicher Beauftragung das Wort Gottes verkünden, sondern gilt für jeden Christen.

### 3. Was soll ich tun?

**198** Das prophetische Wort hat vielfältige Formen. Auch Dir ist es gegeben, Deinen Glauben „von Person zu Person" weiterzugeben: „Wird es im Grund je eine andere Form der Mitteilung des Evangeliums geben als die, in der man einem anderen *seine eigene Glaubenserfahrung mitteilt?* ... In ihr wird das ganz persönliche Innere des Menschen angesprochen, berührt von einem ganz besonderen Wort, das er von einem anderen empfängt" (Paul VI., EN 46). Je mehr die Worte der biblischen Offenbarung in Dir leben, um so eher wirst Du lernen, Worte von Gott her zu sagen: in einem persönlichen Gespräch, im Haus- oder Bibelkreis.

---

Gott will durch Dich andere Menschen direkt ansprechen.

Präge Dir Worte der Bibel, die Dich persönlich betroffen haben, bewußt ein. Achte auf innere Impulse, sie der jeweiligen Situation entsprechend anderen zuzusprechen.

---

**199** Einige Beispiele mögen das Gesagte erläutern. Bei Jes 41,10 heißt es: „Fürchte dich nicht, denn ich bin mit dir; hab keine Angst, denn ich bin dein Gott. Ich helfe dir, ja, ich mache dich stark." Dieses dem Volk Israel gesagte Wort kann – etwa beim Wortgottesdienst in der Hauskirche (Haus- oder Bibelkreis) – andere treffen und innerlich anrühren. Sie wissen sich dann *von Gott selbst* angesprochen und ermutigt. Voraussetzung ist, daß solche Worte in die jeweilige Situation hineingesprochen werden, etwa wenn jemand eine innere Not geäußert hat.

Ein anderer Text bei Jesaja lautet (I,6): „Hört auf mich, ... die mir aufgebürdet sind vom Mutterleib an, die von mir getragen wurden, seit sie den Schoß ihrer Mutter verließen. Ich bleibe derselbe, so alt ihr auch werdet, bis ihr grau werdet, will ich euch tragen. Ich habe es getan, und ich werde euch weiterhin tragen, ich werde euch schleppen und retten" (Jes 46,3f). Es ist ein Unterschied, ob Du versuchst, einem alten oder kranken Menschen von Dir aus Ermutigung zuzusprechen oder ob Du ihm ein solches Wort von Gott her sagst.

**200** Du wirst nach einem längeren Prozeß der Auslieferung an Gott in die Ausübung der Prophetengabe hineinwachsen. Es geht nicht darum, andere mit „Bibelsprüchen" zu überhäufen: Voraussetzung ist, daß Du vorbehaltlos und ganzheitlich zu Gott offen bist und in einem geistlichen Gespür die Situation der Menschen wahrnimmst. Dieses seelsorgerliche Feingefühl ist eine wichtige Voraussetzung und läßt Dich erkennen, wann und wie Du einen geistlichen Impuls weitergeben sollst.

Prophetisches Sprechen verlangt größte Behutsamkeit und Weisheit, emotionale Reife und selbstkritische Prüfung. Ein

verborgenes oder nicht geheiltes, gestörtes Verhältnis zur Kirche kann der Grund für einen aggressiven Ton sein. Ein Wort von Gott her
– wirkt nie zwanghaft oder drohend,
– macht die befreiende und heilende, konkrete Zuwendung Gottes gegenwärtig und wahrnehmbar,
– führt zu Anbetung und Lobpreis Gottes, zu Umkehr und Buße, zum Dienst in Kirche und Gesellschaft,
– gibt die Kraft, in Schwierigkeiten durchzuhalten.

> „Die heutige Welt fordert Verkünder, die von einem Gott sprechen, den sie kennen und der ihnen so vertraut ist, als sähen sie den Unsichtbaren (vgl. Hebr 11,27)" (Paul VI., EN 76).

## Dritter Tag:
## Für eine bessere Gesellschaft

**201** Evangelisierung ist nicht nur Selbst-Evangelisierung der Getauften, sondern zugleich auch Zeugnis für die Welt und in die Gesellschaft hinein. Die Kirche lebt in einer notwendigen Spannung und Distanz zur „Welt", insofern sie von Gott abgewandt ist (Joh 1,10). Sie kann und muß deshalb mit prophetischer Kraft offen beim Namen nennen, was Unrecht ist und zu Zwängen führt. Vorbild eines solchen prophetischen Protestes sind die altbundlichen Propheten, wie die folgenden Texte zeigen:

> *„Das ist ein Fasten, wie ich es liebe: die Fesseln des Unrechts zu lösen, die Stricke des Jochs zu entfernen, die Versklavten freizulassen, jedes Joch zu zerbrechen, an die Hungrigen dein Brot auszuteilen, die obdachlosen Armen ins Haus aufzunehmen, wenn du einen Nackten siehst, ihn zu bekleiden und dich deinen Verwandten nicht zu entziehen ... Wenn du dann rufst, wird der Herr dir*

*Antwort geben, und wenn du um Hilfe schreist, wird er sagen: Hier bin ich" (Jes 58,6f.9; vgl. Jer 22,13-17).*

*„Brüder, wir wollen euch jetzt von der Gnade erzählen, die Gott den Gemeinden Mazedoniens erwiesen hat. Während sie durch große Not geprüft wurden, verwandelten sich ihre übergroße Freude und ihre tiefe Armut in den Reichtum ihres selbstlosen Gebens. Ich bezeuge, daß sie nach Kräften und sogar über ihre Kräfte spendeten, ganz von sich aus, indem sie sich geradezu aufdrängten und uns um die Gunst baten, zur Hilfeleistung für die Heiligen beitragen zu dürfen. Und über unsere Erwartung hinaus haben sie sich selbst gegeben, zunächst an den Herrn, aber auch an uns, wie es Gottes Wille war ... Im Augenblick soll euer Überfluß ihrem Mangel abhelfen, damit auch ihr Überfluß einmal eurem Mangel abhilft. So soll ein Ausgleich entstehen" (2 Kor 8,1-5.14).*

## 1. Was steht in den Texten?

**202** Das prophetische Wort war von Anfang an immer auch gesellschaftskritisch. Jesaja tadelt die Besitzenden, daß sie zwar „fasten", um sich die Zuwendung Gottes zu „verdienen", aber nicht bereit sind, soziales Unrecht zu beseitigen. Erst wenn dies geschieht, „wird der Herr dir Antwort geben": Der Erweis für die Echtheit des Verhältnisses zu Gott ist die Beseitigung von Unrecht, Unterdrückung und Hunger. Es gibt kein rein „privates" Verhältnis zu Gott!

Der Text aus dem zweiten Korintherbrief gibt einen Einblick in die „Entwicklungshilfe" der neutestamentlichen Gemeinden untereinander: Die Christen in Mazedonien und Griechenland haben eine unerwartet große Spende für die Armen in Jerusalem bereitgestellt. Sie haben dabei nicht nur eine materielle Gabe weggegeben, sondern – wie es im griechischen Urtext heißt – *sich selbst,* weil sie sich zuvor an den Herrn weggegeben haben. Hier wird deutlich, daß sozialer Einsatz der Christen nicht ein rein innerweltlicher Ausgleich ist:

1. Am Anfang allen sozialen Einsatzes steht im Neuen Testament die persönliche Bindung des *einzelnen* an Jesus Christus.

2. Aus ihr folgt eine positive Erfahrung geistlicher und sozialer Gemeinschaft in den Gemeinden.

3. Diese drängt zum sozialen Einsatz in der Gesellschaft.

## 2. Was will Gott uns sagen?

**203** Du lebst notwendig in einer gesellschaftlichen Umwelt, die Dich prägt. Das Evangelium aber ist unabhängig von allen Kulturen und kann deshalb alle Kulturen durchdringen: Wenn Du Gott begegnet bist, erhältst Du die Kraft, Ideologien zu widerstehen, die zu Unrecht ausgeben, dem Leben einen Sinn zu geben.

Zu ihnen gehört heute (vor allem im Einflußbereich des Marxismus) der Anspruch des Staates, einer Partei, alles planen zu wollen. Dies führt notwendig zur Unterdrückung der elementaren menschlichen Freiheit und zur Zwangsherrschaft einzelner im Namen des Kollektivs. Der Christ kann diesem Zwang widerstehen: Er weiß, daß Gott einen alles umfassenden Plan mit der Welt, mit der Gesellschaft und mit jedem einzelnen hat, und daß seine Herrschaft befreit (I,15-18). Wer sich Gott in der von ihm geschenkten Freiheit anvertraut, weiß, was wahre Freiheit ist (II,74f):

Nur die Bindung an Gott ermöglicht eine gesellschaftliche Ordnung ohne äußeren oder inneren Zwang.

Die zur Zwangsherrschaft des Kollektivs gegenläufige Ideologie zeigt sich in dem Appell zur *bindungslosen Selbstverwirklichung*. Sie hat ebenfalls gesellschaftliche Zwänge zur Folge: den Zwang zum Konsum und zur ausschließlich privaten Nutzung des Besitzes, den Zwang zu rücksichtsloser Selbstdurchsetzung im persönlichen und gesellschaftlichen Leben, den Zwang zur

Mißachtung der Umwelt im Namen des wirtschaftlichen Fortschritts, den sozialen Druck zur Herauslösung der Sexualität aus personalen Bindungen (sexuelle „Freizügigkeit") usw.

Der Christ kann und muß diesen Zwängen widerstehen: Sie zerstören die Achtung vor der Würde der Mitmenschen, die Achtung des einzelnen vor sich selbst, die Achtung vor dem Leben bis hin zur Tötung ungeborenen Lebens. Die Bindung an Jesus Christus ist der *innere Maßstab*, an dem der Christ alle totalitären Ansprüche und innerweltlichen „Heilslehren" messen kann. Nur Jesus Christus kann die menschliche Freiheit befreien:

> *„Zur Freiheit hat Christus uns befreit. Bleibt daher fest und laßt euch nicht von neuem das Joch der Knechtschaft auflegen!" (Gal 5,1)*

### 3. Was soll ich tun?

**204**  Du bist dazu aufgerufen, im Namen der von Gott angebotenen Befreiung des Menschen allen gesellschaftlichen Zwängen entgegenzuwirken, die eine persönliche Beziehung des Menschen zu Gott behindern. Arbeite deshalb nach Kräften mit an der Änderung ungerechter und zwanghafter Strukturen, in denen die „Sünde der Welt" (Joh 1,29) sich institutionell verfestigt hat. Trage mit bei zur politischen Bewußtseinsbildung: Notwendigkeit gewaltfreier Konfliktlösungen im innerstaatlichen und zwischenstaatlichen Bereich, des gerechten Ausgleichs zwischen reichen und armen Ländern, des Widerstandes gegen jede Kriegsvorbereitung.

Wenn Du glaubst, aufgrund geistlicher Erfahrungen aus Deinen politischen und gesellschaftlichen Verpflichtungen entlassen zu sein, unterliegst Du einer verhängnisvollen Selbsttäuschung. Du verwechselst dann „fromme Gefühle" mit Gotteserfahrung.

> Die innere Beziehung zu Gott drängt zur tätigen Mitverantwortung dafür, daß die von Gott angebotene Befreiung

> die gesellschaftlichen und politischen Entwicklungen
> bestimmt.

Die Änderung ungerechter und zwanghafter gesellschaftlicher Strukturen muß begleitet sein von einer *Verchristlichung der Gefühle:* Jesus hat Partei ergriffen für die Verachteten und Entrechteten, für die „Armen". Sein Einsatz für sie war durchaus auch emotional, aber seine Gefühle waren ganz vom Heiligen Geist durchdrungen. Der Geist Jesu will auch Dich mehr und mehr dazu führen

- andere nicht beherrschen und ausnutzen zu wollen, sondern ihre je einmalige Freiheit und Würde zu achten;
- nicht nur Kritik, sondern auch Lob zu üben;
- auf Aggressionen anderer angemessen zu reagieren;
- von Herzen zu vergeben;
- empfindsamer zu werden für das Unrecht, das anderen geschieht.

Wenn Du Dich diesen Impulsen des Geistes Jesu überläßt, kannst Du an Deinem Platz auch beitragen zu einer neuen politischen „Streitkultur".

> Die Verchristlichung der Gefühle und Einstellungen ist
> ebenso wichtig wie die Änderung gesellschaftlicher Struk-
> turen.

## Vierter Tag:
## Wir verkünden, was wir „gesehen und gehört" haben

**205** Evangelisierung ist nicht in erster Linie Mitteilung von Glaubenswahrheiten, sondern Einübung in das *ganze* christliche Leben. Zu ihm gehören auch die von Gott geschenkten, geistgewirkten Grunderfahrungen. Nunmehr gilt es, sie noch einmal genauer zu bedenken, um tiefer in sie hineinzuwachsen.

*„Was von Anfang an war, was wir gehört haben, was wir mit unseren Augen gesehen, was wir geschaut und was unsere Hände angefaßt haben, das verkünden wir: das Wort des Lebens. Denn das Leben wurde offenbart ... Was wir gesehen und gehört haben, das verkünden wir auch euch, damit auch ihr Gemeinschaft mit uns habt" (1 Joh 1,1-3).*

*„Ich werde den Vater bitten, und er wird euch einen anderen Beistand geben, der für immer bei euch bleiben soll. Es ist der Geist der Wahrheit, den die Welt nicht empfangen kann, weil sie ihn nicht sieht und nicht kennt. Ihr aber kennt ihn, weil er bei euch bleibt und in euch sein wird" (Joh 14,16f).*

*„Am Anfang habt ihr auf den Geist vertraut, und jetzt erwartet ihr vom Fleisch die Vollendung. Habt ihr denn so Großes vergeblich erfahren?" (Gal 3,3f; vgl. 2 Kor 13,5).*

*„Wir können unmöglich schweigen über das, was wir gesehen und gehört haben" (Apg 4,20).*

## 1. Was steht in den Texten?

**206** Schon das Alte Testament berichtet, daß Menschen Gottes Herrlichkeit „gesehen" und seine Stimme „gehört" haben (Gen 32,31; Dtn 5,24; Ex 33,20ff). Mit „sehen" und „hören" ist nicht eine Wahrnehmung Gottes mit den leiblichen Sinnen gemeint, sondern die *innere,* gnadenhaft geschenkte Wahrnehmung der Gegenwart Gottes. Das von Gott geschenkte neue „Herz" (Jer 24,7; 31,33f) befähigt dazu.

In Jesus Christus erreicht die Begegnung Gottes mit seinem Volk ihre geschichtliche Vollgestalt. In ihm ist das ewige Wort und Leben Gottes leibhaft „erschienen", so daß die Jünger bezeugen konnten: Wir sind in dem Menschen Jesus von Nazaret dem ewigen Sohn des Vaters begegnet. Diese Begegnung beschränkte sich nicht auf eine äußere Sinneswahrnehmung, sondern geschah in einer vom Heiligen Geist geschenkten inneren Erkenntnis (I,58, II,35).

Eine solche Wahrnehmung setzt auch Paulus voraus, wenn er

die Galater im Rückblick auf die Taufe erinnert an das „Große", das sie „erfahren" haben (Gal 3,4). Diese Erinnerung wäre nicht möglich, wenn Christen sich nicht an ein Ereignis in ihrem Leben erinnern könnten, das sie geprägt hat: Sie haben in der Taufe die „Kräfte der zukünftigen Welt kennengelernt" (Hebr 6,5).

Der von Gott abgewandten Welt ist die Begegnung mit Jesus Christus verschlossen, denn sie „sieht" und „kennt" seinen Heiligen Geist nicht, sie hat also keine „Erfahrung" von diesem Geist.

## 2. Bedeutung für uns

**207**  Evangelisierung innerhalb der Kirche spricht Getaufte an. Die Verkündigung trifft sie also nicht wie etwas völlig Fremdes, sondern Gott hat ihr Herz schon berührt. Es kann also nur darum gehen, diese innere Wahrnehmung und Ausrichtung auf Jesus Christus bewußtzumachen.

> „Heute verspüren viele Jugendliche und Erwachsene, die – von der Gnade berührt – mehr und mehr das Antlitz Christi entdecken, die Notwendigkeit, sich ihm ganz zu schenken" (Paul VI., EN 44).

Allerdings besteht in der Kirche heute immer noch ein weitverbreitetes Mißtrauen gegen „Erfahrung". Kann man von der Gnade Gottes „berührt" werden, so daß daraus Handlungsimpulse erwachsen? Kann man „aus Erfahrung" wissen, daß Jesus lebt und in die Geschichte eingreift, daß sein Heiliger Geist in der Versammlung der Glaubenden anwesend ist? Ist es nicht verdienstvoller, in Wüste und Trockenheit durchzuhalten, anstatt sich auf „Erfahrung" zu stützen? Ist die Wahrnehmung des Heiligen Geistes in der Tiefe des Herzens nicht wenigen „Mystikern" vorbehalten, während die übrigen Christen ihren Alltag in einem erfahrungslosen „bloßen" Glauben bestehen müssen?

**208**  Die Erlebnisfähigkeit des Menschen ist auf personale Begegnung und Gemeinschaft ausgerichtet und letztlich zu dem sich offenbarenden Gott hin offen. Der Bruch zwischen Glaube und Kultur hat dazu geführt, daß die Erlebnisfähigkeit des Menschen aus der Beziehung zu Gott *abgespalten* ist. Sie wird gefangengenommen durch die Angebote der Freizeit- und Vergnügungsindustrie, durch innerweltliche Mächte, die sich zu Unrecht als sinngebendes Geheimnis ausgeben: Die enthusiastische Verehrung von Künstlern und Stars, die Faszination durch das je Neue und die Suche nach außergewöhnlichen, den Alltag übersteigenden Erlebnissen (in der Disko, in der aus der personalen Beziehung abgespaltenen Sexualität, im enthusiastischen „Zuschauersport", im maßlosen Fernsehen und anderen Süchten) haben letztlich einen *religiösen Charakter* (I,5).

---

Die Abspaltung der Erlebnisfähigkeit aus der Beziehung zu Gott hat zur Folge, daß ein Ausschnitt aus der Wirklichkeit für das Ganze gehalten wird und an die Stelle Gottes tritt.

---

**209** Es muß jedoch betont werden: Erfahrung ist mehr als ein punktuelles Erlebnis. Um Glaubenserfahrung beschreiben zu können, sind die verschiedenen Weisen dieser Erfahrung zu bedenken. Der zweite Teil des Seminarbuches enthält eine ausführliche Darstellung. Merke Dir diese Stelle (II,212-221), damit Du diese Stelle später genauer durcharbeiten kannst.

1. Glaube, Hoffnung und Liebe sind in ihrer Auswirkung auf Dein Leben von bewußten Erfahrungen unabhängig.

2. Wenn Glaube, Hoffnung und Liebe deutlicher in das Bewußtsein eintreten, spricht man von der *christlichen Grunderfahrung*. Sie ist so vielfältig wie die Menschen selbst.

3. Die christliche Grunderfahrung kann „plötzlich" durchbrechen oder sich in einem langsamen Wachstumsprozeß herausbilden.

4. Das Verhältnis des Menschen zu Gott kann gekennzeichnet sein durch Zeiten der Beglückung und Zeiten des Abstandes – in ähnlicher Weise wie die Begegnung zwischen Menschen.

### 3. Was soll ich tun?

**210** 1. Prüfe anhand der obigen Darlegungen, welche geistlichen Erfahrungen Gott Dir schon geschenkt hat und wie sie geartet sind. So wirst Du auch die Glaubenserfahrung anderer besser verstehen und begleiten können.

2. Prüfe heute nochmals,
– welche Ziele und Pläne, Einflüsse und Erlebnisse (I,5), Dein ganzes Fühlen und Denken so ausfüllen, daß sie Deine Beziehung zu Gott verdrängen;
– ob Deine Beziehung zu bestimmten Menschen Dich erlebnismäßig so „fesselt", daß Du nicht mehr offen bist für eine Dich ganz erfassende Begegnung mit Gott und für den Dienst der Evangelisierung.

Frage Dich in den nächsten Tagen, ob Du im Gottesdienst der achten Woche um der Verkündigung des Reiches Gottes willen einmal ausdrücklich allen ungeordneten Bindungen widersagen sollst und mußt. Bitte den Geist Gottes um Klarheit und Entschiedenheit.

---

Die Abspaltung der Erlebnisfähigkeit aus der Beziehung zu Gott ist eines der größten Hindernisse für die Begegnung mit ihm und für eine Neu-Evangelisierung.

---

### Fünfter Tag:
### „Nie habe ich gegen deinen Willen gehandelt"

**211** Dieses Glaubensseminar möchte in erster Linie kirchennahe und „gläubige" Christen ansprechen. Viele sind fast bruchlos in die Beziehung zu Gott hineingewachsen. Sie haben sich nie bewußt und radikal von Gott abgewandt und immer treu ihre Pflicht erfüllt. Ihr Leben verläuft in einem ruhigen, „ungestörten" Gleichmaß, ohne Höhen und Tiefen. Sie haben nie eine tiefgreifende Umkehr erfahren, wie der jüngere Sohn in dem Gleichnis von dem barmherzigen Vater (Lk 15,11-24). Wie können und sollen auch sie vom Erbarmen Gottes Zeugnis geben? Warum sind manche kaum von missionarischen Impulsen angetrieben? Eine Antwort findet sich in dem folgenden zweiten Teil des Gleichnisses von dem barmherzigen Vater und seinen beiden Söhnen.

*„Der ältere Sohn war unterdessen auf dem Feld. Als er heimging und in die Nähe des Hauses kam, hörte er Musik und Tanz. Da rief er einen der Knechte und fragte, was das bedeuten solle. Der Knecht antwortete: Dein Bruder ist gekommen, und dein Vater hat das Mastkalb schlachten lassen, weil er ihn heil und gesund wiederbekommen hat. Da wurde er zornig und wollte nicht hineingehen. Sein Vater aber kam heraus und* redete ihm gut zu. *Doch er erwiderte dem Vater: So viele Jahre schon diene ich dir, und* nie habe ich gegen deinen Willen gehandelt; *mir aber hast du nie auch nur einen Ziegenbock geschenkt, damit ich mit meinen Freunden ein Fest feiern konnte. Kaum aber ist der hier gekommen, dein Sohn, der dein Vermögen mit Dirnen durchgebracht hat, da hast du für ihn das Mastkalb geschlachtet. Der Vater antwortete ihm: Mein Kind, du bist immer bei mir, und* alles, was mein ist, ist auch dein. *Aber jetzt müssen wir uns doch freuen und ein Fest feiern; denn dein Bruder war tot und lebt wieder“ (Lk 15,25-32).*

### 1. Was steht im Text?

**212** Das Gleichnis vom Erbarmen des Vaters (Gottes) zeigt, wie Jesus sich mit den damaligen Gerechten, den Pharisäern, auseinandersetzt. Sie berufen sich vor Gott auf ihre eigene Leistung: „Nie habe ich gegen deinen Willen gehandelt" (V. 29). Demgegenüber zeigt Lukas, daß Gottes Barmherzigkeit größer ist, als Menschen erwarten können. Das Gleichnis hat deshalb zwei „Gipfel": Der erste Teil beschreibt das Erbarmen des Vaters seinem jüngeren Sohn gegenüber, der aus der Fremde zu ihm zurückkehrt. Dies wurde bereits dargestellt (I,75-83). Der zweite Teil des Gleichnisses schildert die Reaktion des älteren Sohnes, dem das überreiche Erbarmen des Vaters unverständlich bleibt:

Er hat in ununterbrochener Gemeinschaft mit dem Vater gelebt, immer seine Pflicht getan und weiß sich deshalb als den künftigen Besitzer des väterlichen Vermögens. Die Rückkehr des jüngeren Sohnes, der das Vermögen des Vaters „mit Dirnen durchgebracht hat" (V. 30), erfüllt ihn deshalb mit Zorn. Bemerkenswert ist, daß der Vater das Fehlverhalten des Sohnes nicht verteidigt, wohl aber sein Erbarmen ihm gegenüber. Er „redet ihm gut zu" und lädt ihn ein zur *Mitfreude* an der Rückkehr seines jüngeren Sohnes.

**213** Das Gleichnis möchte die „Gerechten" und „Frommen" aller Zeiten auf eine Fehlhaltung aufmerksam machen: Sie sind sich ihrer bevorzugten Beziehung zu Gott sicher („du bist immer bei mir") und werden schnell eifersüchtig auf die Gaben, die Gott anderen schenkt. Der Vater lädt den älteren Sohn deshalb fast demütig ein, das Fest der Freude mitzufeiern.

Das Gleichnis berichtet nicht, wie der ältere Sohn darauf reagiert. Seine Grundhaltung ist jedoch eindeutig: Er fordert die Zuwendung des Vaters als Lohn für seine Leistung und daher als dessen Schuldigkeit. So bleibt ihm die Erfahrung einer personalen Begegnung mit seinem Vater versagt. Worin hätte diese Erfahrung bestanden? Sie wäre ihm geschenkt worden, wenn er
– an der Erfahrung des jüngeren Sohnes teilgenommen und
– die bleibende Zuwendung des Vaters zu sich selbst als immer neues *Geschenk* angenommen hätte.
Der ältere Sohn ist jedoch zu beidem nicht bereit, sondern beharrt auf seinen Rechten. „Umkehr" würde für ihn bedeuten, sich dem Erbarmen des Vaters neu auszuliefern. Diese Auslieferung wäre auch für ihn mit neuer und beglückender *Begegnungserfahrung* verbunden gewesen. In ähnlicher Weise wie der jüngere Sohn will auch er vom Vater möglichst „unabhängig" sein, aber er verharrt in dieser Unabhängigkeit. Deshalb ist seine Sünde größer als die des jüngeren Sohnes, kann er nicht wie dieser ein „Fest" der Begegnung feiern!

Jesus nimmt deutlich Stellung gegen die „Frommen". Sie mißverstehen die Zuwendung Gottes als Lohn für ihre Verdienste und sind zu einer tieferen Umkehr nicht mehr fähig.

## 2. Bedeutung für uns

**214** Das Gleichnis enthält eine Fülle von Grundaussagen Jesu. Beziehen wir es in unserem Zusammenhang auf sein Wort: „Ihr werdet meine Zeugen sein!" Der jüngere Sohn kann „aus Erfahrung" vom Erbarmen Gottes sprechen. Er wird in sich sogar den Drang verspüren, diese Erfahrung möglichst vielen Menschen mitzuteilen, er wird aus Überzeugung „evangelisieren"! Der ältere Sohn wird allenfalls vom „Unrecht" des Vaters sprechen. Er hat das Erbarmen des Vaters nie an sich erfahren und kann deshalb auch keine „frohe Botschaft" verkünden. Er hat die *Grundhaltung des Empfangens* verloren und ist nicht mehr fähig, die Liebe des Vaters an sich geschehen zu lassen. Deshalb kann er auch kein Zeugnis von dieser Liebe geben.

**215** Ist dies nicht auch die Haltung mancher kirchennaher Christen und Amtsträger: Sie arbeiten in der Kirche und für die Kirche – mit großem persönlichem Einsatz – in dem Bewußtsein, „aktive" Christen zu sein. Sie rechnen aber nicht damit, daß Gott auch ihnen persönlich besondere Gnadengaben (Charismen) „für die Erneuerung und den Aufbau der Kirche" schenkt, die „den Nöten der Kirche besonders angepaßt sind".[16] Sie handeln vielmehr nach dem Motto: Gott tut nichts, also müssen wir alles selber machen!

Jesus hat ständig in einer direkten, hörenden und gehorsamen Abhängigkeit von Gott gelebt. Er hat sein Evangelisierungswerk nicht mit der Ausarbeitung einer Strategie begonnen. Sein erster Schritt war vielmehr, durch den Empfang der Johannestaufe den Willen Gottes *an sich geschehen zu lassen* (I,120-125). Seine „Speise" war es, den Willen seines Vaters zu tun (Joh 4,34), obwohl doch von ihm in höchstem Maß das Wort des Vaters in unserem Gleichnis gilt: „Du bist immer bei mir, und alles, was mein ist, ist auch dein" (V. 31). Jesus hat sich nicht selbstgerecht auf diese Gottgleichheit berufen, sondern seine Charismen ständig neu von Gott empfangen: Er tut nichts allein aus seinem menschlichen Willen. Er ist das Gegenteil eines Menschen, der alles selber machen will. Wenn er evangelisiert, redet er, was er beim Vater hört. Wenn er heilt, blickt er auf zu seinem Vater (Mk 7,34). Er tut „nichts im eigenen Namen, sondern nur das, was mich der Vater gelehrt hat" (Joh 8,28).

**216** Müßten wir uns nicht einmal ausdrücklich und ehrlich eingestehen, daß wir nicht so leben und handeln wie Jesus, daß unser Vertrauen auf pastorale Bemühungen, Verwaltungssysteme, Planungen und Strategien im Grunde Ausdruck von *Schwäche* ist? Sind wir wirklich bereit, in der Grundhaltung des Hörens und Empfangens vor Gott zu stehen?

---

Theologische Wissenschaft ist gut, pastorale Planung ist gut, Verwaltungstechniken sind gut, aber das *übertriebene Vertrauen* auf all dies kann von Gott trennen und Neu-Evangelisierung aus dem Geist Gottes verhindern.

---

Wo menschliches Denken, Planen, Wollen, Fühlen im kirchlichen Handeln *vorherrschen,* kann Gott nicht handeln, erstirbt der Impuls zur Evangelisierung!

### 3. Was soll ich tun?

**217** Vielleicht kannst Du mit dem älteren Sohn sagen: „So viele Jahre schon diene ich dir, und nie habe ich gegen deinen Willen gehandelt" (Lk 15,29). Vielleicht hast Du Dich nie bewußt von Gott abgewandt und immer treu Deine Pflicht erfüllt: Du hast die Sakramente empfangen, spendest nach Deinem Vermögen für kirchliche Hilfswerke, versuchst, mit Deinen Mitmenschen in Frieden zu leben. Was würde für Dich Umkehr, Hinwendung zu Gott, neue Hingabe an ihn bedeuten?

Bei der Aussendung der 72 Jünger sagt Jesus: „Nehmt keinen Geldbeutel mit, keine Vorratstasche und keine Schuhe!" (Lk 10,4). Die Jünger sollen also ohne „bürgerliche" Sicherheiten die Botschaft vom nahen Gottesreich verkünden. Sie sollen sich nicht auf irgendeinen „Besitz" verlassen: „Umsonst habt ihr empfangen, umsonst sollt ihr geben" (Mt 10,8). Sie sollen sich auch nicht Gedanken darüber machen, was und wie sie reden sollen: „Nicht ihr werdet reden, sondern der Geist eures Vaters wird durch euch reden" (Mt 10,20).

**218** Die Gabe der Evangelisierung wächst niemandem gleichsam „von selbst" zu, sondern kann nur in einer neuen Offenheit für das Handeln Gottes von ihm empfangen werden (I, 178):

> Umkehr äußert sich bei „gläubigen" und aktiven Christen auch darin, daß sie die Gabe der Evangelisierung und die anderen Charismen ausdrücklich von Gott annehmen.

Die „Umkehrliturgie" in der achten Woche bietet dazu eine Gelegenheit. Wie im obigen Gleichnis bittet Gott Dich gleichsam demütig, sein Erbarmen neu anzunehmen. Es könnte sein, daß Du bei diesem Schritt Gott erneut „siehst" und „hörst", sein Erbarmen neu wahrnimmst: Du empfängst dieses Erbarmen für Dich selbst und für andere und kannst aus eigener Erfahrung von ihm sprechen!

## Sechster Tag:
## Die Echtheit geistlicher Erfahrung

**219** Der Heilige Geist ist im menschlichen Geist und durch ihn wirksam: „So bezeugt der Geist selber unserem Geist, daß wir Kinder Gottes sind" (Röm 8,16): Erfahrungen des Heiligen Geistes und menschliche Selbsterfahrung können nicht genau und mit Sicherheit unterschieden werden. Deshalb muß gefragt werden, ob Impulse, Worte, Handlungen ihren Ursprung eher in Gott oder mehr im Menschen haben oder ob sogar Einflüsse widergöttlicher Mächte zu vermuten sind:

> *„Liebe Brüder, traut nicht jedem Geist, sondern* prüft die Geister, *ob sie aus Gott sind; denn viele falsche Propheten sind in die Welt hinausgezogen. Daran erkennt ihr den Geist Gottes: Jeder Geist, der bekennt, Jesus Christus sei im Fleisch gekommen, ist aus Gott. Und jeder Geist, der Jesus nicht bekennt, ist nicht aus Gott ... Daran erkennen wir den Geist der Wahrheit und den Geist des Irrtums"* (1 Joh 4,1-3.6).

*„Laßt euch vom Geist leiten, dann werdet ihr das Begehren des Fleisches nicht erfüllen.* Denn das Begehren des Fleisches richtet sich gegen den Geist, das Begehren des Geistes aber gegen das Fleisch; beide stehen sich als *Feinde gegenüber, so daß ihr nicht imstande seid, das zu tun, was ihr wollt ... Die Werke des Fleisches sind deutlich* erkennbar: Unzucht, Unsittlichkeit, ausschweifendes Leben, Götzendienst, Zauberei, Feindschaften, Streit, Eifersucht, Jähzorn, Eigennutz, Spaltungen, Parteiungen, Neid und Mißgunst ... Die Frucht des Geistes *aber ist Liebe, Freude, Friede, Langmut, Freundlichkeit, Güte, Treue, Sanftmut und Selbstbeherrschung"* (Gal 5,16f.19-23).

*„Löscht den Geist nicht aus! Verachtet prophetisches Reden nicht!* Prüft alles, und behaltet das Gute! *Meidet das Böse in jeder Gestalt!"* (1 Thess 5,19-22).

*„Der irdisch gesinnte Mensch läßt sich nicht auf das ein, was vom Geist Gottes kommt ... Der geisterfüllte Mensch* urteilt über alles" *(1 Kor 2,14 f).*

## 1. Was steht in den Texten?

**220** Wer aus dem Geist Gottes lebt, bekennt sich zu Jesus Christus als dem einzigen Heilsweg. Wer sich einen anderen Heilsweg sucht, hat sich damit dem widergöttlichen, dämonischen Geist überlassen: Der einzelne Christ (oder die Gemeinde) ist bestimmt vom Heiligen Geist und gefährdet durch den widergöttlichen Geist. Deshalb gilt es, ständig die „Geister" zu „prüfen".

Im Galaterbrief wird dieser Kampf genauer beschrieben: Mit „Fleisch" ist die von Gott abgewandte, dem Tod verfallene, sündige Existenzweise des Menschen gemeint. In ihm ist eine Tendenz wirksam, die sich gegen den Heiligen Geist richtet:

Das Innerste des Menschen ist ein Kampfplatz zwischen der in ihm wirksamen Macht des Bösen und dem Heiligen Geist.

Die Kennzeichen der widergöttlichen Mächte sind deutlich unterschieden von der „Frucht des Geistes". Diese wächst nicht gleichsam von selbst wie die pflanzliche Frucht, sondern ist das vom Geist erwirkte Ergebnis einer bewußten *Entscheidung* des Menschen für diesen Geist.

## 2. Bedeutung für uns

**221** Um die Wirkungen seines Geistes zu schützen, gibt Gott seiner Kirche als ganzer und in ihr dem einzelnen die *Gabe der Unterscheidung der Geister* (1 Kor 12,10; 1 Joh 4,1). Das Wort „Geist" hat im Neuen Testament drei Bedeutungen: Es meint den menschlichen Geist, den Heiligen Geist und den bösen Geist des Irrtums und der Täuschung (vgl. zum Beispiel Röm 8,16; 1 Kor 2,10f; 1 Joh 4,6). Ihrem Wesen nach und prinzipiell ist die Wirkweise des Heiligen Geistes Gottes von der Wirkweise des widergöttlichen Geistes deutlich unterschieden. In der Lebenspraxis ist dieser Unterschied jedoch nicht so deutlich.

1. Der Heilige Geist *verbindet* uns mit Gott und untereinander. Kennzeichen seines Wirkens sind Vertrauen zu Gott; Wahrheit, Liebe, Selbstlosigkeit, Freude, Friede, Freiheit in den zwischenmenschlichen Beziehungen.

2. Der widergöttliche Geist *trennt* uns von Gott und voneinander. Kennzeichen seines Wirkens sind Mißtrauen gegen Gott; Täuschung, Lüge, Ich-Betonung, Haß, Unterdrückung, Zwang, Unfrieden in den zwischenmenschlichen Beziehungen.

3. Bei der „Unterscheidung der Geister" muß deshalb jeweils gefragt werden: Lassen Worte, Antriebe und Handlungen das Wirken des Heiligen Geistes erkennen oder das Wirken widergöttlicher Mächte, oder kommen sie mehr aus dem Menschen selbst (I, 187)?

**222** Jedem Christen ist ein geistliches Gespür für das geschenkt, was vom Geist Gottes kommt (1 Kor 2,12). Die damit verbundene Urteilsfähigkeit ist einigen in besonderer Weise gegeben (1 Kor 12,10) und findet sich oft gerade bei einfachen Menschen, die sich „vom Geist Gottes leiten lassen" (Röm 8,14).

Die Gabe der Unterscheidung kann – wie jedes Charisma – nur in aktueller Abhängigkeit von Gott jeweils empfangen und ausgeübt werden. Erworbene Kenntnisse und Lebenserfahrung allein reichen nicht aus. Geistliche Unterscheidung erfordert in der Regel Zeit, Besinnung und geistliche Reife. Bei wichtigeren Fragen sollte der einzelne seine Eindrücke und Antriebe geistlich erfahrenen Menschen zur Prüfung vorlegen. Wenn Impulse sich an eine Gemeinschaft richten, muß diese in den Prüfungsprozeß einbezogen werden: „Auch zwei oder drei Propheten sollen zu Wort kommen; die anderen sollen urteilen" (1 Kor 14,29).

---

Die Pflicht zur Prüfung haben jeweils die Personen, an die ein geistlicher Impuls ergeht.

---

Wie jedes Charisma bedarf auch die Gabe der Unterscheidung einer Prüfung. Das letzte Urteil über die Echtheit steht denen zu, die in der Kirche die Leitung haben.[17] Deshalb sollten sie immer wieder auf den Knien Gott um diese Gabe bitten. Es ist eine Schicksalsfrage jeder Erneuerung, ob sie von der Gabe der Unterscheidung begleitet ist.

### 3. Was soll ich tun?

**223** Gott setzt Deine Eigentätigkeit nicht außer Kraft, er gebraucht Dich nicht wie ein lebloses Werkzeug, sondern will in Dir und durch Dich in der Kirche und in der Welt handeln. Er befähigt Dich zur Mitwirkung mit seiner Gnade. Diese aber ist immer gefährdet durch die Neigung zur Selbsttäuschung, Selbstgerechtigkeit und Sünde: Jeder Christ muß seinen „geistlichen" Impulsen gegenüber wachsam bleiben und damit rechnen, daß sie von menschlichen Antrieben und Interessen durchsetzt sind. Deshalb kannst Du nie eine *absolute Sicherheit*, die jeden Zweifel ausschließt, über die Echtheit geistlicher Vorgänge erlangen. Du kannst jedoch aufgrund bestimmter Merkmale zu einer *Gewißheit* über die Echtheit kommen.

Bei der Entscheidung und Beurteilung sollte stets nach mehreren, unterschiedlichen Merkmalen für die Echtheit gefragt werden. Je mehr Merkmale zusammenkommen und je größer jeweils ihr Gewicht ist, um so größer ist die Gewißheit über die Echtheit.

**224** Der folgende Überblick enthält grundlegende Merkmale der Echtheit geistlicher Vorgänge. Lies zunächst nur die umrandeten Überschriften und merke Dir die Stelle im Seminarbuch, damit Du diese Hilfe später leicht zur Hand hast und für Dich selbst ergänzen kannst.

Prüfe, ob Antriebe, Worte oder Handlungen bei Dir und/oder bei anderen folgende Kennzeichen haben:

---

1. Hingabe an Gott

---

Führen sie zur glaubenden, hoffenden und liebenden Hingabe an Gott (Mt 7,21),
– oder erzeugen sie Angst und Mißtrauen gegen Gott (1 Joh 4,18)?
Geschehen sie nach dem Vorbild Jesu in aktueller Abhängigkeit von Gott (Joh 5,19.30),
– oder mehr im Vertrauen auf die eigenen Fähigkeiten und Methoden?

---

2. Liebe zur Kirche

---

Sind Antriebe, Worte oder Handlungen getragen von der Liebe zur Kirche,
– oder wird in ihnen ein gestörtes Verhältnis zur Kirche spürbar?
Stehen sie in Übereinstimmung mit der „gesunden Lehre" (1 Tim 1,13),
– oder widersprechen sie grundlegenden Aussagen der Bibel und des kirchlichen Lehramtes?

Fügen sie sich ein in das Ganze des Leibes Christi,
– oder wird eine der grundlegenden Geistwirkungen in der Kirche (Wort, Sakramente, Amt, Charismen) in den Hintergrund gedrängt?
Dienen sie dem Aufbau der Gemeinde (1 Kor 14,26.33.40),
– oder führen sie zu feindseliger Polarisierung und zu Spaltungen (1 Kor 1,10f)?
Sind Zusammenkünfte getragen von der Verkündigung der Frohen Botschaft, von Gebet, missionarischen und diakonischen Impulsen,
– oder überwiegen persönliche Sympathien, menschliches Zusammengehörigkeitsgefühl, Gruppendynamik, menschliche Spannungen?
Wird in notwendiger Kritik geistliche Vollmacht spürbar (Mt 5,28; 2 Kor 10,4-8),
– oder innere Verletztheit, Resignation, Rechthaberei, Geltungsstreben?

---

### 3. Dienst am Mitmenschen und in der Gesellschaft

---

Lassen Antriebe, Worte oder Handlungen die Art und Dienstgesinnung des Herrn erkennen (Mk 10,45),
– oder wird in ihnen die Tendenz spürbar, sich selbst zur Schau zu stellen (Mk 1,31-45; Mt 6,2)?
Verstärken sie die Bereitschaft, sich allen Menschen in Vertrauen und Liebe zuzuwenden,
– oder führen sie zu Verengung und Fanatismus?
Wecken sie das Gespür für das Unrecht, das anderen geschieht (Mt 25,35f; 42f; Röm 12,15),
– oder verstärken sie die Blindheit für ihre Last?
Motivieren sie zur Mitarbeit an einer gerechteren Gesellschaftsordnung und zum Kampf gegen Unrecht und Unterdrückung,
– oder verführen sie zum Rückzug in eine selbstgenügsame Privatheit?
Kommen gesellschaftskritische Impulse aus der Beziehung zu Gott,
– oder aus dem Drang zu ausschließlich innerweltlicher Aktion?

## 4. Nachfolge Jesu im Alltag

Lösen Erfahrungen, die auf das Wirken des Heiligen Geistes zurückgeführt werden, lediglich seelische Bewegtheit und oberflächliche Gefühle aus,
– oder erwächst aus ihnen bleibende Frucht (Mt 7,16-20) und die Fähigkeit zum nüchternen und treuen Dienst im Alltag?
Bestärken sie darin, den Verpflichtungen in Familie, Beruf und Gesellschaft nachzukommen,
– oder verführen sie zur Suche nach außergewöhnlichen religiösen Erlebnissen und Phänomenen, zur Flucht aus der Wirklichkeit und den Enttäuschungen des täglichen Lebens?
Wirken sie sich mehr und mehr in alle Lebensbereiche hinein aus,
– oder führen sie zu einem geschlossenen Milieu innerhalb der Gruppe, zur Trennung von Alltag und „religiösem Bereich"?

## 5. Freude und Friede im Heiligen Geist

Lösen Antriebe, Worte oder Handlungen bei mir und bei anderen Gelassenheit, Klarheit, Betroffenheit, Befreiung, Frieden und geistliche Freude aus,
– oder stiften sie Unruhe, Verwirrung, Verkrampfung, Lähmung, Bedrückung und Niedergeschlagenheit?
Steht hinter Antrieben, Worten oder Handlungen die Grundfrage: Was dient zum Aufbau?
– oder: Wie fühle ich mich, wenn ein anderer einen Dienst tut?
Zeigt sich bei mir oder anderen die Grundhaltung
– der Liebe, die sich verschenken will (1 Kor 13,4-7);
– der Freude, die auch noch das Leid umgreift (1 Petr 4,13; Kol 1,24);
– des Friedens, der aus der Übereinstimmung mit dem Willen Gottes kommt;
– der Sanftmut, die dazu befähigt, die eigenen Begabungen, Grenzen und Schattenseiten anzunehmen und nicht anders sein zu wollen, als man in Wahrheit ist?

## Siebter Tag:
## Gerufen zum Zeugnis

**225** Seit ihren Anfängen lebt die Kirche vom Zeugnis für Jesus Christus. Die Missionsmethode der Urkirche war grundgelegt in der mit der Taufe gegebenen Sendung: Jeder Christ ein Missionar! In einer geschichtlichen Situation, in der die „Weitergabe des Glaubens" zum Kernproblem der Kirche geworden ist, erhält das *persönliche* Zeugnis der Christen untereinander und in der Gesellschaft erhöhte Bedeutung. Aus den folgenden Texten wird deutlich, wie Christen zur Zeit des Neuen Testamentes ein persönliches Zeugnis gegeben haben:

> *„Ich will jetzt von Erscheinungen und Offenbarungen sprechen, die mir der Herr geschenkt hat. Ich kenne jemand, einen Diener Christi, der vor vierzehn Jahren bis in den dritten Himmel entrückt wurde; ... Er hörte unsagbare Worte, die ein Mensch nicht aussprechen kann ... Damit ich mich wegen der einzigartigen Offenbarungen nicht überhebe, wurde mir ein Stachel ins Fleisch gestoßen: ein Bote Satans, der mich mit Fäusten schlagen soll ... Dreimal habe ich den Herrn angefleht, daß dieser Bote Satans von mir ablasse. Er aber antwortete mir: Meine Gnade genügt dir; denn sie erweist ihre Kraft in der Schwachheit" (2 Kor 12,1.4.7-9).*
>
> *„Ich habe gelernt, mich in jeder Lage zurechtzufinden: Ich weiß Entbehrungen zu ertragen, ich kann im Überfluß leben. In jedes und alles bin ich eingeweiht. im Sattsein und Hungern, Überfluß und Entbehrung. Alles vermag ich durch ihn, der mir Kraft gibt" (Phil 4,11ff).*
>
> *„Wir wissen, daß wir aus dem Tod in das Leben hinübergegangen sind, weil wir die Brüder lieben ... Wir wissen: Wir sind aus Gott, aber die ganze Welt steht unter der Macht des Bösen. Wir wissen aber: Der Sohn Gottes ist gekommen, und er hat uns Einsicht geschenkt, damit wir Gott den Wahren erkennen" (1 Joh 3,14; 5,19f).*

## 1. Was steht in den Texten?

**226**  Paulus war durchdrungen von dem Auftrag zu evangelisieren. Von ihm können wir lernen, welche Bedeutung auch bei einer Neu-Evangelisierung das persönliche Zeugnis hat.

Das entscheidende Ereignis im Leben des Paulus war seine Bekehrung, seine Begegnung mit dem erhöhten Herrn auf dem Weg nach Damaskus (Apg 9,1-9). Dabei erhielt er zugleich den Auftrag, diese Begegnung zu bezeugen: „Ich bin dir erschienen, um dich zum Diener und *Zeugen* dessen zu erwählen, was du gesehen hast und was ich dir noch zeigen werde" (Apg 26,16). Von einer weiteren intensiven Begegnung mit Christus spricht Paulus im zweiten Brief an die Korinther. Er bezeugt, daß sie ihn dazu befähigt hat, auch seine Krankheit auf sich zu nehmen. Er scheut sich nicht, dies offen zu berichten, da dieses persönliche Zeugnis ein zusätzlicher Beweis für die Echtheit seiner Verkündigung ist: „Jeder soll mich nur nach dem beurteilen, was er an mir sieht oder aus meinem Mund hört" (2 Kor 12,6).

Die Gnade Gottes kann sich auch in einem langsamen Wachstumsprozeß im Leben auswirken: Dem Zeugnis aus dem ersten Johannesbrief liegt nicht ein plötzliches Bekehrungserlebnis zugrunde, wie bei Paulus, sondern die Erfahrung, daß die Gnade Gottes dazu befähigt, sich mit voller Kraft für die Mitmenschen einzusetzen und dem Bösen zu widerstehen. Das „Wissen", von dem der Schreiber des Briefes ein persönliches Zeugnis gibt, meint nicht intellektuelle Einsicht, sondern konkrete persönliche Erfahrung.

---

Im persönlichen Zeugnis bezeugt der Christ in der Kraft des Heiligen Geistes
– die von den Aposteln übernommene Gewißheit, daß Jesus wahrhaft auferstanden ist und lebt,
– die Auswirkungen der Auferstehungsmacht Jesu in seinem Leben.

---

## 2. Bedeutung für die „Weitergabe des Glaubens"

**227** Das Glaubenszeugnis beruht auf einem „*Überzeugtsein von Dingen, die man nicht sieht*" (Hebr 11,1): Zu den Glaubenswahrheiten haben wir von uns aus keinerlei Zugang: Wir „sehen" sie nicht und können sie nicht – wie etwa naturwissenschaftliche Wahrheiten – durch Experimente nachprüfen oder beweisen. Das Glaubenszeugnis hat deshalb den Charakter des „Bekenntnisses": Wir können die Glaubenswahrheiten rein verstandesmäßig nicht erfassen und sind aufgrund der Offenbarung dennoch von ihnen überzeugt. Ein Bekenntnis zu Jesus Christus ist deshalb mehr als eine Information.

Die Vorherrschaft verstandesmäßiger Einsicht in der abendländischen Kultur hatte zur Folge, daß der Glaube weitgehend auf dem Wege der Belehrung, durch Unterricht, „weitergegeben" wurde. Der Lehrende muß dabei nicht persönlich engagiert sein; er kann den Inhalt des Glaubensbekenntnisses auch nach Art einer „neutralen" Information vermitteln und die Glaubenswahrheiten „abfragen". Diese Form der „Weitergabe des Glaubens" ist jedoch an ein radikales Ende gekommen: Die Menschen wollen heute vor allem wissen, wie sich der Glaube in der Lebenspraxis und in der Gesellschaft auswirkt. Sie orientieren sich mehr an der Person des Zeugen als an den von ihm vermittelten Wahrheiten: Sie erwarten ein „persönliches" Glaubenszeugnis.

---

„Persönlich" ist ein Zeugnis für Jesus Christus dann, wenn es aus der persönlichen Beziehung zu ihm erwächst und die Lebenspraxis des Zeugen einbezieht.

---

**228** Das persönliche Zeugnis hat zwei einander ergänzende Grundformen:

1. Entscheidend ist und bleibt das „Zeugnis ohne Worte" (I,191), das Zeugnis der helfenden Tat, des selbstlosen Einsatzes für die Mitmenschen. Das Wort-Zeugnis ist nur dann echt und glaubhaft, wenn es durch das alltägliche Leben gedeckt ist.

2. In einer missionarischen Situation gewinnt das Wort-Zeugnis erhöhte Bedeutung. Es kann geschehen
a) im Bekenntnis zu den geoffenbarten Glaubenswahrheiten,

für die der Zeuge mit seiner ganzen Person einsteht (Beispiel: „Ich glaube an die Auferstehung der Toten; ich glaube an *meine* Auferstehung");

b) in einem Bericht über die Auswirkungen der Beziehung zu Jesus Christus in meinem Leben (Zu dem Geheilten sagt Jesus: „Geh nach Hause, und berichte deiner Familie alles, was der Herr für dich getan hat und wie er Erbarmen mit dir gehabt hat" [Mk 5,19]).

Im folgenden sollen vor allem Anregungen für ein angemessenes Wort-Zeugnis gegeben werden.

### 3. Wie gebe ich Zeugnis?

**229** Ein persönliches Zeugnis beruht auf Erfahrungen, die der Christ mit Jesus Christus und mit der durch ihn wirksamen Gnade Gottes gemacht hat. Diese Erfahrungen sind so vielfältig wie die Menschen und ihre jeweilige Lebensgeschichte (I,209). Bitte den Geist Gottes, Dir bewußtzumachen, wie die Gnade Gottes in Deiner Beziehung zu ihm, zu Dir selbst und zu anderen wirksam gewesen ist. Lies nach, was Du Dir zu den entsprechenden Anregungen und Fragen dieses Glaubensseminars (I,59,160,170) in Dein geistliches Tagebuch notiert hast.

Zwei Weisen geistlicher Erfahrung seien noch einmal erwähnt: die zeitlich datierbare Begegnung mit Gott, ähnlich der des Paulus; ein langsames Wachstum in der Erfahrung der Gnade Gottes:

– Hat es Stunden, Tage, Wochen in Deinem Leben gegeben, in denen Gott Dir besonders nahe war? Bei einer Lebensentscheidung, beim Tod eines geliebten Menschen oder einem anderen Verlust? Ist Dir ein „plötzliches" Umkehrerlebnis geschenkt worden, eine tiefe Freude, Gott endlich gefunden zu haben?

– Bist Du in einer gläubigen Umwelt (Elternhaus, Schule) aufgewachsen, die Dein Leben bleibend geprägt hat? Hast Du schon einmal eine ausdrückliche Entscheidung gegen Denk- und Verhaltensweisen Deiner Umwelt getroffen, die dem Evangelium widersprechen? Bemerkst Du bei Dir Denk- und Verhaltensweisen, die *nicht* in der Verlängerung Deines Charakters oder Deiner angeborenen Begabungen liegen?

– Bist Du empfindsam für das Unrecht, das anderen geschieht? Kannst Du Dich tätig einzusetzen für Deine Mitmenschen?

> Beachte: Ein persönliches Zeugnis bezeugt nicht Gefühle,
> sondern *Tatsachen:* Veränderungen in Deinem Leben und
> Verhaltensweisen, die der Geist Gottes Dir geschenkt hat.

**230** Benutze die kommende Woche auch dazu, Dir Dein persönliches Zeugnis aufzuschreiben. Es sollte nicht länger als drei Minuten dauern! Vermeide eine weitschweifige Darstellung. Beschränke Dich auf wichtige, konkrete Einzelheiten, die zum Verständnis unbedingt erforderlich sind. Der Heilige Geist wird Dir dann eingeben, was Du in bestimmten Situationen jeweils sagen sollst (vgl. Mt 10,19f): in einem persönlichen Gespräch, in der „Hauskirche" (Gebets- oder Bibelkreis), in der Arbeitswelt. Vermeide die Erwähnung persönlicher Sünden, die Du in der Beichte vor Gott hinträgst. Die Grundregel für ein persönliches Zeugnis lautet:

> *„Seid stets bereit, jedem Rede und Antwort zu stehen, der*
> *nach der Hoffnung fragt, die euch erfüllt; aber antwortet*
> bescheiden und ehrfürchtig" *(1 Petr 3,15f).*

1. *Jedem situationsgerecht Antwort geben:* Das Glaubenszeugnis muß so geartet sein, daß es den (die) Adressaten in seiner (ihrer) jeweiligen Situation trifft. Es geht nach Möglichkeit aus von einem positiven „Anknüpfungspunkt": Obwohl Paulus in Athen von tiefem Zorn erfaßt war, als er die Götzenbilder der Stadt sah (Apg 17,16), beginnt er seine Predigt nicht mit einem aggressiven Protest, sondern er nimmt die anderen Menschen in ihrer Suche nach Gott ernst: „Nach allem, was ich sehe, seid ihr besonders fromme Menschen" (Apg 17,22):
– Sprich nicht über das, was den anderen noch fehlt, sondern über das Angebot Gottes, das uns mehr verheißt, als wir jemals annehmen können!
– Unterscheide, ob Du zu gläubigen Christen sprichst, zu Suchenden oder zu „Fernstehenden".

2. *Ehrfurcht:* Das persönliche Zeugnis muß getragen sein von der Ehrfurcht vor dem Wirken des Heiligen Geistes in Dir und

in anderen: Vielleicht will Gott durch Dein Wort das Herz eines anderen berühren! Dein Zeugnis soll deshalb

- den anderen nicht demütigen oder beschämen, sondern Freude an Gott wecken;
- nicht geistliche Überlegenheit ausstrahlen, sondern das Erbarmen Gottes;
- den anderen nicht persönlich angreifen: Der Geist Gottes selbst wird andere zu Gott führen oder Widerstände gegen ihn aufdecken!

3. *Bescheidenheit:* „Großes hat der Mächtige an *mir* getan" (Lk 1,49). Die Erneuerung der Kirche beginnt bei *mir,* und es steht mir nicht zu, über andere zu urteilen. Dein Zeugnis soll deshalb

- positiv berichten, was Gott an *Dir* getan hat;
- keine negativen Äußerungen über andere enthalten (andere Menschen, andere Kirchen, Amtsträger usw.). Berechtigte Kritik an Mißständen gehört nicht in das persönliche Zeugnis;
- in der Sprechweise schlicht sein. Gib Dein Zeugnis mit Deiner natürlichen Stimme und in normalem Tonfall, wie einen Bericht. Wenn Du eine tiefe Umkehr erfahren hast, vermeide überschwengliche Ausdrücke, die man sonst bei der Schilderung bedeutender Erlebnisse gebraucht (toll, schön, glücklich, phantastisch, unbeschreiblich usw.).

4. *Innere Wahrhaftigkeit:* „Meine Botschaft und Verkündigung war nicht Überredung durch gewandte und kluge Worte, sondern war mit dem Erweis von Geist und Kraft verbunden, damit sich euer Glaube nicht auf Menschenweisheit stützte, sondern auf die Kraft Gottes" (1 Kor 2,4f).

Neu-Evangelisierung wird sich nicht der Mittel der modernen Propaganda und Reklame bedienen. Diese neigt zu Übertreibung und Unechtheit und spricht häufig in erster Linie Gefühle an. Christliches Zeugnis dagegen bezeugt *Tatsachen:*

- Schildere nüchtern und ehrlich, *ohne Übertreibung,* Ereignisse oder Veränderungen in Deinem Leben, die für Dich auf das Wirken des Heiligen Geistes zurückgehen: „Die Liebe prahlt nicht und bläht sich nicht auf" (1 Kor 13,4).
- Verschweige nicht Deine Ängste und Hemmungen Gott gegenüber, Dein mangelndes Vertrauen, Dein Unvermögen, Jesus nachzufolgen.

– Vermeide den Eindruck, bei Dir sei „alles ganz anders"
geworden, Du habest das Wirken des Heiligen Geistes in
Deinem Leben mit absoluter Sicherheit erkannt.

---

Bitte jetzt den Geist Gottes, in Deinem Zeugnis gegenwärtig zu sein. Du wirst in Deinem eigenen Glauben
wachsen, wenn Du ihn vor anderen bezeugst!

---

# ACHTE WOCHE

# Die Feier der Umkehrliturgie

**231** In ähnlicher Weise wie das Katechumenat für Ungetaufte mit der Taufe seinen Höhepunkt erreicht, ist auch dieses Glaubensseminar auf den Gottesdienst in der achten Woche ausgerichtet. Halte auch in dieser Woche Deine tägliche Gebets- und Besinnungszeit treu ein und bereite Dich auf diesen Gottesdienst vor. Die folgenden Darlegungen möchten dazu eine Hilfe sein. Der Heilige Geist hat Dich bis in diese Woche hinein geführt und wird Dir zeigen, welche Schritte Du tun sollst.

> Lies zunächst den Abschnitt „Persönliche Vorbereitung auf die Umkehrliturgie" (I,249-251).

I. Taufe als Bund
   1. Die Ähnlichkeit von Taufbund und Ehebund
   2. Taufbekenntnis und Handauflegung des Paten

II. Umkehrliturgie – leibhafte Antwort des Glaubens
   1. Bundeserneuerung
      a) Umfassendes Geschehen
      b) „Mitwirkung" mit der Gnade Gottes
   2. Das erweiterte Taufbekenntnis
      a) Umkehr als persönliche Glaubensentscheidung für Gott in der Gemeinschaft der Kirche
      b) Erneute Annahme des sakramentalen Gnadenangebotes Gottes
      c) Offenheit für die Gaben des Geistes
   3. Die patenschaftliche Handauflegung
   4. Ganzheitlich-leibhafte Antwort

III. Persönliche Vorbereitung auf die Umkehrliturgie

IV. Der äußere Verlauf
   1. Umkehrliturgie für kleine Gruppen innerhalb der Eucharistiefeier
   2. Umkehrliturgie als Wortgottesdienst
   3. Umkehrliturgie in der Hauskirche

# I. Taufe als Bund

## 1. Die Ähnlichkeit von Taufbund und Ehebund

**232**   Zur Vorbereitung auf Umkehrliturgie sei zunächst auf das innerste Wesen des Taufbundes hingewiesen. Die Taufe ist das Grundsakrament der Hinwendung zu Gott und der Eingliederung in die Kirche. Durch dieses Sakrament nimmt der Getaufte teil an dem neuen, „ewigen" Bund, den Gott in Jesus Christus, dem „Mittler des Neuen Bundes" (Hebr 12,24), mit den Menschen geschlossen hat.

„Bund" ist die umfassende Bezeichnung des Verhältnisses Gottes zu den Menschen (Alter und Neuer „Bund"). Sie macht deutlich, daß Gott sich den Menschen auf eine persönliche Weise zuwendet und sie zu einer die ganze Person erfassenden Antwort befähigt. Deshalb wird in der Bibel das Verhältnis Gottes zu seinem Volk und zum einzelnen häufig mit dem Ehebund verglichen (vgl. die Texte II,33).

Die Texte des Alten Testamentes zeigen:
1. Der Bund Gottes mit seinem Volk hat eine Ähnlichkeit mit dem Ehebund.
2. Alle Initiative für diesen Bund liegt bei Gott selbst.
3. Von seiten Gottes ist dieser Bund „ewig": Gott bindet sich für immer an sein Volk und hält ihm die Treue.
4. Das Volk und jeder einzelne ist aufgerufen, diesen Bund immer wieder neu anzunehmen und zu bejahen. Die Verehrung anderer Götter ist „Ehebruch".

Im Neuen Testament ist die Taufe das Zeichen des Bundes Gottes mit dem neuen Gottesvolk und mit jedem einzelnen. Durch den Taufbund bindet Gott sich an den Getauften in ähnlicher Weise, wie beim Abschluß des Ehebundes der Mann sich an die Frau und die Frau sich an den Mann bindet (vgl. Eph 5,31).

**233**   Aus der in der Bibel vielfach bezeugten „Ähnlichkeit" zwischen dem Bund Gottes mit dem Menschen und dem Ehebund ergeben sich wichtige Hinweise zum Verständnis des Taufbundes.

Die *Ähnlichkeit* zwischen Taufbund und Ehebund besteht

darin, daß „Bund" immer ein *wechselseitiges Geschehen* zwischen den Bundespartnern ist: Beim Abschluß des Ehebundes sprechen sich beide Ehepartner *gegenseitig* das Vermählungswort zu: „Vor Gottes Angesicht nehme ich dich an als meine Frau." – „Vor Gottes Angesicht nehme ich dich an als meinen Mann." Beide fügen im „großen Vermählungsspruch" jeweils hinzu: „Ich will dich lieben, achten und ehren, solange ich lebe." So entsteht durch den personal freien Akt, in dem sich die Ehegatten gegenseitig schenken und annehmen, der Ehebund. Das Ja-Wort des einen Ehegatten zum Ehebund wird *ausdrücklich angenommen und bejaht* durch das Ja-Wort des anderen Ehegatten. Der Ehebund ist erst geschlossen, wenn beide Ehegatten das Ja-Wort gesprochen haben. Ohne die ausdrückliche Bejahung und Annahme des Ehebundes kommt dieser nicht zustande.

**234** Auch der Taufvorgang ist ein wechselseitiges Geschehen zwischen Gott und dem Täufling: „Die Taufe ist das *Sakrament des Glaubens,* durch das die Bewerber mit Gott verbunden und zugleich von ihm erneuert werden. Deshalb geht der Taufe dieser Akt voraus ... Mit diesem Bekenntnis, das die Bewerber vor dem Taufspender und der Gemeinde ablegen, bezeugen sie ihren Willen ..., mit Christus den *Neuen Bund* einzugehen. In diesem Glauben, den sie von der Kirche durch die Gnade Gottes erhalten und angenommen haben, werden die Erwachsenen getauft" (Eingliederung, S. 133).

Christus selbst ist es, der beim Übergießen mit Wasser (Eintauchen) und der dabei gesprochenen Taufformel den Menschen tauft. Die Taufformel „Ich taufe dich im Namen des Vaters und des Sohnes und des Heiligen Geistes" spricht zwar der menschliche Taufspender, aber in diesen Worten macht Gott selbst sich durch Jesus Christus im Heiligen Geist gegenwärtig. Die Taufformel ist gleichsam die „Liebeserklärung" Gottes an den Täufling, durch die er sich für immer an ihn bindet. „In der Taufe ist die Christusbotschaft auf einen Punkt konzentriert, auf die Zusage Gottes: ich bin für dich da, ich stehe zu dir" (EvEK 1070).

In der Taufformel sagt Gott dem Täufling gleichsam: „Ich verspreche dir die Treue in guten und in bösen Tagen, in Gesundheit und Krankheit. Ich will dich lieben, annehmen und durchtragen, solange du lebst" (vgl. Jes 46,4; I,7).

Gott zwingt den Menschen nicht, diesem Bund zuzustimmen. Er lädt ihn vor dem Taufvorgang ein, sich ihm anzuvertrauen und den Taufbund anzunehmen. Dies geschieht im Taufbekenntnis „Ich widersage" ... „Ich glaube". Das Taufbekenntnis ist die ausdrückliche, gläubige Annahme der Zuwendung Gottes im Taufbund und Ausdruck der Bereitschaft des Täuflings, sich seinerseits an Gott zu binden. Das Taufbekenntnis enthält die Antwort des Herzens: „Mein Gott, ich verspreche dir die Treue in guten und in bösen Tagen, in Gesundheit und Krankheit. Ich will dich lieben und verehren, solange ich lebe."

**235** Bei aller Ähnlichkeit zwischen Ehebund und Taufbund ist die *Unähnlichkeit* immer noch größer. Dies zeigt sich vor allem darin, daß beim Taufbund die Initiative ausschließlich bei Gott liegt. Der Mensch kann von sich aus Gott nicht einen Bund anbieten. In seiner Tiefe lebt er sogar abgewandt von Gott (I,71; II,82f) und kann deshalb Gott das Ja-Wort zum Taufbund nicht von sich aus geben, in eigener, freier Entscheidung. Der Mensch kann dem Taufbund nur zustimmen in der Kraft der Gnade Gottes, die seiner Antwort *in jeder Hinsicht zuvorkommt.* Wenn er die Antwort auf den Ruf Gottes ablehnt, dann ist dies allerdings ganz seine eigene Entscheidung, ohne die Gnade Gottes und gegen sie (II,36,171).

„Die Antwort des Glaubens auf die Taufe erfolgt nicht automatisch. Gott zieht den Menschen, aber er zwingt ihn nicht. Wir können uns der Anrede Gottes verschließen oder widersetzen. Wir können zwar nicht ‚aus eigener Vernunft und Kraft zu Jesus Christus kommen und an ihn glauben', aber wir können uns aus eigener Vernunft und Kraft von ihm trennen. Dennoch bleibt der Taufbund von Gottes Seite aus bestehen und gültig" (EvEK 1077).

„Die Erwachsenen erlangen nur dann das Heil, wenn sie *freiwillig* kommen und die Gabe Gottes *gläubig* annehmen wollen. Der Glaube, dessen Sakrament sie empfangen, ist nicht allein der Glaube der Kirche, sondern auch ihr eigener" (Eingliederung, S. 40f).

## 2. Taufbekenntnis und Handauflegung des Paten

**236** Im Taufbekenntnis bejaht der Täufling den von Gott angebotenen Bund. Dieses Ja-Wort ist dem Ja-Wort beim Abschluß des Ehebundes vergleichbar, in dem eine Selbstübereignung an den Ehepartner unter Einschluß der Leiblichkeit geschieht. Sie kann nicht stellvertretend von einem anderen vollzogen werden. In ähnlicher Weise kann bei der Erwachsenentaufe die persönliche Selbstübereignung an Gott im Ja-Wort zur Taufe *nicht von einem anderen stellvertretend gesprochen werden*. Dies gilt entsprechend auch für die Kindertaufe, wie der erneuerte Ritus zeigt (II,175-178).

Im Taufbekenntnis bekennt der Täufling zugleich den Glauben der ganzen Kirche. Dies kommt seit ältester Zeit in der Handauflegung des Paten zum Ausdruck (Eingliederung, S. 24 und 143). In ihr wird deutlich, daß der Täufling durch die Taufe Glied der Kirche wird und Christen vor Gott füreinander verantwortlich sind (II,178). Der Täufling gibt die Antwort des Glaubens nicht lediglich als einzelner, sondern sein Glaube ist mitgetragen vom Glauben der ganzen Kirche.

> Taufbekenntnis und Handauflegung des Paten gehören zum liturgischen Kern der Antwort des Täuflings und der Kirche auf das Gnadenangebot Gottes zum Taufbund.

Dem gegenüber haben andere liturgische Elemente (weißes Kleid, brennende Kerze) einen sekundären, entfaltenden Charakter.

## II. Umkehrliturgie – leibhafte Antwort des Glaubens

### 1. Bundeserneuerung

#### a) Umfassendes Geschehen

**237** In der Taufe hat Gott den Taufbund ein für allemal geschlossen und besiegelt. Der Getaufte wächst lebenslang in die Antwort des Glaubens hinein. Dieser Prozeß geschieht nicht ohne erneute Umkehr, denn der Mensch ist von sich aus nicht fähig, dem Bund treu zu bleiben. Schon im Alten Testament gab es verschiedene „Bundeserneuerungen": Als unter König Joschija im Jahre 622 vor Christus das „Bundesbuch" (= das Buch Deuteronomium) im Tempel wieder aufgefunden wurde, kam es zu einer „Erneuerung" des Sinaibundes und zum erneuten Versprechen, Jahwe als den einzigen Gott zu verehren und alle anderen Kulte zu beseitigen:

> *„Dann trat der König an die Säule und schloß* vor dem Herrn diesen Bund: *Er wolle dem Herrn folgen, auf seine Gebote, Satzungen und Gesetze von ganzem Herzen und ganzer Seele achten und die Vorschriften des Bundes einhalten, die in diesem Buch niedergeschrieben sind. Das ganze Volk trat dem Bund bei" (2 Kön 23,3).*

Solche „Bundeserneuerungen" (vgl. Jer 34,8ff; Neh 9f) waren ein jeweils umfassendes Geschehen, das tiefgreifende Reformen zur Folge hatte. „Bundeserneuerungen" gehören zum geschichtlichen Weg des Bundesvolkes, denn es kann den von Gott geschlossenen Bund nicht während seiner ganzen Geschichte durchhalten und bedarf immer wieder der Umkehr.

**238** In ähnlicher Weise gehört eine Bundeserneuerung von seiten des Menschen zum Wesen des von Gott ein für allemal geschlossenen Taufbundes. Mit der Taufe beginnt die Geschichte des Glaubens. Diese Geschichte kann sehr bewegt sein: Der Glaube kann wachsen, aber auch abnehmen; er kann in Krisen geraten, in denen er fast zerbricht; er kann aus Krisen gestärkt hervorgehen; den Zeiten der Hochstimmung können Zeiten der Dürre folgen (EvEK 1072; II,216-220). Der Glaube hat in der Taufe sein bleibendes Fundament, so daß der Getaufte in bestimmten lebensgeschichtlichen Situationen zur Taufe „zurückkehren" und eine „Bundeserneuerung" vollziehen kann.

**239** Das pastorale Angebot dazu erhält heute erhöhte Bedeutung: Der Glaube wird nicht mehr in demselben Maße wie früher von einer christlichen Kultur und von gesellschaftlichen Strukturen mitgetragen. Auch in vielen Familien wird der Glaube nicht mehr gelebt und der nachfolgenden Generation gegenüber bezeugt. Deshalb ist es angemessen, daß der einzelne Christ die Möglichkeit hat, eine erneute Annahme des Taufbundes in einer Weise zum Ausdruck zu bringen, die dem Ernst und der Tiefe des Taufbekenntnisses bei der Erwachsenentaufe entspricht. Dies setzt eine Vorbereitungszeit voraus sowie ein entsprechendes Maß an menschlicher Reife und Entscheidungsfähigkeit. Im Hinblick darauf ist zu sagen:

1. Die „Erneuerung des Taufversprechens" von Kindern und Jugendlichen vor der Erstkommunion und vor der Firmung [Konfirmation] kann noch nicht den Charakter eines das ganze Leben einbeziehenden Treueversprechens Gott gegenüber haben, sondern ist eine Vorstufe dazu. Die Entscheidungsfähigkeit ist noch nicht entsprechend herangereift. Da die Annahme des Taufbundes mit der ausdrücklichen Annahme und Bejahung des Ehebundes vergleichbar ist, sollten für Erwachsene entsprechende pastorale Möglichkeiten eröffnet werden.

2. Die „Erneuerung des Taufversprechens" in der Osternacht ist ritualisiert und gibt nicht dem *einzelnen* die Gelegenheit, sein Taufbekenntnis persönlich zu erneuern.

Die Liturgie der katholischen Kirche kennt aber auch bereits eine persönliche Form der erneuten Annahme der Gnade des Firmsakramentes: „Mit der Firmung kann die Firmerneuerung für die Gemeinde *oder für einzelne* erfolgen. Dies kann entsprechend vorbereitet werden". Das persönlich formulierte „Gebet zur Firmerneuerung" ist ein Element der im folgenden genauer beschriebenen Umkehrliturgie (GL 52,4f).

**240** Die Umkehrliturgie ist aus dem geistgewirkten Verlangen vieler Christen entstanden, sich Gott neu und verbindlich anzuvertrauen. „Umkehr" ist in diesem Zusammenhang ein umfassender, das ganze Leben bestimmender und sich durchhaltender Grundvollzug: Sie geht nicht nur als punktueller Akt dem Glauben voraus, sondern schließt ihn ein. Umkehrliturgie ist deshalb eine Form der das Leben umfassenden Bundeserneuerung. Sie hat zwei liturgische Grundelemente, die dem liturgischen Kern der Antwort des Täuflings und der Kirche bei der Erwachsenentaufe entsprechen (I,236):

1. Nach einer entsprechenden Vorbereitung ist der einzelne eingeladen, vorzutreten und inmitten der Gemeinde oder Gemeinschaft in einem *erweiterten Taufbekenntnis* den Taufbund von Gott neu und vertieft anzunehmen.

2. Die Anwesenden begleiten den Akt der Hingabe an Gott mit Dank und Bitte. Einige treten hinzu und beten unter *Handauflegung.*

Diese beiden Grundelemente werden im nächsten Abschnitt im einzelnen beschrieben.

---

1. Die Umkehrliturgie ist eine Form der das ganze Leben umfassenden Bundeserneuerung. In ihr nimmt der Getaufte erneut und vertieft den Bund von Gott an, den er in der Taufe mit ihm geschlossen hat.

2. Umkehrliturgie ist ein wichtiges Element im Prozeß der Neu-Evangelisierung. Sie ist ein die grundlegenden Glaubensvollzüge einbeziehender Ausdruck von Kirche und gliedert den einzelnen tiefer in die Gemeinde oder Gemeinschaft ein, in der er lebt (Einführung 26).

---

b) „Mitwirkung" mit der Gnade Gottes

**241** Der Bund Gottes mit den Menschen ist ein wechselseitiges Geschehen (I,233ff). Deshalb ist auch die Bundeserneuerung nicht ausschließlich das Werk Gottes. Der Mensch kann und muß sich auf die Bundeserneuerung vorbereiten. Wir werden „im innern Geist erneuert ... nach dem Maß, das der Heilige Geist den einzelnen zuteilt, wie er will (1 Kor 12,11), und *entsprechend der eigenen Bereitung und Mitwirkung eines jeden"* (DS 1529). Bei der Spendung der Sakramente macht Gott seine Zuwendung nicht von der Würdigkeit des menschlichen Spenders abhängig. Der Empfänger muß jedoch alles tun, um sich in der Kraft der allem menschlichen Tun zuvorkommenden Gnade Gottes auf die innere Begegnung mit Gott (II,171ff) vorzubereiten. Dieses „Tun des Empfangenden" hat Auswirkungen auf die Fruchtbarkeit des Empfangs der sakramentalen Gnade und der Geistesgaben.[18]

> „Durch Gottes Gnade bin ich, was ich bin, und sein gnädiges Handeln an mir ist nicht ohne Wirkung geblieben. Mehr als sie alle habe ich mich abgemüht – nicht ich, sondern die Gnade Gottes zusammen mit mir" (1 Kor 15,10).

„Mitwirkung" meint nicht, daß der Mensch die Begegnung mit Gott in ähnlicher Weise wie die Begegnung mit einem Menschen von sich aus anstreben oder einen Teil im Gesamtgeschehen der Begegnung mit Gott selbst „leisten" könne. Da die Taufe Anrede Gottes ist, erfordert sie jedoch die Antwort des Glaubens (EvEK 1072).

Wer als kleines Kind getauft wurde, ist und bleibt „gültig" getauft. Ob der Taufbund in ihm wirksam wird, hängt auch davon ab, ob er diesen Bund in der Kraft der Gnade Gottes persönlich annimmt und so mit der Gnade mitwirkt.

> Jedes heilsbedeutsame Handeln des Menschen ist immer zugleich ganz Geschenk Gottes und ganz des Menschen eigenes Tun.

### 2. Das erweiterte Taufbekenntnis

**242** Die Erneuerung oder „Nachholung" (II,174-178) des Taufbekenntnisses kann sich vorgegebener Formen bedienen: „Gebete der Hingabe", „Dank für die Taufe", „Gebet zur Firmerneuerung" (GL 5; 50,2; 52,5). Der einzelne kann seine Hingabe an Gott aber auch persönlich formulieren.

Die Umkehrliturgie hat naturgemäß eine andere geistliche Struktur als die Liturgie der Taufe selbst: Getaufte vollziehen ihre Hingabe an Gott unter *Voraussetzung* der schon empfangenen Sakramente und nehmen dabei zugleich auch jene Geistesgaben an, zu denen sie sich von Gott gerufen wissen. Außerdem ist davon auszugehen, daß viele die Sakramente gültig, aber unfruchtbar empfangen haben, wenn die grundlegende Taufentscheidung dem Sakramentenempfang nicht vorausgegangen oder nachgefolgt ist. Umkehrliturgie für Getaufte kann deshalb auch mit einem „Wiederaufleben" der Sakramente verbunden sein. Je nach lebensgeschichtlicher Situation (I,238) stehen für den einzelnen deshalb jeweils andere Aspekte im Vordergrund.

### a) Umkehr als persönliche Glaubensentscheidung für Gott in der Gemeinschaft der Kirche

**243** Umkehr beginnt mit dem gläubigen Hören des in der Kirche überlieferten Wortes Gottes. Die in ihr sich vollziehende Grundentscheidung führt zur Annahme der sakramentalen Gnaden und der Geistesgaben. Hinwendung zu Gott ist untrennbar verbunden mit der Hinwendung zur Kirche, die in der konkreten Wort- und Altargemeinde anwesend ist. Häufig bedarf die Beziehung zur konkreten Kirche der Heilung durch den Geist Gottes (I,29,108 [5]). Grundentscheidung für Gott schließt auch die Absage an den Satan, an neuheidnische Kulte, falsche Bindungen und pseudoreligiöse Erlebnisse ein (I,74,95,208ff; II,111-116ff).

### b) Erneute Annahme des sakramentalen Gnadenangebotes Gottes

**244** Die Spendung der Sakramente und die personale Antwort des Menschen bilden vom liturgischen Vollzug her eine Einheit. Taufspendung und Taufbekenntnis gehören zusammen wie Wort und Antwort (II,179). Andererseits gehört es zum Wesen der Sakramente, die der Mensch nur einmal in seinem Leben empfängt (Taufe, Firmung, Priesterweihe), daß er die in ihnen von Gott angebotenen Gnaden von Zeit zu Zeit ausdrücklich annimmt. Deshalb kann der liturgische Ausdruck einer bewußten oder vertieften Antwort der Spendung dieser Sakramente zeitlich nachfolgen. Entscheidend ist nicht das Tauf- oder

Firmalter, sondern der Prozeß des Hineinwachsens in die Antwort auf das Gnadenangebot Gottes.

In der Zeit der Vorbereitung wird vielen bewußt, daß der Empfang des Firmsakramentes für sie nicht mit einer personalen Antwort verbunden war. Priester erkennen die Notwendigkeit, die Gnade des Weihesakramentes von Gott neu „entfachen" zu lassen (2 Tim 1,6). Ehegatten sehen sich durch die erneuerte Treuebindung an Gott dazu befähigt, in der Erneuerung des Eheversprechens neu ja zueinander zu sagen. Der Empfang des Bußsakramentes wird zur befreienden „Feier der Versöhnung" und zur Hilfe für die tägliche Umkehr, die Krankensalbung zum Empfang der heilenden Gnade Gottes in Glaube und Erwartung, die Feier der Eucharistie zur Mitte des Lebens.

Christen im Ordensstand verbinden die „Tauferneuerung" häufig mit der Erneuerung der Ordensprofeß.

**245** Die Beichte ist auch eine Weise der erneuten Umkehr zu Gott und eine „Rückkehr" zur Taufe, aber sie hat in der Regel nicht den umfassenden Charakter einer „Bundeserneuerung" unter Einschluß der erneuten Annahme der mit der Taufe von Gott angebotenen Charismen. Innerhalb dieses Glaubensseminars ist in der vierten Woche im Zusammenhang mit dem „Gebet um innere Heilung" auch die persönliche Beichte angeboten (I,109-118). Bei manchen wächst nach der Teilnahme an der Umkehrliturgie die Bereitschaft, das Bußsakrament wieder zu empfangen.

c) Offenheit für die Gaben des Geistes

**246** Das Neue Testament bezeugt, daß der Heilige Geist mit seinen Gaben von Gott gegeben wird, wenn Menschen in erwartendem Glauben für ihn offen sind (Apg 1,4.14). Gott achtet die Freiheit des Menschen so sehr, daß er auf unsere Bitte um den Heiligen Geist wartet (Lk 11,9-13; Joh 14,13-16). Wachsende Reife des geistlichen Lebens läßt den Christen immer klarer erkennen, welche Gaben ihm Gott für den Dienst in Kirche und Gesellschaft geben will (I,22,134, 176ff, 218; II,181-187). Bei der „Tauferneuerung" kann er auch konkret um diese Gaben bitten. Das Maß der Offenheit für alle Gaben des Heiligen Geistes kann Auswirkungen haben auf das Maß, in welchem Gott sie gibt. Auch das Charisma der Ehelosigkeit erhält für Priester und Laien neue Leuchtkraft, wenn sie Gott erneut und vertieft um diese Gnadengabe bitten.

### 3. Die patenschaftliche Handauflegung

**247** Die Anwesenden begleiten den Akt der Hingabe an Gott mit Dank und Bitte. Einige treten hinzu und sprechen unter Handauflegung Gebete der Fürbitte, der Danksagung, des Lobpreises oder geben einen prophetischen (vgl. 1 Kor 14,3) Zuspruch. Darin kommt zum Ausdruck, daß

– die Mitglieder des neuen Bundesvolkes am Priestertum Jesu Christi teilhaben,

– Christen vor Gott füreinander verantwortlich sind,

– Gott den einzelnen durch die Kirche segnet.

Die Handauflegung ist zugleich die Zusicherung einer „gemeinschaftlichen Patenschaft" (I,106 [7])[19]. Zum Dienst der Handauflegung sind deshalb besonders solche eingeladen, die dem Betreffenden persönlich verbunden sind, ihn geistlich begleitet haben oder begleiten werden.

In der Bibel ist die Handauflegung nicht nur Zeichen für die Geistmitteilung und die Amtsübertragung (Apg 8,18; 19,5f; 1 Tim 4,14; 2 Tim 1,6), sondern auch Ausdruck für Gottes heilende und segnende Zuwendung (Mk 6,5; 10,16; Apg 9,17; 13,3). Nach katholischem Verständnis gehört die patenschaftliche Handauflegung zu den „Sakramentalien" und ist deutlich unterschieden von der sakramentalen Handauflegung des Bischofs bei Firmung und Priesterweihe:

> „Das Auflegen oder Ausbreiten der Hände bei der Segnung von Personen bringt die Bitte um den Segen Gottes über sie und die Mitteilung des Segens durch die Kirche besonders stark zum Ausdruck" (Benediktionale, Pastorale Einführung, Nr. 31).

Auch die evangelische Kirche kennt Segenshandlungen, z. B. für Konfirmanden, für Kranke, bei der Trauung, bei der Ordination. „Der verläßliche Zuspruch und die leibliche Gebärde sind Merkmale, die die Segenshandlungen mit den Sakramenten gemeinsam haben" (EvEK 1126). Diesem Verständnis der

Segnung entsprechen die Lehre und die Praxis der katholischen Kirche, die sie mit den „Sakramentalien" verbindet.

### 4. Ganzheitlich-leibhafte Antwort

**248** Bundeserneuerung ist ebenso wie die Taufe selbst ihrer Natur nach kein rein gedankliches Geschehen. Sie äußert sich deshalb in sichtbaren und hörbaren Zeichen. Angesichts einer verhängnisvollen „Entleiblichung" des Glaubens ist dies von besonderer Bedeutung:

> „Der Mensch ist eine Einheit von Leib und Seele. Wirklich menschliches Verhalten ist deshalb erst da gegeben, wo geistige Gehalte leibhaft ausgedrückt und leibliche Vorgänge beseelt und durchgeistigt werden, wo also der Mensch als ganzer beteiligt ist" (GL 41).

Im menschgewordenen Gottessohn, in den Sakramenten, im Wort der Verkündigung, in den liturgischen Formen und Zeichen „wird uns das Heil sinnfällig, sichtbar und hörbar geschenkt. Dieser ‚sakramentalen' Weise, in der Gott uns anspricht, muß auch unsere Antwort entsprechen ... Der Verlust leibhaften Ausdrucks oder der Verzicht darauf sind nicht Verinnerlichung, sondern Gefährdung der Frömmigkeit". Die „Verleiblichung der Frömmigkeit" bleibt „nicht ohne Rückwirkung auf unseren inneren Mitvollzug". „Manches wird uns innerlich gar nicht ganz zu eigen, wenn wir es nicht auch äußern" (GL 41; I,173; II,39).

Begegnung mit Gott geschieht weder in einem rein inneren Vorgang noch in einem rein äußeren Ritus ohne innere Mitwirkung, sondern entsprechend der leibhaft-personalen Weise, in welcher Gott durch die Menschwerdung seines Sohnes an uns gehandelt hat:

> Die Taufgnade wird dem Getauften tiefer zu eigen, wenn er die Annahme des Taufbundes ganzheitlich-leibhaft äußert.

Das mit der Kindertaufe gegebene theologische und pastorale Problem ist deshalb nicht das Taufalter, sondern der Verzicht auf den späteren ganzheitlich-leibhaften Ausdruck der Annahme der Taufgnade, wie er bei der Erwachsenentaufe vorgesehen ist. Die Erfahrung zeigt, daß die Nachholung oder Erneuerung einer solchen Verleiblichung der Antwort auf das Angebot Gottes zum Taufbund nicht ohne Rückwirkung auf die innere Begegnung mit Gott bleibt (I,170). Dies ist eine Bestätigung dessen, was oben über die Einheit von Leib und Seele gesagt wurde.

## III. Persönliche Vorbereitung auf die Umkehrliturgie

**249** Wenn Du Dich Gott neu anvertraust, vollziehst Du den intensivsten Akt Deiner Freiheit: Wenn Menschen zueinander sagen: Ich liebe dich, ich gehöre dir, bleibt ein Rest an Mißtrauen und Fremdheit (I,72): Kein Mensch kann für den anderen das volle, unzerstörbare Glück sein. Nur Gott kannst Du Dein volles, uneingeschränktes, absolutes Vertrauen entgegenbringen. Er will Dich nicht ausnutzen, haben, besitzen, unterdrücken. Er ist alles, was er sein könnte; er hat alles, was er erstreben könnte: Nur Gott besitzt sich selbst ganz und gar, und deshalb kann nur er sich ganz verschenken, ganz selbstlos lieben. Gott braucht die Welt und den Menschen nicht, um sich zu verwirklichen: Er ist in sich selbst absolut vollkommene Gemeinschaft und Freude. Er hat Dich in seine göttliche Gemeinschaft aufgenommen, als er den Taufbund ein für allemal mit Dir geschlossen hat. Er hilft Dir dazu, daß sich dieser Bund mehr und mehr in Deinem Leben auswirkt.

Lies zur persönlichen Vorbereitung auf die Umkehrliturgie zunächst noch einmal nach, was früher schon über den Gottesdienst in der achten Woche gesagt wurde (Einführung 35; I,63,74,170,210,218). Welche Beobachtungen hast Du Dir in Dein geistliches Tagebuch notiert? Wie ist Deine gegenwärtige Situation vor Gott? Im folgenden sind einige Aspekte der Umkehrliturgie beschrieben. Der Heilige Geist wird Dich erkennen lassen, zu welchem Schritt er Dich führen will. Sprich nach Möglichkeit auch mit einem im geistlichen Leben erfahrenen Menschen (Seminarleiter) über diese Frage.

Gott überfordert Dich nicht. Vertraue darauf, daß er, der „das gute Werk begonnen hat, es auch vollenden wird" (Phil 1,6). Sei deshalb nicht ängstlich besorgt um Dich und Deine Freiheit (II,75). Jesus sagt: „Wer sein Leben retten will, wird es verlieren; wer aber sein Leben um meinetwillen und um des Evangeliums willen verliert, wird es retten" (Mk 8,35).

> Vollziehe bei der Umkehrliturgie in innerer Freiheit den Schritt, der Deiner persönlichen Situation vor Gott entspricht.

**250** Es ist eine Hilfe zur Selbstfindung vor Gott, wenn Du Deine Segensbitte persönlich formulierst (oder vor dem Gottesdienst aufschreibst). Sie kann etwa wie folgt lauten: „Heiliger, ewiger, barmherziger Gott, ich bitte dich: Gieße jetzt deinen Heiligen Geist über mich aus und gib mir die Kraft, immer mehr dir zu gehören. Erleuchte meinen Verstand, stärke meinen Willen, läutere meine Gefühle und meine Wünsche. Sei du der Herr in meinem Leben und erlöse mich von dem Bösen. Ich widersage dem Mißtrauen gegen dich und bitte dich: Nimm alles von mir, was mich von dir trennt. Erneuere in mir die Gnade der Taufe und der Firmung (des Ehe- oder Weihesakramentes) und verändere mich so, wie du mich haben willst. Ich bin bereit, alle Geistesgaben anzunehmen, die du mir schenken willst. Mache mich zu einem lebendigen Glied deiner Kirche. Gib mir Kraft und Ausdauer im Einsatz für Gerechtigkeit und Frieden."

**251** Du kannst auch eine der folgenden Vorlagen benutzen, in denen „Stufen" und verschiedene Weisen der umfassenden „Bundeserneuerung" zum Ausdruck kommen.

## I. Die einfache Segnung

Der einzelne bittet Gott um Segen in einem persönlichen Anliegen, in den Nöten und Freuden seines Alltags (GL 9ff,11,24,30f); „An Freudentagen", „In schweren Tagen" (EKG,

Anhang). Diese Segnung ist auch offen für die anfängliche Bitte um die Gnade der Umkehr zu Gott und um Stärkung für den weiteren Weg (besonders für Jugendliche zu empfehlen: GL 23).

## II. Vertiefte Annahme der sakramentalen Gnade Gottes

Der einzelne bejaht ausdrücklich, was Gott beim Empfang der Sakramente schon an ihm getan hat, und bittet ihn um die Fülle seines Geistes und um die Charismen.

### 1. Erneuerung des Tauf- und Firmversprechens

Als Vorlage dient der „Dank für die Taufe" oder das „Gebet zur Firmerneuerung" (GL 50,2; 52,5). Für evangelische Christen enthält das Evangelische Kirchengesangbuch (EKG, Anhang) entsprechende Gebete: „Am Gedenktag der heiligen Taufe", „Gebet eines Konfirmanden".

### 2. Erneuerung des Eheversprechens

Durch diese Erneuerung wird vielen Ehegatten neu bewußt, daß sie vor Gott einen Bund der Treue geschlossen haben. Ihre gegenseitige Bindung erhält eine neue Festigkeit. „Vor Gottes Angesicht nehme ich dich neu an als meinen Mann. Ich verspreche dir neu die Treue in guten und in bösen Tagen, in Gesundheit und Krankheit. Ich will dich lieben, achten und ehren, solange ich lebe." – „Vor Gottes Angesicht nehme ich dich neu an als meine Frau. Ich verspreche dir neu die Treue usw."

Als Vorlage kann auch dienen: „Gebete der Liebenden" (GL 24); „Für Eheleute", „Für Ehelose" (EKG, Anhang).

### 3. Erneuerung des Weiheversprechens

Der einzelne Priester tritt vor die Mitbrüder hin und spricht: „Ich erneuere mein ‚adsum', das ich bei der Priesterweihe gesprochen habe." Manche benutzen als Vorlage die „Bereitschaftserklärung zum priesterlichen Dienst" aus der Chrisam-Messe am Gründonnerstag: „Entfache die Gnade Gottes wieder, die dir durch die Auflegung meiner Hände zuteil geworden ist. Denn Gott hat uns nicht einen Geist der Verzagtheit gegeben, sondern den Geist der Kraft, der Liebe und der Besonnenheit. Schäme dich also nicht, dich zu unserem Herrn zu bekennen ... Mit einem heiligen Ruf hat er uns gerufen" (2 Tim 1,6-9). Die Erneuerung des Weiheversprechens sollte nach Möglichkeit in

Gegenwart des für den einzelnen Priester zuständigen Bischofs vollzogen werden.

### 4. Erneuerung der Ordensprofeß

Der Ordenschrist spricht neu seine Profeßformel, entsprechend den Regeln und Konstitutionen seiner Gemeinschaft.

## III. Lebensübergabe

Die Lebensübergabe ist eine weitere „Stufe" der Hingabe an Gott. In ihr liefert der Christ sich ohne Vorbehalte Gott aus und stellt den Anfang und das Ende seines Lebens, seine ganze Person, negative Erfahrungen, ungeläuterte Erwartungen und alle Bereiche seines Alltags unter seine Herrschaft. Dieser Schritt ist Ausdruck der Offenheit für die Gnade der „zweiten Bekehrung" und in der Regel erst nach einem längeren Weg geistlichen Wachstums möglich. Als Vorlage kann das Gebet der Ganzhingabe GL 5,5 dienen (I,35ff).

Die Lebensübergabe an Gott *für* andere ist Ausdruck der Bereitschaft

– zum Dienst an der Familie, in Kirche und Gesellschaft,
– zur Treuebindung an die Gemeinde oder Gemeinschaft, in welcher der einzelne lebt, oder an Menschen, für die er verantwortlich ist.

Diese Form der Hingabe ist ein Nachvollzug der Lebenshingabe Jesu für die Kirche: „Ich gebe mein Leben hin für die Schafe ... Deshalb liebt mich der Vater, weil ich mein Leben hingebe" (Joh 10,15.17). „Es gibt keine größere Liebe, als wenn einer sein Leben für seine Freunde hingibt" (Joh 15,13; vgl. Eph 5,25; Gal 2,20; Lk 22,19).

Vorlagen für ein entsprechend persönlich formuliertes Gebet sind enthalten in den Abschnitten „Kirche und Gemeinde", „Mitten in der Welt" (GL 27-31), „Um Heiligung des Werktags" (EKG, Anhang).

## IV. Die Bitte um einzelne Charismen

Sie kann mit jedem der genannten Schritte verbunden werden (I,246): „Jagt der Liebe nach! Strebt aber auch nach den Geistesgaben" (1 Kor 14,1).

# IV. Der äußere Verlauf

## 1. Umkehrliturgie für eine kleine Gruppe innerhalb der Eucharistiefeier

**252** Der Raum sollte nach Möglichkeit der Zahl der Teilnehmer entsprechen (Kapelle). Die Seminarteilnehmer gruppieren sich um den Altar. Jeder sollte eine Bibel und das Gebet- und Gesangbuch zur Hand haben. Die Musikgruppe hat Lieder zur „Tauferneuerung", Dank- und Loblieder ausgesucht.

1. Anrufung des Heiligen Geistes in Lied und Gebet.
2. Nach der Begrüßung erläutert der Leiter den Verlauf des Gottesdienstes. Er weist in kurzen Worten auf den spirituellen Gehalt von Taufbekenntnis und Handauflegung hin (I,242-248) sowie auf die verschiedenen Weisen und Stufen der Umkehrliturgie (I,251). Sie hat ihren liturgischen Ort nach der Schriftauslegung vor der Gabenbereitung.
3. Geeignete Texte für den Wortgottesdienst sind Jes 44,1-5; Ez 37,11-14; Offb 3,19-22 für die Lesung und Mk 10,46-52; Mt 14,22-33 als Evangelium. Einer dieser Texte wird in Form des „Bibel-teilens" mehrmals gelesen (jeder liest langsam einen Satz). Nach einer Zeit der Stille (3-5 Minuten) ist jeder eingeladen, den anderen mitzuteilen, welchen persönlichen Anruf er aus Gottes Wort vernommen hat.
4. Im Anschluß daran tritt der einzelne vor und bringt (stehend oder kniend) in einem Gebet zum Ausdruck, um was er Gott in dieser Stunde bittet.
5. Einige der Anwesenden treten hinzu, legen zum Zeichen der gemeinschaftlichen Patenschaft eine Hand auf die Schulter des Seminarteilnehmers und sprechen Gebete der Danksagung, des Lobpreises, der Fürbitte. Zu diesem Dienst sind vor allem diejenigen eingeladen, die dem Betreffenden nahestehen, ihn auf seinem geistlichen Weg begleitet haben oder begleiten werden (I,247). Einer der anwesenden Amtsträger kann im Namen der Gemeinde ein Segensgebet sprechen.
6. Nach jeder Segnung (bei einer größeren Zahl von Seminarteilnehmern nach jeweils drei Segnungen) folgt ein Lob- oder Danklied (1-2 Strophen).
7. Sodann bringen alle Anwesenden durch den liturgischen Friedensgruß (Handschlag) die „Gemeinschaft im Geist" mit

demjenigen zum Ausdruck, der sich jetzt Gott neu anvertraut hat.

8. Nach den Segnungen wird die Eucharistiefeier fortgesetzt.
9. Zum Abschluß versammeln sich die Teilnehmer zu einem schlichten, festlichen Mahl (das gut vorbereitet ist).

## 2. Umkehrliturgie als Wortgottesdienst

**253**  Bei einer größeren Zahl von Seminarteilnehmern (mehr als 12-15 Personen) empfiehlt sich die Form eines Wortgottesdienstes:

1. Anrufung des Heiligen Geistes in Lied und Gebet.
2. Einführung durch den Leiter des Gottesdienstes und Erläuterung der Umkehrliturgie (vgl. oben Nr. 2).
3. Lesung aus dem Alten oder Neuen Testament (vgl. oben Nr. 3).
4. Kurze Auslegung (10 Minuten) und frei formulierte Antworten der Teilnehmer auf das Wort Gottes.
5. Für katholische Gruppen: eucharistische Aussetzung.
6. Jeweils drei oder vier Seminarteilnehmer treten vor und stellen oder knien sich in einem Abstand von etwa zwei Metern.
7. Zum Dienst der Segnung bilden einige der Anwesenden einen Halbkreis um den einzelnen Seminarteilnehmer und legen ihm zum Zeichen der gemeinschaftlichen Patenschaft eine Hand auf die Schulter (vgl. oben Nr. 5).
8. Die einzelnen bringen der Reihe nach zum Ausdruck, um was sie Gott in dieser Stunde bitten.
9. Die Segensgebete werden in allen Gruppen gleichzeitig und halblaut gesprochen. Sie können von *leise* gesungenen Liedern der Anbetung und des Lobpreises oder von einem meditativen, verhaltenen Orgelspiel begleitet werden.
10. Friedensgruß in den einzelnen Gruppen.
11. Segensgebet über alle Anwesenden und Schlußlied.

## 3. Umkehrliturgie in der Hauskirche

**254**  Die Umkehrliturgie kann auch in der Hauskirche (Versammlung von Christen in einer Wohnung) vollzogen werden, in einem seelsorglichen Gespräch (Beichte), oder wo immer zwei oder drei im Namen Jesu versammelt sind (Mt 18,20). Sie wird dann in der Regel von „Laien" geleitet.[20] Paulus bestärkt die Leitenden in der Hauskirche mit seiner ganzen Autorität:

> „Ich habe noch eine Bitte, Brüder. Ihr kennt das Haus des Stephanas ... Ordnet euch ihnen unter, ebenso ihren Helfern und Mitarbeitern! ... Sie haben mich und euch erfreut und aufgerichtet. Verweigert solchen Männern eure Anerkennung nicht!" (1 Kor 16,15f.18).

Das Ziel dieses Glaubensseminars ist die Bildung solcher Hauskirchen in den Gemeinden. Deshalb sei nochmals darauf hingewiesen: Die Umkehrliturgie ist Zeichen eines gesamt-kirchlichen Aufbruches und gliedert den einzelnen tiefer in die Gemeinde oder Gemeinschaft ein, in der er lebt. Sie ist deshalb nicht Kennzeichen einer neuen geistlichen Bewegung (Einführung Nr. 26).

# NEUNTE WOCHE

# Ausblick

**255** In der neunten Woche treffen sich die Seminarteilnehmer zu einer abschließenden geistlichen Konferenz. Dabei sollten folgende Fragen gemeinsam besprochen werden:

I. Rückblick: Was hat das Seminar für mich bedeutet? Was sollte bei einem weiteren Seminar beachtet werden? Wie habe ich den Gottesdienst in der vorigen Woche empfunden?

II. Ausblick für den einzelnen: Welche Anregungen nehme ich aus dem Seminar mit für meinen Alltag, für den Umgang mit der Bibel? Welche Impulse ergeben sich für meinen Einsatz in der Gemeinde, im gesellschaftlichen und politischen Leben?

III. Ausblick für die Gemeinde: Wer ist bereit, bei einem weiteren Seminar als Helfer mitzuwirken? Wer möchte sich einem Haus- oder Bibelkreis anschließen?

 I.  Die Bedeutung der Bibel für das Leben aus dem Glauben

II.  Gemeinde als Gemeinschaft aus Gemeinschaften
   1. Christliches Gemeinschaftsleben
   2. Missionarische Liturgie zur Zeit des Neuen Testamentes
   3. Missionarische Liturgie heute
      a) Gemeinsames Gebet
      b) Gemeinsames Schweigen
      c) Prophetisches Sprechen
      d) Leitung und Unterscheidung
   4. Mitverantwortung für die Gesellschaft
   5. Zellgruppen

# I. Die Bedeutung der Bibel für das Leben aus dem Glauben

**256** Halte auch in Zukunft die stille Zeit ein, den „Treffpunkt" mit Gott. So wirst Du mehr und mehr zu einem „Jünger":

> *„Gott, der Herr, gab mir die Zunge eines Jüngers, damit ich verstehe, die Müden zu stärken durch ein aufmunterndes Wort. Jeden Morgen weckt er mein Ohr, damit ich auf ihn höre wie ein Jünger" (Jes 50,4).*

Zum Jünger, zur Jüngerin Jesu wirst Du, wenn Du ständig in seiner Nähe bleibst, wenn Du Umgang mit ihm hast, im Gespräch mit ihm bleibst. Gott spricht über sich selbst und zu Dir persönlich aber nur im Wort der Bibel. Er macht sich selbst anwesend, wenn Du sein Wort liest und nachsprichst. Er hat Dir das „Ohr" eines Jüngers geschenkt und wird sich Dir persönlich offenbaren, wenn Du sein Wort *täglich* in Dich aufnimmst. Er wird Dir auch die „Zunge" eines Jüngers schenken zum Dienst der Evangelisierung.

Täglich wirken Kräfte auf Dich ein, die Dir den Sinn Deines Lebens nicht geben können. Täglich nimmst Du durch die Medien (Zeitungen, Bücher, Radio, Fernsehen) Impulse in Dich auf, die Dich in Deiner Tiefe prägen, ohne daß Du dies immer wahrnimmst. Menschliche Worte und Bilder haben eine Macht, die Dein Leben in eine bestimmte Richtung drängen. Laß Dich deshalb *täglich* bewußt vom Wort Gottes bestimmen:

> *„Der Mensch lebt nicht nur von Brot, sondern von jedem Wort, das aus Gottes Mund kommt" (Mt 4,4).*
>
> *„Sucht den Herrn, solange er sich finden läßt, ruft ihn an, solange er nahe ist ... So hoch der Himmel über der Erde ist, so hoch erhaben sind meine Wege über eure Wege und meine Gedanken über eure Gedanken. Denn wie der Regen und der Schnee vom Himmel fällt und nicht dorthin zurückkehrt, sondern die Erde tränkt und sie zum*

> *Keimen und Sprossen bringt, wie er dem Sämann Samen*
> *gibt und Brot zum Essen, so ist es auch mit dem Wort, das*
> *meinen Mund verläßt: Es kehrt nicht leer zu mir zurück,*
> *sondern bewirkt, was ich will, und erreicht all das, wozu*
> *ich es ausgesandt habe" (Jes 55,6-11).*

**257**  Du wirst beim Lesen der Bibel nicht jeden Tag in gleicher Weise die Nähe Gottes erfahren. Es gibt Zeiten der inneren Trockenheit, in denen Gott scheinbar „weit weg" ist. Er zeigt Dir dann, daß die Treue des Wartens und Durchhaltens die Beziehung zu ihm in ähnlicher Weise stärkt wie die Beziehung unter Menschen, die sich lieben (II,219). Sein Wort fällt – wann und wie er selbst es will – in Deine Trockenheit wie lebenspendender Regen. Dieser bringt den in der Erde ruhenden Samen zum Keimen und läßt verdorrte Pflanzen aufblühen. In ähnlicher Weise wird das Wort Gottes in Deine innere Trockenheit eindringen und die in Dir verborgenen Kräfte wecken. Wenn Du es täglich in Dich aufnimmst, wird es für Dich zum „Wort des Lebens", zur täglichen Nahrung. Er wird Dir immer deutlicher den Plan und Sinn Deines Lebens zeigen!

Die Bibel ist mitunter aber auch ein fremdes und befremdliches Buch. Sie gibt Gottes- und Glaubenserfahrungen von Menschen wieder, die in einer anderen Zeit und einer anderen Kultur gelebt haben. Gott hat sich uns durch Menschen geoffenbart und dabei auch ihre umweltbedingten Denkweisen in Dienst genommen. Um zu erkennen, was Gott uns heute sagen will, müssen wir deshalb zunächst fragen, was die biblischen Schriftsteller gedacht haben und was sie durch ihr Zeugnis ursprünglich sagen wollten. Diese Frage schließt jedoch ein, daß wir uns dem Wort Gottes persönlich öffnen. Bibelkurse und Einführungen in den Umgang mit der Bibel werden Dir diese Zusammenhänge näher erschließen.

# II. Gemeinde als Gemeinschaft aus Gemeinschaften

## 1. Christliches Gemeinschaftsleben

**258** Mit dem Gottesdienst in der achten Woche beginnt der missionarische Dienst. Das Nahziel ist die Entstehung von kleinen apostolisch gesinnten Gemeinschaften, Haus- und Bibelkreisen, Gebets- und Aktionsgruppen in der Gemeinde (Einführung Nr. 19). Sie dienen
– der Einwurzelung des einzelnen in der Gemeinde,
– der geistlichen Vertiefung,
– der Vorbereitung von Diensten und Aktionen in der Gemeinde und in der Gesellschaft.
Auf diese Weise entsteht neues christliches Gemeinschaftsleben, neue christliche „Mitwelt". Bei allem Engagement in der Gesellschaft bewahren die Mitglieder eine Distanz zu ihr. Sie gleichen sich nicht „dieser Welt" an, um prüfen und erkennen zu können, „was der Wille Gottes ist" (Röm 12,2), wie sie an der Erneuerung in Kirche und Gesellschaft mitarbeiten können.

Die Gemeinde der Zukunft wird eine Gemeinschaft aus solchen kleinen, überschaubaren Gemeinschaften sein. Sie „entstehen aus dem Bedürfnis heraus, das Leben der Kirche noch intensiver zu leben, oder aus dem Wunsch und dem Suchen nach einer *persönlicheren Atmosphäre,* die die großen Gemeinden nur schwer bieten können, zumal in den heutigen Großstädten mit ihrer steigenden Tendenz zu einem anonymen Leben in der Masse ... Als Hörer des ihnen verkündeten Evangeliums und als *bevorzugte Adressaten der Evangelisierung* werden sie dann ihrerseits unverzüglich zu Verkündern des Evangeliums" (Paul VI., EN 58). Sie werden von Laien geleitet, die vom Pfarrer in ihrem Dienst bestätigt sind.

**259** Eine kleine christliche Gemeinschaft hat die folgenden Merkmale:
1. Es muß sich um einen überschaubaren Personenkreis handeln, in dem jeder auf jeden zugehen kann. Die Erfahrung zeigt, daß 20-40 Personen dazu eine gute Voraussetzung sind. In einer Kleinstgruppe von 2-6 Personen können die menschlich-geistlichen Beziehungen zwar intensiver sein, aber in ihr kann nicht jene Vielfalt von Geistesgaben lebendig werden, die eine solche Gruppe zur Wortgemeinde macht.

2. Die Mitglieder einer solchen Gemeinschaft müssen örtlich so nahe beieinander leben, daß sie sich treffen und im ständigen Austausch miteinander leben können. Es ist nicht erforderlich, daß sie unter einem Dach wohnen und volle Lebensgemeinschaft miteinander haben. Christliches Gemeinschaftsleben umfaßt aber auch die alltäglichen Hilfen (Beaufsichtigung von Kindern, Betreuung der Alten und Kranken usw.).

3. Die Gemeinschaft ist als ganze apostolisch tätig (Mithilfe bei Glaubensseminaren, diakonische, caritative Dienste usw.). Sie versteht sich als Verheißungsgemeinschaft und darf nicht zu einer „seelischen Wärmestube" werden, in die sich der einzelne zurückzieht, um den Herausforderungen des Alltags und der Gesellschaft zu entfliehen.

> Wenn alle sich auf die „Gemeinschaft im Geist" einlassen, werden aus Privatchristen „Brüder" und „Schwestern".

Die Zusammenkünfte sollten eine klare innere Ordnung haben. Die bekannte Methode des „Bibel-teilens" ist eine große Hilfe (vgl. auch die Anregungen in Nr. 39f der Einführung zu diesem Seminarbuch). Bei einer nochmaligen Durcharbeitung des Seminarbuches kann zur Vertiefung der zweite Teil herangezogen werden.

Eine wesentliche Bereicherung des Wortgottesdienstes sind die Wortcharismen, die in der „Hauskirche" ihren ursprünglichen Ort haben. Aufgrund ihres missionarischen Charakters dienen sie auch heute wieder einer Selbstevangelisierung der Getauften. Deshalb sei darauf näher eingegangen.

### 2. Missionarische Liturgie zur Zeit des Neuen Testamentes

**260** Die ersten christlichen Gemeinden hatten noch keine „Gotteshäuser", sondern versammelten sich in den Wohnungen. Die folgenden Texte beschreiben einen Wortgottesdienst, in welchem die Geistesgaben eine tragende Bedeutung haben. In ihnen bezeugt der Heilige Geist sich selbst und macht so die Teilnehmer füreinander zu Zeugen des Glaubens:

*„Jedem wird die Offenbarung des Geistes geschenkt, damit sie anderen nützt" (1 Kor 12,7).*

*„Wenn also die ganze Gemeinde sich versammelt und ... alle prophetisch reden, und ein* Ungläubiger oder Unkundiger *kommt herein, dann wird ihm von allen ins Gewissen geredet, und er fühlt sich von allen ins Verhör genommen; was in seinem Herzen verborgen ist, wird aufgedeckt. Und so wird er sich niederwerfen, Gott anbeten und ausrufen:* Wahrhaftig, Gott ist bei [zwischen] euch!

*Was soll also geschehen, Brüder? Wenn ihr zusammenkommt, trägt jeder etwas bei: einer einen Psalm, ein anderer eine Lehre, der dritte eine Offenbarung; einer betet in Sprachen, ein anderer deutet es. Alles geschehe so, daß es aufbaut" (1 Kor 14,23-26).*

*„Wo zwei oder drei in meinem Namen versammelt sind, da bin ich mitten unter ihnen" (Mt 18,20).*

Der Text 1 Kor 12,7 ist von zentraler Bedeutung für das Verständnis der Geistesgaben bzw. Charismen (I,175-178; II,181-187). Der Heilige Geist „teilt einem jeden seine besondere Gabe zu, wie er will" (1 Kor 12,11). Die Geistesgaben sind zugleich Selbst-Mitteilung des Geistes: In ihnen offenbart er sich als derjenige, der „Zeugnis ablegt" (Joh 15,27) für Jesus, den Spender des Geistes (II,120ff) und „Urheber des Glaubens" (Hebr 12,2).

Die Geistesgaben haben einen *missionarischen* Charakter: Sie werden nicht zum eigenen Heil gegeben, sondern zum Heil anderer.

Dies zeigt Paulus an der Geistesgabe des *Gebetes:* In dem Ruf „Abba, Vater" (der bei der Taufe oder in der Hausgemeinde ausgesprochen wurde) wird das innere Zeugnis des Geistes zum Zeugnis für die Anwesenden (Röm 8,15f; II,193-196). Auf diese Weise erhält das Gebet – ohne daß dies vom Beter beabsichtigt ist - einen *missionarischen* Charakter: Der Beter spricht zu Gott. Da er laut betet, läßt er die Anwesenden an seinem Verhältnis zu Gott teilhaben. Wenn der Heilige Geist es fügt, kann das laut ausgesprochene Gebet für einen Anwesenden zum Anstoß werden, sich für eine persönliche Beziehung zu Gott zu öffnen oder auch selbst in dieser Weise zu beten (I,189-192).

Neben den Gaben des Gebetes ist die *prophetische* Gabe für den Wortgottesdienst in der Hauskirche von besonderer Bedeutung. Wer prophetisch redet, redet nicht zu Gott, sondern von Gott her zu den Menschen: „Er baut auf, ermutigt, spendet Trost" (1 Kor 14,3). Gott bedient sich durch diese Gabe des Menschen, um *sich selbst* gegenwärtig zu machen: „Gott ist es, der durch uns mahnt" (2 Kor 5,20; vgl. I,194-196). Deshalb deckt das von Gott kommende Wort auf, was in der Tiefe eines Menschen verborgen ist. Der Text aus dem ersten Korintherbrief macht den *missionarischen* Charakter dieser Gabe deutlich: Ein Ungläubiger spürt, daß er in einem prophetischen Wort direkt mit Gott selbst zu tun bekommt, daß dieses Wort nicht reines Menschenwort ist. Es führt ihn zur Anbetung Gottes und zur Erkenntnis, daß Gott durch seinen Heiligen Geist in der Versammlung anwesend ist.

Weiterhin ist die Gabe der *Lehre* erwähnt: In der Versammlung stand offenbar jemand auf und gab entsprechend der Situation eine geistgewirkte „Lehre". Auch sie hat den Charakter des Zeugnisses. Paulus betont: „Ich kam nicht, um glänzende Reden oder gelehrte Weisheit vorzutragen, sondern um euch das *Zeugnis Gottes* zu verkünden" (1 Kor 2,1).

Die *Grundregel* für einen von vielfältigen Gaben getragenen Wortgottesdienst in der Hauskirche lautet: „Alles geschehe so, daß es aufbaut ... Denn Gott ist nicht ein Gott der Unordnung, sondern ein Gott des Friedens ... Alles soll in Anstand und Ordnung geschehen" (1 Kor 14,26.33.40). Deshalb sollen die von den Geistesgaben getragenen Versammlungen in den Häusern eine klare Leitung haben. Paulus unterstützt mit der ganzen Autorität seines Amtes die leitenden „Laien" einer Hauskirche in Korinth (I,254).

### 3. Missionarische Liturgie heute

**261** Es ist nicht vorgesehen und auch nicht möglich, daß einzelne im Wortgottesdienst der Großgemeinde einen Beitrag geben (wenn man vom Dienst des Lektors absieht). In der kleinen christlichen Gemeinschaft oder in der „Hauskirche" dagegen kann auch heute die Erfahrung geschenkt werden, daß jeder für jeden gemäß der ihm jeweils zugeteilten Geistgaben zum Ort der Gegenwart Gottes wird (I,161-165). In der Hauskirche kann jeder mit jedem in eine menschlich-geistliche Beziehung treten. Kirche wird erfahrbar in ihrer ursprünglichen Form: als ein „soziales Gefüge" und Beziehungsgeflecht, dessen einigendes Prinzip der Heilige Geist ist. Der Heilige Geist, der von Jesus ausgeht, ist in dem „sozialen Gefüge" der Kirche in ähnlicher Weise anwesend und wirksam wie der ewige Sohn in seiner menschlichen Natur.[21] Der Heilige Geist ist das ewige, göttliche, unerschaffene Einheitsprinzip der Kirche und fügt die Gläubigen als Glieder eines Leibes zusammen (I,23-26). Er wirkt als „ein und derselbe" in den vielen (1 Kor 12,11).

---

1. Die Kirche ist das Geheimnis des einen Heiligen Geistes in Christus und in den Gliedern seines Leibes.

2. In der Versammlung der Gläubigen erwächst daraus eine geistliche Erfahrung von Einheit, eine *soziale Gotteserfahrung*, die über rein menschliche Gemeinschaftserfahrung und Gruppenprozesse weit hinausgeht, sie läutert und intensiviert.

---

Die Erfahrung „Gott ist zwischen uns" wird im Neuen Testament vor allem im Wortgottesdienst der Hauskirche und im Zueinander der Charismen deutlich. Darauf sei im Hinblick auf die heutige Praxis noch einmal näher eingegangen.

### a) Gemeinsames Gebet

**262** Die Tradition der Kirche kennt eine Fülle von Gebetsmöglichkeiten: Psalmen, freies persönliches Beten, formulierte Gebete, Gebete aus der Liturgie, Fürbitten, Lieder, schweigendes Gebet, Meditation. Sie alle haben ihren Ort auch in der

Hauskirche. Da das freie (nicht vorformulierte) laute Gebet in den „Hauskirchen" weniger gebräuchlich ist, sei hier auf einige Grundaspekte hingewiesen. In ihm wird auch heute eine tiefe Erfahrung von Kirche als Ort des Geistes geschenkt: Die erste Wortverkündigung Jesu war ein öffentliches Gebet (I,126; vgl. I,31-38), und auch das Pfingstereignis zeigte sich in einem Lobpreis Gottes mit dem Charakter der Verkündigung (Apg 2,11).

**263** Das gemeinsame freie Gebet sollte in der Regel ausgehen von einem Psalm oder einem anderen biblischen Text. Die Beiträge nehmen die geistlichen Anstöße des Wortes Gottes auf und stehen so in einem *vorgegebenen Zusammenhang* untereinander.

Der jeweils Betende bringt vor Gott zum Ausdruck, was ihn an diesem Text betroffen hat. Er richtet sich mit seiner ganzen Person im Geist durch Christus zum Vater hin. Weil er sein Gebet laut und vor den Anwesenden ausspricht, kann es den Charakter der Verkündigung erhalten und dient, wenn Gott es fügt, zugleich dem Glauben anderer. Die Anwesenheit der anderen steht dabei nicht im Vordergrund des Bewußtseins: Wenn Gott Dich dazu benutzt, durch Deine Glaubensäußerung einem anderen etwas zu sagen, dann ist es allein sein Werk!

Zur „Einübung" in diese Gebetsweise hat es sich bewährt, einen Psalm (vgl. 1 Kor 14,27) im Wechsel zu beten. Nach einer Zeit der Stille ist dann jeder eingeladen, einen Vers zu *wiederholen,* der ihn persönlich angesprochen hat.

Der Heilige Geist kann Dein laut ausgesprochenes Gebet zum Zeugnis für andere machen.

**264** Es bedarf einer gewissen Zeit des Hinhörens aufeinander, damit nicht die von Paulus gerügte „Unordnung" entsteht. Um sie zu vermeiden, ist zu unterscheiden zwischen einem menschlich-spontanen und einem im geistlichen Sinn „sozialen" Gebet:

1. Spontan ist ein Gebet, wenn Du das äußerst, was Dir gerade einfällt, ohne auf die vorangegangenen Beiträge zu achten. Wenn sich eine Hauskirche neu gebildet hat, kann es am

Anfang vorkommen, daß einer nach dem anderen betet: „Herr,
ich danke dir ...“; „Herr, ich bitte dich ...“, ohne daß die
Gebetsbeiträge in einem Zusammenhang untereinander stehen.
Jeder kehrt lediglich seine eigene „subjektive“ Innerlichkeit
nach außen. Ein solches Beten ist meistens ichbezogen und
dient nicht dem Aufbau. Es hat schon häufig zur Auflösung von
Gebetsgruppen geführt.

2. Sozial, auf die Gemeinschaft bezogen, ist das Gebet, wenn
die Beiträge in einem inneren, geistlichen Zusammenhang
stehen: Das gemeinsam gelesene Wort Gottes bleibt für alle der
sie tragende Anstoß. Laß deshalb das vorangegangene Gebet auf
Dich einwirken. „Bewege“ es in Deinem Herzen. Paulus drückt
zu Beginn seines Briefes an die Römer den Wunsch aus, mit
ihnen zusammenzukommen, „damit wir *miteinander* Zuspruch
empfangen durch euren und meinen Glauben“ (Röm 1,12): Es
könnte sein, daß das „Wort des Glaubens“, das ein anderer
ausspricht, für Dich zum Zuspruch und zum „Zeugnis Gottes“
(1 Kor 2,1) wird:

> Erwarte, daß Gott Dich durch das Gebet eines anderen
> persönlich anspricht.

Dein eigener Beitrag wird dann auch zu einer Antwort auf den
vorangegangenen und führt ihn weiter. So erhält das gemeinsame Gebet eine innere Dynamik und bringt die „Gemeinschaft
im Heiligen Geist“ zum Ausdruck.

### b) Gemeinsames Schweigen

**265** Zwischen den einzelnen Beiträgen sollte eine kurze Stille
eingehalten werden. Das gemeinsame Schweigen dient dem
Hinhören auf das Wort Gottes, ist Ausdruck der Ehrfurcht vor
Gott und voreinander und in sich selbst ein geistlich-soziales
Geschehen: Jeder weiß von jedem, daß er sich jetzt vom Wort
Gottes in Frage stellen läßt. Es ist ein erheblicher Unterschied,
ob Du die Bibel für Dich allein liest und auf Dich wirken läßt
oder ob Du in der Öffnung für das Wort Gottes mitgetragen
wirst von dem Schweigen anderer.

Viele empfinden dieses Schweigen am Anfang als peinlich:

Man wartet darauf, daß etwas geschieht, daß jemand „etwas sagt". Die Befürchtung steigt auf: Was werden wohl die anderen von mir denken? Mache ich es auch gut genug? Werde ich mich blamieren? Wir sind in unserer Frömmigkeit so auf uns selbst konzentriert, daß wir am Anfang das peinliche Gefühl haben, wir müßten uns selbst zur Schau stellen. Meistens wächst der einzelne erst in einem längeren Prozeß in diese Form des Betens hinein.

> Laß Dich im Hören auf das Wort Gottes vom Schweigen anderer mittragen.

**266** Das gemeinsame Schweigen dient auch der von Paulus geforderten „Prüfung" (1 Kor 14,29) der Beiträge. Deshalb ist es wichtig, daß alle die „Regeln" zur geistlichen Unterscheidung (I,224) mit Verstand und Herz in sich aufgenommen haben. Diese Prüfung ist ein geistlicher Dienst aneinander und nicht eine „Beurteilung" nach menschlichen Maßstäben. In den (relativ seltenen) Fällen der offensichtlichen Unechtheit müßte der Leiter gemeinsam mit einigen geistlich wachen Teilnehmern nach der Zusammenkunft mit dem Betreffenden ein von Liebe und Zuwendung getragenes Gespräch führen.

c) Prophetisches Sprechen

**267** In dem oben zitierten Text 1 Kor 14,26 ist erwähnt, daß jemand in der Versammlung der Hauskirche eine „Offenbarung" beiträgt. Damit ist ein prophetisches, von Gott kommendes Wort gemeint (I,194-200). Der Wortgottesdienst erhält eine besondere Dichte, wenn jemand – entsprechend der inneren Dynamik der Gebetsbeiträge – ein in der Bibel überliefertes prophetisches Wort in die Stille hinein spricht, zum Beispiel:

> *„Ich gieße Wasser auf den dürstenden Boden, rieselnde Bäche auf das trockene Land" (Jes 44,3).*
>
> *„Ich bleibe derselbe, so alt ihr auch werdet, bis ihr grau werdet, will ich euch tragen. Ich habe es getan, und ich*

> *werde euch weiterhin tragen, ich werde euch schleppen und retten" (Jes 46,4).*
>
> *„Kommt alle zu mir, die ihr euch plagt und schwere Lasten zu tragen habt. Ich werde euch Ruhe verschaffen" (Mt 11,28).*
>
> *„Ich stehe vor der Tür und klopfe an. Wer meine Stimme hört und die Tür öffnet, bei dem werde ich eintreten, und wir werden Mahl halten, ich mit ihm und er mit mir" (Offb 3,20).*

Wenn Du Dich der Führung des Heiligen Geistes anvertraust, wird er Dich mehr und mehr in diese Form des Sprechens von Gott her einüben. Laß die prophetischen Worte der Bibel in Dein Herz einsinken und bitte den Geist Gottes, sie der jeweiligen Situation entsprechend zu wiederholen.

Die Ehrfurcht vor einem solchen direkten Zuspruch Gottes erfordert, daß die Anwesenden anschließend eine längere Stille einhalten, damit das prophetische Wort sich in die Tiefe des Herzens einsenken kann. Die folgenden Gebetsbeiträge sollten es aufnehmen und auf es antworten.

**268** Einigen schenkt Gott nach einem längeren Prozeß der Auslieferung an ihn auch prophetische Worte und Bilder, die nicht vorgeformt sind, die in einer bestimmten Situation vom Geist Gottes eingegeben werden.

> Ein prophetisches Wort ist einfach und klar, kurz und dicht.

Du empfängst prophetische Worte und Bilder nicht völlig unmittelbar. Gott gebraucht Dich nicht wie ein lebloses Werkzeug, sondern er nimmt Deine persönliche Eigenart, Deine Fähigkeiten und Deinen Sprachschatz in Dienst. Beachte, daß eigenes Wunschdenken und ungeläuterte Motive oder gar die Stimme des Bösen sich mit dem geistlichen Impuls vermischen können. Deshalb bedarf prophetisches Sprechen einer von der Liebe getragenen, sorgfältigen Prüfung durch diejenigen, an die es ergeht: „Die anderen sollen urteilen" (1 Kor 14,29; II,222). Die Bestätigung kann durch ein „Amen" geschehen (1 Kor 14,16).

#### d) Leitung und Unterscheidung

**269** Gott schenkt mit der Vielfalt der Geistesgaben auch die Gabe der Leitung (1 Kor 12,28). Die menschliche Eignung für diesen Dienst zeigt sich in der Bereitschaft und Fähigkeit, für alle Mitglieder der Gruppe dazusein und unterschiedliche Tendenzen in das Ganze der Gruppe, der Gemeinde, der Kirche einzufügen; in Konfliktfähigkeit sowie in der entsprechenden psychischen Belastbarkeit und Ausgeglichenheit.

Die geistliche Dimension des Dienstes der Leitung zeigt sich in einem wachen Gespür für Vorgänge innerhalb einer Gemeinschaft oder geistlichen Versammlung und für mögliche Gefährdungen.

> Der Dienst der Leitung kann nur ausgeübt werden in der lauteren Hingabe an Gott für die Gemeinde oder Gemeinschaft (Joh 10,15) und in der Dienstgesinnung Christi (Mt 20,28).

Wer in einem gestörten Verhältnis zur Kirche lebt, kann diesen Dienst nicht fruchtbar ausüben.

Das Laien gegebene Charisma der Leitung ist aus dem amtlichen Leitungsdienst nicht abgeleitet, ihm aber zugeordnet. Auch die Amtsträger sollen Gott immer wieder um dieses Charisma bitten. Es ist eng mit dem Charisma der Unterscheidung verbunden.

**270** Wer eine Hauskirche leitet, ist dafür verantwortlich, daß die Gabe der Unterscheidung und geistlichen Prüfung ausgeübt wird. Auch sollten alle darauf achten, daß nicht einzelne Teilnehmer (unter Einschluß der leitenden Männer und Frauen) den Ablauf der Versammlung bestimmen.

Nicht selten suchen seelisch erkrankte Personen die Geborgenheit einer Gruppe. In der Regel ist diese damit jedoch überfordert. Seelische Erkrankungen sollten nie durch Gebet überdeckt und dadurch neu verdrängt werden. Die Bewußtmachung einer seelischen Erkrankung kann nur ein erfahrener Psychologe oder Psychotherapeut leisten. Das Gebet um „Heilung der Erinnerungen und Erwartungen" (I,108) kann *nach* einer fachlichen Beratung eine große Hilfe sein. Als Faustregel gilt: Eine Gruppe von zehn Teilnehmern kann *eine* seelisch erkrankte Person mittragen unter der Voraussetzung, daß diese um ihre Erkrankung weiß, sich entsprechend zurückhält und den Dienst der Evangelisierung nicht behindert.

## 4. Mitverantwortung für die Gesellschaft

**271**  Die persönliche Beziehung des einzelnen zu Christus und die dadurch ermöglichte „soziale Gotteserfahrung" (I,261) drängen direkt und unmittelbar zu sozialem Handeln (I,201ff). Kirche als Umkehrgemeinschaft, als das öffentliche Zeichen sozialer Gotteserfahrung und Hinkehr zu Gott, ist zugleich auch Ursprung sozialer und politischer Veränderungen. Jesus ist nicht nur hinabgestiegen in das „Herz" des einzelnen, aus dem das Böse aufsteigt (Mk 7,21ff), sondern auch in ungerechte und widergöttliche gesellschaftliche Strukturen. In der Umkehr zu Gott gibt der Mensch seine von Gott gesonderte, „private" (privat = gesondert) Existenz auf, damit zugleich aber auch eine von den Mitmenschen und der Gesellschaft abgesonderte Existenzweise.

> Persönliche Umkehr und die Bereitschaft zum sozialen und politischen Einsatz fallen zeitlich zusammen.

Die „missionarische" Liturgie ist deshalb in sich selbst auch Anstoß zum sozialen und politischen Handeln. Gebet und Aktion fordern sich gegenseitig: Aus der Beziehung zu Gott im Gebet erwächst die Bereitschaft, sich tätig in Gemeinde und Gesellschaft einzusetzen. Die Aktion wiederum erhält Antrieb und Korrektur aus dem Gebet.

**272**  Wenn soziale und politische Impulse fehlen, müßten die Mitglieder einer Hauskirche sich die Frage stellen, ob nicht der Wunsch nach menschlicher Nähe, Wärme und Geborgenheit überwiegen (I,187,259). Der Geist Gottes drängt dazu, nicht nur in den Mitchristen, sondern in *jedem* Hungrigen, Kranken, Gefangenen, Unterdrückten Christus selbst zu erkennen: „Was ihr für einen dieser Geringsten nicht getan habt, das habt ihr auch mir nicht getan" (Mt 25,45). Der Lobpreis Gottes und das gemeinsame Gebet mögen noch so „schön" sein:

> Wenn aus dem Gebet nicht auch gesellschaftliche Handlungsimpulse folgen, kann dies ein Zeichen von Unechtheit sein.

Die Freude an Gott kann umschlagen in die Freude an der eigenen Freude und wird dann zu einer nur schwer erkennbaren Form von Selbstgenuß: Ich kann Gott dazu „gebrauchen", um mich selbst zu „genießen".

Andererseits gilt aber auch: „Wenn ich meine ganze Habe verschenkte ... hätte aber die Liebe nicht, nützte es mir nichts" (1 Kor 13,3), nützte es auch nichts im Hinblick auf die Änderung ungerechter und zwanghafter gesellschaftlicher Strukturen. Ohne die persönliche Beziehung zu Gott wird sozialer und politischer Einsatz zu einer rein innerweltlichen Aktivität und führt zu neuen Unterdrückungsmechanismen, wenn das Ziel der „Befreiung" erreicht ist (I,203): Die einstmals Unterdrückten werden selbst zu Unterdrückern.

**273** Nicht jede Hauskirche kann sich mit den großen politischen und wirtschaftlichen Fragen befassen oder gar Handlungsmodelle entwerfen. Jede Hauskirche ist aber in ihrem Lebensvollzug bereits eine „alternative Gesellschaft": In ihr wächst eine christliche Freiheitserfahrung, die geeignet ist, die Gesellschaft zu verändern. Kleine christliche Gruppen können in einem gewaltlosen und friedvollen Kampf für die Freiheit und Würde des Menschen, für Frieden und soziale Gerechtigkeit, erstaunliche politische Entwicklungen auslösen, wie sich bei den Ereignissen in Osteuropa im Jahre 1989 gezeigt hat: Die *menschliche* Freiheit wird gerettet und gestärkt durch die Freiheit, die der *Geist Gottes* schenkt:

---

*„Der Geist des Herrn ruht auf mir, ... damit ich die Zerschlagenen in Freiheit setze" (Lk 4,18).*

*„Zur Freiheit hat uns Christus befreit. Bleibt daher fest und laßt euch nicht von neuem das Joch der Knechtschaft auflegen!" (Gal 5,1).*

*„Wo der Geist des Herrn wirkt, da ist Freiheit (2 Kor 3,17).*

---

**274** In einer lebendigen Gemeinde wird es immer auch Gruppen und Hauskirchen geben, die sich als „Aktionsgruppen" verstehen. In caritativen und diakonischen Diensten arbeiten sie mit an der inneren und äußeren Befreiung des Menschen.

In jedem Falle wird eine Hauskirche den einzelnen darin bestärken,
- einen alternativen Lebensstil zu verwirklichen,
- nach Gottes Ordnung zu leben,
- sich nicht dem Zwang zu einem Konsum- und Versorgungsdenken zu unterwerfen,
- den Wert seiner Person nicht ausschließlich von der sozialen Anerkennung abhängig zu machen (I,149f; II,3ff; 73ff),
- durch die Teilnahme an Wahlen politische Entscheidungen zu beeinflussen und mitzutragen.

## 5. Zellgruppen

**275** Eine Hauskirche ist ihrem Wesen nach nicht ein in sich geschlossener „Freundeskreis", zu dem Hinzukommende nur schwer einen Zugang finden. Er dient vielmehr der Bezeugung des Glaubens und ist deshalb offen für die apostolische Ausbreitung des Glaubens. Wenn eine Hauskirche (Bibelkreis, Gemeindegruppe) eine gewisse Größe erreicht hat (etwa 20-50 Personen), sollte er sich teilen, so daß im Prozeß einer fortschreitenden „Zellteilung" neue Gruppen in der Gemeinde entstehen, die einer „Selbstevangelisierung der Getauften" dienen.

# Anmerkungen

[1] Das Wort „Katechumenat" ist abgeleitet von dem griechischen Wort *katecheo* = mündlich unterrichten. Paulus verwendet dieses in der religiösen Sprache des Judentums nicht vorkommende Wort, um die Eigenart der christlichen Unterweisung zu kennzeichnen: Es geht nicht um eine Lehre, die rein verstandesmäßig vermittelt wird, sondern um die Kunde von geschichtlichen Tatsachen, die den ganzen Menschen betreffen (vgl. Röm 2,18; 1 Kor 14,19; Gal 6,6; Lk 1,4; Apg 18,25).
Der „Katechumene" ist jemand, der im christlichen Glauben unterrichtet und in das christliche Leben eingeführt wird.
„Katechumenat" bezeichnet in der alten Kirche
– den Stand der Taufbewerber, die sich durch Lehre, Gebet und liturgische Feiern auf die Taufe vorbereiten,
– die dazu notwendigen Einrichtungen und Hilfen (Katecheten, Stufen der Hinführung usw.).
Schon zur Zeit des Neuen Testamentes geschah die Hinführung zum Christsein in mehreren Stufen und Abschnitten: Zu den „Anfangsgründen" (Hebr 5,12) gehörte die „Belehrung über die Abkehr von toten Werken, über den Glauben an Gott, über die Taufen, die Handauflegung, die Auferstehung der Toten und das ewige Gericht". Für die im Glauben „Erwachsenen" kommt es darauf an, sich immer wieder an die einmal vollzogene Umkehr zu „erinnern" und aus ihr zu leben (Hebr 6,1-6.10).
[2] Johannes Paul II., Apostolisches Schreiben über die Katechese 44. In den evangelischen Kirchen wird der Ausdruck „Katechumenat" bereits seit dem 17. Jahrhundert auch für die Einführung in das Christsein *nach der Taufe* verwendet (Kretschmar, Theologische Realenzyklopädie, Bd. XVIII, S. 5ff). Wir brauchen hier auf die Diskussion über die angemessene Verwendung dieses Begriffes nicht einzugehen. Mit dem Hinweis auf die altkirchliche, strukturierte Praxis soll nur der Gesamtrahmen des vorliegenden Glaubensseminars angedeutet werden.
[3] Außerordentliche Bischofssynode der Katholischen Kirche 1985, II/B/a; vgl. Paul VI., EN 15: „Die Kirche selbst muß evangelisiert werden."
[4] Die folgenden Bezeichnungen sind geschlechtsneutral und meinen Männer und Frauen.
[5] Dieser stufenweise Gebrauch der Vorlagen ist für alle hilfreich, auch für theologisch geschulte Leser. Es geht in diesem Glaubensseminar primär um eine *persönliche* Offenheit für das Wirken des Heiligen Geistes, um die *persönliche* Begegnung mit dem lebendigen Gott, um die Entdeckung der dem einzelnen von Gott angebotenen Geistesgaben.
[6] Auch außerchristliche Schriften bezeugen, daß es in Athen „Altäre unbekannter Götter" gab.

[7] In dem Gleichnis bei Lukas beginnt die Umkehr des jüngeren Sohnes damit, daß er „in sich geht" (15,17) und so anscheinend aus eigener Kraft zum Vater (zu Gott) zurückfindet. Gleichnisse heben jedoch immer nur einen Aspekt hervor. Lukas will vor allem das Verhalten Jesu und damit auch Gottes zu zwei sehr unterschiedlichen „Typen" beschreiben (vgl. Lk 18,9-14):
– zu den „Sündern", die (wie der jüngere Sohn) wissen, daß sie des Erbarmens Gottes bedürfen;
– zu den „Pharisäern", die sich (wie der ältere Sohn) die Zuwendung Gottes durch eigene Leistung verdienen wollen.
Lukas will nicht das ganze Ausmaß der Sünde und die Tiefe des Kreuzesgeschehens beschreiben.

[8] Weil viele junge Menschen heute der Möglichkeit einer lebenslangen ehelichen Bindung mißtrauisch gegenüberstehen und sie für unwahrscheinlich halten, leben sie „ohne Trauschein" zusammen.

[9] Das Lehramt der katholischen Kirche bezeichnet diesen Antrieb zum Mißtrauen Gott gegenüber als „Begierlichkeit". Sie kommt aus der „Sünde der Welt" und verführt zur persönlichen Sünde (DS 1515).

[10] Der Zelebrant berührt mit dem Daumen das rechte und das linke Ohr sowie den geschlossenen Mund jedes einzelnen Taufbewerbers und spricht: „Effata, öffne dich, damit du den Glauben, den du gehört hast, zu Gottes Lob und Ehre bekennst." Dieser Ritus wird am Ende der Vorbereitung, kurz vor der Taufe vollzogen: Die Feier der Eingliederung Erwachsener in die Kirche nach dem neuen Rituale Romanum, hrsg. von den Liturgischen Instituten Salzburg – Trier – Zürich, Verlag Herder, Freiburg i.Br. 1986, S. 130.

[11] Vgl. EvEK 584 ff; KaEK 395 ff.

[12] Die Feier der Buße nach dem neuen Rituale Romanum, Studienausgabe, hrsg. von den Liturgischen Instituten Salzburg – Trier – Zürich, Freiburg i.Br. 1974. Im folgenden wird diese Studienausgabe zitiert.

[13] Im griechischen Text steht hier ein Wort, das wir mit „evangelisieren" übersetzen (von lat. evangelizare).

[14] Die Übersetzung: „daß ich es bin" entspricht nicht genau dem griechischen Text.

[15] Zweites Vatikanisches Konzil, Pastoralkonstitution über die Kirche in der Welt von heute, 48

[16] Zweites Vatikanisches Konzil, Konstitution über die Kirche, 12.

[17] „Das Urteil über die Echtheit und den geordneten Gebrauch der Geistesgaben gehört zum Auftrag derer, die in der Kirche die Leitung haben und denen es in besonderer Weise zukommt, den Geist nicht auszulöschen, sondern alles zu prüfen und das Gute zu behalten (vgl. 1 Thess 5,12 u. 19-21)." Zweites Vatikanisches Konzil, Konstitution über die Kirche, 12.

[18] Die kirchliche Lehre unterscheidet zwischen dem Tun des menschlichen Taufspenders und dem Tun des Empfängers. Wenn der Taufspender den Taufritus vollzieht, dann schenkt Gott dem Empfänger die Taufgnade „ex opere operato", durch den vollzogenen Ritus hindurch (DS 1608). Die Annahme der Taufgnade durch den Täufling ist das „opus operantis", das Tun des Empfangenden. Gott achtet die Freiheit des Menschen so sehr, daß er ihn zur Mitwirkung mit seiner Gnade, zur Antwort, befreit (vgl. EvEK

1067ff; 1072; 1124). Er befähigt ihn dazu, den Taufbund anzunehmen. Auch diese Befähigung zur Annahme ist ein Angebot Gottes. Die Umkehrliturgie ist eine Möglichkeit, das „Tun des Empfangenden" nachzuholen oder zu erneuern.

[19] Vgl. Gemeinsame Synode der Bistümer in der Bundesrepublik Deutschland, Offizielle Gesamtausgabe, I, Freiburg i. Br. 1976, Sakramentenpastoral 2.2.

[20] Daraus ergibt sich innerhalb der katholischen Kirche die Frage, ob man auch von „Umkehrliturgie" sprechen kann oder soll, wenn die Segnungsfeier von Laien geleitet wird. Das kirchliche Rechtsbuch sagt: „Den Heiligungsdienst erfüllt die Kirche in besonderer Weise durch die heilige Liturgie ... Solch ein Gottesdienst ist dann gegeben, wenn er im Namen der Kirche von rechtmäßig dazu beauftragten Personen und durch Handlungen dargebracht wird, die von der kirchlichen Autorität anerkannt sind" (CIC c. 834). Die Feier der Liturgie als öffentliche Gottesverehrung (cultus Dei publicus) hat also drei Voraussetzungen: 1. Die Liturgie geschieht im Namen der Kirche, die durch die anwesenden Gottesdienstteilnehmer vertreten wird. 2. Die Leiter des Gottesdienstes müssen amtlich beauftragt sein. 3. Die Liturgie muß in einer von der Kirche anerkannten Form vollzogen werden. Hinsichtlich der dritten Voraussetzung sei hervorgehoben, daß die beiden Grundelemente der Umkehrliturgie (Erneuerung des Taufbekenntnisses und Handauflegung) anerkannte liturgische Formen sind: Möglichkeit einer persönlichen Firmerneuerung (GL 52,4f), Segnung von Personen (Benediktionale, Pastorale Einführung § 31). Die Bezeichnung „Umkehrliturgie" ist also berechtigt, wenn die Feier von einem kirchlichen Amtsträger geleitet wird. Laien müßten zu dieser Leitung eigens beauftragt werden (ähnlich wie bei Wortgottesdiensten ohne Priester).
Wenn eine der drei genannten Voraussetzungen fehlt, handelt es sich im Sinne des kirchlichen Rechtsbuches nicht um Liturgie, sondern um „Andachtsübungen" (pia exercitia; c. 839 § 2; vgl. c. 663 § 3). Sie sind kirchliches Tun, weil von Kirchengliedern vollzogen und dem Aufbau der Kirche dienend, aber sie sind nicht „Feiern der Kirche selbst" (c. 837 § 1). Um allen terminologischen Schwierigkeiten aus dem Wege zu gehen, kann man auch von „Segnungsfeier" anstelle von „Umkehrliturgie" sprechen. Letztlich geht es um die tieferen geistlichen Prozesse.

[21] Zweites Vatikanisches Konzil, Konstitution über die Kirche, 8.

# ZWEITER TEIL
# LEHRE UND ZUSPRUCH

# Sinnerfahrung in Gemeinschaft

## I. Ohne Sinn kannst Du nicht leben

### 1. Welche Pläne und Ziele hast Du?

**1** Die Frage nach dem Sinn „des Lebens" ist nicht in erster Linie die Frage nach dem Sinn des Kosmos, sondern in ihr fragt der einzelne: Wozu bin ich da? Sie bricht unausweichlich in Zeiten einer Lebenskrise auf, wenn Beziehungen abbrechen, Geborgenheit schwindet. In der Bibel wird die Frage nach dem Sinn *des eigenen Lebens* (abgesehen vom Buch Iiob) nicht so ausdrücklich gestellt wie in den Diskussionen der letzten 150 Jahre. Dies hängt mit dem Beginn einer neuen Epoche in der Geschichte der Menschheit zusammen (Abbau des Verhältnisses von griechischer Philosophie [Metaphysik] und biblischem Glauben, Nihilismus), der sich auch auf das Glaubensleben auswirkt.

Viele versuchen, die Frage nach dem Sinn des Lebens zu verdrängen, da sie unausweichlich mit der Frage nach „Gott" zusammenhängt bzw. mit der Frage nach einer höheren Instanz, die diesen Sinn verleiht. Darin zeigt sich, daß jeder Mensch ahnt: Ich kann mir den Sinn meines Lebens nicht selbst geben. Der Christ aber ist ein Mensch, der keiner Frage aus dem Weg gehen muß.

**2** Das indogermanische Wort „Sinn" geht auf eine sprachliche Wurzel zurück, die bedeutet: „reisen, eine Richtung nehmen, planen". „Sinn" hat also etwas mit Zielen und Plänen zu tun: Du kannst nur dann sinnvoll leben, wenn Dein Leben eine Richtung, ein Ziel hat. Oder hast Du keine Ziele, Pläne oder Leitbilder? Dann kannst Du Dich nur von Augenblick zu Augenblick treiben lassen, dann ist Dein Leben ohne jede Ausrichtung, dann ist es *planlos und deshalb sinnlos.*

Du wirst einen solchen Zustand nicht lange aushalten, Du wirst versuchen, Dich zu zerstreuen, Dich „abzulenken". Irgendwann wird die *Langeweile* über Dich kommen. Sie ist die Traurigkeit darüber, daß Du von nichts und niemandem angezogen bist, daß Dich nichts mehr interessiert, daß niemand Dich braucht. Diese Traurigkeit ist der Beweis dafür, daß Du Dich innerlich gegen ein ziel- und planloses Leben wehrst: Du bist darauf angewiesen, irgendwie zweckmäßig zu handeln, Du möchtest die Gewißheit haben, daß Du *für* etwas oder *für* jemanden lebst. Langeweile kann tödlich sein, wenn sie in das Gefühl einmündet, für nichts und niemanden mehr dazusein, „nutzlos" zu sein!

Die Frage nach dem Sinn hat also nicht nur etwas mit den großen Fragen des Lebens zu tun, sie meldet sich nicht nur bei Schicksalsschlägen, bei Krankheit und Tod:

> Die Frage nach dem Sinn ist ständig gegenwärtig, auch wenn wir nicht an sie denken.

## 2. Sinn ist mehr als Nutzen

**3** 1. Wenn Du morgens an Deine Arbeit gehst: Welchen Zweck verbindest Du mit Deiner Berufsausübung? Ein wichtiger Zweck ist sicherlich: Du mußt Dir Deinen Lebensunterhalt verdienen. Welche entfernteren Ziele aber hast Du (I,5)? Möchtest Du lediglich Deinen Lebensstandard verbessern und

Dir Dein Leben so angenehm wie möglich machen? Beurteilst Du Deine Arbeit lediglich nach dem Nutzen, den sie für Dich persönlich hat? Du lebst dann nach dem Grundsatz: *Sinn hat nur, was mir nützt!*

2. Ist von dieser Grundhaltung auch Dein Verhältnis zu anderen Menschen bestimmt? Sind sie für Dich nur so viel wert, als sie Dir nützen? Du verstehst Deine Arbeit dann nicht als Dienst an anderen; Du bist nicht bereit, Dich auf die Not anderer einzulassen, sondern in allem auf Dich selbst konzentriert. Du lebst dann nach dem Grundsatz: *Ich bin von niemandem abhängig außer von mir selbst!*

3. Dieses Prinzip des privaten Nutzens mußt Du aber auch anderen zugestehen. Sie werden Dich ebenfalls nach dem Nutzen für sich selbst beurteilen, und letztlich bist Du dann auch für die Gesellschaft das wert, was Du leistest. Du stehst sicherlich in irgendeiner Personalkartei, und irgend jemand wird Dich nach Deinen Fähigkeiten und Einsatzmöglichkeiten beurteilen. Der „Sinn" Deines Lebens ist dann auch von denen abhängig, die über Deinen Nutzen oder Deine Wertlosigkeit entscheiden! Du bist austauschbar und ersetzbar, man kann und wird Dich verplanen! Dein Dasein ist dann im Grunde nur insofern gerechtfertigt, als Du Werte schaffst und nützlich bist: *Leiste etwas, und Du darfst leben!*

4  Bist Du mit dieser Auskunft über den Sinn Deines Lebens einverstanden? Auch Tiere werden nach ihrem Nutzen beurteilt! Hast Du nicht einen Wert in Dir selbst? Erwartest Du nicht eine Bejahung Deiner Person auch dann noch und dann erst recht, wenn Du infolge einer wirtschaftlichen Situation Deinen Arbeitsplatz oder durch einen Unfall Deine Arbeitskraft verlierst, oder wenn Du krank und alt wirst? Und welchen Nutzen soll für Dich die helfende Tat haben, von der niemand Kenntnis erhält?

Wenn jeder nach dem Grundsatz handelt: Sinn hat nur das, was mir nützt, wird jeder zum Konkurrent, ja zum Feind des anderen. Die Angst, in der Befriedigung der eigenen Bedürfnisse von anderen eingeschränkt zu werden, führt in ausweglose Isolierung. Dies zeigt sich auch im Verhältnis der Völker und Staaten zueinander. Der Aufstand gegen das Prinzip des reinen Nutzens ist deshalb nicht nur Kritik an einer Gesellschaft, die den einzelnen lediglich nach seiner Leistung beurteilt, sondern auch die Voraussetzung für eine umfassende Weltfriedensordnung.

---

Du wirst den Sinn Deines Lebens nicht finden, wenn Du Dich den Grundsätzen anpaßt:
1. Sinn hat nur, was mir nützt!
2. Ich bin von niemandem abhängig außer von mir selbst!
3. Leiste etwas, und Du darfst leben!

---

### 3. Du erfährst Sinn in der Beziehung zu anderen

5  Viele Menschen werden mit der Frage nach dem Sinn ihres Lebens erst voll konfrontiert, wenn wichtige Beziehungen abbrechen. Was ist geschehen, wenn ein Mensch sagt: „Das Leben hat für mich keinen Sinn mehr, ich weiß nicht mehr, *wofür ich lebe*"? Hinter solchen Sätzen steckt in den meisten Fällen der Schmerz über den Verlust von Geltung, Anerkennung, Bejahung, Geborgenheit, Liebe: Der aus dem Arbeitsprozeß oder Familienverband ausgeschiedene, alternde Mensch weiß nicht mehr, „wofür er lebt", weil eine Beziehung abgebrochen ist. Wenn Spannkraft und Vitalität um die Mitte des Lebens nachlassen, ist oft eine Sinnkrise die Folge: Die mit dem beruflichen Aufstieg verbundene Geltung und Anerkennung können nicht mehr zunehmen; die Intensität personaler Beziehungen läßt nach. Mit Gewalt bricht eine Sinnkrise auf, wenn ein Mitglied der Familie plötzlich stirbt, eine tiefe personale Beziehung plötzlich abbricht.

6  Jeder Verlust einer Beziehung zu anderen hemmt zugleich unsere Handlungsfreiheit, vermindert unsere Leistungsfähigkeit. Hier zeigt sich mit aller Deutlichkeit, daß die grundlegende Sinnerfahrung sich in erfreuenden, beglückenden Beziehungen zu anderen Menschen ereignet. Die mit zweckhaftem Handeln und mit Leistung verbundene Sinnerfahrung ist von nachgeordneter Bedeutung: Bejahung und Anerkennung durch andere ist die Voraussetzung für Leistung!

Jeder Mensch braucht die Bejahung seiner Person durch seine Mitmenschen, um sinnvoll leben zu können. Schon das kleine

Kind bettelt in allen seinen Lebensäußerungen um die Zuwendung der Mutter, des Vaters, der Bezugspersonen. Medizinische Untersuchungen haben gezeigt, daß Kleinkinder ohne ganz persönliche, bleibende Zuwendung in ihrer körperlichen und seelischen Entwicklung zurückbleiben. Auch der alternde Mensch, der nichts mehr leisten kann, „lebt" in dem Maße, als er Zuwendung und Bejahung seiner Person erfährt. Sonst stirbt er den „sozialen Tod".

7  Von entscheidender Bedeutung für die grundlegende Sinnerfahrung ist, daß Du Bejahung und Anerkennung durch andere nicht erzwingen, sondern nur als freies Geschenk empfangen kannst. Ist Dir schon einmal ein Mensch begegnet, der allzu deutlich um Anerkennung und Bejahung bettelte? Warum ist ein solcher Versuch so peinlich? Man kann über die Freiheit anderer nicht verfügen, und deshalb werden Anerkennung und Liebe verweigert, wenn man sie erzwingen will. Also kannst Du Dir auch den Sinn Deines Lebens nicht selber geben!

Du kannst zwar versuchen, Dir dadurch Anerkennung und Bestätigung zu verschaffen, daß Du Dich selbst anerkennst und bestätigst. Du wirst auf die Dauer damit aber nicht zufrieden sein, denn Du lebst Deinem innersten Wesen nach in Beziehung zu anderen. Der Grundsatz: Ich bin von niemandem abhängig außer von mir selbst, erweist sich in Bezug auf die Sinnfrage als sinnlos: Du kannst den Sinn Deines Lebens nur von außen her empfangen!

---

Bejahung durch andere kannst Du nicht erzwingen, sondern nur als Geschenk annehmen. Sie ist eine Voraussetzung dafür, daß Du etwas leistest.

---

### 4. Von wem empfängst Du den Sinn Deines Lebens?

8  Aus dem bisher Gesagten ergibt sich, daß die sinngebende Macht zwei Bedingungen erfüllen muß:

1. Sie muß zu Dir in persönliche Beziehung treten können und die Fähigkeit und Bereitschaft haben, Dich anzuerkennen und zu lieben. Dinge oder materielle Güter können Dir also

den Sinn Deines Lebens nicht geben! Die sinngebende Macht muß selbst Person sein.

2. Die sinngebende Macht muß Dich überdauern: Sie darf nicht vor Dir oder mit Dir enden, denn Du bist ja bis zu Deinem letzten Atemzug darauf angewiesen, daß Du Dich bejaht und anerkannt weißt.

Überdenke jetzt nochmals Deine Erwartungen, Ziele und Pläne sowie die persönlichen und sozialen Beziehungen, in denen Du lebst (I,5). Vielleicht füllt die Sorge für Deine Familie Dein Leben aus. In Todesanzeigen liest man häufig: Der Sinn seines Lebens war die Sorge für die Seinen. Natürlich bist Du verantwortlich für Deine Familie, aber Du hast nicht die Sicherheit, daß sie Dich überdauert. Wenn Dein Ehegatte oder Deine Kinder sterben, hätte sich damit die für Dich sinngebende Macht in nichts aufgelöst: Sie können Dir nicht mehr das tägliche Brot der Bejahung und Anerkennung geben. Nur die erste Bedingung wäre erfüllt, nicht die zweite.

Oder ist für Dich vielleicht die Gesellschaft die sinngebende Instanz? Viele sehen heute den letzten und einzigen Sinn ihres Lebens darin, mitzuarbeiten am wirtschaftlichen, sozialen, politischen Fortschritt, damit die Nachkommen es einmal besser haben, damit sie in Gerechtigkeit und Frieden leben können. „Die Gesellschaft" aber ist eine unpersönliche, namenlose Macht, bestimmt durch Rechte und Pflichten, Normen und Forderungen. (Totalitäre Gesellschaften erwarten sogar, daß der einzelne aufgeht im großen, umfassenden, alles bestimmenden „Wir".) Die Gesellschaft überdauert Dich zwar, tritt aber nicht in eine persönliche Beziehung zu Dir. Sie kann Dir nicht die Erfahrung vermitteln, daß Du als diese einmalige, unvertauschbare Person bejaht und wertvoll bist. Personale Bejahung können nur Personen einander schenken: Die zweite Bedingung ist erfüllt, aber nicht die erste.

---

Jeder Mensch ist ständig auf der Suche nach einer sinngebenden Instanz, die
– ihn anzieht und begeistert,
– er verehren kann,
– ihn persönlich bejaht.

---

**9**  Dies gilt auch für kirchennahe und „gläubige" Christen: Die Erlebnisfähigkeit des Menschen wird heute weitgehend gefangengenommen durch die Angebote der Freizeit- und Vergnügungsindustrie und durch innerweltliche Mächte, die sich zu Unrecht als sinngebendes Geheimnis ausgeben. Diese Mächte aber können nicht antworten, sie sind „stumme Götzen" (1 Kor 12,2). Die Bibel zeigt uns, daß in jedem Menschen die Ahnung von einem „unbekannten Gott" (Apg 17,23) wirksam ist, von einer höchsten personalen Wirklichkeit, die allein dem Leben Sinn geben kann. Versuchen wir im folgenden, diesen unbekannten Gott zu „ertasten" (Apg 17,27) und seine Gegenwart in unserem Dasein aufzuspüren!

## II. Woher kommst Du, und wohin gehst Du?

### 1. Du hast Dir Dein Dasein nicht selbst gegeben

**10**  Der eigentliche Grund dafür, daß Du Dir den Sinn Deines Lebens nicht selber geben kannst, ist die Tatsache, daß Du Dir ja auch Dein Dasein nicht selber gegeben hast. Du hast Dir Deine Eltern, Deinen Charakter nicht aussuchen können, Du hast nicht selber bestimmt, in welchem Jahrhundert und unter welchen gesellschaftlichen Bedingungen Du geboren wurdest. Kunststoffe werden heute hergestellt, die in der Natur nicht vorkommen, Körperorgane können verpflanzt oder ersetzt werden. Bei allem Fortschritt der medizinischen Technik wird es aber niemals so weit kommen, daß ein Mensch von sich sagen kann: Ich habe mich selbst geplant, gewollt, geschaffen! Es bleibt eine unumstößliche Tatsache:

1. Du hast Deinen Ursprung nicht in Dir selbst.

2. Dein Dasein ist Dir *gegeben;* Du hast Dein Dasein von woandersher *empfangen.*

**11** Wer aber ist mein Ursprung? Woher komme ich? Mein nächster Ursprung sind zweifellos meine Eltern. Viele dürfen sich dankbar daran erinnern, daß sie in einer guten Familie aufgewachsen sind, daß sie geliebt und geborgen waren. Aber woher weiß ich denn, daß meine Eltern mich wirklich von Anfang an gewollt und geliebt haben? Ich muß einmal das Äußerste annehmen, daß ich ein ungewolltes, nicht „geplantes" Kind bin, ein schöner oder schrecklicher „Zufall". Vielleicht haben meine Eltern sich auch etwas ganz anderes unter ihrem Kind vorgestellt: Ich entspreche nicht ihren Erwartungen und Plänen. Wenn es also überhaupt einen Plan für mein Leben gibt: Wer hat ihn gemacht?

Du wirst Dich auch nicht mit der Auskunft zufriedengeben: Wir, die Gesellschaft, wir haben Dich geplant! Wir steuern die Bevölkerungszahlen durch Kindergeld, wir brauchen Deine Arbeitskraft, Deinen Beitrag für die Rentenversicherung. Du wirst Dich mit Händen und Füßen dagegen wehren, eine Folge bürokratischer Planwirtschaft zu sein. Wer oder was also ist Dein Ursprung?

## 2. Grundentscheidung gegen den Zufall

**12** Vielleicht hast Du Dich noch nicht eingehend mit der Frage nach der Entstehung der Welt und des Lebens auf dieser Erde befaßt. Die meisten Forscher sind der Meinung, das Universum habe einen Anfang (es sei vor etwa 15 Milliarden Jahren aus einem „Urknall" entstanden); andere arbeiten mit der Vorstellung eines Universums ohne Anfang und Ende. Das Alter unseres Sonnensystems wird auf 5 Milliarden Jahre geschätzt; vor etwa 1,5 Milliarden Jahren habe sich das erste Leben auf unserer Erde gebildet. Das Grundprinzip aller Entwicklung, so sagen manche, sei der Zufall. Er habe auch die Veränderungen in der Erbsubstanz bewirkt, und durch Auswahl (Selektion) seien dann immer höhere Formen des Lebens entstanden. Zufall meint hier, daß die Entwicklung des Lebens bis hin zur Entstehung des Menschen nicht zielgerichtet verlaufen sei und daß ihr kein „Plan" zugrunde liege.

Es ist nicht Aufgabe dieses Glaubensseminars, zu diesen Theorien Stellung zu nehmen. Die Bibel geht davon aus, daß ohne einen der Welt absolut überlegenen Geist weder die Entstehung und Entwicklung der Welt zu erklären ist noch die

Hervorbringung eines solch komplizierten und differenzierten Lebewesens, wie es der Mensch ist.

**13** Was auch immer Naturwissenschaftler zur Entstehung des Lebens auf unserer Erde gesagt haben oder sagen werden: Die Bibel belehrt uns darüber, daß Gott den Menschen in anderer Weise erschaffen hat als die übrigen Lebewesen: Während die Tiere vom Wasser und vom Land „hervorgebracht" werden (Gen 1,20-25), schuf Gott den Menschen nach einem bestimmten „Plan" als sein „Abbild", das ihm „ähnlich" ist, und zwar nach Art eines Künstlers, der seinem Werk persönlich sein Leben einhaucht (Gen 1,26f; 2,7). Der Mensch sollte persönlichen Umgang mit ihm haben und in der Ausrichtung auf ihn leben. Gott hat also jeden einzelnen Menschen in ein *persönliches Verhältnis* zu sich gerufen.

Die persönliche Zuwendung Gottes zu seinem Volk und zu jedem einzelnen ist das Grundthema der Bibel: „Mit ewiger Liebe habe ich dich geliebt, darum habe ich dir so lange die Treue bewahrt" (Jer 31,3). In dieser Liebe weiß der einzelne sich geborgen: *"Deine Augen sahen, wie ich entstand,* in deinem Buch war schon alles verzeichnet" (Ps 139,16). Ja, Gott hat uns schon „vor Erschaffung der Welt" gesegnet, wir sind zum Lob seiner Herrlichkeit bestimmt, „nach dem *Plan* dessen, der alles so verwirklicht, wie er es in seinem Willen beschließt" (Eph 1,3f.11f):

---

> Die Bibel, Gottes Wort, bezeugt Dir, daß er einen Plan mit Deinem Leben und mit der Welt hat.

---

Diesen Plan kannst Du nur in der Kraft des Geistes Gottes erkennen: „Wer hat je deinen *Plan* erkannt, wenn du ihm nicht ... deinen heiligen Geist aus der Höhe gesandt hast?" (Weish 9,17).

**14** Vieles in Deinem Leben und im Gang der Geschichte wird Dir unverständlich bleiben, denn nur der Geist Gottes erforscht die „Tiefen Gottes" (1 Kor 2,10). Niemand wird Dir mit innerweltlichen Argumenten beweisen können, daß in Deinem Leben ein göttlicher Plan verborgen ist. Niemand wird Dir aber auch das Gegenteil beweisen können, nämlich daß Dein Dasein lediglich das Ergebnis von unzähligen Zufällen in der Evolutionsgeschichte ist. Du mußt Dich also *entscheiden:* Entweder ist alles Zufall, und dann ist es absurd, daß wir geboren werden und ebenso absurd, daß wir sterben, wie der Philosoph J.-P. Sartre in letzter Konsequenz gesagt hat. Oder alles hat einen Sinn, auch wenn wir ihn nicht immer sehen und erkennen.

> Jede Weltanschauung enthält eine aller rationalen Beweisführung *vorausgehende,* die ganze Person erfassende *Grundentscheidung* zur Herkunft und zur Zukunft der Welt und des Menschen!

**15** Deine Lebenspraxis zeigt Dir, für welche Grundhaltung Du Dich schon (unbewußt) entschieden hast. Wenn Du gleichsam ständig den Kopf vorstreckst und ängstlich auf ungewisse Ereignisse wartest, lebst Du in Angst vor dem Zufall, hast Du keine Hoffnung und kein Vertrauen in die Zukunft. Bist Du als Christ aber überzeugt, daß „die Leiden der gegenwärtigen Zeit nichts bedeuten im Vergleich zu der Herrlichkeit, die an uns offenbar werden soll" (Röm 8,18), dann lebst Du in der Hoffnung auf die endgültige, befreiende Begegnung mit Gott. Dieses letzte Ziel, das Deinem Leben einen grundlegenden Sinn gibt, siehst Du nicht konkret vor Dir wie in einem Zukunftsfilm: „Wie kann man auf etwas hoffen, das man sieht? Hoffen wir aber auf das, was wir *nicht sehen,* dann harren wir aus in Geduld" (Röm 8,24f): Du kannst darauf vertrauen, daß Gott Dich *Schritt für Schritt* führt (Röm 8,14).

**16** Dein Leben wird eine neue, befreiende Ausrichtung erhalten, wenn Du Dich ganz bewußt für den Gott der Offenbarung und gegen die Zufälligkeit Deines Daseins entscheidest. Gott sagt Dir in der Bibel, dem Zeugnis seiner Offenbarung, daß er die Welt gewollt hat und hinter der von menschlicher Vernunft erkennbaren Wirklichkeit am Werke ist (Röm 1,20f).
Die Anregung, sich am Beginn dieses Glaubensseminars bewußt gegen die Zufälligkeit des eigenen Daseins zu entscheiden (I,13f), mag als ungewohnt erscheinen. Es gibt jedoch in

jedem „gläubigen" Herzen auch geheime Vorbehalte gegen Gott und gegen das Unverständliche und Böse, das er „zuläßt". Im Buch Ijob heißt es von Gott: „Du wandelst dich zum grausamen *Feind* gegen mich, mit deiner starken Hand befehdest du mich" (30,21). Paulus betont: „Das Trachten des Fleisches ist *Feindschaft* gegen Gott" (Röm 8,7). Mit „Fleisch" ist die der Vergänglichkeit (und vielen „Zufällen") ausgelieferte Existenzweise des Menschen gemeint, die ein unbedingtes Vertrauen zu Gott behindert.

---

Ein tragendes Fundament des Glaubens ist das Festhalten an der von Gott geoffenbarten Tatsache: Ich bin aus seiner Liebe hervorgegangen und ständig von ihr getragen. Mein Dasein und mein Leben ist kein Zufall!

Der Christ kann mit ungelösten und unlösbaren Fragen leben, ohne an ihnen zu scheitern.

---

## III. Liebe Dich selbst!

### 1. Gott schenkt Dir die Liebe zu Dir selbst

**17** Die Bejahung durch Gott und durch andere führt zur rechten Selbstliebe. Die traditionelle christliche Lebenspraxis beachtet zu wenig, daß sie zu den Grundgeboten Gottes gehört.

Zum Zentrum der frohen Botschaft Jesu gehört die *Einheit* von Gottes-, Selbst- und Nächstenliebe. Auf die Frage, welches Gebot das erste von allen sei, antwortet Jesus:

---

*„Das erste ist: Höre, Israel, der Herr, unser Gott, ist der einzige Herr. Darum sollst du den Herrn, deinen Gott, lieben mit ganzem Herzen und ganzer Seele, mit all deinen Gedanken und all deiner Kraft. Als zweites kommt hinzu: Du sollst deinen Nächsten lieben wie dich selbst. Kein anderes Gebot ist größer als diese beiden"* (Mk 12,29-31).

---

Beide Gebote finden sich bereits im Alten Testament (Dtn 6,4f; Lev 19,18), aber Jesus hat sie zu einem einzigen Gebot zusammengefügt. Die von ihm verkündete Liebe kann auch als „Annahme" oder „Bejahung" bezeichnet werden. Dies sei nunmehr im einzelnen gezeigt.

**18**  Die Liebe zu Gott – Voraussetzung jeder echten Selbst- und Nächstenliebe – zeigt sich in der Bereitschaft, sich unter seine Herrschaft zu stellen und sich von ihm lieben und annehmen zu lassen: „Nicht darin besteht die Liebe, daß wir Gott geliebt haben, sondern daß er uns geliebt ... hat" (1 Joh 4,10).

---

„Du sollst Gott lieben" meint:
1. Anerkenne Gott als Gott!
2. Erwarte von ihm eine Zuwendung, Bejahung, Anerkennung, die über jede Erwartung hinausgeht!

---

Gott bejaht Dich so, wie Du bist: mit Deinen Finsternissen (Ps 139,11) und Tiefen, in die keine menschliche Liebe, kein menschliches Wort eindringt. Er möchte Dich ganz und gar aufnehmen in die Beziehung zu sich mit allem, was Du selbst an Dir nicht leiden kannst und was das Verhältnis zu anderen stört. Er hat Dir in der Taufe ins Herz hineingesprochen: Du bist mein geliebter Sohn, Du bist meine geliebte Tochter! Er hat Dich *angenommen* „wie die Eltern, die den Säugling an ihre Wange heben" (Hos 11,4), „an Kindes Statt" (Röm 8,16; Gal 4,7); er hat Dich erwählt, vorausbestimmt, berufen zu einem unzerstörbaren Leben.

**19**  Es gibt vieles in Dir und in Deinem Leben, was Du von Dir aus nicht bejahen kannst: die Einseitigkeit Deines Charakters und Deiner Befähigungen; die Bosheit, die immer wieder aus Deinen Tiefen aufsteigt (Mk 7,21ff; Röm 7,15-20); Verletzungen und Verwundungen, die andere Dir zugefügt haben; körperliche und seelische Leiden; Deinen Tod, der jetzt schon in Dir ist. Deshalb ist es nicht selbstverständlich, daß Du Dich selbst liebst und Dich mit allem, was in Dir ist, angenommen hast. In seiner Heilssorge *gebietet* Gott Dir deshalb: Liebe Dich selbst, und laß Dich aus Liebe zu Dir von mir befreien, erlösen, heilen!

> Wenn Gott ohne eine Vorleistung Deinerseits unbedingt für Dich ist, dann kannst Du nicht gegen Dich sein (Röm 8,32).

**20** Diese Selbstliebe vor Gott ist das Gegenteil von Selbstverliebtheit und Egoismus: Der Egoist sucht in allem, was er denkt und tut, sich selbst, weil er sich nicht angenommen weiß und deshalb nicht mit sich identisch ist. Er konzentriert sich ständig auf sich selbst, um aus eigener Kraft seine Identität zu finden. Je weniger dies gelingt, um so stärker wird die Selbst-Sucht, die viele andere Süchte zur Folge hat (Sucht nach Alkohol, Drogen, Sexualität). Egoismus ist nicht nur angeboren (jedes Kind durchläuft notwendig eine Phase der Selbstverliebtheit), sondern wird verstärkt durch das Gefühl, von anderen nicht angenommen zu sein. In jedem Menschen ist dieses Gefühl wirksam, denn kein Mensch kann einen anderen total und ohne Einschränkung bejahen und annehmen. Deshalb bleibst Du ohne die Annahme der unbedingten Zuwendung Gottes ängstlich auf Dich bezogen und um Dich besorgt.

**21** Urbild angstfreier Selbstliebe ist das Verhältnis Jesu zu sich selbst: Seine Selbstliebe entsprang seinem Bewußtsein, zu Gott in einer einzigartigen Beziehung zu stehen: „Ich und der Vater, wir sind eins" (Joh 10,30; 8,24.58; 17,22). Er war mit sich identisch, er war ganz er selbst, weil er sich von Gott total bejaht wußte, auch in seinem Leiden (Lk 3,22; 23,46). Er machte ganz und gar nicht den Eindruck eines Menschen, der ängstlich besorgt ist um sich selbst, um seine Selbstfindung und Selbstverwirklichung. Im Aufblick zu Gott hatte er sich selbst ganz angenommen, und deshalb konnte er ganz für uns dasein, uns als seine „Nächsten" lieben. Er hatte auch nicht die Sorge, etwas zu verlieren, wenn er sein Leben für uns einsetzt. Er spricht aus Erfahrung, wenn er uns sagt: „Sorgt euch nicht um euer Leben (wörtlich: um euch selbst)". Euch muß es zuerst um Gott und sein Reich gehen, „dann wird euch alles andere dazugegeben" (Mt 6,25.33).

Selbstliebe vor Gott ist das Gegenteil von Egoismus und der Anfang aller Nächstenliebe.

Aus der persönlichen Beziehung Gottes zu Dir erwächst die wahre, angstfreie Selbstliebe. Nur sie ermöglicht selbstlos-angstfreie Nächstenliebe.

22  Das Gebot *Jesu*, den Nächsten zu lieben „wie sich selbst", meint also nicht: Gestehe deinem Nächsten denselben Egoismus zu, der deine eigene Handlungsweise bestimmt. Dieses Gebot Jesu meint vielmehr: *Nehmt einander an*, wie auch ich mich vor Gott angenommen habe und wie Gott euch annimmt (vgl. Röm 15,3.7)! Durch Deine Zuwendung zu anderen möchte die *Liebe Gottes* auf sie überströmen:

Hilf Deinem Mitmenschen durch Deine Zuwendung, zu sich selbst zu finden, seine Befähigungen und guten Seiten zu entdecken und sich selbst zu lieben!

„Einübung in das christliche Leben" ist auch eine Einübung in diese geistliche Zuwendung zueinander. So entsteht schon im Glaubensseminar eine Gemeinschaft von Brüdern und Schwestern, die sich gegenseitig dazu verhelfen, ihre Befähigungen zu entdecken. Dies ist auch eine wichtige Vorstufe zur Evangelisierung: Gott möchte Deine Befähigungen zu Geistesgaben (Charismen) umformen und durch seinen Heiligen Geist in Dienst nehmen.

Wenn Du Dich persönlich von Gott geliebt, bejaht, angenommen weißt, wirst Du Dich und Deine Mitmenschen auf eine Weise lieben, bejahen und annehmen können, die Du Dir jetzt kaum vorstellen kannst. Du wirst in erfreuenden und beglückenden Beziehungen leben! Es werden Kräfte in Dir freigesetzt, die Dich auch dazu befähigen, Dich selbstlos für die notwendigen Änderungen in der Gesellschaft einzusetzen.

## 2. Welche Befähigungen hast Du?

**23** Es ist keineswegs selbstverständlich, daß Du Dich vor Gott nach Deinen Befähigungen fragst oder Dir von anderen dazu verhelfen läßt, sie zu entdecken. Besteht nicht die von Jesus geforderte „Selbstverleugnung" (Mk 8,34; Mt 16,24) gerade darin, sich auf seine Fähigkeiten nichts „einzubilden", nicht an sich zu denken, sich aufzuopfern im Dienst am Nächsten? Überkommen uns nicht geradezu peinliche Gefühle, wenn andere uns loben, weil wir meinen, die Annahme von Lob widerspreche der so verstandenen Selbstverleugnung?

Jesus meint etwas ganz anderes. In den erwähnten Texten bereitet er die Jünger darauf vor, daß sie um der Verkündigung willen Leiden erdulden werden; er fordert sie auf zum mutigen Bekenntnis zu ihm (Mk 8,27-33): Verkündigung steht in Widerspruch zu der ängstlichen Sorge um sich selbst, zu der angeborenen Tendenz, sich in allem Denken und Handeln auf sich selbst zu konzentrieren, zu der Versuchung, „sich selbst zu verkünden" (2 Kor 4,5). Selbstverleugnung meint deshalb die (vom Geist Gottes geschenkte) Überwindung aller Formen von Ichzentrierheit und Egoismus, steht aber keineswegs in Widerspruch zu der vom Geist Gottes geschenkten Liebe zu mir selbst:

Selbstliebe schließt ein, daß wir um die uns von Gott gegebenen natürlichen Befähigungen wissen und sie in der Hingabe an ihn läutern lassen (I,22).

## 3. Lobe Deine Mitmenschen, und laß Dich von ihnen loben!

**24** Wir beschäftigen uns mit Vorliebe mit dem, was uns *fehlt*, was wir nicht haben, und sind neidisch auf die Fähigkeiten anderer. Wir sind wütend auf uns selbst, weil wir nicht so sind, wie wir gerne sein möchten. Wir vergleichen uns ständig mit anderen und sind geradezu erleichtert, wenn wir bei ihnen negative Seiten entdecken oder wenn jemand uns sagt, daß auch er an sich selbst leide. So stauen sich in uns Konkurrenzgefühle, Unsicherheit, Angst um unser Ansehen. Mangelnde Selbstannahme ist die Ursache vieler körperlicher und seelischer

Erkrankungen (Neurosen und Psychosen). Manche Psychologen sind sogar der Auffassung, daß alle seelischen Erkrankungen auf mangelnde Selbstliebe bzw. auf Selbsthaß zurückgehen.

25 Aus dieser negativen Selbsteinschätzung können wir uns aus eigener Kraft kaum befreien. Andere können uns entscheidend helfen, wenn sie mit jener Liebe, die „nicht ihren Vorteil sucht" (1 Kor 13,5), das Gute in uns suchen und aufdecken und uns um dieses Guten willen loben.

Seit Jahrhunderten (aufgrund der sogenannten „Aufklärung") sind die Menschen dazu erzogen worden, sich selbst und anderen gegenüber kritisch zu sein, Kritik zu üben. Diese Grundhaltung ist unaufgebbar, in ihrem Anspruch jedoch sehr einseitig. Ebenso wichtig, ja noch wichtiger und „heilsamer" wäre es, Lob zu üben: Die wahre Nächstenliebe freut sich darüber, daß es den anderen gibt; sie dankt Gott für seine Fähigkeiten und für das Gute in ihm; sie befähigt dazu, den anderen *um Gottes willen* von Herzen zu loben. Dieses Lob kommt aus den Tiefen Gottes, der jeden einzelnen gesegnet hat, bevor er ihn erschuf (Eph 1,4); es befreit und löst, ja es ist eine Form der durch Christus erwirkten Erlösung, durch die wir Gottes Eigentum werden, „zum Lob seiner Herrlichkeit" (Eph 1,14).

26 Ebenso wichtig wie die Bereitschaft, Lob zu spenden, ist die Demut, Lob von anderen anzunehmen. Die traditionelle christliche Erziehung leitet dazu an, das Lob anderer nicht zu beachten, weil egoistische Regungen und Hochmut die Folge sein könnten. Auf diese Weise wird jedoch ein ganz anderer Hochmut gezüchtet: die Tendenz, aus eigener Kraft zu sich selbst zu finden. Wer sich von Gott geliebt weiß, wird jedoch auch das Lob anderer als einen Ausdruck der Zuwendung und des Lobes Gottes annehmen. Er lernt mit Hilfe der anderen, Gott für sein Dasein und seine Fähigkeiten zu danken, ja, er wird über sich selbst staunen: „Ich danke dir, daß du mich so wunderbar gestaltet hast. Ich weiß: Staunenswert sind deine Werke" (Ps 139,14).

In den Briefen des Paulus wird durchgängig eine erstaunliche Selbstliebe deutlich: Er wußte um seine menschliche Durchsetzungskraft (er wird „keine Nachsicht mehr üben": 2 Kor 13,2), um seinen „Eifer", der ihn vor den anderen Aposteln auszeichnet („mehr als sie alle habe ich mich abgemüht": 1 Kor 15,10). Er wußte zugleich aber auch, daß Gott diese Fähigkeiten geläutert hat, und kann deshalb ausrufen: „Sie lobten Gott um meinetwillen" (Gal 1,24). Nimm auch Du das Lob anderer als eine Gabe Gottes an, und laß Dich dazu befreien, andere dienend zu loben. Dann wird auch ein neues „Lob seiner herrlichen Gnade" (Eph 1,6.12) aufbrechen: Kennzeichen und Antrieb einer Erneuerung aus dem Geist Gottes!

> Es ist eine Grundform der Nächstenliebe, Lob zu spenden, und eine Grundform der Selbstliebe, Lob von anderen anzunehmen (I,23-26).

**27** Zur Selbstliebe gehört auch, daß Du Deine Begrenztheit wahrnimmst. Gott allein ist vollkommen und ohne Grenze. Die ausdrückliche Anerkennung geschöpflicher Begrenztheit gehört zur inneren Wahrhaftigkeit, zur Ehrlichkeit vor sich selbst und vor Gott. Jeder hat bestimmte starke Seiten ausgeprägt und neigt dazu, seine schwachen Seiten in sein Unterbewußtsein zu verdrängen. Die Folge ist, daß wir unbewußt diese schwachen Seiten auf andere übertragen (die Psychologie nennt diesen Mechanismus „Projektion") und in anderen bekämpfen. So schaffen wir uns ständig neue Feinde: Wir haben nicht nur Feinde, wir „erfinden" sie auch! Die wahre Selbstliebe dagegen läßt zu, daß andere unsere schwachen Seiten aufdecken, denn sie erkennen sie meistens deutlicher als wir selbst.

Ebenso wichtig ist es, negative Gefühle wie Angst, Wut, Traurigkeit, Schuldgefühle nicht zu verdrängen: Sie blockieren die Selbstliebe und führen zu vielfältigen Erkrankungen, besonders dann, wenn sie als abgespaltene Gefühle in unserem Unterbewußtsein unerkannt wirksam sind. Gott will Dich heilen, er will durch seinen Heiligen Geist Deine Gefühlswelt christusförmig machen. Viele bezeugen, daß sie nach einer bewußten Hingabe an Gott belastbarer geworden sind und ungeahnte Kräfte frei werden zum Dienst an anderen, zur Evangelisierung. Wir werden in der dritten und vierten Woche darauf zurückkommen.

> Wer sich selbst und den Nächsten liebt, ist sich seiner schwachen Seiten bewußt und erlaubt Gott, seine negativen Gefühle zu heilen.

## IV. Kirche ist befreiende Gemeinschaft im Heiligen Geist

**28**  In der ersten Woche des Glaubensseminars geht es um die grundlegende Frage nach dem Sinn des Lebens. Es hat sich gezeigt, daß Sinnerfahrung nur möglich ist, wenn wir in positiven, erfreuenden Beziehungen zu anderen leben. Wie zum Dasein und Wesen des Menschen die Sinnerfahrung gehört, so auch das Leben im „Wir" einer tragenden Gemeinschaft. Nach Gottes Heilsplan sollte diese Gemeinschaft die Kirche sein, sind unser Dasein und damit auch unsere Sinnerfahrung untrennbar verbunden mit unserer Zugehörigkeit zur Gemeinschaft der Kirche: „Er hat uns mit allem Segen seines Geistes gesegnet *durch unsere Gemeinschaft mit Christus im Himmel.* Denn in ihm hat er uns erwählt vor der Erschaffung der Welt, damit wir heilig und untadelig leben vor Gott" (Eph 1,3f). In der Kirche sollen Gottes-, Selbst- und Nächstenliebe sich gegenseitig durchdringen: „Niemand hat Gott je geschaut; wenn wir einander lieben, bleibt Gott in uns ... Wer seinen Bruder nicht liebt, den er sieht, kann Gott nicht lieben, den er nicht sieht" (1 Joh 4,12.20).

**29**  Der Vergleich der Kirche mit einem Leib (1 Kor 12,15-25) macht dies sehr deutlich: Jedes Glied hat seine eigene, unaufgebbare Funktion im Ganzen (I,23ff). Der Fuß soll nicht Hand und die Hand nicht Ohr sein wollen. Jedes Glied soll gleichsam sich selber „annehmen", jedes ist auf jedes angewiesen, und alle sollen „einträchtig füreinander sorgen" (V. 25). Dies ist ein Bild dafür, wie der Heilige Geist Selbstliebe und Nächstenliebe miteinander verbindet: Er ist sowohl der Ursprung der Verschiedenheit der Glieder und ihrer Selbstannahme (1 Kor 12,11) als auch Ursprung der Einheit in der Sorge füreinander.

**30** Warum aber wird die Kirche häufig nicht als eine solche befreiende Gemeinschaft im Geist erfahren? Wie kommt es zu der Parole: Jesus ja, Kirche nein? Dafür lassen sich vor allem drei Gründe angeben:

1. Die Geschichte der Menschheit war von Anfang an bestimmt durch eine Vorherrschaft des Negativen, von einem Mißtrauen gegen Gott, von Streit und Feindschaft (Gen 4,1-16; Röm 5,12f). Aufgrund dieser „erbsündlichen" Unheilssituation bleibt die Kirche bis zum Ende der Geschichte eine Kirche der Sünder, ja, eine sündige Kirche.

2. Die gegenseitige Durchdringung von Kirche und Staat in der „konstantinischen" Epoche hat dazu geführt, daß das Christsein von einer „bekehrten" Öffentlichkeit gefordert und weitgehend auf soziologischem Wege weitergegeben wurde (vgl. Einführung 7). So kam es zu einem Traditions- und Gewohnheitschristentum, zu „weltlichem" Macht- und Geltungsstreben in der Kirche, zum Überhang der Verwaltung. Für viele steht deshalb das Menschliche an der Kirche im Vordergrund des Bewußtseins. Nicht wenige sind verletzt und verwundet durch die „Institution"; in anderen arbeitet das Gift der Enttäuschung über Zank und Streit in den kirchlichen Gremien.

3. In den Pfarrgemeinden lebt der einzelne in der Regel (noch) nicht in kleinen, überschaubaren Gemeinschaften, in denen jeder zu jedem in Beziehung treten kann.

> Die meisten Christen leben einen „privaten" Glauben und haben kaum eine geistliche Beziehung zu anderen Christen.

So kommt es zu erheblichen Kommunikationsstörungen auch innerhalb der Kirche. Wie soll da Gemeinde als „Tempel des Heiligen Geistes" (1 Kor 3,16) und als „Leib Christi" erfahrbar werden?

**31** Du hast Dich in diesem Glaubensseminar gemeinsam mit anderen auf den Weg zu einem vertieften Glauben gemacht. Erwarte von dieser konkreten Seminargemeinschaft auch eine neue Erfahrung von Kirche: Die anderen Seminarteilnehmer könnten für Dich auf ungeahnte Weise zum Ort der Gegenwart

Gottes werden! In ihrer geistgeschenkten Zuwendung will Gott selbst sich Dir zuwenden! Verbirg nicht Dein Mißtrauen gegen Gott, Deine Zweifel, Ängste und Nöte vor ihnen. Jeder von uns hat im Grunde dieselben Probleme mit seinem Glauben, mit der Kirche, mit Gott. Wie soll einer des anderen Last tragen (Gal 6,2), wenn wir nie über diese Last sprechen und sie nicht auch *gemeinsam* vor Gott hintragen? Jeder Christ ist durch die Taufe von Gott dazu berufen, „Seelsorger" zu sein!

Eine der tiefsten Erfahrungen von Kirche ist das gemeinsame Gebet, „zu dem jeder etwas beiträgt" (1 Kor 14,26). Im lauten, persönlichen Gebet voreinander lassen wir einander teilnehmen an unserer Beziehung zu Gott, dürfen wir „sehen" und „hören", wie Gott in anderen wirkt (Apg 2,33). Es könnte sein, daß Gott Dein Herz berühren will durch ein Wort, das Du von einem anderen empfängst, so daß Du Dich von Gott selbst unmittelbar angesprochen weißt. Deine Liebe zu Dir selbst und zu Deinem Nächsten, der Dir zum Ort der Anwesenheit Gottes geworden ist, wird wachsen! Vielleicht wirst Du am Ende des Seminars (das nur ein Anfang zu einem christlichen Gemeinschaftsleben sein kann), dankbar ausrufen: „*Wahrhaftig, Gott ist bei euch!*" (1 Kor 14,25).

---

Der Heilige Geist ermöglicht befreiende Gemeinschaft, die über rein menschliche Gemeinschaftserfahrung und Gruppenprozesse hinausgeht, sie läutert und intensiviert.

---

# ZWEITE WOCHE

# Begegnung mit dem lebendigen Gott

**32**  Neu-Evangelisierung geschieht in eine Umwelt hinein, die von einer langen christlichen Tradition geprägt ist. Im Vordergrund des Verständnisses von Gott stand die philosophische Lehre, daß Gott von niemandem abhängig ist außer von sich selbst: Er ist der allmächtige Schöpfer, der – unabhängig von der Schöpfung – für sich existiert. Er hat keine ihn persönlich betreffende Beziehung zu seiner Schöpfung und zum Menschen, denn diese Beziehung würde ihn verändern. Daraus ergab sich eine Vorherrschaft der Vorstellung von Gott als dem strafenden Richter, der mißtrauisch darüber wacht, daß seine Gebote befolgt werden.

# I. Grundstrukturen der Begegnung mit Gott

## 1. Das personale Verhältnis Gottes zu den Menschen

**33**  In der zweiten Woche geht es nicht um theoretische Fragen der Gotteslehre, sondern um die persönliche Begegnung mit Gott. Die umfassende Bezeichnung für das Verhältnis Gottes zu den Menschen ist „Bund" (Alter und Neuer „Bund"). Tiere oder Dinge können nicht einen Bund schließen. „Bund" bezeichnet in der Bibel immer das Verhältnis unter Personen, meistens im Sinne eines Vertrages. Der Bund Gottes mit dem Volk Israel bindet das Volk in rechtlich-personaler Weise an Jahwe und schließt die Verehrung anderer Götter aus. An einigen Stellen des Alten Testamentes wird dieser Bund mit dem Ehebund verglichen:

> „Wie der junge Mann sich mit der Jungfrau vermählt, so vermählt sich mit dir dein Schöpfer. Wie der Bräutigam sich freut über die Braut, so freut sich dein Gott über dich" (Jes 62,5; vgl. 54,1-8).
>
> „Ich traue dich mir an auf ewig; ich traue dich mir an um den Brautpreis von Gerechtigkeit und Recht, von Liebe und Erbarmen, ich traue dich mir an um den Brautpreis meiner Treue" (Hos 2,21f).
>
> „Ich denke an deine Jugendtreue, an die Liebe deiner Brautzeit ... Doch erkenne deine Schuld: Dem Herrn deinem Gott hast du die Treue gebrochen, überallhin bist du zu den fremden Göttern gelaufen" (Jer 2,2; 3,13).
>
> „Ich will meines Bundes gedenken, den ich mit dir in deiner Jugend geschlossen habe, und ich will einen ewigen Bund mit dir eingehen" (Ez 16,60).

Im Neuen Testament wird der Taufbund ebenfalls mit dem Ehebund verglichen, ja, die eheliche Liebe ist Nachvollzug der Liebe Christi zu seiner Kirche:

> *„Ihr Männer, liebt eure Frauen, wie Christus die Kirche geliebt und sich für sie hingegeben hat, um sie im Wasser und durch das Wort rein und heilig zu machen" (Eph 5,25f).*

Diese Aussagen sind für eine Erneuerung des Gottesbildes in Sinne der Bibel und für eine Neu-Evangelisierung von großer Bedeutung. Sie zeigen, daß Gott den Menschen zur personalen Begegnung mit sich einlädt und daß die Beziehung Gottes zum Menschen mit den Worten „Liebe, Erbarmen, Treue" umschrieben werden muß: *„Mit ewiger Liebe habe ich dich geliebt, darum habe ich dir so lange die Treue bewahrt"* (Jer 31,3) ist eine Grundaussage der ganzen Bibel. Gott bindet sich an sein Volk und hält ihm die Treue, auch wenn das Volk sich von ihm abwendet. Alles, was von dem Verhältnis Gottes zu seinem Volk und zum einzelnen zu sagen ist, steht in einer umfassenden Klammer: ewige Liebe – Bund – Treue Gottes.

**34** Der Taufbund, den Gott mit Dir geschlossen hat, ist in vieler Hinsicht dem Ehebund ähnlich (Eph 5,25f) und hat den Charakter der persönlichen Begegnung Gottes mit dem Menschen in der Gemeinschaft der Kirche. Die Beziehung zwischen Gott und uns ist jedoch nicht in demselben Sinne gegenseitig wie eine menschliche Beziehung: *Alle* Initiative liegt bei Gott, und auch unsere Antwort ist ganz und gar sein Geschenk.

Die Ähnlichkeit besteht darin, daß Gott unser *Herz unmittelbar berührt* durch seine allem menschlichen Tun zuvorkommende und erweckende Gnade (II,170f). Wir könnten nicht nach Gott fragen, wenn wir von seiner Wirklichkeit nicht im Innern *berührt* wären, wenn uns noch keinerlei Erfahrung Gottes zuteil geworden wäre. Diese innere Berührung geschieht *unmittelbar* und ist nicht – wie etwa die Erkenntnis des Schöpfers aus der Schöpfung (Röm 1,20) – durch die leiblichen Sinne vermittelt. Wir sollen Gott suchen, ob wir ihn „ertasten und finden" können (Apg 17,27f; I,3). Gott hat uns einen inneren „Tastsinn" und andere innere Wahrnehmungsorgane gegeben, die uns eine *innere Begegnung* mit ihm ermöglichen, gleichsam eine Begegnung von Herz zu Herz.

Eine weitere Ähnlichkeit zeigt sich darin, daß für die Annahme des von Gott angebotenen Taufbundes das Ja-Wort von entscheidender Bedeutung ist. Gott achtet unsere Freiheit: Er befähigt uns durch seine Gnade dazu, der inneren Berührung durch ihn, seiner Liebeserklärung, *persönlich zuzustimmen*. Deshalb wird der Erwachsene nur getauft, wenn er *persönlich* dem Bösen widersagt und sich *persönlich* zu Gott bekennt: *Ich* widersage dem Bösen; *ich* glaube an den Vater, an Jesus Christus, an den Heiligen Geist (auf das Problem der Kindertaufe werden wir noch eingehen). Das Taufbekenntnis ist „gewissermaßen eine Liebeserklärung an Gott" (KaEK 41). Das Leben aus der Taufe wird sich deshalb nicht nur in vorgeformten Gebeten äußern, sondern – in Erweiterung des Ja-Wortes bei der Taufe – auch im frei gesprochenen, persönlichen Gebet.

Aus dem Gesagten ergibt sich, daß in der inneren Wahrnehmung des von Gott angebotenen Bundes Grundstrukturen menschlicher Begegnung und menschlicher Gemeinschaftserfahrung eingeschlossen sind. Deshalb seien nunmehr diese Grundstrukturen näher beschrieben.

## 2. Äußere und innere Begegnung

**35** Der Mensch ist in seinem innersten Kern auf Begegnung angelegt: er liebt es, zu lieben und geliebt zu werden. Schon das Kleinstkind lebt aus der Begegnung mit den Bezugspersonen. Ohne deren verläßliche Zuwendung kann es sich seelisch und körperlich nicht entwickeln. Der Heranwachsende braucht die Begegnung mit dem „anderen" zur Selbstfindung und reift in dem Maße, als er lernt, die Freiheit und Selbständigkeit des anderen zu achten.

Da Leib und Seele eine untrennbare Einheit sind, ist Begegnung immer auch durch die leiblichen Sinne vermittelt, durch Sehen, Hören, Berühren. Von entscheidender Bedeutung für ein Verständnis der Begegnung mit Gott ist nun, daß personale Erfahrung die durch die leiblichen Sinne vermittelte Wahrnehmung *übersteigt*: Menschen, die sich lieben, wissen sich in ihrem „Herzen" vom anderen „angerührt" und nehmen die gegenseitige *innere Berührung* unmittelbar wahr. Sie übernehmen in ihrer Begegnung nicht die personale Erfahrung anderer, man hat ihnen auch nicht nur gesagt, daß sie sich lieben. Sie *wissen* in ihrem Herzen um ihre Liebe und können deshalb auch „aus Erfahrung" von ihrer Liebe sprechen.

Die äußere, durch die Sinne vermittelte Wahrnehmung führt in der Geschichte einer Begegnung zu einer immer tieferen *inneren Begegnung.* Jeder nimmt die inneren „geistigen" Werte des anderen deutlicher wahr, wie etwa sein Verlangen nach Zuwendung, Hingabe und Gemeinschaft. Die innere „Ausstrahlung", das „Herz" des anderen, leuchten auf. Es kommt zu einer Begegnung von Herz zu Herz und schließlich zum „Bund". Den Ehebund kann man nicht mit den leiblichen Sinnen wahrnehmen; er ist die *innere* Wirklichkeit in den Ehegatten, die beide mehr als alles andere miteinander verbindet.

Die innere Begegnung zwischen Menschen deutet darauf hin, daß der Mensch nicht nur äußere, sondern auch *innere Wahrnehmungsorgane* hat: ein inneres Auge, ein inneres Ohr, einen inneren Tastsinn. Dies ist für ein Verständnis der Begegnung mit Gott von großer Bedeutung: „Ich gebe ihnen ein *Herz,* damit sie *erkennen,* daß ich der Herr bin ... sie werden *mit ganzem Herzen* zu mir umkehren" (Jer 24,7; vgl. II,170ff).

---

1. Personale Erfahrung ist begründet in einer gegenseitigen inneren Berührung, die eine nur durch die leiblichen Sinne vermittelte Wahrnehmung übersteigt.

2. Die gegenseitige innere Berührung führt zu einer *inneren Begegnung* von Herz zu Herz.

---

### 3. Die Verleiblichung personaler Beziehung im Wort

**36** Der Weg von der äußeren zur inneren Begegnung zeigt sich auch in den verschiedenen Stufen der Verleiblichung der Beziehung im Wort. Nehmen wir an, ein junger Mann und eine junge Frau lernen sich flüchtig kennen und gewinnen Interesse aneinander. Solange die beiden lediglich aneinander *denken,* kommt noch keine Begegnung zustande. Diese beginnt erst dann, wenn einer den anderen anspricht, wenn sie ins Gespräch kommen und im Wort ihr Inneres einander erschließen.

Zunächst werden sie sich über allgemeine Themen unterhalten, über ihre Arbeit, ihre Freizeitbeschäftigung, ihre jeweiligen Interessen. Nehmen wir an, daß die Beziehung im weiteren Umgang miteinander wächst, daß es zur *inneren Begegnung* kommt. Eines Tages werden sie auch ihre Liebe zum Thema des Gespräches machen und einander sagen: „Ich liebe dich". Diese Liebeserklärung, diese *Äußerung* des Inneren im *Wort*, hat eine *Intensivierung* der Beziehung zur Folge und ist deshalb eine bedeutsame Stufe im Prozeß personaler Begegnung.

Nehmen wir an, die beiden beschließen, zu heiraten und sich für immer aneinander zu binden. Sie geben sich in Gegenwart anderer das eheliche Ja-Wort, das die bleibende Zusicherung enthält: Ich gehöre dir. Die das ganze Leben einbeziehende Treuebindung ist eine weitere Intensitätsstufe ihrer Beziehung. Diese Bindung geschieht zunächst wiederum im *Wort*: Ohne diese Verleiblichung kommt der Ehebund nicht zustande, bleiben andere Zeichen der Zuwendung mehrdeutig.

> Die Verleiblichung der Beziehung im Wort ist eine Intensivierung der inneren Begegnung.

## II. Persönliches Gebet: Antwort auf Gottes Zuwendung

**37** Die Tradition der Kirche kennt eine Fülle von Gebetsmöglichkeiten: formulierte Gebete, Gebete aus der Liturgie, Lieder, Meditation, Fürbitten. Vielen Christen ist das freie persönliche Beten weniger vertraut. Dies hängt damit zusammen, daß in der abendländischen Kultur das Verhältnis zu Gott 1. zu einer *Verstandessache* und 2. zu einer *Privatsache* geworden ist.

1. Seit Kaiser Konstantin und vor allem seit der Germanenmission verlor das mit persönlichen Glaubensschritten verbundene Katechumenat an Bedeutung. Vor allem die Praxis der Kindertaufe führte dazu, daß an seine Stelle die mehr den Verstand beanspruchende und formende katechetische Belehrung trat. Das Taufbekenntnis, die persönliche Liebeserklärung an Gott, wurde *stellvertretend* von den Eltern oder Paten gesprochen. Man erwartete, daß der junge Mensch durch die spätere intellektuelle Annahme der Glaubenswahrheiten in das Verhältnis zu Gott hineinwächst, ohne eine ganz *persönliche*

Nachholung oder Erneuerung des persönlichen Ja-Wortes zu ihm.

Durch die sogenannte „Aufklärung" im 17. und 18. Jahrhundert wurde die Intellektualisierung des Glaubens weiter vorangetrieben. Sie hat dazu geführt, daß das Verhältnis zu Gott nicht mehr den ganzen Menschen unter Einschluß von Gefühl, Wille und Leiblichkeit erfaßt und Gebet ebenfalls zur „Verstandessache" wurde: Man *denkt* an Gott oder legt sich Sätze zurecht, wenn man beten will, aber man *spricht* nicht laut und aus dem Herzen zu ihm!

2. Wenn das Herz nicht ausspricht, was es fühlt, wird die Liebe zu Gott abgedrängt in eine verschwiegene Innerlichkeit. Die „Aufklärung" hat dann die Parole „Religion ist Privatsache" sogar zu einer Norm des öffentlichen Lebens erhoben: Ein Bekenntnis des Glaubens gehört nicht in eine aufgeklärte Öffentlichkeit!

---

Was wir *im Herzen* glauben, sollen wir auch mit dem Mund bekennen (Röm 10,8-10). Es gibt eine „falsche Scheu", die Christen daran hindert, vor- und miteinander zu beten (GL 20).

---

Die erste Gebetsschule ist die Familie: Wenn die Eltern nicht frei und persönlich mit Gott sprechen, werden die Kinder dies nicht lernen. Auch viele Pfarrer und Mitarbeiter im kirchlichen Dienst fühlen sich „überfordert", wenn sie zu einem freien, persönlichen Gebet eingeladen werden.

**38** Jesus hat sich nicht gescheut, sein persönliches Verhältnis zu Gott, seine innere Begegnung mit ihm, im Gebet vor anderen zu äußern (I,31ff). Das Bekenntnis „Jesus ist der Herr" (Röm 10,8f) ist ein „Wort des Glaubens" und nicht die Preisgabe persönlicher Gefühle. Wenn der einzelne in Anwesenheit anderer so betet, läßt er sie an seinem eigenen *Glauben* teilhaben. Dies ist eine der ursprünglichsten und wichtigsten Weisen der Bezeugung des Glaubens! Das Wort Jesu: „Geh in deine Kammer, wenn du betest", gilt nur jenen, die in der Öffentlichkeit beten, „damit sie von den Leuten gesehen werden" (Mt 6,5f).

**39**  Die Rückgewinnung der Ausdrücklichkeit und Leibhaftigkeit der Antwort des Menschen auf das Gnadenangebot Gottes
gehört zu den wesentlichen Impulsen einer Erneuerung aus dem
Geist Gottes: „Der Mensch ist eine Einheit von Leib und Seele.
Wirklich menschliches Verhalten ist deshalb erst da gegeben,
wo geistige Gehalte leibhaft ausgedrückt und leibliche Vorgänge
beseelt und durchgeistigt werden, wo also der Mensch als ganzer
beteiligt ist. Die *Äußerung des Innern* ist daher für den
Menschen keine Veräußerlichung." Vielmehr bleibt die „Verleiblichung der Frömmigkeit nicht ohne Rückwirkung auf
unseren inneren Mitvollzug. *Manches wird uns innerlich gar
nicht ganz zu eigen, wenn wir es nicht auch äußern"* (GL 41).

> Die Verleiblichung der Beziehung zu Gott in Gebet und
> Bekenntnis wirkt zurück auf das Innerste des Menschen,
> auf sein Herz.

## III. Überbetonung der Allmacht und Allwissenheit Gottes

Eines der größten Hindernisse für eine Neu-Evangelisierung ist
ein einseitiges Gottesbild (I,39-44). Solange die Vorstellung von
einem rächenden, strafenden, alle Vergehen kleinlich nachrech-
nenden Gott im Vordergrund steht, behält „Umkehr" einen
negativen Klang, bleibt der Mensch Gott gegenüber mißtrauisch
(I,42). Nur dem sich erbarmenden, mitleidenden Bundesgott der
Bibel kann der Mensch sich ganz anvertrauen. Deshalb sei
zunächst gefragt, wie es zu einer Vorstellung von Gott
gekommen ist, die Angst auslöst und den Menschen dazu
veranlaßt hat, sich von Gott zu „distanzieren".

### 1. Die Allmacht Gottes und die Vollmacht Jesu

**40**  Zu Beginn der Offenbarungsgeschichte steht die Allmacht
und weltüberlegene Kraft Gottes im Vordergrund des Bewußtseins: Der Gott, der sich in der *Geschichte* des Volkes Israel als
*mächtig* erwiesen hat, ist zugleich der *Schöpfer* des Himmels und

der Erde! Neben ihm gibt es keine anderen Götter. Er ist nicht Teil des Kosmos, und deshalb darf sich der Mensch kein Gottesbild herstellen (Ex 20,2f u.ö.): Gott hat alle jene Elemente des Kosmos (Gestirne, Naturerscheinungen; Gen 1) erschaffen, die von Menschen als „Götter" verehrt werden. Er ist weltüberlegen-allmächtig[1].

Das Neue Testament übernimmt diese Vorstellung und setzt sie voraus. Sie steht aber keineswegs am Anfang oder gar im Zentrum der Verkündigung! Die Macht und Kraft Gottes zeigt sich in Jesus Christus vielmehr in seiner geistgewirkten und heilbringenden *Vollmacht*. Sie wird offenbar in seiner vollmächtigen Verkündigung, in seiner Macht über Krankheiten und Dämonen, in der Sendung seines Heiligen Geistes (Apg 10,38; Lk 4,18; Apg 2,33 usw.). Diese Vollmacht Jesu ist Ausdruck der sich erniedrigenden Liebe Gottes. Im Kreuzesgeschehen hat Jesus Christus die „Sünde der Welt" (Joh 1,29) auf sich genommen und die daraus folgende Trennung von Gott durchlitten (Mt 27,46; 2 Kor 5,21), damit wir nie mehr getrennt von Gott leben müssen. Im Hinblick auf das Kreuz sagt Paulus: „Das *Schwache* an Gott ist *stärker* als die Menschen", das heißt, als ihre Abwendung von Gott, als ihre Sünde (1 Kor 1,25). Im Kreuzesgeschehen zeigt sich die „Vollmacht" Jesu, sein Leben hinzugeben (Joh 10,18). Am Kreuz hat sich die weltüberlegene *Allmacht* Gottes bzw. seines Sohnes (Hebr 1,3) in die *Ohnmacht* des Todes hinein erniedrigt, um Sünde und Tod zu ent-machten (Röm 5,21).

---

In der Vollmacht Jesu wird die Allmacht Gottes zur Ohnmacht der Liebe.

---

**41**  Diese zentrale neutestamentliche Botschaft dringt nur sehr langsam in das Bewußtsein der Kirche ein. Beherrschend blieb die Vorstellung von der weltüberlegenen Allmacht des unnahbaren, „unveränderlichen" Gottes. Dies zeigt sich deutlich an dem Glaubensbekenntnis, das von den beiden ersten ökumenischen Konzilien (325 und 381) formuliert wurde und bis heute im Gottesdienst gebetet wird: „Wir glauben an den einen Gott, den Vater, den *Allmächtigen*, der alles geschaffen hat, Himmel und Erde, die sichtbare und die unsichtbare Welt." Viele fragen heute: Warum wird im ganzen Glaubensbekenntnis nur diese eine Eigenschaft Gottes ausdrücklich genannt? Warum nicht seine Güte, sein überströmendes Erbarmen? Das Konzil hatte sich zentral mit dem Verhältnis Gottes zur Schöpfung zu befassen bzw. mit der Behauptung, daß Jesus Christus lediglich Geschöpf und nicht „wahrer Gott" sei. Das Konzil betont deshalb, der Sohn Gottes sei nicht „wandelbar oder veränderlich" (DS 126), sondern „eines Wesens" mit dem allmächtigen Gott, der sich im Alten Bund geoffenbart hat.

Im Sinne des Neuen Testamentes könnte oder müßte das Glaubensbekenntnis beginnen mit den Worten: „Wir glauben an den einen Gott, *der die Liebe ist*", denn aus Liebe zu uns Menschen hat Gott die Welt erschaffen, aus Liebe zu uns ist der „Sohn Gottes" Mensch geworden, und aus Liebe zu uns hat er uns seinen Heiligen Geist gesandt.

### 2. Der unveränderliche, mißtrauisch beobachtende Gott

**42** Zu dieser geschichtlich bedingten, notwendig „einseitigen" Fragestellung zur Zeit der Entstehung unseres Glaubensbekenntnisses kommt hinzu, daß die alttestamentlichen Aussagen über die Allmacht Gottes bis in unser Jahrhundert hinein mit Hilfe der griechischen Philosophie ausgelegt wurden. Die Philosophen Platon (428-348 v. Chr.) und Aristoteles (384-325 v. Chr.) hatten gelehrt, Gott (das Göttliche) habe nur einen Bezug zu sich selbst: Wenn Gott einen inneren Bezug zur veränderlichen Welt hätte, würde auch er selbst eine Veränderung „erleiden", und dies widerspräche seiner Unveränderlichkeit.

Diese Auffassung hat auch die lehramtlichen Aussagen über die Menschwerdung und das Leiden Jesu beeinflußt. In einem dogmatischen Brief Papst Leos I. vom Jahre 449 heißt es: „Der Herr des Alls, ... der *leidensunfähige Gott*, hat es nicht verschmäht, ein leidender Mensch zu sein ... *Gott wird durch sein Erbarmen nicht verändert"* (DS 294). Ein Konzil vom Jahre 1215 führt aus: Der Sohn Gottes Jesus Christus „ist der Gottheit nach unsterblich und *leidensunfähig* und ist der Menschheit nach leidensfähig und sterblich geworden" (DS 801).[2]

Die biblischen Stellen, die man in der traditionellen Theologie für die (philosophische) Lehre von der „Leidensunfähigkeit" und Unveränderlichkeit Gottes anführt (Ex 3,14; Mal 3,6;

Ps 102,28; Jak 1,17), sprechen jedoch von der Unveränderlichkeit der *Bundestreue* Gottes: Auch wenn das Volk sich von Gott abwendet, bleibt er ihm unveränderlich zugewandt! Mal 3,7 enthält sogar ausdrücklich die Zusage einer „Änderung" des Verhaltens Gottes: „Kehrt euch zu mir, dann kehre ich mich euch zu." In dieselbe Richtung weisen die alttestamentlichen Aussagen über die Reue Gottes (1 Sam 15,35; 1 Chr 21,15; Ps 106,45; Am 7,3.6; II,63ff).

---

Wenn die Bibel von der „Unveränderlichkeit" Gottes spricht, meint sie seine unbedingte, dem Menschen für immer zugesagte Bundestreue.

---

**43** Die Hervorhebung der Allmacht und Unveränderlichkeit Gottes prägte durch die Jahrhunderte hindurch die Theologie und weitgehend auch die Frömmigkeit. Die mittelalterlichen Theologen lehrten übereinstimmend: Die Beziehung Gottes zur Welt ist nur eine von uns *gedachte* (relatio rationis), denn eine „reale", wirkliche Beziehung Gottes zur Welt würde ihn verändern. Die Frage, ob und wie Gott auf die menschliche Freiheit „reagiert", blieb ungeklärt. Im 16. und 17. Jahrhundert rückt Gott in immer größere Ferne: Er habe die Welt erschaffen, wie der Uhrmacher eine Uhr herstellt; er greife ebensowenig in das Räderwerk der Geschichte ein wie der Uhrmacher in den Ablauf des Uhrwerks. So entstand die Vorstellung von einem „Uhrmachergott", der den Gang der Welt lediglich von außen *beobachtet*. Ein weiterer und letzter Schritt war dann die Vorstellung von Gott als einer obersten „Kontrollbehörde" (I,42), die alles sorgfältig registriert und jeden Menschen zur Rechenschaft zieht.

**44** Das weitverbreitete Symbol für diese Gottesvorstellung ist das Dreieck, aus dem mich das mißtrauisch beobachtende Auge Gottes anschaut (siehe Abbildung Seite 313).

Zu einem solchen Gott kann man kein Vertrauen haben, denn durch seine ständige Beobachtung erzeugt er in mir Angst vor kleinlicher Strafe. Umkehr wird zur eigenen Leistung, die ich grundsätzlich nicht erbringen kann, denn dieser Gott beobachtet mich nur, hilft mir aber nicht. Angst vor den

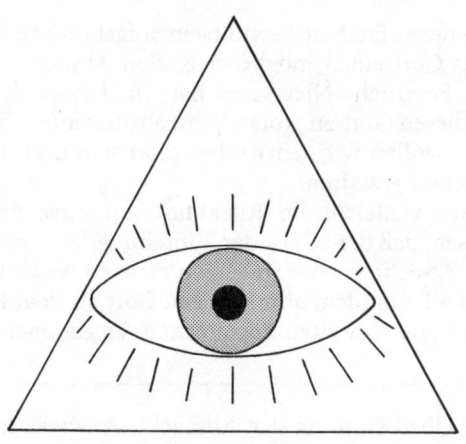

„Ein Auge ist, das alles sieht,
selbst was in finsterer Nacht geschieht."

Konsequenzen ist die Folge: Muß ich nicht mein Leben selbst geändert haben, bevor ich ihm begegne? Kann ich mein Ja-Wort zu ihm wirklich einhalten? Wird er nicht von mir erwarten, daß ich auf jeglichen Besitz und Genuß verzichte? Das kann und will ich nicht! So kommt es dazu, daß das Wort „Umkehr" bei vielen Menschen höchst unangenehme Gefühle weckt. Vor diesem Gott erstirbt jeder Lobpreis!

Der Gedanke an den mißtrauisch beobachtenden Gott legt sich wie ein lähmender Zwang auf das menschliche Herz und führt zu einer Angst, die von ihm trennt und deshalb Sünde ist (I,42). Daraus ergibt sich: Der mißtrauisch beobachtende Gott ist nicht Gott, wie er sich in seinem Wort geoffenbart hat:

> „Ich richte meine Augen liebevoll auf sie *und lasse sie in dieses Land heimkehren. Ich will sie aufbauen, nicht niederreißen, einpflanzen, nicht ausreißen. Ich gebe ihnen ein Herz, damit sie erkennen, daß ich der Herr bin"* (Jer 24,6f).

**45** Die einseitige Vorstellung von dem allmächtigen, allwissenden Gott wurde zu einer der Wurzeln des modernen Atheismus: Wenn ich ständig beobachtet werde, fühle ich mich unfrei, und dagegen revoltiere ich. Der „neuzeitliche" Mensch, in dem ein neues Freiheitsbewußtsein aufgebrochen ist, möchte von diesem Gott einen möglichst großen Abstand halten. Der Philosoph Friedrich Nietzsche hat in letzter Konsequenz gefordert, diesen Gott zu „töten", ihn abzuschaffen: Wenn Gott so ist, dann wollen wir lieber selbst Gott sein und lieber selbst unser Schicksal gestalten!

Man wird vielleicht im Rückblick auf diese Entwicklung sagen müssen, daß der „Geist der Täuschung" es verstanden hat, aus besten Absichten böse Folgen zu erzielen. Es ist richtig, gut und befreiend, von dem allmächtigen Gott als dem Herrn über alle Mächte und Gewalten zu sprechen. Es gilt aber auch:

1. Eine Überbetonung der Allmacht, Allwissenheit und Gerechtigkeit Gottes führt zu einer Angst vor Gott, die von Gott trennt.

2. Durch Übertreibung wird das Wahre nicht wahrer, sondern in sein Gegenteil verkehrt.

## IV. Das Herz Gottes

### 1. Beginn einer neuen Epoche der Glaubensgeschichte

**46** Erneuerung aus dem Geist Gottes ist in erster Linie Erneuerung und Wiederentdeckung des biblischen Gottesbildes. Dies darf jedoch nicht zu neuen Übertreibungen führen. Die Kirchengeschichte zeigt: Erneuerungsbewegungen, die sich auf den Heiligen Geist berufen, bleiben einseitig, wenn das Wirken des Heiligen Geistes nicht in einem *trinitarischen* Gesamtzusammenhang gesehen wird. Deshalb muß die Gotteslehre etwas ausführlicher dargestellt werden. Dabei wird sich zugleich zeigen, daß sich das dreifaltige göttliche Leben in menschlichen Urerfahrungen widerspiegelt und diese verdeutlicht.

**47** Das II. Vatikanische Konzil hat mehrfach davon gesprochen, daß in unserem Jahrhundert eine neue „Epoche" der Glaubensgeschichte begonnen hat: Im Zusammenhang mit einer „personal vollzogenen Glaubensentscheidung" kommen nicht wenige zu einer *„lebendigeren Gotteserfahrung"*[3]. Sie wird durch den Heiligen Geist geschenkt, der das Herz bewegt und Gott zuwendet.

Die Lehre vom Heiligen Geist ist in der traditionellen (abendländischen) Theologie jedoch wenig entfaltet. Viele Zeichen deuten darauf hin, daß Gott die Christenheit nunmehr zu einem tieferen Verständnis der verborgenen Wirksamkeit der „dritten" göttlichen Person führen will: Der Heilige Geist ergründet die *Tiefen Gottes* (1 Kor 2,10) und ist als Person zugleich Gabe und Geschenk an die Menschen. In ihm strömt die Schöpferkraft Gottes über in die Welt. Er ist das *„Erbarmen in Gestalt einer Person"*. Seine Zurückweisung löst im „Herzen der unbegreiflichen Dreifaltigkeit" einen tiefen „Schmerz" aus (Johannes Paul II., DEV 39). Hier leuchtet das ursprüngliche, biblische Gottesbild wieder auf: Nicht die Allmacht Gottes steht im Vordergrund, sondern die aus seinem „Herzen" aufsteigende Liebe. Eine neue Epoche der Glaubensgeschichte kündigt sich an:

> „In unserer Epoche sind wir aufgerufen, uns näher mit dem Heiligen Geist zu befassen als dem, der lebendig macht" (Johannes Paul II., DEV 2).
>
> In der Person des Heiligen Geistes wird offenbar, daß auch die Allmacht Gottes Ausdruck seiner Liebe ist, die aus seinem „Herzen" aufsteigt.

## 2. „Herz" in der Bibel

**48** Das Wort „Herz" meint in vielen Sprachen nicht nur das körperliche Organ, sondern auch die geistige Mitte des Menschen: Im „Herzen" haben Liebe, Abneigung, Wünsche, Furcht ihren Ursprung. In der Bibel meint „Herz" den „inneren" Menschen in seiner *Ganzheit* und ist ebenso wie „Leib" oder „Seele" mit „Ich" austauschbar: „Auch wenn mein Leib und mein *Herz* ( = Ich) verschmachten, Gott ist der Fels meines *Herzens* und mein Anteil auf ewig" (Ps 73,26; vgl. Ps 84,3). „Der Mensch schaut auf den äußeren Schein, Jahwe aber schaut auf das Herz" (1 Sam 16,7). „Arglistig ohnegleichen ist das Herz und unverbesserlich. Wer kann es ergründen? Ich, der Herr, erforsche das Herz" (Jer 17,9f; vgl. 1 Kor 4,5; Röm 8,27; 1 Thess 2,4).

> „Herz" bezeichnet das Innerste des Menschen, seine ihm selbst verborgene Tiefe.

Aus dieser Tiefe des Menschen steigen nicht nur Gefühle auf (Trauer, Schmerz, Furcht, Leidenschaft, Zorn), sondern auch die Willensentschlüsse und die Gedanken. Auch Antriebe zum Bösen kommen „von innen, aus dem Herzen der Menschen" (Mk 7,21-23). Das Herz ist auch der „Ort", an dem Gott zum Menschen in Beziehung tritt und an ihm handelt:

> *„Dieses Volk soll erkennen, daß du, Herr, der wahre Gott bist und daß du sein Herz zur Umkehr wendest" (1 Kön 18,37).*
>
> *„Ich schenke euch ein neues Herz und lege einen neuen Geist in euch. Ich nehme das Herz von Stein aus eurer Brust und gebe euch ein Herz von Fleisch. Ich lege meinen Geist in euch und bewirke, daß ihr meinen Gesetzen folgt" (Ez 36,26 f; vgl. Jer 24,7; 31,33).*
>
> *„Und mit ihm zog eine Schar von Männern, deren Herz Gott berührt hatte" (1 Sam 10,26).*

Zum Glauben kommt der Mensch nicht durch eigenes Wollen oder Wünschen (1 Kor 2,9), sondern allein dadurch, daß Gott ihm „das Herz öffnet" (Apg 16,14). Nicht nur Verstand und Wille werden vom Wort Gottes getroffen, sondern sein Wort „durchbohrt das Herz" (Apg 2,37; vgl. 5,33; 7,54). Damit der Mensch mit ganzem und ungeteiltem Herzen zu Gott umkehren kann (1 Kön 8,61; Röm 2,5), hat er in diese Tiefe seinen Heiligen Geist hineingegeben (Röm 5,5; 8,15; Gal 4,6).

**49** Für unseren Zusammenhang ist wichtig, daß die Bibel auch vom *„Herzen Gottes"* spricht. Schon in der Noach-Geschichte heißt es: „Da reute es den Herrn, auf der Erde den Menschen gemacht zu haben, es tat seinem Herzen weh" (Gen 6,6). „Die Pläne seines Herzens überdauern die Zeiten" (Ps 33,11). Gott hat sein Volk „ins Herz geschlossen" und deshalb auserwählt (Dtn 7,7; vgl. 10,15); er gibt ihm „Hirten nach seinem Herzen" (Jer 3,15). Vom Neuen Testament her sind mit dem „Herzen Gottes" die „Tiefen Gottes" gemeint, die nur der Geist Gottes ergründet (1 Kor 2,10). Aus diesen Tiefen entspringt sowohl der gerechte, den Menschen zur Umkehr führende Zorn Gottes, als auch sein immer noch größeres Erbarmen (I,50; II,63f). Wir werden auf diese Texte ausführlich zurückkommen.

> „Herz Gottes" bezeichnet die Tiefe der Liebe Gottes, in der alle Verhaltensweisen Gottes dem Menschen gegenüber ihren Ursprung haben.

Im Neuen Testament entspricht dem „Herzen" Gottes das „Innere" Jesu: „Aus seinem *Inneren* werden Ströme von lebendigem Wasser fließen. Damit meinte er den Geist, den alle empfangen sollten, die an ihn glauben; denn der Geist war noch nicht gegeben, weil Jesus noch nicht verherrlicht war" (Joh 7,38f). Das Herz Jesu ist der Ursprung seines Heiligen Geistes und damit alles dessen, was er uns gibt (Joh 4,14; 19,34). Im Herzen Jesu wird zugleich die innigste Beziehung der Liebe offenbar, die er zwischen Gott und uns stiftet: „Ich in ihnen und du in mir ... damit die Liebe, mit der du mich geliebt hast, in ihnen ist und damit ich in ihnen bin" (Joh 17,23.26). Im Herzen Jesu wird das „Herz der unbegreiflichen Dreifaltigkeit" (Johannes Paul II., DEV 39) offenbar.

### 3. Die „Gemeinschaft im Geist" als Zugang zum Herzen Gottes

**50** Jesus hat seinen Jüngern verheißen, daß der Heilige Geist nach seinem Fortgang „für immer" bei ihnen bleiben wird. Er kommt aus den „Tiefen" (1 Kor 2,10), aus dem Herzen Gottes und führt die Jünger zu ihm zurück:

> *„Ich werde den Vater bitten, und er wird euch einen anderen Beistand geben, der* für immer *bei euch bleiben soll. Es ist der Geist der Wahrheit, den die* Welt *nicht empfangen kann, weil sie ihn nicht sieht und nicht kennt. Ihr aber kennt ihn, weil er bei euch bleibt und in euch sein wird" (Joh 14,16f).*
>
> *„Wir haben* Gemeinschaft *mit dem Vater und mit seinem Sohn Jesus Christus" (1 Joh 1,3).*

Mit „sehen" und „kennen" ist gemeint, daß die Jünger die vom Heiligen Geist gewirkte *Gemeinschaft* mit Jesus und untereinander in ihrem Herzen wahrnehmen werden: „Brannte uns nicht das *Herz,* als er unterwegs mit uns redete und uns den Sinn der Schrift erschloß?" (Lk 24,32). Der von Gott abgewandten „Welt" ist diese innere Wahrnehmung verschlossen: Sie kann den Heiligen Geist nicht „sehen", das heißt „erfahren".

Die Grunderfahrung der Urgemeinde war, daß der Heilige Geist in „unser Herz" gesandt ist (Gal 4,6; Röm 5,5) und aus dieser Tiefe heraus in uns betet. Zugleich verbindet er die Mitglieder der Gemeinde so eng miteinander, daß sie „ein Herz und eine Seele" sind (Apg 4,32). So haben sie untereinander die „Gemeinschaft des Heiligen Geistes" (2 Kor 13,13) erfahren, die *zugleich* „Gemeinschaft mit dem Vater und mit seinem Sohn Jesus Christus" ist (1 Joh 1,3; I,55-58):

> Die Wirklichkeit des Heiligen Geistes wird in ähnlicher Weise im Herzen wahrgenommen wie die Liebe und Gemeinschaft unter Menschen (II,35).

Man kann den Heiligen Geist deshalb nicht bildlich darstellen (die Taube oder feurige Zungen sind nur Symbole). Es ist angemessen und notwendig, Jesus Christus als einen Menschen abzubilden. Es wäre jedoch völlig verfehlt, sich den Heiligen Geist als einen Menschen vorzustellen, obwohl er auch „Beistand" und „Fürsprecher" genannt wird (Joh 14,16.26): Er ist nicht Mensch geworden, sondern „wohnt" im Menschen wie in einem Tempel (1 Kor 6,19). Er ist zugleich zwischen den Gliedern der Kirche so wirksam, daß er menschliche Formen von Gemeinschaft läutert und intensiviert (1 Petr 2,5).

---

Jesus ist Gott *für* den Menschen, der Heilige Geist ist Gott *im* Menschen und *zwischen* Menschen (vgl. EvEK 409).

---

### 4. *Grundworte des Neuen Testamentes*

**51** Im Neuen Testament kommt der Ausdruck „Herz Gottes" nicht vor. Die damit gemeinte Tiefe Gottes tritt jedoch in dem Person-Wort „Wir" in Erscheinung, das bei Johannes an einigen Stellen auf das exklusive Ich-Du-Verhältnis zwischen Jesus und dem Vater angewandt wird. Die folgenden Texte führen uns zugleich in die Tiefen menschlich-personaler Erfahrung:

---

*„Ich und der Vater,* wir *sind eins" (Joh 10,30).*

*„Wenn jemand mich liebt, wird er an meinem Wort festhalten; mein Vater wird ihn lieben, und* wir *werden zu ihm kommen und bei ihm wohnen" (Joh 14,23).*

*„Alle sollen eins sein: Wie* du, *Vater, in mir bist und* ich *in* dir *bin, sollen auch sie in* uns *sein; ... sie sollen eins sein, wie* wir *eins sind" (Joh 17,21f).*

---

In diesen Texten drückt das Neue Testament die Gemeinschaft von Vater und Sohn „vor der Erschaffung der Welt" (Joh 17,24) mit Hilfe der persönlichen „Für-Wörter" „Ich", „Du" und „Wir" aus. In ihnen spricht der Mensch nicht *über* sich, sondern macht sich selbst *gegenwärtig,* und zwar in seiner *Beziehung* zu sich selbst und zu anderen. Deshalb stehen sie „für" die Person und ihre jeweiligen Beziehungen. Man nennt sie deshalb auch Person-Worte. Im folgenden wird sich zeigen, daß „Ich-Du" und „Wir" deutlich unterschiedene Urweisen personalen Sich-Verhaltens sind.

**52** Es entspricht dem vom Heiligen Geist inspirierten Wort Gottes, wenn wir im folgenden versuchen, mit Hilfe der Person-Worte das Geheimnis der göttlichen Dreieinigkeit auszusagen. Dabei sprechen wir nicht *über* Gott im Sinne einer philosophischen Gotteslehre, sondern *von Gott her:* Wir versuchen, das Wort Gottes über sich selbst, in dem er selbst anwesend ist, nachzusprechen und zu unserer menschlichen Erfahrung in Beziehung zu setzen. Weil Gott „in sich Gemeinschaft ist, darum hat er auch den Menschen, sein ‚Ebenbild‘, geschaffen als ein Wesen, das auf Gemeinschaft hin angelegt ist" (EvEK 411). Indem der Heilige Geist uns die Tiefe des göttlichen Herzens offenbart, eröffnet er uns einen Zugang zu den Tiefen menschlicher Erfahrung:

1. Die biblisch-kirchlichen Aussagen über die innergöttliche Gemeinschaft sind nicht abstrakt zu glaubende Wahrheiten, sondern offenbaren dem Menschen seine tiefsten personalen Beziehungen.

2. Die *Unähnlichkeit* zwischen göttlicher und menschlicher Gemeinschaft ist unendlich größer als jede *Ähnlichkeit.*

Wir werden deshalb nicht nur an Grenzen des Erkennens, sondern auch an sprachliche Grenzen stoßen und müssen mehr aussagen, als wir verstehen können!

### 5. Die innergöttliche Begegnung und Gemeinschaft

**53** Im Alten Bund hat Jahwe sich vor allem in dem Person-Wort „Ich" geoffenbart und dem Menschen gegenwärtig gemacht. In seinem Namen offenbart er sein innerstes, den Menschen zugewandtes Wesen: Er war immer für sie da und wird immer für sie dasein. Er ist nicht eine unpersönliche Macht, sondern er zeigt sich uns in persönlicher Zuwendung:

*„Da antwortete Gott dem Mose: Ich bin der ‚Ich-bin-da‘.*
*Und er fuhr fort: So sollst du zu den Israeliten sagen: Der*
*‚Ich-bin-da‘ hat mich zu euch gesandt" (Ex 3,14).*

> *„Ich bin Jahwe, ich, und außer mir gibt es keinen Retter"*
> *(Jes 43,11).*
>
> *„Jetzt seht: Ich bin es, nur ich, und kein Gott tritt mir*
> *entgegen. Ich bin es, der tötet und der lebendig macht, ich*
> *habe verwundet; nur ich werde heilen" (Dtn 32,39).*

Der immer wiederkehrende Ausdruck „Ich bin Jahwe" (vgl. Gen 28,13.15; Ex 6,2.29; Ez 20,5; Ps 81,11 u.ö.) wird auch als die alttestamentliche Offenbarungsformel bezeichnet. In ihr kommt zum Ausdruck, daß Jahwe für sein Volk da ist.

An einigen Stellen des Neuen Testamentes gebraucht Jesus ebenfalls diese Formel, um zu bezeugen, daß er mit dem Gott des Alten Bundes auf gleicher Stufe steht:

> *„Wenn ihr nicht glaubt, daß ich (es) bin, werdet ihr in*
> *euren Sünden sterben" (Joh 8,24; vgl. Joh 8,28; 13,13).*

Mit diesen Worten offenbart Jesus jedoch zunächst nicht sich selbst, sondern den Vater, der ihn gesandt hat (Joh 8,26f): Er bezeugt, daß er zu Jahwe in einem einzigartigen, göttlichen Ich-Du-Verhältnis steht (Joh 17,21f): „Der Vater liebt mich, weil ich mein Leben hingebe", und daran soll die Welt erkennen, „daß ich den Vater liebe" (Joh 10,17; 14,31). Versuchen wir deshalb zunächst, die Bedeutung der Person-Worte „Ich" und „Du" näher zu erschließen.

**54** Vielleicht ist es Dir schon einmal so ergangen: Du hast an eine Zimmertür geklopft. Von innen kam die Frage: „Wer ist da?", und Du hast spontan geantwortet: „Ich." Diese Auskunft ist genauer als die Angabe des Namens, denn „Paul" oder „Peter" können viele Menschen heißen. „Ich" aber kannst nur Du als dieser ganz bestimmte Mensch sagen, der hier und jetzt angeklopft hat. Die vollständige Antwort würde lauten: „Ich bin da." In dieser Antwort sind folgende Aspekte enthalten:

1. *Anwesenheit.* Wenn ich „Ich" sage, erzähle ich nicht etwas *über* mich, sondern ich gehe ein in dieses Wort und bringe meine Anwesenheit zum Ausdruck: Das Person-Wort „Ich" steht „für" meine Person, die hier und jetzt da ist.

2. *Ganzheit.* Ich bin da als ganzer Mensch: nicht nur mit meinem Leib oder meinem Geist, sondern mit allem, was ich bin und habe („Ich" ist in den biblischen Sprachen mit „Leib", „Geist" und „Herz" austauschbar).

3. *Einmaligkeit.* Auf die Frage: „Wer ist da?" kann nur ich selbst mit „Ich" antworten. Niemand kann dieses Wort an meiner Stelle sagen. Die vollständige Antwort würde lauten: „Ich bin da und kein anderer." Sie enthält den Ausschluß aller anderen Personen und bringt eine letzte *Einsamkeit* zum Ausdruck: In meiner Einmaligkeit habe ich nichts mit anderen gemeinsam.

Die alttestamentliche Form der Selbstoffenbarung Gottes enthält ebenfalls diese Aspekte:

1. In seinem Namen „Ich-bin-da" bezeugt Jahwe, daß er in der Geschichte seines Volkes immer anwesend war und immer anwesend sein wird.

2. In dem Person-Wort „Ich" macht Gott sich anwesend mit seinem ganzen Herzen und mit der Fülle seiner Lebensäußerungen (Heiligkeit, Güte, Gerechtigkeit, Zorn, Erbarmen).

3. Die betonenden Ich-Aussagen Jahwes bringen zum Ausdruck: Er allein ist Gott und kein anderer.


**55** Was geschieht demgegenüber, wenn Du in personaler Zuwendung zu einem anderen (zu einem Freund, Deiner Frau, Deinem Mann) „Du" sagst? Du machst Dich dann nicht nur anwesend als diese bestimmte einmalige Person, sondern bringst Deine *Beziehung* zum anderen zum Ausdruck. Im einzelnen enthält das Person-Wort „Du" folgende Aspekte:

1. *Selbstüberschreitung.* Du gehst auf den anderen zu in der Erwartung, daß er Deine Ich-Einsamkeit sprengt. Du bist Deinem innersten Wesen nach auf Gemeinschaft hin angelegt: Du liebst es, geliebt zu werden und andere zu lieben.

2. *Wechselseitige Beziehung.* In dieser Selbstüberschreitung bist Du bereit, dem anderen Dein Innerstes, Dein Herz, zu öffnen, und erwartest dasselbe auch von ihm. So kann es zu einer inneren Begegnung kommen (II,35).


**56** Wenn Jesus bei Johannes sagt: „Wie *du*, Vater, in *mir* bist und *ich* in *dir* bin" (Joh 17,21), dann zeigt sich hier eine gewisse *Ähnlichkeit* mit den Aspekten der menschlichen Ich-Du-Beziehung und Begegnung:

1. *Selbstüberschreitung.* Die biblischen Aussagen über die „Tiefe" und das „Herz" Gottes machen deutlich: Es gehört zu seinem innersten Wesen, sich selbst zu überschreiten.

> „Gott bleibt nicht als der Einsame bei sich, sondern er geht aus sich heraus, er überschreitet sich selbst. Er, der in sich ein lebendiges ‚*Wir*' ist, begründet damit die Gemeinschaft der Menschen. Der Heilige Geist ist die Kraft dieser göttlichen Selbstüberschreitung (Selbsttranszendenz), die in der Bibel seine Liebe genannt wird" (EvEK 902f).

Diese Aussagen sind von großer theologischer und spiritueller Bedeutung. Wenn es in der Bibel heißt: „Gott ist die Liebe" (1 Joh 4,8.16), dann ist damit auch die zweifache *innergöttliche* Selbstüberschreitung gemeint, die sich im Hervorgang des Sohnes aus dem Vater (Joh 8,42; 17,24) und des Heiligen Geistes aus beiden (Joh 14,16; 15,26) zeigt. Der Geist Gottes ist die *Dynamik* der innergöttlichen Selbstüberschreitung, die das göttliche „Wir" begründet[4], in ähnlicher Weise wie die Dynamik der menschlichen Liebe zum menschlichen „Wir" hinführt.

2. *Wechselseitige Beziehung.* Sie kommt in den neutestamentlichen Texten deutlich zum Ausdruck: Das Wort „Vater" drückt aus, daß er Person ist in seiner Beziehung zum Sohn. Das Wort „Sohn" macht deutlich, daß er Person ist in seiner Beziehung zum Vater. Der Heilige Geist ist Person durch die gemeinsame Beziehung von Vater und Sohn zu ihm und seine Rückbeziehung zu beiden zugleich (DS 528,532): Der Heilige Geist „hat" nicht eine andere Beziehung zum Vater als zum Sohn: Er ist aus beiden hervorgegangen und auf beide zurückbezogen. In seiner Person wird für uns offenbar, daß Gott auf unaussprechliche Weise „Gemeinschaft" ist. Dies soll nun noch einmal bedacht werden.

> Gott ist seinem Wesen nach ewige Begegnung (zwischen Vater und Sohn) und Gemeinschaft (im Heiligen Geist).

### 6. Der Heilige Geist: Ausdruck des göttlichen „Wir"

**57**  Im Neuen Testament wird mit dem Wort „Geist" sowohl das eine göttliche Wesen ( = Herz) bezeichnet (Joh 4,24) als auch die dritte göttliche Person. Diese tritt in dem Person-Wort „Wir" in Erscheinung. Im Hinblick darauf ist zwischen zwei Gruppen von Wir-Aussagen Jesu zu unterscheiden:

1. Wir-Aussagen Jesu, in denen im Sinne der Alltagssprache andere Menschen *eingeschlossen* sind: „Steht auf, laßt uns gehen" (Mk 14,42; vgl. Mt 26,46). „Lazarus, *unser* Freund schläft" (Joh 11,11). Im Gespräch mit der Samariterin schließt Jesus sich ausdrücklich mit den Juden zusammen: „Ihr betet an, was ihr nicht kennt, *wir* beten an, was wir kennen; denn das Heil kommt von den Juden" (Joh 4,22).

2. Wir-Aussagen Jesu, in denen er sich mit seinem Vater zusammenschließt, alle anderen Menschen aber *ausschließt*. Es gibt keine einzige Stelle im Neuen Testament, in der Jesus sich in seinem Verhältnis zu seinem Vater auf die Seite aller übrigen Menschen stellt. Er sagt nicht: „Laßt *uns* beten: Unser Vater im Himmel", sondern: „So sollt *ihr* beten" (Mt 6,9). Mit lückenloser Gesetzmäßigkeit spricht Jesus von „eurem himmlischen Vater" und niemals von „unserem himmlischen Vater" (Mt 5,48; 6,32; 7,11; 10,20; 20,23 usw.)! Das Wort des Auferstandenen an Maria Magdalena lautet nicht: Ich gehe hinauf zu „unserem" Vater, sondern mit unverkennbarer Betonung: „Ich gehe hinauf zu *meinem* Vater und zu *eurem* Vater, zu *meinem* Gott und zu *eurem* Gott!" (Joh 20,17).

**58**  Zu dieser zweiten Gruppe gehören auch die oben (II,51) zitierten Aussagen Jesu. Mit „Wir" ist hier in einem absolut exklusiven Sinne gemeint: *Der Vater und ich.* In diesem Gebrauch des Person-Wortes „Wir" steht Jesus in göttlicher, einzigartiger Gemeinschaft mit dem Vater allen anderen Menschen *gegenüber*. Die Zusage „*Wir* werden kommen" (Joh 14,23) ist eingefaßt in die Verheißung des Heiligen Geistes, den die Welt „nicht sieht und nicht kennt" und der die Jünger an alles „erinnern" wird, was Jesus gesagt hat (Joh 14,17.26).

Besonders wichtig ist die Verheißung, daß nicht nur der Vater auf die Bitte Jesu hin den Heiligen Geist geben wird (Joh 14,16), sondern auch der Sohn „vom Vater her" (Joh 15,26). Vater, Sohn und Heiliger Geist verhalten sich also nicht wie drei „Götter" zueinander: Sie treten nicht so in Beziehung wie drei menschliche Personen, die vor ihrer Begegnung nichts miteinander zu tun hatten. Vielmehr geht der Sohn aus dem Vater hervor und der Heilige Geist aus beiden. Vater und Sohn vereinigen sich beim Hervorgang des Sohnes zu einem einzigen Wir-Akt. Dadurch ist die Vorstellung von „drei Göttern" ausgeschlossen.[5]

Der Heilige Geist ist nicht ausschließlich der Geist des Vaters und nicht ausschließlich der Geist des Sohnes, sondern der Geist beider: Er ist „unser Geist". Im Heiligen Geist kommen *beide* gleichzeitig zu uns:

> *„Wenn jemand* mich *liebt, wird er an* meinem *Wort festhalten; mein* Vater *wird ihn lieben, und* wir *werden zu ihm kommen und bei ihm wohnen" (Joh 14,23).*

Halten wir deshalb nochmals fest:

1. Im Alten Testament offenbart sich der Vater in dem Person-Wort *„Ich"* als der einzige Gott (II,53). Er duldet keine anderen „Götter" neben sich, die von Menschen geschaffen sind.

2. Im Neuen Testament offenbart der Vater seinen „Sohn" als sein ewiges *„Du"*. Beide stehen in ewiger Begegnung in einem *Ich-Du-Verhältnis* zueinander: „Ich in dir und du in mir" (Joh 17,21).

3. Im Hervorgang des Heiligen Geistes vereinigen sich Vater und Sohn zu einem einzigen *Wir-Akt*. Der Heilige Geist ist der „Ausdruck" dieses Wir-Aktes, gleichsam das göttliche „Wir" in Person (siehe Abbildung S. 326):

> Der Heilige Geist ist der Ausdruck der Wir-Vereinigung von Vater und Sohn. Er ist aus *beiden* hervorgegangen und aufgrund dieses Ursprungs in *beiden* zugleich gegenwärtig und wirksam.

*Die innergöttliche Vereinigung*
*von Ich und Du zum Wir*

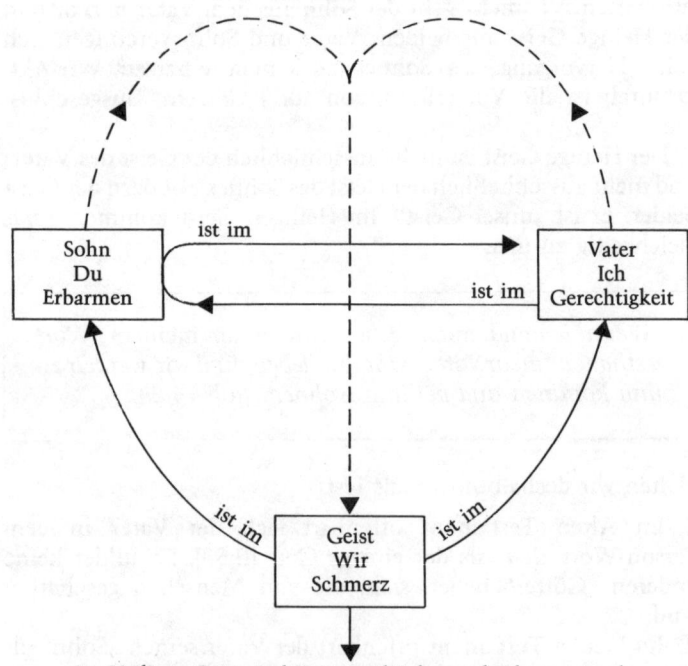

Im Heiligen Geist sind Vater und Sohn zugleich anwesend,
zeigt sich uns das eine göttliche Herz.

Der „Bund" ist das Angebot Gottes, den Menschen
teilhaben zu lassen an der ewigen Begegnung zwischen
dem „Vater" (dem göttlichen „Ich") und dem „Sohn" (dem
göttlichen „Du") im Heiligen Geist.

**59** Versuchen wir, diese Selbstoffenbarung der göttlichen
Dreieinigkeit näher zu erschließen, indem wir nach dem Gehalt
des Person-Wortes „Wir" fragen. Von besonderer Bedeutung ist:
Wir sagen „wir" nicht *wechselseitig* zueinander. In diesem
Person-Wort kommt vielmehr die *Gemeinsamkeit* zwischen Ich
und Du zum Ausdruck: *Wir* machen einen Spaziergang, *wir*

besuchen eine Ausstellung. Es ist ein Unterschied, ob ich ein Bild allein anschaue oder gemeinsam mit anderen: Jeder entdeckt andere Seiten, die unterschiedlichen Sichtweisen ergänzen einander. An diesem Beispiel wird auch deutlich: Bei der Wir-Vereinigung stehen Personen sich nicht Auge in Auge *gegenüber* wie in der Ich-Du-Begegnung; sie richten sich vielmehr *gemeinsam* auf etwas Drittes. Beide Urweisen personalen Sich-Verhaltens sind deutlich voneinander unterschieden.

In der Hochform menschlicher Begegnung, in der Ehe, sind diese beiden Urweisen eng miteinander verbunden: Der Ehebund wird zunächst *wechselseitig* angeboten und angenommen (die Frau sagt ja zum Mann, und der Mann sagt ja zur Frau). Der daraus hervorgehende *Bund* aber ist nicht exklusiv „mein" oder „dein", sondern immer *unser* Bund! In gleicher Weise ist das aus der geschlechtlichen Vereinigung hervorgehende Kind nicht exklusiv „mein" oder „dein", sondern immer *unser* Kind. In der Zeugung des Kindes überschreiten sich Mann und Frau und verschmelzen zu *einem einzigen Wir-Akt!* Das Kind ist der leibhafte Ausdruck des elterlichen Wir-Aktes, das zur Person gewordene „Wir" der Eltern. Aus den Ur-Beziehungen in der Familie entspringen alle weiteren zwischenmenschlichen Beziehungen.

**60**  In der Erzählung über die Erschaffung des Menschen wird deutlich, daß Mann und Frau in ihrer Beziehung zueinander Abbild Gottes sind: „Gott schuf also den Menschen als sein Abbild; als Abbild Gottes erschuf er ihn. Als Mann und Frau erschuf er sie. Gott segnete sie, und Gott sprach zu ihnen: Seid fruchtbar, und vermehrt euch" (Gen 1,27f). Wenn wir alle geschlechtlichen Unterschiede außer acht lassen, zeigt sich vom Neuen Testament her eine entfernte „Ähnlichkeit" zwischen dem Geheimnis der göttlichen Dreieinigkeit und dem Verhältnis Vater – Mutter – Kind (siehe Abbildung Seite 328): Das Kind ist der Ausdruck der Wir-Vereinigung von Vater und Mutter. Es ist aus beiden hervorgegangen und hat aufgrund dieses Ursprungs eine biologisch-geistige Beziehung zu beiden.

**61**  Dieses „Bild und Gleichnis" macht zugleich offenbar: Der Mensch hat „die Fähigkeit zur *personalen Beziehung mit Gott,* als ‚ich' und ‚du', und so die Fähigkeit, *einen Bund mit ihm zu schließen,* zu dem es durch die heilschaffende Selbstmitteilung

327

*Die geschlechtliche Vereinigung von Mann und Frau zum Wir*

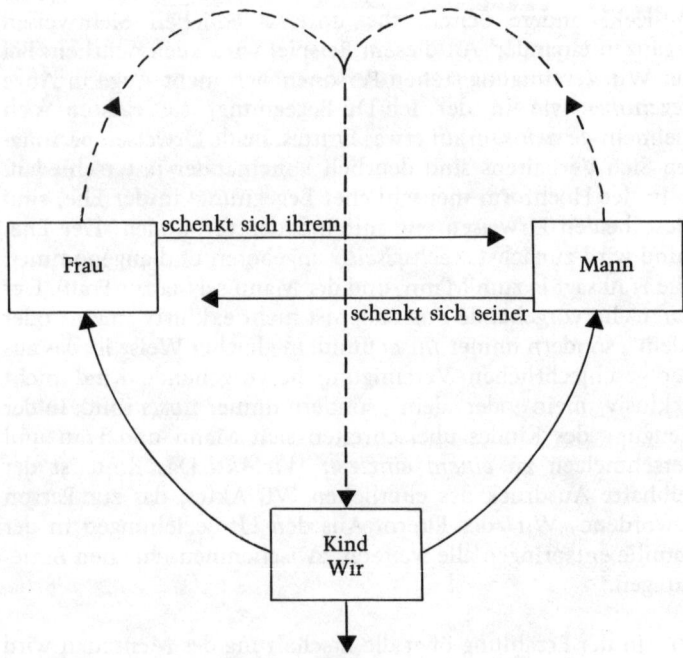

Im Kind sind Vater und Mutter zugleich anwesend. Es hat deshalb eine
Beziehung zu beiden zugleich.

Gottes an den Menschen kommen wird. Auf dem Hintergrund
jenes ‚Bildes und Gleichnisses‘ Gottes bedeutet das ‚Geschenk
des Geistes" schließlich die *Berufung zur Freundschaft,* bei der
sich die transzendenten ‚Tiefen Gottes‘ gleichsam öffnen, damit
der Mensch daran teilhaben kann" (Johannes Paul II., DEV 34).

# V. Der Schmerz Gottes

## 1. Grundlegende Aussagen

**62** Der Mensch hat das Angebot Gottes zum Bund „von Anfang an" (dies ergibt sich in einer Rückschau vom Neuen Testament her) nicht angenommen. Wir werden später noch sehen, daß die Sünde des Menschen sich in einer aus Mißtrauen und Angst hervorgehenden Zurückweisung der Gemeinschaft mit Gott zeigt. In dem folgenden Text aus der Enzyklika Johannes Pauls II. über den Heiligen Geist wird gezeigt, wie Gott auf diese Zurückweisung „reagiert". Diese Aussagen sind für eine „Erneuerung" des Gottesbildes und eine Neu-Evangelisierung von großer Bedeutung. Sie eröffnen völlig neue Aspekte, sind jedoch theologisch noch nicht reflektiert. Es ist nicht Aufgabe dieses Glaubensseminars, sie in ihrer Breite und Tiefe zu erörtern. Deshalb sei der Text der Enzyklika zunächst ausführlicher zitiert. Er bezieht sich auf Joh 16,8: „Und wenn er [der Heilige Geist] kommt, wird er die Welt überführen (und aufdecken), was Sünde, Gerechtigkeit und Gericht ist".

**63** „Es ist nicht möglich, das Böse der Sünde in seiner ganzen *schmerzhaften* Wirklichkeit zu erfassen, ohne ,die Tiefen Gottes zu ergründen' ... Sollte dieses ,der Sünde Überführen" demnach nicht auch die *Aufdeckung des Leidens* bedeuten? Das Aufdecken des unfaßbaren und unaussprechlichen *Schmerzes*, den die Heilige Schrift in ihrer anthropomorphen Sicht wegen der Sünde in den ,Tiefen Gottes' und gewissermaßen sogar im *Herzen der unbegreiflichen Dreifaltigkeit* zu sehen scheint? Die Kirche, von der Offenbarung inspiriert, glaubt und bekennt, daß die Sünde eine Beleidigung Gottes ist. Was entspricht im unergründlichen *Innern* des Vaters, des Wortes und des Heiligen Geistes dieser Beleidigung, dieser Zurückweisung des Geistes, der Liebe und Geschenk ist? Der Begriff von Gott als des unbedingt vollkommenen Wesens schließt ganz gewiß jeden Schmerz von Gott aus, der aus einem Mangel oder einer Verletzung käme; aber es gibt in den ,Tiefen Gottes' eine Liebe des Vaters, die angesichts der Sünde des Menschen so stark *reagiert*, daß es in der Sprache der Bibel sogar heißt: ,Es reut mich, den Menschen gemacht zu haben' (vgl. Gen 6,7) ... Aber viel öfter spricht uns die Heilige Schrift von einem Vater, der

*Mitleid mit den Menschen hat, gleichsam als teile er seinen Schmerz.* Schließlich wird dieser unergründliche und unsagbare ‚Schmerz' des Vaters vor allem das wunderbare Heilswerk der erlösenden Liebe in Jesus Christus hervorbringen" (DEV 39). „Wenn die Sünde das Leiden hervorgebracht hat, so hat der *Schmerz Gottes* nun im gekreuzigten *Christus* durch den *Heiligen Geist* seinen vollen menschlichen Ausdruck gewonnen. Wir haben hier ein paradoxes Geheimnis der Liebe: *In Christus leidet Gott, der von seiner eigenen Schöpfung zurückgewiesen wird*" (DEV 41).

**64** Diese Aussagen sind von kaum zu überschätzender theologiegeschichtlicher Bedeutung. Nicht das Antlitz des „leidensunfähigen Gottes" der antiken Philosophie schaut uns hier an (II,42f), sondern das *dreifaltige Antlitz* des Gottes, den Jesus Christus verkündet hat. In dem Satz: „In Christus leidet Gott" ist gemeint, daß der *Schmerz Gottes* über die Zurückweisung seines Bundes im gekreuzigten Christus seinen vollen *menschlichen* Ausdruck findet: Jesus Christus ist die „Inkarnation des Erbarmens" (Johannes Paul II.,DIM 2 u.8), und er erleidet seinen Schmerz in der Kraft des Heiligen Geistes.

Der „Vater" *reagiert* auf die Sünde der Menschen mit Schmerz, Mitleid und Erbarmen. Wir werden später noch zeigen, daß die Sünde ihrem Wesen nach Beziehungsstörung ist: Störung der Beziehung des Menschen zu Gott, zu sich selbst und zu anderen Menschen (II,88-95; vgl. I,71,146ff). Der Mensch kann sich aus diesen Beziehungsstörungen nicht selbst befreien. Deshalb nahm der „Sohn" im Gehorsam bis zum Kreuz (Phil 2,8) den Schmerz dieser Beziehungsstörungen auf sich, um uns von ihnen zu befreien. Er vollzog seine erlösende Hingabe an den Vater „kraft ewigen Geistes" (Hebr 9,14). „Das bedeutet, daß der Heilige Geist in besonderer Weise bei dieser vollkommenen Selbsthingabe des Menschensohnes mitgewirkt hat, um das Leiden in *erlösende Liebe* zu verwandeln ... Der Heilige Geist als Liebe und Gnadengeschenk versenkt sich gewissermaßen in die *Herzmitte* jenes Opfers, das am Kreuz dargeboten wird" (Johannes Paul II., DEV 40f).

Diese Aussagen können Grundlage einer „neuartigen" Verkündigung und Evangelisierung sein sowie einer katholischen „Theologie des Kreuzes", die auch von großer ökumenischer Bedeutung ist: „‚Theologie des Kreuzes' heißt: Gott im gekreuzigten Christus erkennen ... *In Christus erschließt Gott sein Herz für uns* ... Für Luther kommt alles darauf an, daß uns in Christus wirklich Gott begegnet; deshalb lehnt er jede Aufspaltung von Gottheit und Menschheit in Christus ab. In Christus haben wir den ganzen Gott, und der *ganze* Christus, wahrer Gott und Mensch, hat für uns gelitten und ist für uns gestorben" (EvEK 971; vgl. 481).

65   Im Hinblick auf eine Neu-Evangelisierung kann die Erlösungstat Gottes in folgender „Kurzformel" zusammengefaßt werden:

---

1. Sünde ist die Zurückweisung der von Gott angebotenen Bundesgemeinschaft. Sie hat eine Störung der Beziehung des Menschen zu Gott, zu sich selbst und zu anderen Menschen zur Folge (I,146).

2. Gott, der „Vater", reagiert auf die Sünde der Menschen mit Schmerz, Mitleid und Erbarmen. Weil der Mensch sich aus seinen Beziehungsstörungen nicht selbst befreien kann, stiftet er in seinem Sohn Jesus Christus einen „Neuen Bund".

3. Der „Sohn" hat im Kreuzesgeschehen alle Beziehungs-störungen der Menschen und ihre Folgen ein für allemal durchlitten und so eine neue Gemeinschaft der Menschen untereinander und mit Gott gestiftet.

4. Der Heilige Geist war die Kraft der Hingabe des Sohnes an den Vater. Er führt die Glaubenden zur Reue über den Schmerz Gottes (I,62,80) und macht den „Neuen Bund" in ihnen und zwischen ihnen gegenwärtig.

---

### 2. Das Verhältnis von Gottes Gerechtigkeit und Gottes Erbarmen

66   Um den Schmerz Gottes zu beschreiben, ist noch einmal das Verhältnis von Gottes Gerechtigkeit und Gottes Erbarmen zu bedenken (I,45-52). Beide Verhaltensweisen Gottes sind

Ausdruck seines Bundeswillens und seiner Bundestreue, stehen aber in einer inneren Spannung zueinander.

Das Alte Testament kennt einen eigenen Ausdruck für das bundesgemäße Verhalten Gottes zu seinem Volk (chesed), der mit Güte, Treue, Huld nur unzureichend wiedergegeben ist:

> *„Jahwe, dein Gott, ... ist der treue Gott; noch nach tausend Generationen achtet er auf den Bund und erweist denen seine Huld (chesed), die ihn lieben und auf seine Gebote achten. Denen aber, die ihm feind sind, vergilt er sofort und tilgt einen jeden aus" (Dtn 7,9f).*

Das bundesgemäße Verhalten des Volkes ist im Liebesgebot zusammengefaßt:

> *„Höre Israel! Jahwe, unser Gott, Jahwe ist einzig. Darum sollst du den Herrn, deinen Gott, lieben aus ganzem Herzen, mit ganzer Seele und mit ganzer Kraft" (Dtn 6,4f).*

Die Gemeinschaft, die Gott seinem Volk in freier Huld und in Treue zu sich selbst gewährt, hat auch rechtliche Strukturen: Gott verpflichtet sich, für das Volk dazusein, und er verpflichtet das Volk, die Gebote zu halten. Entscheidend aber ist: Gott hat sein Volk „ins Herz geschlossen und auserwählt" (Dtn 7,7), das Volk soll im Halten der Gebote die Antwort des Herzens geben. Die Verehrung anderer Götter, der Bundesbruch, wird deshalb mit dem Ehebruch verglichen (II,33). Das bundesgemäße Verhalten Gottes zu seinem Volk zeigt sich vor allem als Gerechtigkeit und als Erbarmen.

1. Gott offenbart seine *Gerechtigkeit* auf vielfältige Weise. Sie ist
- strafende Gerechtigkeit im Verhältnis zum Sünder: „Gegen dich allein habe ich gesündigt, ich habe getan, was dir mißfällt. So behältst du recht in deinem Urteil, rein stehst du da als Richter" (Ps 50,6; vgl. Jes 5,16; 10,22; 28,17; Am 5,20).
- rettende Heilstat Gottes: „Herr, deine Güte reicht, so weit der

Himmel ist, deine Treue, so weit die Wolken ziehn. Deine Gerechtigkeit steht wie die Berge Gottes, deine Urteile sind tief wie das Meer" (Ps 36,6; vgl. Jes 46,12; 56,1; 61,10).
– Aufforderung zur sozialen Gerechtigkeit: „Er [Gott] verschafft Waisen und Witwen ihr Recht. Er liebt die Fremden und gibt ihnen Nahrung und Kleidung" (Dtn 10,18).

> Die Gerechtigkeit Gottes zeigt sich in der Treue Gottes zu sich selbst und in seiner Selbstverpflichtung, dem Bund treu zu bleiben.

2. Das *Erbarmen* Gottes kommt vor allem in dem Wort „rachamim" zum Ausdruck, das ebenfalls schwer übersetzt werden kann. Es kommt aus einer sprachlichen Wurzel (rechem), die „Mutterschoß" bedeutet und enthält die Bedeutungen Liebe, Güte, Zärtlichkeit, Zuwendung, Verständnis: Die Mutter lebt mit ihrem Kind vor der Geburt in einer einzigartig engen Beziehung, sie gibt ihm Leben von ihrem Leben, Wärme und Geborgenheit. Diese „mütterlichen" Gefühlswerte schwangen mit, wenn der Hebräer von dem „barmherzigen" Gott sprach. Sie werden auch auf das „väterliche" Verhalten Gottes zu seinem Volk übertragen (Ps 103,13). Wenn das Alte Testament die Liebe Gottes zu seinem Volk mit der elterlichen Liebe vergleicht, steht nicht seine strafende Gerechtigkeit im Vordergrund, sondern sein Erbarmen. Es entspringt – unendlich mehr als bei den Eltern – einer „inneren Notwendigkeit", einem „Zwang des Herzens" (Johannes Paul II., DIM, Anm. 52).

> Das Erbarmen Gottes zeigt sich in seiner Liebe, mit der er sich um sein Volk sorgt, nachdem es den Bund mit ihm gebrochen hat.

67 „Schmerz Gottes" meint in dem oben zitierten Text (II,63) zunächst „Mitleid mit dem Menschen". Diesem Mitleid entspricht in Gott selbst eine Spannung zwischen seinem Zorn und seinem Erbarmen: „Mein Herz wendet sich gegen mich, mein

Mitleid (wörtlich: mein Mutterschoß) lodert auf. Ich will meinen glühenden Zorn nicht vollstrecken und Efraim nicht noch einmal vernichten" (Hos 11,8f). Gott läßt uns hier gleichsam in sein Herz schauen. Er ist nicht der starre, unbewegte, „leidensunfähige" Gott der antiken Philosophie, sondern Liebe, die sich von der Untreue der Menschen bewegen läßt: Ohne die Hinwendung zu ihm sind sie hilflos den selbst gemachten Göttern ausgeliefert, die nicht retten und helfen können (Hos 13,1-4). Der Zorn Gottes ist Ausdruck seines bleibenden Bundeswillens, seiner Gerechtigkeit, mit der er leidenschaftlich um die Liebe seines Volkes kämpft (Hos 2,21; II,33).

Der Schmerz Gottes zeigt sich im Widerstreit zwischen seiner Gerechtigkeit (seinem Zorn) und seinem Erbarmen (I,46):

---

„Sie haben meine Eifersucht geweckt durch einen Gott, der kein Gott ist, mich zum Zorn gereizt durch ihre Götter aus Luft" (Dtn 32,21).

„Hat Gott vergessen, gnädig zu sein, im Zorn sein Erbarmen verborgen?" (Ps 77,10; vgl. Hab 3,2)

„Der Zorn des Herrn entbrannte gegen sein Volk ... Er gab sie in die Hand der Völker, und die sie haßten, herrschten über sie ... Doch als er ihr Flehen hörte, sah er auf ihre Not und dachte ihnen zuliebe an seinen Bund; er hatte Mitleid in seiner großen Gnade" (Ps 106, 40f; 44f).

„Gott hält nicht für immer fest an seinem Zorn; denn er liebt es, gnädig zu sein. Er wird wieder Erbarmen haben mit uns und unsere Schuld zertreten" (Mich 7,18f).

„Denn Gott hat uns nicht für das Gericht seines Zorns bestimmt, sondern dafür, daß wir durch Jesus Christus, unseren Herrn, das Heil erlangen" (1 Thess 5,9).

---

68 „Auch wenn der Herr, durch die Treulosigkeit seines Volkes erbittert, beschließt, es fallenzulassen, ist seine Zärtlichkeit und seine großherzige Liebe zu den Seinen immer noch stark genug, um ihn seinen Zorn vergessen zu lassen ... Auf diese Weise wird das Erbarmen in gewisser Weise der göttlichen

*Gerechtigkeit gegenübergestellt* und erweist sich in vielen Fällen nicht nur als stärker, sondern auch als tiefer. Schon in der Lehre des Alten Testamentes ist die Gerechtigkeit zwar eine echte Tugend im Menschen und in Gott die transzendente Vollkommenheit, wird jedoch von der ‚Größe' der Liebe überragt, insofern diese ursprünglicher und grundlegender ist. Die Liebe motiviert sozusagen die Gerechtigkeit, und die Gerechtigkeit dient letztlich der Liebe. *Der Vorrang und die Erhabenheit der Liebe gegenüber der Gerechtigkeit ... kommen gerade im Erbarmen zum Ausdruck"* (Johannes Paul II., DIM 4).

Diese Aussagen bedürfen im Hinblick auf eine Neu-Evangelisierung noch einer eingehenden Auslegung. Hier kann jedoch festgehalten werden, daß das Kreuzesgeschehen die Selbstoffenbarung des einen Herzens Gottes in den drei göttlichen Personen ist (II,65):

1. Der Vater zeigt sich in seiner Treue zu sich selbst und zu seinem Bund als der gerechte Gott, der einen neuen und endgültigen Bund mit den Menschen schließt.

2. Der Sohn ist die „Menschwerdung des Erbarmens", das „Erbarmen in Person" (Johannes Paul II., DIM 2 u. 8). Die ewige Begegnung zwischen Vater und Sohn (II,56) wird im Kreuzesgeschehen zum Gegensatz zwischen Gerechtigkeit und Erbarmen. Durch seinen Schmerz und durch sein Opfer wird Jesus Christus zum „Mittler des Neuen Bundes" (Hebr 8,6; 9,15).

3. Der Heilige Geist ist die ewige Gemeinschaft und das „Band" zwischen Vater und Sohn. Im Kreuzesgeschehen erleidet er den heilsgeschichtlichen „Abbruch" dieser Gemeinschaft.[6] Er ist gleichsam der Schmerz Gottes in Person und läßt uns in der Reue teilhaben am Schmerz des Vaters über die Zurückweisung seines Bundes. In der Gemeinschaft der Kirche verbindet er uns mit Gott und untereinander.

# DRITTE WOCHE

# Befreiung und Heilung

In der dritten Seminarwoche geht es darum, die *Hindernisse* zu erkennen, die einer Begegnung mit dem lebendigen Gott im Wege stehen. Gott hat den Menschen in eine persönliche Beziehung zu sich gerufen und bietet ihm Glück und Befreiung aus Not und Todverfallenheit an. Wie kommt es dazu, daß der Mensch dieses Angebot Gottes ablehnt?

I. Der Verlust des Gespürs für die Sünde
   1. „Freiheit" als Frei-Sein von jeder Bindung?
   2. Bindungslose Selbstverwirklichung: Ursache für die Störung zwischenmenschlicher Beziehungen

II. Das Verhältnis der persönlichen Sünde zur Schuld anderer
   1. Deine Freiheit, Gott zu mißtrauen
   2. Die „Sünde der Welt" (Erbsünde)

III. Der Satan als personale Macht

IV. Wirkweisen des Bösen
   1. Böse Folgen aus allerbesten Absichten
   2. Übertreibung des Wahren und Guten
   3. Steigerung des Negativen
      a) Fixierung auf das Negative
      b) Steigerung der Schattenseiten unserer Persönlichkeit
      c) Fixierung auf innere Verletzungen und Verwundungen
   4. Unterscheidungen
      a) „Krankheitsdämonen"
      b) Das Okkulte

V. Die „Gebete um Befreiung" vor der Taufe Erwachsener

# I. Der Verlust des Gespürs für die Sünde

### 1. „Freiheit" als Frei-Sein von jeder Bindung?

**69** Zu allen Zeiten gab es Menschen, die so zu leben versuchten, als gäbe es Gott nicht (I,10f). Die Entwicklung in der europäischen Geistesgeschichte hat jedoch dazu geführt, daß die theoretische und praktische Leugnung der Existenz Gottes zu einer gesellschaftlich anerkannten und „normalen" Haltung wurde und daß Christen sich mehr und mehr vor ihrer gesellschaftlichen Umwelt „rechtfertigen" müssen, wenn sie versuchen, als Christen zu leben. Die Gründe für diese Entwicklung sind vielfältig:

– Gott wird im Namen der Wissenschaft für „tot" erklärt: Die moderne Wissenschaft erkenne schrittweise die inneren Gesetzmäßigkeiten der Welt und brauche Gott nicht, um sie zu erkennen oder zu erklären.

– Die Vorstellung von Gott sei lediglich der Ausdruck der Sehnsucht des Menschen nach Geborgenheit und hindere ihn daran, das eigene Schicksal in die Hand zu nehmen und tatkräftig dem Elend in der Welt entgegenzutreten.

– Die Abhängigkeit von Gott entmündige den Menschen und stehe seiner freien Selbstverwirklichung im Wege.

**70** Die Grundeinstellung des „modernen" Menschen ist geprägt von der Leidenschaft für Freiheit und Selbstbestimmung: Der Mensch sei erst dann wahrhaft frei, wenn er selbst über sein Tun und Lassen befinden könne und sein Leben allein am Maßstab der Vernunft und seiner Anlagen ausrichte. Unter „Freiheit" versteht der von der „Aufklärung" geprägte Mensch deshalb die Freiheit von der Bindung an ein „höchstes Wesen", an eine nicht nachprüfbare, fremde Autorität.

---

Unter Freiheit verstehen viele Menschen heute das Frei-Sein von jeder Bindung, auch von der Bindung an Gott. Sie leben nach dem Grundsatz: Ich bin von niemandem abhängig außer von mir selbst.

---

**71** Diese Grundhaltung ist Folge eines tief verwurzelten Mißtrauens gegen Gott (I,69-74). Hinzu kommt die Vorherrschaft eines nicht-biblischen, philosophischen Gottesbildes: Gott habe die Welt zwar erschaffen, er habe aber keine wirkliche, ihn selbst betreffende Beziehung zu ihr; er greife nicht ein in die Geschichte der Menschheit und des einzelnen; er kümmere sich nicht um den Menschen (II,43ff). Wenn dies so wäre, dann müßte der Mensch in der Tat versuchen, Elend, Zwänge und Tod ganz aus eigenen Kräften zu überwinden. Eine angenommene Beziehungslosigkeit Gottes zur Welt hat die Beziehungslosigkeit des Menschen zu Gott zur Folge: Die Vorstellung von Gott als einem von der Welt abgelösten (absoluten) höchsten Wesen verführt den Menschen dazu, sich seinerseits von diesem Gott abzulösen, persönliche und gesellschaftliche Selbstverwirklichung ohne Gott anzustreben. So kommt es zu der „wissenschaftlich" begründeten Behauptung, der Mensch bedürfe einer Erlösung und Befreiung durch Gott nicht, sondern müsse und könne sich selbst erlösen und befreien. Die letzte Konsequenz ist der Versuch einer Lebenssteigerung über die geschöpflichen Grenzen hinaus („Ihr werdet sein wie Gott"; Gen 3,5).

**72** Erneuerung aus dem Geist Gottes ist nicht nur die Wiederentdeckung dessen, was Gott von sich selbst gesagt hat, sondern zugleich auch die Aufdeckung der Hinordnung des Menschen auf die erlösende und befreiende Tat Gottes. Bei seiner Antrittspredigt in der Synagoge von Nazaret zitiert Jesus die Stelle Jes 61,1f: „Der Geist des Herrn ruht auf mir; denn der Herr hat mich gesalbt. Er hat mich gesandt, damit ich den Armen eine gute Nachricht bringe; damit ich den Gefangenen die Entlassung verkünde und den Blinden das Augenlicht; damit ich die Zerschlagenen in Freiheit setze und ein Gnadenjahr des Herrn ausrufe" (Lk 4,18f). Befreiung des Menschen aus seinem gestörten Verhältnis zu Gott, zu sich selbst und zu den Mitmenschen, Erlösung aus innerer und äußerer Unfreiheit, ist die zentrale Tat Jesu (I,147ff). Paulus faßt sie in die Worte zusammen: „Ihr wurdet aus der Macht der Sünde befreit" (Röm 6,18; vgl. 8,21; 2 Kor 3,17; Gal 1,4; 5,1.13; Hebr 2,15). Erst die befreiende Tat Jesu macht das ganze Ausmaß der Sünde offenbar:

---

Sünde ist der Versuch einer Lebenssteigerung über die geschöpflichen Grenzen hinaus.

Die Sünde unseres Jahrhunderts ist der Verlust des Gespürs für die Sünde und für das Heilsangebot Gottes.

---

Letztlich kann nur der Geist Gottes die Sünde aufdecken und bewußtmachen (Joh 16,8). Im Vorfeld kann jedoch auf Tatsachen hingewiesen werden, die zeigen, daß eine totale Selbstbestimmung und Selbstbefreiung des Menschen unmöglich ist.

## 2. Bindungslose Selbstverwirklichung: Ursache für die Störung zwischenmenschlicher Beziehungen

**73** Zum Verständnis des wahren Wesens der Freiheit muß unterschieden werden zwischen der Freiheit ohne jede Bindung und der Freiheit der Bindung an Gott und an andere Menschen.

Du hast in allem Streben, Denken und Tun notwendig auch ein Verhältnis zu Dir selbst. Dies gehört zum Kern Deines Menschseins und unterscheidet Dich vom Tier: Du strebst danach, anerkannt und gefördert zu werden. Du kannst dieses Streben nach Anerkennung wahrnehmen und erkennen. Du bist nicht lediglich nach außen hin orientiert wie ein Tier durch seine Instinkte, sondern kannst auch in Dich hineinschauen. So kannst Du auch wollen, daß Du willst (wenn etwa morgens der Wecker Dich mahnt, aufzustehen, kannst Du entweder liegenbleiben oder aufstehen wollen: Du kannst Dein eigenes Wollen wollen). Du kannst Dir selbst Ziele setzen und sie verwirklichen. Du kannst auch erkennen, daß Du erkennst: Du kannst Deine Gedanken zum Gegenstand Deines Nachdenkens machen.

Dieses Verhältnis zu Dir selbst gehört zum Wesen des Menschen. Das sündige Verhalten beginnt erst mit der Selbst-Sucht (II,20), mit der Tendenz, Dich in einer von der Beziehung zu anderen Menschen und zu Gott *losgelösten* Weise auf Dich selbst zu beziehen.

**74** Stelle Dir vor, daß Du versuchst, losgelöst von allen anderen Menschen und jeder Autorität nur nach Deinen eigenen Zielsetzungen zu leben und Deine individuellen Bedürfnisse zu befriedigen. Du versuchst dann, nur von Dir selbst abhängig zu sein und nur das zu tun, was Du selber willst. Wenn das Wesen der Freiheit eine solche Bindungslosigkeit und Beziehungslosigkeit ist, dann mußt Du diese Freiheit auch anderen Menschen zugestehen. Dies aber kannst Du im Grunde nicht, da Deine „Freiheit" notwendig durch das Bedürfnis anderer, ebenfalls nur nach ihren eigenen Zielsetzungen zu leben, eingeschränkt wird:

1. Alle müssen in *gleicher* Weise das Recht haben, zu tun, was sie wollen. Deshalb muß diese Gleichheit von einer übergeordneten Instanz *kontrolliert* werden.

2. So kommt es notwendig zu einem Entzug der totalen Selbstbestimmung durch die Gesellschaft, durch die von außen her auferlegte Pflicht, auf andere Rücksicht zu nehmen.

3. Daraus erwächst die *Angst,* in der Befriedigung der eigenen Bedürfnisse von anderen eingeschränkt zu werden. Diese Angst führt zu immer tieferer Isolierung und zu einem feindseligen Verhältnis zu anderen:

> Wenn jeder nur von sich selbst abhängig sein will, wird jeder zum Konkurrent und Feind des anderen.

Je mehr der einzelne auf sein Recht pocht, seine eigenen Bedürfnisse zu befriedigen, um so stärker muß der gesellschaftliche und staatliche Zwang werden, der dieses „Recht" einschränkt. So kommt es - wie der Philosoph Jean Paul Sartre gesagt hat - zu einer „Terror-Brüderlichkeit", zu einer Beziehung der Menschen untereinander, die nur durch staatlichen Zwang bis hin zum Terror aufrechterhalten werden kann.

**75** Wenn Du versuchst, die *Grenzen zu leugnen,* die Deiner Freiheit durch die Freiheit anderer Menschen gesetzt sind, willst Du im Grunde so absolut sein wie Gott: Nur Gott hat niemanden neben oder über sich. Er ist der ursprungslose Ursprung seiner selbst und hat keinen anderen Gott neben sich. Er allein ist von niemandem abhängig. Deshalb müssen folgende Formen von Freiheit unterschieden werden:

1. Freiheit von äußerem Zwang. Damit ist eine Fremdbestimmung durch Gewalt oder Furcht gemeint, die Deine eigene Entscheidungsfreiheit aufhebt oder schwächt. Gott aber hat Dir das Geschenk der Freiheit gegeben. Er zwingt Dich niemals und in keiner Weise.

2. Wahlfreiheit: Du kannst zwischen mehreren Möglichkeiten, die alle in sich gut sind, wählen. Wer zum Beispiel heiraten will, kann eine Ehe mit diesem oder einem anderen Partner eingehen. Du kannst aber nicht „wählen", ob Du existieren willst oder nicht, ob Du eine Beziehung zu Gott haben willst oder nicht: Du bist und bleibst sein Geschöpf, auch wenn Du dies leugnest oder ablehnst.

3. Freiheit der Bindung. Sie ist eine höhere Form der Freiheit als die bloße Wahlfreiheit: Wer sich zum Beispiel durch den Eheabschluß an den Ehepartner gebunden hat, ist deshalb nicht unfrei. Er kann und soll diese Bindung immer neu bejahen und erfährt in der Treue die volle Entfaltung seiner Freiheit.

In der Bindung an Gott bejahst Du Deinen Ursprung, bejahst Du die Beziehung zu ihm, die Dein ganzes Dasein bestimmt. In dieser Freiheitsentscheidung wählst Du nicht zwischen mehreren Möglichkeiten, aber Du bist deshalb keineswegs unfrei: Du bindest Dich vertrauend an Gott, Deinen Ursprung. Dieses Vertrauen zu Gott ist der *intensivste Akt Deiner Freiheit*, denn nur Gott kannst und darfst Du Dein volles, uneingeschränktes Vertrauen entgegenbringen: Er erstrebt nichts, was er nicht schon hätte; er besitzt sich selber ganz und gar und kann deshalb auch sich selbst ganz weggeben. Er will in dieser Weggabe seiner selbst Dich nicht in Besitz nehmen, er will sich Deiner nicht bemächtigen. Vielmehr schenkt er Dir eine Freiheit, die Du nicht aus Dir selber hast, nämlich die *Freiheit der Bindung* an ihn.

Aus dieser Bindung erwächst eine geordnete Selbstliebe und die Fähigkeit, im Verhältnis zu anderen nicht nur Dich selbst zu suchen, sondern ihnen zu dienen (I,20-26; II,22).

---

Die Bindung an Gott
- ist der intensivste Akt der menschlichen Freiheit;
- ermöglicht eine gesellschaftliche Ordnung ohne äußeren oder inneren Zwang.

---

## II. Das Verhältnis der persönlichen Sünde zur Schuld anderer

**76**  In der dritten Seminarwoche geht es darum, die tieferen Ursachen für die Zurückweisung der Liebe Gottes zu erkennen und die eigenen Tiefen für die heilende Kraft des Heiligen Geistes zu öffnen. Gott deckt in seinem Wort zwei Hauptursachen für unser gestörtes Verhältnis zu ihm auf:

1. Mißtrauen gegen ihn, das aus unserem Herzen aufsteigt und uns letztlich unerklärlich bleibt. Das Streben nach Selbstbefreiung hat dieses Mißtrauen bereits offenbar gemacht: Gott will mich eingrenzen und mir meine Freiheit nehmen! Dieses Mißtrauen führt zu dem Streben, die Begrenzungen des Daseins zu verharmlosen oder zu leugnen, so grenzenlos frei und unabhängig sein zu wollen wie Gott, keine vorgegebenen Werte anzuerkennen. Im Sinne der Bibel ist dieses Mißtrauen und die daraus folgende Zurückweisung der Zuwendung Gottes die Sünde schlechthin.

2. Schuld *anderer*, die unser Leben vom ersten Tag an negativ prägt und uns ebenfalls daran hindert, Gott ganz zu vertrauen.

Im nächsten Abschnitt (III) soll gezeigt werden, daß hier „übermenschliche", dämonische Kräfte am Werk sind, die Jesus durch seinen Kreuzestod besiegt hat (Joh 12,31f) und die nur sein Heiliger Geist niederhalten kann.

### 1. Deine Freiheit, Gott zu mißtrauen

**77**  Die biblische Erzählung über die erste Sünde beschreibt zunächst, wie die „Stimme" des Bösen es versteht, in der Frau durch eine Übertreibung der Abhängigkeit von Gott, Mißtrauen gegen ihn zu wecken (I,71). Damit beginnt aber erst in einer ihr selbst nicht durchschaubaren Weise das eigentliche Drama der Sünde: Die Frau stellt sich zunächst in bester Absicht auf die Seite Gottes. Sie will Gott verteidigen und wiederholt sein wahres Gebot: „Gott hat gesagt: Davon dürft ihr nicht essen." Zugleich versucht sie aber, das in ihr aufkommende Mißtrauen gegen Gott durch eine Verschärfung dieses Gebotes niederzukämpfen, nämlich durch den Zusatz: „und daran dürft ihr nicht rühren" (Gen 3,3). Diese Verschärfung ist eine übertreibende

*Eigenmächtigkeit:* Aus Angst, das Gebot Gottes zu übertreten, erteilt sie sich selbst ein Verbot: Sie traut Gott nicht zu, daß er ihr Mißtrauen beseitigt, und verbietet sich deshalb selbst, an die Möglichkeit des Mißtrauens auch nur zu rühren. Sie versucht also, sich *aus eigener Kraft* vor der Möglichkeit des Mißtrauens Gott gegenüber zu schützen, sich selbst zu befreien. Damit aber ist die Falle bereits zugeschnappt: Sie gibt sich selbst das Gesetz des Tuns und Lassens.

**78** Im zweiten Akt dieses Dramas wendet die Frau sich ganz auf sich selbst zurück und entdeckt plötzlich die „unbegrenzten" Möglichkeiten ihrer Freiheit, ja sie gewinnt Freude daran, ihre von Gott abgewandte Freiheit zu genießen und selbst zu bestimmen, was gut und böse ist: „Da sah die Frau, daß es köstlich wäre, von dem Baum zu essen, daß der Baum eine Augenweide war und dazu verlockte, klug zu werden" (Gen 3,6). Im Genuß der Möglichkeit, gegen Gott handeln zu können, verfügt sie in einer von Gott losgelösten Weise über ihre Freiheit und übertritt damit endgültig sein schützendes Gebot. Daraus lernen wir: Die Sünde des Menschen hat ihren menschlichen Ursprung nicht in titanenhafter Auflehnung gegen ihn oder im Stolz, ihm nicht dienen zu wollen, sondern im Mißtrauen ihm und seinem Gebot gegenüber (I,71). Dieses Mißtrauen führt zu einer von Gott losgelösten Freude an der eigenen Freiheit, zur Lust, sich selbst das Gesetz des Handelns zu geben, „autonom" zu sein:

> In dem Maße, als der Mensch versucht, die „unbegrenzten" Möglichkeiten seiner Freiheit zu genießen, will er sein wie Gott, der allein in seiner Freiheit unbegrenzt ist.

**79** Die Folgen der Ursünde werden bald deutlich. Adam und Eva erkennen, daß sie nackt sind: Sie werden sich ihrer „nackten Freiheit" bewußt, die nun nicht mehr geschützt ist durch die bergende Zuwendung Gottes (Gen 3,7-12). Deshalb ist auch ihr Verhältnis zueinander fortan gestört (Gen 3,16). Das Mißtrauen breitet sich weiter aus und wird gleichsam vererbt: Es steigert sich zur Angst der Menschen voreinander und führt zum Brudermord (Gen 4,1-16); in seiner von Gott abgelösten Freiheit strebt der Mensch nach maßloser Lebenssteigerung (Kontakt mit „überirdischen" Wesen; Gen 6,1-6), überschreitet er die Grenzen technischer Möglichkeiten, um sich aus Angst vor Gott gegen Gott abzusichern (Turmbau zu Babel; Gen 11,1-9). So wird deutlich:

> Wenn der Mensch sich einmal dem Mißtrauen Gott gegenüber überlassen hat, kann er sich aus eigener Kraft nicht mehr von ihm befreien.

Die Abrahamsgeschichte zeigt dann, wie Gott selbst dem Menschen ein neues Urvertrauen zu sich schenkt (Gen 12,1-4), so daß Abraham zum „Vater des Glaubens" wurde (Röm 4,17-22; Gal 3,6-29).

80 Beziehen wir die Grundaussagen der biblischen Urgeschichte auf uns selber: Jeder Mensch steht ständig in der Versuchung, sich der Möglichkeit des Mißtrauens Gott gegenüber zu überlassen und so seine Freiheit zu mißbrauchen: Ist es nicht die höchste Form der Selbstverwirklichung, ganz selbständig und unabhängig zu sein und sich selbst das Gesetz des Tuns und Lassens zu geben? Warum sollte ich Gott gegenüber meine Freiheit, ihm zu mißtrauen, nicht ausleben? Je mehr der Mensch sich mit dieser unheimlichen Möglichkeit beschäftigt und sich auf sich selbst zurückwendet, um so mehr ist er in Gefahr, in diesen Abgrund hineinzustürzen.

Dies kann an folgendem Bild veranschaulicht werden: Stelle Dir vor, Du stehst an einem tiefen Abgrund (auf einem Felsvorsprung in den Bergen oder auf dem Dach eines Hauses). Je länger Du in diesen Abgrund hineinschaust und Dich auf die Möglichkeit konzentrierst, hinabzustürzen, um so mehr wird Dir *schwindelig,* umso eher stürzt Du wirklich ab. Wenn Du Dich jedoch dazu entschließt, in die Ferne zu schauen und Deinen Blick vom Abgrund *abwendest,* überwindest Du das Gefühl des Schwindels.

Ähnlich ist es im Verhältnis zu Gott. Im vertrauenden Verhältnis zu ihm richtest Du Deinen Blick ganz auf ihn hin und tust etwas, was Dir aus eigenen Kräften nicht möglich ist: Du gehst – um in diesem Bild zu bleiben – gleichsam durch die

Luft über den Abgrund des *möglichen* Mißtrauens hinweg auf Gott zu, wie Petrus über das Wasser (Mt 14,29):

> Sobald Du den Blick von Gott abwendest, versinkst Du im Abgrund des *wirklichen* Mißtrauens.

81   Gott hat Dir Deine Freiheit gegeben und ist damit das Risiko eingegangen, daß Du sie nicht als sein Geschenk betrachtest, sondern als Deine ureigenste Fähigkeit, über die Du allein verfügst, auch gegen die Gebote Gottes. Gott hindert Dich nicht daran, Dich von ihm abzuwenden und in den *Abgrund* Deiner Freiheit hinabzuschauen. Was wirkliches Mißtrauen ihm gegenüber ist, erkennst und erfährst Du aber erst, *nachdem* Du Dich dem Mißtrauen überlassen hast, das heißt, wenn Du in diesen Abgrund hineingestürzt bist. Vor dieser tödlichen „Erkenntnis" bzw. Erfahrung will Gott auch Dich bewahren. Er ruft Dir zu: Schaue nicht in Deinen Abgrund, schaue auf mich! Halte nicht fest an Deinem Mißtrauen mir gegenüber, laß Dich von mir befreien, ich werde Dir meinen Heiligen Geist geben, den Geist des Vertrauens und der Freude! Vertraue den Weisungen und Verheißungen Gottes! Vielleicht wirst Du dann mit dem König Hiskija beten können:

> *„Herr, ich vertraue auf dich; du hast mich geprüft. Mach mich gesund, und laß mich wieder genesen!* Du hast mich aus meiner bitteren Not gerettet, Du hast mich vor dem tödlichen Abgrund bewahrt; *denn all meine Sünden warfst du hinter deinen Rücken"* (Jes 38,16f).

Halten wir abschließend fest:

> 1. Vertrauen schließt die Möglichkeit ein, auch mißtrauen zu können.
>
> 2. Die wahre Freiheit des Menschen ist der Schritt vom *möglichen* Mißtrauen zum *vollen* Vertrauen Gott gegenüber.
>
> 3. Sünde beginnt mit dem Schritt vom *möglichen* Mißtrauen zum *wirklichen* Mißtrauen Gott gegenüber.

## 2. Die „Sünde der Welt" (Erbsünde)

**82** Der biblische Bericht über die Ursünde und ihre sozialen Folgen beschreibt eine Unheilssituation, die alle Menschen betrifft. Das Neue Testament nennt diese Unheilssituation auch die „Sünde der Welt", und die Theologie spricht in diesem Zusammenhang von der „Erbsünde":

> *„Durch einen einzigen Menschen kam die Sünde in die Welt"* (Röm 5,12).
>
> *„Alles, was* in der Welt *ist, die Begierde des Fleisches, die Begierde der Augen und das Prahlen mit dem Besitz, ist nicht vom Vater, sondern von der* Welt" *(1 Joh 2,16).*

Paulus beschreibt im Zusammenhang des zitierten Textes den Gegensatz zwischen Christus und Adam: „Wie durch den Ungehorsam des einen Menschen die vielen zu Sündern wurden, so werden auch durch den Gehorsam des einen die vielen zu Gerechten gemacht werden" (Röm 5,19). Paulus geht in diesem Text von folgenden Voraussetzungen aus:

1. Der „Stammvater" repräsentiert alle seine Nachkommen. So gilt etwa die Verheißung an Abraham zugleich allen seinen Nachkommen: „Ich werde *dich* zu einem großen Volk machen" (Gen 12,2). Auch in „Adam", mit dem die Unheilsgeschichte begann, sind alle seine Nachkommen anwesend.

2. Das Leben eines jeden Menschen ist notwendig mitbestimmt durch seine Vorfahren und durch die Menschen, mit denen er zusammenlebt (Familie, Sippe). Deshalb ist das Verhältnis zwischen dem einzelnen und den vielen „fließend".[7]

Dieser Zusammenhang aller mit allen kommt in dem Wort „Welt" zum Ausdruck. „Welt" meint in diesen (und vielen anderen) Texten nicht den Kosmos, sondern die Menschheit als ganze, die sündige menschliche Mitwelt, in die jeder hineingeboren wird. Die „Welt" lebt abgewandt von Gott und hat deshalb Jesus nicht erkannt (Joh 1,10). Johannes spricht deshalb von „der Sünde der Welt" (Joh 1,29). Die Sünde in der Welt geht also nicht nur auf ein erstes Menschenpaar zurück, sondern jeder Mensch ist durch Fehlverhalten und persönliche Schuld an ihr mitbeteiligt, und jeder ist mitverantwortlich dafür, daß auch künftige Generationen wiederum in Situationen aufwachsen, die zur Sünde reizen. Die Sünde, die von der „Welt" kommt und in der „Welt" wirksam ist, bezeichnet die kirchliche Lehre auch als „Erbsünde".

**83** Sünde ist nicht nur eine Angelegenheit zwischen Gott und dem einzelnen Menschen, sondern auch eine gesellschaftliche Realität. Jeder findet sich schon in einer *Situation* vor, die durch Schuld geprägt ist. Von Geburt an ist er in die Gesellschaft hineingestellt, und diese ist geprägt durch Egoismus, Vorurteile, Gleichgültigkeit, Unterdrückung usw.: „Die anderen Menschen prägen mich durch ihre Haltung und ihr Handeln, und ich wiederum wirke auf die anderen ein. Es handelt sich hierbei um ein dichtes *Netz gegenseitiger Schuldverflechtung*. Jeder hat teil an der Schuld des anderen, weil er versagt hat, lieblos, hochmütig gewesen ist usw." (EvEK 270f; vgl. KaEK 134f). Eine genaue Abgrenzung ist im Lebensvollzug nicht möglich, aber es kann theologisch unterschieden werden zwischen:

– Ursünde ( = die Sünde am Anfang der Menschheitsgeschichte),

– Sünde der Welt ( = Erbsünde = die Sünde aller Menschen, die vor mir gelebt haben und nach mir leben werden) und

– meiner persönlichen Sünde, für die ich vor Gott verantwortlich bin.

Die „Sünde der Welt" (Erbsünde) geht zurück auf die persönliche Schuld aller Menschen, die vor mir gelebt haben, und diese wiederum wirkt sich aus in meiner persönlichen Sünde.

84  Zeigen wir das Gesagte an einigen Beispielen: Wenn ein Kind in einer Umgebung aufwächst, in welcher man sich seinen Lebensunterhalt durch Stehlen verschafft, dann wird es für dieses Kind sehr schwer sein, nicht zu stehlen. Der Wert der Ehrlichkeit wird dem Kind von Anfang an unzugänglich sein, wenn dieser Wert in seiner Umgebung völlig fehlt. Der *persönlichen* Entscheidung des Kindes geht also eine *Situation* voraus, an der es selbst nicht schuld ist, die aber fast unausweichlich persönliche Schuld zur Folge hat.

Ein anderes Beispiel: Wenn ich jemanden im Zorn anschreie, dann wird der andere sehr wahrscheinlich in gleicher Weise reagieren: Mein eigener Zorn kommt im Zorn des anderen zu mir zurück und reizt mich zu weiteren Zornausbrüchen: Auch aus mir selbst kommen Triebe und Antriebe, aufgrund deren ich *geneigt* bin, auf sündige Situationen sündig zu reagieren. Ich bin also selbst *mitverantwortlich* für die Vorherrschaft des Negativen in der Welt. Die Sünde in der Welt darf nicht eingeschränkt werden auf die auf uns zukommende und erlittene sündige Situation.

1. Durch meine eigene Sünde schaffe ich mir eine sündige Umwelt.

2. Ich neige dazu, auf die Sünde anderer sündig zu reagieren.

3. Durch persönliche Schuld und Fehlverhalten bin ich mitverantwortlich für die Sünde in der Welt.

85  Aus dieser Solidarität in der Sünde kann niemand sich lösen. Das gilt auch und gerade für die kleinen Kinder. Sie sind persönlich unschuldig; sie haben aber ihr Leben nur in Form der Teilhabe am Leben der Erwachsenen, besonders der Eltern. Es ist

eine gesicherte Tatsache, daß jeder Mensch bereits in seinen ersten Lebensjahren Schädigungen durch die Bezugspersonen, die Eltern, das Milieu erlitten hat. Jeder hat in seiner Kindheit einen Mangel an schöpferischer Liebe, Wärme, Ermutigung erfahren und die so entstandenen Gefühle der Angst, des Schmerzes, der Wut und der Traurigkeit verdrängt. Kein Mensch kann so selbstlos lieben wie Gott. Jede Mutter und jeder Vater verfehlt sich am Kind (zumeist unbewußt) durch mangelnde oder übertriebene Zuwendung.

a) Wenn dem Kind die zu seinem geistigen und körperlichen Wachstum notwendige Bejahung und Anerkennung verweigert werden, reagiert es mit Fehlentwicklungen, die sich vor allem in späteren Aggressionen gegen die Eltern und andere Bezugspersonen zeigen.

b) Wird andererseits das gesunde Maß der Zuwendung der Eltern überschritten, bleibt der heranwachsende Mensch nicht oft bis in das Erwachsenenalter hinein negativ an sie gebunden oder scheitert an übertriebenen Erwartungen.

Den meisten Menschen ist dies nicht bewußt, da negative Erfahrungen und übertriebene Erwartungen verdrängt werden. Um so mehr blockieren sie das Verhältnis des einzelnen zu sich selbst und zu anderen (und damit auch zu Gott). Dies kommt zum Beispiel in folgenden Aussagen zum Ausdruck:

– „Ich kann niemandem richtig vertrauen; ich befürchte, daß ich ausgenutzt oder unterdrückt werde."

– „Ich habe Angst vor dem Leben und vor dem Tod, vor anderen Menschen, vor meinem Versagen. Ich habe Angst davor, nicht geliebt zu werden."

– „Ich versuche ständig, es anderen Menschen recht zu machen, ihren Erwartungen zu entsprechen. Ich bin eigentlich nie ich selbst, stehe ständig unter Druck und höre eine innere Stimme: Du sollst, du mußt, du darfst nicht!"

– „Ich bin ohne inneren Antrieb, habe nicht den Mut, spontan zu sein, habe Angst vor meinen eigenen Gefühlen, Angst davor, daß sie mich überschwemmen. Ich habe Angst davor, ausgelacht und verletzt zu werden."

– „Ich kann mich selbst nicht leiden, mich anderen Menschen nicht ganz öffnen, es fällt mir schwer, für andere dazusein, ihnen zu dienen."

**86** Negative Erfahrungen entstehen nicht nur aus dem Verhältnis zu Vater und Mutter, sondern auch aus den weiteren Urbeziehungen: zu Bruder und Schwester, zu Ehemann und Ehefrau, zu Tochter und Sohn. Sie wirken sich aus auf die weiteren Beziehungen (zwischen Lehrer und Schüler, im Berufsleben und in der Gesellschaft).

> Kein Mensch ist seelisch ganz gesund. Niemand lebt in völlig ungestörten Beziehungen.

Es gehört zur Ehrlichkeit vor sich selbst, dies anzuerkennen. Wenn negative Gefühle verdrängt werden, führt dies zu seelischen und körperlichen Erkrankungen. Außerdem werden sie häufig unbewußt auf andere übertragen („projiziert") und in ihnen bekämpft.

**87** Ein im Leben erfahrener Mensch oder ein Psychotherapeut kann verdrängte negative Erfahrungen und übertriebene Erwartungen aufdecken und bewußtmachen. Damit ist nicht immer echte Heilung verbunden. Oft stoßen diese Bemühungen an unübersteigbare Grenzen und haben bisweilen sogar weitere Fehlhaltungen und Verirrungen zur Folge. Der Gott der Bibel ermutigt jeden dazu, alles Unheil vor ihn hinzutragen:

> *„Er heilt die gebrochenen Herzen und verbindet ihre schmerzenden Wunden" (Ps 147,3).*
>
> *„Lobe den Herrn, meine Seele, ... der all deine Gebrechen heilt" (Ps 103,2f).*
>
> *„Kommt alle zu mir, die ihr euch plagt und schwere Lasten zu tragen habt. Ich werde euch Ruhe verschaffen" (Mt 11,28).*

Eine Aufarbeitung negativer Lebenserfahrungen *vor Gott* ist in der traditionellen Seelsorge kaum angeboten. Das Gebet um Heilung der Erinnerungen und Erwartungen und um Vergebung (I,107f) ist dazu ein Weg.

## III. Der Satan als personale Macht

**88** Der Christ erkennt in einem geistlichen Läuterungsprozeß immer mehr, wie sehr er trotz der bewußten Absicht, Gott aus ganzem Herzen zu lieben, in seiner Tiefe getrennt von Gott lebt und einer „Erlösung von dem Bösen" (Mt 6,13) bedarf. Je mehr wir uns dem Heiligen Geist ausliefern, um so mehr erlauben wir ihm, das Böse in uns aufzudecken, um so mehr werden wir bereit, ihn in unsere Tiefen einzulassen und uns von ihm befreien zu lassen.

> „Je mehr das Böse aus dem Bewußtsein verdrängt wird, desto besser kann es wirken" (EvEK 336).

Ein Hindernis für eine Neu-Evangelisierung ist nicht nur die Wirklichkeit des Bösen selbst, sondern auch die Tatsache, daß ihre Wahrnehmung in der Kirche unterentwickelt ist. Lassen wir uns deshalb vom Wort Gottes den Blick für die unfaßbare Wirklichkeit des Bösen schärfen!

**89** Der biblische Bericht über die Ursünde geht davon aus, daß die Frau von der Schlange, dem Sinnbild des Bösen, zur Sünde verführt worden ist, also von einer *außerhalb* ihrer selbst existierenden Macht. Sie wird in der Bibel auch „Teufel" oder „Satan" genannt. Diese Macht versucht, sich in die Beziehung der Frau zu Gott einzuschleichen. Die Tatsache, daß die Frau mit dieser Macht ein Gespräch führt, weist darauf hin, daß sie diese auch wahrgenommen hat. Der biblische Schriftsteller läßt in diesen Bericht seine eigene „Erfahrung" einfließen und beschreibt eine Grundverfassung des Daseins, in der jeder Mensch sich vorfindet. Die Macht des Bösen bleibt für uns unfaßbar, aber es ist für ein Glaubensseminar von entscheidender Bedeutung, ihre Wirkweise zu kennen.

**90** Auch das Neue Testament spricht nicht abstrakt von dem Satan, dem Teufel, sondern setzt voraus, daß wir die Macht des Bösen auch *wahrnehmen:*

> *„Wir wissen: Wir sind aus Gott, aber* die ganze Welt steht unter der Macht des Bösen. *Wir wissen aber: Der Sohn Gottes ist gekommen, und er hat uns Einsicht geschenkt, damit wir (Gott) den Wahren erkennen" (1 Joh 5,19 f).*

Mit „wissen" ist nicht eine abstrakte, theoretische Kenntnis gemeint, sondern eine *innere Wahrnehmung und Gewißheit* (im griechischen Text steht – ebenso wie 1 Kor 2,11; 1 Joh 2,20.27 – „oida"). „Welt" meint die menschliche Mitwelt, also die personalen Beziehungen des Menschen. Wir werden später noch genauer auf das Verhältnis der menschlichen Selbsterfahrung zur inneren Wahrnehmung der Gegenwart sowohl des Heiligen Geistes als auch der widergöttlichen Mächte eingehen. Wenn wir dem Satan Widerstand leisten wollen (Eph 6,11; Jak 4,7), müssen wir uns zunächst vom Wort Gottes sagen lassen, wie er Person ist und mit welchen „Tarnungen" (2 Kor 11,14) er arbeitet.

**91** Manche traditionellen Vorstellungen vom „Teufel" sind so naiv und vordergründig, daß seine unheimliche Wirkweise nicht erkannt wird. Abbildungen in Tiergestalt (Drachen, schwarzer Hund usw.) oder als Mensch mit Bocks- oder Pferdefuß, mit Vogelkralle, Flügel, Schwanz und Hörnern sind Versuche, sich den Teufel „vorzustellen", bzw. Vergegenständlichungen innerer Wahrnehmungen. Es kann theologisch irreführend und pastoral gefährlich sein, wenn auf diese Weise die Wirklichkeit des Bösen vermenschlicht, verharmlost oder gar zu einer Erfindung der Phantasie wird: Der Satan ist nicht so Person wie wir Menschen!

> *„Wir haben* nicht gegen Menschen aus Fleisch und Blut *zu kämpfen, sondern gegen die Fürsten und Gewalten, gegen die Beherrscher dieser finsteren Welt, gegen die bösen Geister des himmlischen Bereichs" (Eph 6,12).*

Ein Vergleich aus der uns umgebenden Welt sind die elektrischen und magnetischen Kraftfelder: Sie überbrücken Raum und Zeit, sind überall gegenwärtig, durchdringen alles – wir können sie mit unseren leiblichen Sinnen aber nicht wahrnehmen. Die widergöttlichen Mächte sind jedoch nicht wie diese Kraftfelder unpersönlich, sondern personal handelnde Kräfte und Mächte: Der Satan ist „ein Mörder von Anfang an" und „der Vater der Lüge" (Joh 8,44). Er „sündigt von Anfang an" (1 Joh 3,8), ist „der Herrscher dieser Welt" (Joh 12,31; 14,30; 16,11), „der Gott dieser Weltzeit" (2 Kor 4,4). Er verblendet das Denken der Ungläubigen (2 Kor 4,4) und verführt die Gläubigen zur Sünde (Apg 5,3; 1 Kor 7,5; 2 Kor 2,11).

---

1. Der Satan ist nicht – wie ein anderer Mensch – eine uns gegenüberstehende Person. Er handelt nicht nach Art eines Menschen.

2. Er ist als personal handelnde Macht *in und zwischen Menschen wirksam.*

---

**92** Die Wirklichkeit des Bösen läßt sich nur beschreiben, wenn wir die Aussagen in der Bibel über die von Gott geschaffenen Geistwesen bedenken (Gen 3,24; 16,7ff; Jes 6,2ff; Eph 1,21; 3,10; Röm 8,38f; 1 Thess 4,16 usw.). Am deutlichsten ist folgender Text:

---

„*In ihm (Christus) wurde alles erschaffen im Himmel und auf Erden, das Sichtbare und das Unsichtbare, Throne und Herrschaften, Mächte und Gewalten; alles ist durch ihn und auf ihn hin geschaffen*" (Kol 1,16).

---

Einige dieser reinen Geister haben „ihren hohen Rang mißachtet" und „gesündigt" (Jud 6; 2 Petr 2,4).

Das kirchliche Lehramt faßt die biblischen Aussagen wie folgt zusammen:

> „Der Teufel und die anderen bösen Geister sind von Gott ihrer Natur nach *gut geschaffen,* aber sie sind *durch sich selbst schlecht geworden.* Der Mensch aber sündigte auf Eingebung des Teufels" (DS 800).

93   Die widergöttlichen Mächte sind also nicht ihrem Wesen nach böse, sondern sie wurden böse „durch sich selbst". Hier ist vorausgesetzt, daß die reinen Geister Erkenntnis und freien Willen haben, daß sie personal handeln und in diesem Sinne „Person" sind. Ihre personalen Tätigkeiten sind jedoch nicht an leibliche Sinne gebunden. Als „reine" Geister nehmen sie – im Unterschied zum Menschen (Röm 1,21) – die Macht und Gottheit Gottes *direkt und unmittelbar* wahr und erkennen in einer für uns nicht vorstellbaren Klarheit ihr Geschöpfsein, ihre Abhängigkeit von Gott. Einige haben jedoch „ihren hohen Rang (= Herrschaftsbereich) mißachtet und ihren Wohnsitz verlassen" (Jud 6). Damit ist gemeint, daß sie ihre gewaltige Willenskraft mißbraucht und versucht haben, wie Gott sein zu wollen. Sie waren nicht bereit, Gott als Gott anzuerkennen, ihr Geschöpfsein anzunehmen (vgl. Sir 10,15; Jer 2,20), und haben durch diesen Mißbrauch ihrer Freiheit auf eine für uns unvorstellbare Weise sich selbst negativ geprägt.

94   Da sie die zu ihrem Person-Sein gehörende Beziehung zu Gott aufgegeben haben, ist auch ihr Verhältnis zu sich selbst und zu anderen Geschöpfen absolut gestört. Sie sind nicht bei sich selbst zu Hause und suchen sich deshalb einen „Ort", ein „Haus", wo sie „bleiben" und „wohnen" können (Mt 12,43): die personale Beziehung des Menschen zu Gott, zu sich selbst und zu anderen Menschen. „Sie ziehen dort ein und lassen sich nieder" (Mt 12,45). Sie wirken als personal handelnde Mächte, die nicht in gleicher Weise wie der Mensch an Raum und Zeit gebunden sind, in und aus der „Tiefe" des menschlichen Herzens:

> *„Von innen, aus dem* Herzen *der Menschen, kommen die bösen Gedanken, Unzucht, Diebstahl, Mord, Ehebruch, Habgier, Bosheit, Hinterlist, Ausschweifung, Neid, Ver-*

*leumdung, Hochmut und Unvernunft.* All dieses Böse
kommt von innen *und macht den Menschen unrein"(Mk
7,21ff).*

*„Ein guter Mensch bringt Gutes hervor, weil er Gutes* in
sich *hat, und ein böser Mensch bringt Böses hervor, weil er
Böses* in sich *hat" (Mt 12,35).*

*„Ich tue nicht das Gute, das ich will, sondern das* Böse, *das
ich nicht will. Wenn ich aber das tue, was ich nicht will,
dann bin nicht mehr ich es, der so handelt, sondern die* in
mir wohnende Sünde" *(Röm 7,19f).*

**95** Wir können und müssen also auch von einem Wirken
widergöttlicher Geister in der Tiefe des menschlichen Herzens
sprechen. Sie sind übermenschliche Mächte, die nicht mehr „für
sich" existieren können und sich deshalb in die personalen
Beziehungen des Menschen zu Gott, zu sich selbst und zu
anderen einschleichen, um von ihnen zu leben. Sie haben einen
wesentlichen Aspekt ihres Person-Seins, die beglückende Beziehung des Geschöpfes zu seinem Schöpfer, verloren. Deshalb
versuchen sie, menschliche personale Beziehungen gleichsam in
sich aufzusaugen.

Dies alles sollte uns nicht erschrecken: Jesus hat durch seinen
Tod den „Herrscher dieser Welt [den Satan] hinausgeworfen"
(Joh 12,31). Sein in uns wohnender Heiliger Geist ist stärker als
die widergöttlichen Mächte, wenn wir uns von diesem Geist
„leiten lassen" (Gal 5,16)!

1. Die widergöttlichen Mächte stören die Beziehung des
   Menschen zu Gott, zu sich selbst und zu anderen
   Menschen.
2. In der Kraft des Heiligen Geistes können wir ihnen
   widerstehen.

## IV. Wirkweisen des Bösen

### 1. Böse Folgen aus allerbesten Absichten

**96** Ihrem Wesen nach und prinzipiell ist die Wirkweise des Heiligen Geistes Gottes von der Wirkweise des widergöttlichen Geistes deutlich unterschieden:

- Der göttliche Geist des Vertrauens, der Wahrheit, des Lebens, der Liebe, der Selbsthingabe und der Freude *verbindet* uns mit Gott und untereinander.
- Der widergöttliche Geist des Mißtrauens, der Lüge, der Vernichtung, des Hasses, der Ich-Betonung und des Unfriedens *trennt* uns von Gott und voneinander.

In der Lebenspraxis ist dieser Unterschied jedoch nicht so deutlich. Wie der biblische Bericht über die Urgeschichte (Gen 1-11) zeigt, wächst die Sünde aus ganz kleinen und unscheinbaren Anfängen zu ihrer vollen Ausprägung heran (II,78ff). Trennung von Gott ist dann das Ende einer *sich steigernden Entwicklung*, die der Mensch selbst nicht mehr aufhalten kann, wenn er sich einmal auf die Anfänge, auf ein kaum wahrnehmbares Mißtrauen gegen Gott, eingelassen hat.

**97** Die „List" der Schlange (Gen 3,1) besteht darin, daß sie durch eine schwer durchschaubare Übertreibung den Menschen seinerseits zu einer Übertreibung verführt: Die Frau will sich auf die Seite Gottes stellen, sie verteidigt ihn, indem sie sein wahres Gebot wiederholt. Sie will sich auf keinen Fall von Gott trennen! In ihrem Übereifer aber verbietet sie sich selbst, an die Möglichkeit des Mißtrauens Gott gegenüber auch nur zu rühren, und übertreibt so *in allerbester Absicht* sein Gebot. Damit hat sie in einer für sie undurchschaubaren Weise die Beziehung zu Gott bereits in Frage gestellt: Sie wendet sich auf sich selbst zurück, entdeckt ihre „Freiheit", in einer ihrer Meinung nach „klugen" Weise zu handeln und sich selbst vor dem Einfluß des Bösen zu schützen. Damit hat sie ihre Freiheit aber bereits dem Bösen geöffnet, ohne es zu merken (II,78f).

### 2. Übertreibung des Wahren und Guten

**98** Oben wurde gezeigt, warum zu Beginn der Glaubensgeschichte die Allmacht Gottes im Vordergrund des Bewußtseins stand. Für die Theologen blieb weithin die Vorstellung von dem allmächtigen Gott der Grundansatz der Gotteslehre, den sie mit Hilfe der griechischen Philosophie immer weiter entfaltet haben (II,42-45). Eine erste, unauffällige Übertreibung, die noch nicht von Gott trennt, ist die Lehre, Gott sei „reines", „absolutes" ( = von der Welt abgelöstes) Sein und deshalb „unveränderlich". Er habe keine ihn selbst betreffende, personale bzw. „reale" Beziehung zur Welt, denn dies würde ihn verändern. Diese Überbetonung der absoluten Allmacht Gottes blieb bis weit in unsere Zeit hinein beherrschend, auch in kirchlichen Dokumenten (II,42f). Sie ist immer noch im Bewußtsein vieler Gläubiger weit tiefer verankert als das Bild vom sich erbarmenden Gott, der uns in Liebe entgegenkommt. So kam es im 16. und 17. Jahrhundert zu der Auffassung, Gott beobachte die Welt nur von außen, greife aber nicht ein. Diesem „absoluten" Gott gegenüber hat der Mensch die Tendenz, sich selbst als „absolut" ( = abgelöst von Gott) zu verstehen, und dies führt dann zum voll ausgeprägten theoretischen und praktischen Atheimus.

Die allerbeste Absicht der Theologen, die Allmacht Gottes zu verteidigen, hat zur Distanz gegenüber Gott und seiner Offenbarung geführt, zur Angst vor Gott, die von Gott trennt. Sie kann nicht vom Geist Gottes gewirkt worden sein und muß als Sünde bezeichnet werden (I,42). *Niemand hat dies zunächst bemerkt.* Man kann deshalb den Theologen keine persönliche Schuld zusprechen. Also sind in der übertreibenden Entfaltung einer wahren Lehre dämonische Kräfte zu vermuten! Was von Gott trennt, kann nicht von Gott kommen!

**99** Für die bösen Folgen einer Übertreibung des *Guten* seien folgende Beispiele genannt: Es ist gut und richtig, wenn Eltern Leistungen von ihren Kindern erwarten. Sie haben *die allerbeste Absicht,* sie gut zu erziehen: Aus unseren Kindern soll etwas werden! In übertriebener Sorge machen sie aber oft ihre Zuwendung von den Leistungen des Kindes abhängig. Damit entziehen sie ihrem Kind – *ohne dies zu wollen oder zu bemerken* – die für den Reifungsprozeß notwendige Bejahung seiner Person, unterdrücken es durch den Zwang zur Anpassung und verhindern, daß es erwachsen wird. Die Folge ist ein gestörtes Verhältnis des Kindes zu sich selbst. Der Heranwachsende überträgt dann dieses pervertierte Verhältnis von Leistung und Bejahung auf Gott: Ich muß zuerst die Gebote Gottes erfüllen, und erst dann wendet er sich mir zu! Daraus entsteht Angst vor Gott, die letztlich von Gott trennt.

Übertriebene Zuwendung ist ebenso schädlich: Viele Mütter überhäufen *in allerbester Absicht* ihr Kind mit Zeichen ihrer Liebe und *merken nicht,* daß sie es von sich abhängig machen, wenn sie es verwöhnen. Auf eine solche besitzenwollende Liebe reagiert das Kind mit Lebensangst und Minderwertigkeitsgefühlen. Die Folge ist oft ein gestörtes Verhältnis des Kindes zu sich selbst, zu anderen Menschen und zu Gott!

**100**  Auch während dieses Glaubensseminars können sich die Einflüsse des Bösen bemerkbar machen. Die Psychologen haben deutlich gemacht, daß vor Entscheidungen zu einer das ganze Leben einbeziehenden Bindung das Innerste des Menschen sich noch einmal aufbäumt. Dies ist eine in sich *gute* Schutzmaßnahme des Unbewußten gegen übereilte Bindungen und deren Konsequenzen. In diese unbewußten Schutzmechanismen nisten sich die widergöttlichen Mächte ein, um sie zu übersteigern: Es ist sehr wahrscheinlich, daß Du in Dir gleichsam eine Stimme hörst: „Du bist doch ein konsequenter Mensch!" (Du fühlst Dich geschmeichelt!). „In der Bibel aber steht: ‚Wer mein Jünger sein will, der verleugne sich selbst, verlasse alles und folge mir nach' ... Das kannst du nicht, und das willst du auch nicht, also bleibe, wie du bist!" Gott erscheint hier nicht mehr als der sich erbarmende und helfende Gott, der mit der Anfangsgnade auch die Kraft zur Änderung des Lebens schenkt, sondern als ein Gott, der Dich überfordert. Der „Geist der Täuschung" stellt Dir die Konsequenzen einer Grundentscheidung für Gott in *übertriebener* Weise vor Augen und suggeriert Dir außerdem, daß Du sie aus eigener Kraft leisten mußt. So bewirkt er in Dir Mißtrauen gegen Gott, und gegen Dich selbst: „Ich kann das wirklich nicht, was da von mir gefordert wird!" Der „Geist der Täuschung" verschweigt, daß Gott selbst immer den ersten Schritt tut, daß *der Geist Gottes selbst Dich verändert* und Dir die Kraft gibt, dieser Veränderung zuzustimmen.

**101**  Hast Du Dich vertrauensvoll für Gott entschieden, können sich neue Tendenzen zur Übersteigerung zeigen. Vielleicht wird Dir eine neue Freude an Gott geschenkt. Sie kann ganz unmerklich zu einer *Freude an dieser Freude* werden, und damit bist Du bereits nicht mehr ganz bei Gott, sondern auf dem Weg der Loslösung von ihm: Du kannst die Freude an Gott dazu benutzen (mißbrauchen), Deine Gefühle zu genießen. In dem Maße, als dies geschieht, wendest Du Dich auf Dich selbst zurück und verlierst Gott aus den Augen. Nicht wenige versuchen sogar, sich mit menschlichen Mitteln (etwa musikalischen) in diesen Selbstgenuß hineinzusteigern. Es gibt durchaus einen methodisch herbeigeführten Enthusiasmus, der als eigenwillige Steigerung der Freude an Gott von Gott trennen kann. Eine weitere Folge ist, daß die alltäglichen und gesellschaftlichen Verpflichtungen nicht mehr wahrgenommen werden.

---

1. Wo aus allerbesten Absichten böse Folgen entstehen, ohne daß der Mensch dies bemerkt, ist das Wirken dämonischer Mächte zu vermuten.

2. Durch Übertreibung wird das Wahre nicht wahrer und das Gute nicht besser, sondern in sein Gegenteil verkehrt.

---

### 3. Steigerung des Negativen

a) Fixierung auf das Negative

**102** Sobald im Menschen das Mißtrauen gegen Gott, gegen sich selbst und gegen andere erwacht ist, versuchen die widergöttlichen Mächte, es zu steigern und den Menschen auf das Negative zu *fixieren.* Die Bibel nennt diese Fixierung auch „Verhärtung des Herzens" (1 Sam 6,6; Ps 95,8; Eph 4,18; Hebr 3,13 usw.).

---

*„Das Herz dieses Volkes ist* hart *geworden, und mit ihren Ohren hören sie nur schwer, und ihre Augen halten sie geschlossen, damit sie mit ihren Augen nicht sehen, ... damit sie mit ihrem Herzen nicht zur Einsicht kommen, damit sie sich* nicht bekehren *und ich sie* nicht heile" (Mt 13,15).

Diese Verhärtung führt dazu, daß Menschen nicht an Gott und seine heilende Macht bzw. Jesus Christus glauben, ja, nicht mehr glauben *können* (Joh 12,39) und so die Liebe Gottes endgültig zurückweisen (Mt 12,32).

**103** Offenkundig wird die Fixierung auf das Negative, wenn Menschen sich gegenseitig in negative Grundhaltungen hineinsteigern und das Böse allgemein erkennbare Ausmaße annimmt: Mißtrauen und Angst zwischen den Völkern bis hin zur Androhung eines Atomkrieges; feindselige Konfrontation in der Kirche bis hin zu Spaltungen; Rassenhaß und Vernichtung ganzer Völker in kollektivem Wahn; sündige gesellschaftliche Strukturen, die zu Ausbeutung und Unterdrückung führen; Zerfall menschlicher Beziehungen in Ehe und Familie, der schwere seelische Schädigungen zur Folge hat. In der Verhärtung der jeweiligen Fronten zeigt sich eine zwanghafte, negative „Logik", die nicht nur aus dem Menschen selbst kommt: Wenn der „Gegner" mächtig wird, muß man selbst um so mächtiger werden, um sich verteidigen zu können!

**104** Der einzelne erkennt seine eigene Fixierung auf das Negative in der Regel nicht so deutlich: Die widergöttlichen Mächte schleichen sich ein in unsere *Selbsterfahrung* und steigern alles Unvollkommene und Negative an ihr. In unserer Lebenspraxis können wir deshalb unsere Selbsterfahrung und die Wirksamkeit des Bösen in uns nicht genau unterscheiden. Wir müssen durchaus damit rechnen, daß wir mit dem Bösen in uns *mitwirken,* ohne daß wir dies ausdrücklich wollen oder bemerken.

Die widergöttlichen Mächte „wohnen" vor allem in zwei „Gehäusen":
– in den negativen Aspekten unserer Persönlichkeit,
– in unseren inneren Verwundungen und Verletzungen.

b) Steigerung der Schattenseiten unserer Persönlichkeit

**105** Kein Mensch vereinigt in sich alle guten seelischen und körperlichen Eigenschaften der Menschheit als ganzer. Gott allein ist die Fülle des Guten und ohne Begrenzung. Er hat in sich selbst keinen „negativen" Pol. Jeder Mensch dagegen ist ein bestimmter „Typ" mit entsprechenden Mangelerscheinungen, hat eine bestimmte „Struktur" seiner Persönlichkeit. Sie zeigt sich in dem Zusammenspiel verschiedener Verhaltensweisen, das einen Gesamteindruck hinterläßt. So unterscheidet unsere Alltagssprache zum Beispiel den „Gefühlsmenschen" vom „Verstandesmenschen". (Wir können in diesem Zusammenhang nur auf dieses eine Beispiel eingehen.) Jeder Mensch enthält in sich beide Pole, aber in unterschiedlich ausgeprägter Weise. Die widergöttlichen Mächte versuchen, den einzelnen auf die Schattenseiten seiner Persönlichkeit zu fixieren, so daß er sich selbst und Gott entfremdet wird.

**106** (a) Der „Gefühlsmensch" läßt sich in seinem Urteilen, Wollen und Handeln vom Gefühl leiten. Daraus ergeben sich als *positive* Eigenschaften: Gefühlsgewißheit bei Entscheidungen, Wärme, Tiefe, Begeisterungsfähigkeit, Innerlichkeit, Hilfsbereitschaft, Fähigkeit zum Mitleiden, Phantasie. Kommt es zu einer Abhängigkeit vom Gefühl, sind die *negativen* Folgen: Schwärmerei, Subjektivismus, Sprunghaftigkeit, Mangel an Realitätssinn, Unklarheit, Nachgiebigkeit gegen sich selbst.

Die widergöttlichen Mächte versuchen, diese negativen Aspekte zu steigern. Für den von seinen Gefühlen abhängigen Menschen soll alles zum „Erlebnis" werden, auch das Verhältnis zu Gott. Er achtet auf das wechselnde Spiel seiner Gefühle und verwechselt dabei Gefühl und Glauben. Er kapituliert vorschnell vor Widerständen, flieht aus der Wirklichkeit und hat nicht die Kraft, den Alltag handelnd und kämpfend zu bestehen. Für Recht und Ordnung hat er wenig Sinn. Seine Sprunghaftigkeit hat zur Folge, daß man nie weiß, woran man ist, und deshalb ihm gegenüber mißtrauisch wird. Dies führt zu Konflikten, deren Ursachen er nicht durchschaut.

**107** (b) Der „Verstandesmensch" vertraut sich nicht seinem Gefühl, sondern seinem Denken an. Seine *positiven* Seiten sind Folgerichtigkeit, Geradlinigkeit, Tatsachensinn, Objektivität, gesunde Skepsis, Sinn für Recht und Ordnung, Gefühlskontrolle. Ist die Vorherrschaft des Denkens mit Gefühlsarmut verbunden, sind die *negativen* Seiten dieser Persönlichkeitsstruktur: Mangel an Gefühlsgewißheit bei Entscheidungen, starres Festhalten an rational einsichtigen Prinzipien des

Denkens und Handelns, distanzierende Kälte im persönlichen Umgang, Mangel an Hilfsbereitschaft und Mitleid.

Die widergöttlichen Mächte versuchen, diese negativen Seiten zu steigern: Für den Verstandesmenschen soll alles logisch und beweisbar sein, auch die Existenz Gottes. Er läßt als „wirklich" nur das zu, was er verstehen kann, und ist nicht offen für das immer noch größere Geheimnis Gottes. Er bezeichnet sich gerne als „nüchtern", verdeckt damit aber nur seine Gefühlsarmut und seine Weigerung, tiefere Bindungen – auch und gerade an Gott – einzugehen. Bei Konflikten nimmt er die Gefühle anderer nicht wahr. Seine logischen Fähigkeiten erlauben es ihm, seine eigentlichen Absichten zu verschleiern. Dies führt ebenfalls zu Mißtrauen und zur Verhärtung der Fronten.

Es ist deshalb wichtig, daß jeder seine Schattenseiten kennt und sich selbst gegenüber wachsam bleibt. Der Geist Gottes entfaltet unsere positiven Seiten und hilft uns, die negativen in unsere Persönlichkeit zu integrieren, so daß wir zur Ganzheit heranreifen.

## c) Fixierung auf innere Verletzungen und Verwundungen

**108** Wenn negative Lebenserfahrungen in das Bewußtsein eintreten oder im bewußten Gedächtnis aufbewahrt sind, verführen die widergöttlichen Mächte den Menschen dazu, sich auf sie zu fixieren. Sie vertrauen sich nicht der heilenden und befreienden Gnade Gottes an, sondern bleiben Gott gegenüber mißtrauisch. Viele benutzen ihre inneren Verwundungen als Vorwand Gott gegenüber und erlauben so dem bösen Geist, ihr Herz zu verhärten. Sie leben als „Feinde Gottes" (Röm 8,7). Deshalb gilt:

> *„Prüft, was dem Herrn gefällt, und habt nichts gemein mit den Werken der Finsternis, die keine Frucht bringen, sondern deckt sie auf ... Alles, was aufgedeckt ist, wird vom Licht erleuchtet" (Eph 5,10-13).*

## 4. Unterscheidungen

### a) „Krankheitsdämonen"

**109** Von der Einwirkung des Bösen als einer personalen Macht ist die Auffassung zu unterscheiden, die hinter manchen Berichten des Neuen Testamentes über die Austreibung von Dämonen steht. Zur Zeit Jesu wurden viele Krankheiten, deren Ursachen man nicht kannte, auf „Dämonen" zurückgeführt. Diese Auffassung findet sich in der ganzen damaligen griechisch-römischen Welt. Sie hat ihre Wurzeln in der volkstümlichen Auffassung von der „Beseeltheit" aller Dinge: Alles, was unheimlich und rätselhaft ist, deutet auf dämonische Mächte hin, so zum Beispiel Mondsucht (Mt 17,18) und vor allem Epilepsie (Mk 5,1-20; 9,14-29). Wenn von einem „unreinen", „stummen", „tauben" Geist die Rede ist, dann war dies zur Zeit Jesu eine Form der medizinischen Diagnose. In diesem Sinne werden Apg 10,38 alle Krankenheilungen Jesu als Teufelsaustreibungen bezeichnet. Sie sind deutlich unterschieden vom Kampf Jesu gegen den Satan als Widersacher Gottes (Lk 4,1-13; Mt 16,23; Joh 8,44; 12,31 usw.).

### b) Das Okkulte

**110** Weiterhin ist zu unterscheiden zwischen dem Wirken dämonischer Mächte und dem sogenannten „Okkulten" (von lat. occultus = verborgen, versteckt, geheim). Angesichts der „okkulten Welle" ist darauf hinzuweisen, daß damit zunächst das zur Schöpfung Gottes gehörende „Übersinnliche" gemeint ist: Es gibt verborgene, in der Welt und im Menschen wirkende Kräfte, die der normalen sinnlichen Wahrnehmung nicht zugänglich sind. Zu diesen „okkulten" Phänomenen gehören insbesondere:
- *Telepathie* („Fernfühlen"): die außersinnlich übermittelte Erfahrung eines fremdseelischen Vorganges;
- *Hellsehen:* außersinnliche Wahrnehmung eines Sachverhaltes, von dem niemand Kenntnis hat;
- *Präkognition:* Vorauswissen zukünftiger Vorgänge, deren Ursachen zum jetzigen Zeitpunkt nicht bekannt sein können.
Hinzu kommen viele andere außergewöhnliche Fähigkeiten,

wie etwa Wasser oder Metall aufspüren zu können, „unerklärliche", im Menschen verborgene Heilkräfte (DS 2823ff) usw.

Diese „okkulten" Phänomene sind – wie alle geschöpflichen Wirklichkeiten – gut, insofern sie in ihrer Beziehung zu Gott gesehen werden. Sie trennen von Gott, wenn sie an die Stelle seines alles umgreifenden Geheimnisses treten und den Menschen daran hindern, sich ihm anzuvertauen. Wer sich auf magische, okkultistische oder spiritistische Praktiken einläßt (Versuch einer Kontaktaufnahme mit Verstorbenen, Satansbeschwörungen, Tötungsrituale usw.), betreibt keine harmlose Spielerei, sondern liefert sich der Macht des Bösen aus. Die Folgen sind seelische Bindungen und Ängste, die zu schweren Beeinträchtigungen der Persönlichkeit führen können.

Wer sich auf okkultistische oder spiritistische Praktiken eingelassen hat, muß sich deshalb ausdrücklich von ihnen lösen, ihnen *widersagen*. In der Regel ist dazu die Begleitung eines in diesen Dingen erfahrenen Menschen notwendig.

## V. Die „Gebete um Befreiung"
## vor der Taufe Erwachsener

111  Oben wurde unterschieden zwischen der persönlichen Sünde und der „Sünde der Welt" (II,83). Jesus hat am Kreuz jegliche Sünde auf sich genommen und die Störung der Beziehung des Menschen zu Gott, zu sich selbst und zu anderen Menschen durchlitten, um uns von diesen Störungen zu befreien (I,146f). Der Heilige Geist will die Erlösungstat Jesu jedem einzelnen zueignen und ihn aus der Herrschaft des Bösen befreien.

In der Beichte bekennen wir Gott unsere *persönlichen* Sünden und erhalten das Geschenk der „Lossprechung" von der Schuld, für die wir persönlich vor Gott verantwortlich sind. Wie aber können wir Verletzungen und Verwundungen vor Gott hintragen, die wir ohne unsere Schuld durch das Fehlverhalten anderer erlitten haben (I,67f; II,85f)? Sie entfalten eine negative Dynamik in der Tiefe unseres Bewußtseins, die unserem Zugriff entzogen ist, und treiben uns immer wieder in persönliche Sünden hinein. Es gibt jedoch kaum pastorale Angebote, diese Verwundungen und Ängste, diese Auswirkungen der „Sünde der Welt", vor Gott zu bringen und zu „verarbeiten". Durch psychologische Hilfen können Beziehungsstörungen aufgedeckt und erkannt werden. Damit ist jedoch nicht immer eine echte Heilung verbunden, da menschliche Zuwendung allein Beziehungsstörungen letztlich nicht beseitigen kann. In ihnen sind immer auch dämonische Mächte wirksam, ohne daß wir dies bemerken.

In der frühen Kirche wurden während des Katechumenates für Ungetaufte viele „Exorzismen" (Gebete um Befreiung von dem Bösen) gesprochen, und auch die im Auftrag des II. Vatikanischen Konzils erstellte „Feier der Eingliederung Erwachsener in die Kirche" [8] enthält viele, zum Teil neue „Gebete um Befreiung". Sie sind eine Entfaltung der Vaterunser-Bitte: „Erlöse uns von dem Bösen" und die Grundlage für das „Gebet um Heilung der Erinnerungen und Erwartungen" in der vierten Woche dieses Glaubensseminars. Dieses Gebet ist eine konkrete Möglichkeit, die „Sünde der Welt" vor Gott zu bringen und die daraus folgenden Beziehungsstörungen unter die heilende Kraft seines Heiligen Geistes zu stellen.

**112** Die „Eingliederung Erwachsener in die Kirche" geschieht in drei Stufen. Die erste Stufe beginnt mit der Feier der Annahme, die zweite Stufe mit der Feier der Einschreibung, und die dritte Stufe ist dann der Empfang der Eingliederungssakramente. Auf jeder Stufe werden die Taufkandidaten dazu angeregt, die Kräfte des Bösen in ihrer Umwelt und in sich selbst deutlicher wahrzunehmen und sie unter die heilende und befreiende Kraft Gottes zu stellen.

**113** Während der Feier der Annahme (erste Stufe) ist eine Absage an heidnische Kulte vorgesehen. Der Zelebrant sagt: „Liebe Kandidaten, Gottes Ruf und Gnade hat Sie zu dem Entschluß geführt, nur ihn allein und seinen Christus zu verehren und anzubeten ... Deshalb ist nun die Stunde gekommen, daß Sie *öffentlich den Mächten abschwören*, die nicht Gott sind, und jenen Kulten, durch die Gott nicht verehrt werden kann. Daher sei es ferne von Ihnen, daß Sie Gott und seinen Christus verlassen und fremden Mächten dienen." Die Kandidaten antworten: „Das sei ferne von uns" (S. 60). Es kann für Teilnehmer an diesem Glaubensseminar von großer Bedeutung sein, in ähnlicher Weise neuheidnischen Kulten zu widersagen. Zu diesen Kulten gehört alles, was den einzelnen so fasziniert, daß es von der Verehrung des allein wahren Gottes ablenkt (I,5).

**114** Es folgt (innerhalb der ersten Stufe) die „entferntere Vorbereitung". In dieser Zeit werden die Taufbewerber in die Lehre und das gottesdienstliche Leben der Kirche eingeführt. Während der Wortgottesdienste werden vom Priester oder Diakon oder auch von einem mit dieser Aufgabe betrauten Katecheten (mit anschließender Handauflegung) „Gebete um Befreiung" gesprochen (S. 72, 79). Sie „sind Bittgebete, die den Bewerbern die wahren Bedingungen für ein geistliches Leben vor Augen führen: den Kampf zwischen Fleisch und Geist, *die Bedeutung der Absage an das Böse*" (S. 70, Nr. 101). In den folgenden Zitaten kommt ein jahrhundertealtes *Erfahrungswissen* der Kirche zum Ausdruck:

**115** „Allmächtiger Gott, du bist deinem Worte treu. Durch deinen Sohn hast du den Heiligen Geist allen versprochen, die darum bitten. Diese Bewerber wollen dich suchen und finden. *Befreie sie von allen Einflüssen des Bösen*. Wende Irrtum und

Sünde von ihnen ab, damit dein Heiliger Geist sie ergreifen kann. Christus hat in deiner Kraft das Böse in der Welt überwunden."

„Halte von diesen Bewerbern fern Unglaube und Zweifel, die Sucht nach Reichtum, die Verlockung zur Leidenschaft, Feindseligkeit und Zwietracht und jede Form von Bosheit, denn du hast sie berufen, freie und gotterfüllte Menschen zu werden ... *Heile ihre Sünden und menschlichen Schwächen,* damit sie deinen Heilswillen an sich erfahren, deinem Evangelium treu folgen und der *Erneuerung durch den Heiligen Geist würdig werden* ... Befreie sie aus aller Angst ... Laß sie in der Hoffnung auf deine Verheißungen nicht schwach werden und bewahre sie vor dem *Geist des Mißtrauens* ... Gebiete Einhalt der zerstörenden Macht des Bösen und gewähre ihnen deine Barmherzigkeit, damit sie von den *Wunden der Sünde* geheilt werden und den Frieden des Herzens finden ... Mache sie frei von jeder Täuschung, damit sie *das Vergangene hinter sich lassen* und sich auf das Kommende ausrichten" (S. 73-79).

**116** Die zweite Stufe des Katechumenates beginnt mit der „Feier der Einschreibung" (die Namen werden in das Verzeichnis der Bewerber eingetragen). Dann folgen drei Bußfeiern, in denen wiederum viele „Gebete um Befreiung" gesprochen werden. In einem von ihnen heißt es: „Herr Jesus Christus, du bist die Quelle, nach der diese Bewerber dürsten ... Voll Vertrauen öffnen sie ihre Herzen, bekennen ihre Schuld, *legen ihre verborgenen Wunden bloß.* Befreie sie liebevoll von ihrer Schwäche, heile sie in ihrer Krankheit ... Befiehl dem bösen Geist, den du durch deine Auferstehung besiegt hast" (S. 103). Das „Gebet um Heilung der Erinnerungen und Erwartungen und um Vergebung" im Gottesdienst der vierten Seminarwoche (I,107f) ist eine Entfaltung dieser Bitte.

# FÜNFTE WOCHE

# Jesus – der einzige wahre Zeuge Gottes

117   In ähnlicher Weise wie das Katechumenat für Ungetaufte hat auch dieses Glaubensseminar mehrere Stufen: Die ersten drei Wochen haben den Charakter einer Vorbereitung auf eine erneute, vertiefte, personale Begegnung mit dem lebendigen Gott und dienen einer Aufarbeitung der Hindernisse, die ihr im Wege stehen. In den drei folgenden Wochen geht es im Hinblick auf eine Neu-Evangelisierung um ein vertieftes Verständnis der Person Jesu, der Kirche und ihres Grundauftrages. Dabei können nicht alle Aspekte des Geheimnisses Jesu erwähnt werden.

   I. Geschichtlicher Wandel des Christusbildes

  II. Das Pfingstereignis: Schlüssel zum Verständnis der Person Jesu
   1. Christus, der Spender des Geistes Gottes
   2. Die Verbindung von Bericht und Bekenntnis in den Evangelien
    a) Zur Entstehung der Evangelien
    b) Einladung zur persönlichen Begegnung

 III. Der Mensch Jesus
   1. Gegenseitige Durchdringung gegensätzlicher Verhaltensweisen
   2. Die Geistesgaben Jesu

 IV. Der einzige Zeuge Gottes
   1. Jesus, der „Christus"
   2. Jesus, der „Prophet"
   3. Die Geist-Erfahrung des Sohnes Gottes

# I. Geschichtlicher Wandel des Christusbildes

**118**  Es ist für ein Glaubensseminar von entscheidender Bedeutung, daß jeder Teilnehmer nicht nur seine Vorstellung von Gott, sondern auch sein Christusbild überprüft. In den verschiedenen glaubensgeschichtlichen Situationen zeigt sich die Vorstellung von Christus in jeweils anderer Gestalt: Die alles umfassende Vorstellung von der Allmacht Gottes hat dazu geführt, daß Jesus seit dem Ende des 4. Jahrhunderts vor allem als der über der Welt thronende Allherrscher (Pantokrator) dargestellt wurde. Seit der Mitte des 12. Jahrhunderts trat der irdische, leidende, gekreuzigte Jesus, der zugleich der Weltenrichter ist, in den Vordergrund. In der sogenannten „Neuzeit", also etwa seit dem 16. Jahrhundert, war die Vorstellung von Christus eng mit dem jeweils herrschenden abendländischen Menschenbild verbunden. Die Renaissance prägte das Bild von dem leidlos-schönen, vollkommenen, harmonischen Menschen Jesus. Als vor etwa 200 Jahren die historische Leben-Jesu-Forschung einsetzte, wechselten die Vorstellungen von Jesus in rascher Folge: Er galt als Lehrer der Tugend und einer „natürlichen" Religion, als Inbegriff ewiger Wahrheiten, als der Verkünder des reinen Gott-Vater-Glaubens und einer neuen Moral, als sozialrevolutionärer Befreier, als Rufer zu einer existentiellen Entscheidung, als Ziel aller Evolution usw.

**119**  Es gehört nun zu den gesicherten Ergebnissen der historischen Erforschung des Neuen Testamentes, daß wir in der lukanischen Pfingstpredigt des Petrus (Apg 2,14-36) einen Niederschlag der wohl ältesten Christologie vor uns haben. Auffällig ist vor allem der Schlußsatz: „Gott hat ihn zum Herrn und Christus gemacht, diesen Jesus, den ihr gekreuzigt habt" (V. 36). Dieser Satz ist der *Schlüssel* für das Verständnis der Berichte über die Taufe Jesu (I,119-130).[9] Diesen Berichten wiederum kommt zentrale Bedeutung zu, da sie den geistgewirkten Anfang des Wirkens Jesu beschreiben. Sein gesamtes Wirken war „erfüllt vom Heiligen Geist" (Lk 4,1.14) und diente der Verkündigung der Frohen Botschaft, die Markus in dem Wort zusammenfaßt: „Das Reich Gottes ist nahe. Kehrt um, und glaubt an das Evangelium!" (Mk 1,15). Es wird heute deutlich erkannt, daß Jesu ganzes Dasein und Leben geprägt war von dem Auftrag zu evangelisieren:

369

> *„Ich muß das Evangelium vom Reich Gottes verkünden,*
> *denn dazu bin ich gesandt worden" (Lk 4,43). Dieses*
> *Selbstzeugnis* „erklärt mit einem Wort die ganze Sendung
> Jesu ... *Alle Aspekte seines Mysteriums – seine Mensch-*
> *werdung, die Wunder, die Unterweisungen, die Samm-*
> *lung von Jüngern, die Aussendung der Zwölf, das Kreuz*
> *und die Auferstehung, das Verbleiben seiner Gegenwart*
> *inmitten der Seinigen – zielen auf diese vorrangige*
> *Tätigkeit: die Verkündigung der Frohen Botschaft"*
> *(Paul VI., EN 6).*

Deshalb ist Evangelisierung auch die „wesentliche Sendung der
Kirche, ihre eigentliche Berufung: Sie ist da, um zu evangelisie-
ren" (Paul VI., aaO, Art. 14). Der aufgebrochene Impuls zu einer
Neu-Evangelisierung läßt diese ursprüngliche und grundlegende
Sendung Jesu und damit auch der Kirche neu entdecken.

## II. Das Pfingstereignis:
## Schlüssel zum Verständnis der Person Jesu

### 1. Christus, der Spender des Geistes Gottes

**120**  Der Pfingstbericht des Lukas (Apg 2,1-13) ist nicht die
protokollarische Wiedergabe eines historischen Ereignisses.
Vielmehr sind drei Schichten zu unterscheiden:

1. Das Pfingstgeschehen selbst. Es ist der öffentliche Anfang
der Kirche: Die Jünger traten zum ersten Mal öffentlich auf und
verkündeten für alle verbindlich: Der gekreuzigte Jesus von
Nazaret ist der verheißene Messias (Apg 2,36).

2. Die mündliche Überlieferung dieses Ereignisses. In ihr
wurde es mit der Verheißung der *Ausgießung des Heiligen
Geistes* auf das ganze Volk in Verbindung gebracht. Hinzu
kamen Bilder, mit denen im Judentum die Verbindlichkeit des
von Jahwe gegebenen Gesetzes für alle Menschen betont
wurden (Getöse vom Himmel her, Zungen wie von Feuer, Reden
in fremden Sprachen).

3. Der Pfingstbericht, den Lukas zu Beginn der achtziger Jahre niedergeschrieben hat, also etwa fünfzig Jahre nach dem historischen Pfingstereignis.

Fragen wir also, was Lukas mit der „Ausgießung des Heiligen Geistes" meint. Wir werden in der folgenden Woche zeigen, welche Bedeutung diese Aussagen für uns selbst haben.

**121**  In der lukanischen „Pfingstpredigt" des Petrus heißt es:

> *„Jetzt geschieht, was durch den Propheten Joël gesagt worden ist: In den letzten Tagen wird es geschehen, so spricht Gott: Ich werde von meinem* Geist *ausgießen über alles Fleisch" (Apg 2,17 = Joël 3,1).*
>
> *„Nachdem er (Jesus) durch die rechte Hand Gottes erhöht worden war und vom Vater den verheißenen Heiligen* Geist *empfangen* hatte, hat er ihn *ausgegossen, wie ihr seht und hört ... Mit Gewißheit erkenne also das ganze Haus Israel:* Gott hat ihn zum Herrn und Christus gemacht, *diesen Jesus, den ihr gekreuzigt habt" (Apg 2,33.36).*

Im Pfingstereignis erfüllt sich also zunächst an dem auferstandenen Jesus selbst die Verheißung des Joël (und anderer Propheten) über die endzeitliche Ausgießung des Heiligen Geistes: Jesus *empfängt* zunächst selbst vom Vater den Heiligen Geist; er wird über den Auferstandenen „ausgegossen", derselbe Geist, den er über das neutestamentliche Gottesvolk ausgießt. Dies ist für Jesus eine neue „Stufe" seines Heilswirkens: Nunmehr hat Gott ihn endgültig zum Herrn und „Christus" gemacht (Apg 2,36), das heißt, zum bleibenden Ursprung des Heiligen Geistes für das neutestamentliche Gottesvolk. „Christus" heißt wörtlich „der [mit dem Heiligen Geist] Gesalbte". Paulus kann deshalb sagen:

> Im Pfingstereignis „wurde" Jesus für immer zum „lebendigmachenden Geist" (1 Kor 15,45).

**122** Wir stoßen hier auf ein sehr frühes Verständnis des Geheimnisses der Person Jesu: Er ist der letzte und endgültige Geistträger und zugleich der göttlich-menschliche Spender des Heiligen Geistes. Dies wurde der Urkirche im Pfingstereignis zur endgültigen Gewißheit. Ohne ausdrückliche Einbeziehung des Pfingstereignisses bleibt das Verständnis der Person Jesu unvollständig. Am Schluß des Johannesevangeliums, das zu den Spätschriften des Neuen Testamentes gehört (entstanden gegen Ende des 1. Jahrhunderts), heißt es immer noch: „Diese Zeichen sind aufgeschrieben, damit ihr glaubt, daß Jesus der Christus ist, der Sohn Gottes" (Joh 20,31).

---

Die pfingstliche Gewißheit, daß der Auferstandene der *endgültige* Spender des Geistes Gottes ist, bleibt der grundlegende Ansatz der gesamten neutestamentlichen Verkündigung und der darin eingeschlossenen Lehre von Jesus.

---

1. Er ist in absolut einmaliger Weise von Gott mit dem Heiligen Geist erfüllt ( = mit dem Heiligen Geist gesalbt).
2. Er lebte und handelte in einmaliger Weise stets aus der Kraft des Geistes Gottes und ist deshalb der einzige, wahre Zeuge Gottes.
3. Er ist für immer der göttlich-menschliche Spender des Geistes Gottes. Daran wird erkennbar, daß er der „Sohn Gottes" ist.

Dieser Zusammenhang zeigte sich den Jüngern anfanghaft darin, daß dieselben Geistesgaben, die das Wirken Jesu bestimmt hatten (prophetische Verkündigung, Heilung), nun auch in ihnen aufbrachen!

## 2. Die Verbindung von Bericht und Bekenntnis in den Evangelien

### a) Zur Entstehung der Evangelien

**123** Die Pfingsterfahrung der Apostel war der bleibende Anfang aller Evangelisierung. Aus ihr sind auch die Evangelien entstanden: Sie sind ein Niederschlag der urkirchlichen Verkündigung und deshalb nicht rein historisch zu lesende Berichte über Jesus. Dies ergibt sich allein schon aus dem zeitlichen Abstand zwischen dem Beginn der Evangelisierung und den schriftlichen Zeugnissen: Die frühesten Schriften des Neuen Testamentes sind etwa 20 Jahre nach dem Tode Jesu verfaßt (1. Thessalonicherbrief um 50; Galaterbrief zwischen 54 und 57; 1. Korintherbrief 56). Die Evangelien entstanden alle im letzten Drittel des 1. Jahrhunderts: Markus um 70, Matthäus Ende der siebziger Jahre, Lukas zu Beginn der achtziger Jahre, kurz danach die Apostelgeschichte und um 95 das Evangelium des Johannes.

Bei der Abfassung der Evangelien übernahmen die Verfasser Redeeinheiten, Bekenntnissätze, Sammlungen von Gleichnissen, Berichte über einzelne Ereignisse und Streitgespräche Jesu, die man als „Frühevangelien" bezeichnet. Im Vorwort des Lukasevangeliums findet sich dazu ein deutlicher Hinweis:

> *„Schon viele haben es unternommen, einen* Bericht *über all das abzufassen, was sich unter uns ereignet und erfüllt hat. Dabei hielten sie sich an die* Überlieferung *derer, die von* Anfang an Augenzeugen *und Diener des Wortes waren" (Lk 1,1 f).*

**124**  Es ist nicht Aufgabe dieses Glaubensseminars, die Ergebnisse der historisch-kritischen Forschung darzulegen. Es sei nur darauf hingewiesen: Zwischen der Erfahrung der Augenzeugen und der Abfassung der Evangelien liegen 40-60 Jahre, in denen sich ein heute nicht mehr genau zu erfassendes, *geistgewirktes* Überlieferungsgeschehen ereignet hat. Die Jünger bezeugen durchaus Ereignisse, die für sie in unserem heutigen Sinn *historisch* sind, nämlich das Wirken Jesu, seinen Tod und seine Auferstehung, sowie ihre persönliche Begegnung mit ihm (Apg 2,22f.32; 5,30), aber „Zeugen dieser Ereignisse sind *wir und der Heilige Geist*, den Gott allen verliehen hat, die ihm gehorchen" (Apg 5,32).

**125**  Im Sinne des Johannesevangeliums hat schon der vorpfingstliche Jesus seinen Jüngern aufgetragen, seine Botschaft durch das lebendige Wort in die jeweilige Situation hinein zu bezeugen, und ihnen gleichzeitig dazu seinen Heiligen Geist verheißen (vgl. Mt 10,20: „Nicht ihr werdet dann reden, sondern der Geist eures Vaters wird durch euch reden"). Johannes legt großen Wert darauf, daß dieser Geist der Verkündigung nicht irgendein Geist, sondern im präzisen und ausschließlichen Sinne der Geist Jesu ist:

> „Der Geist der Wahrheit wird euch in die ganze Wahrheit führen. Denn er wird nicht aus sich selbst heraus reden, sondern er wird sagen, was er hört ... Er wird mich verherrlichen; denn er wird von dem, was mein ist nehmen und es euch verkünden" (Joh 16,13f).

Daraus ergeben sich zwei scheinbar gegensätzliche Merkmale des Verkündigungsgeschehens: eine Bindung an das, was Jesus gesagt und getan hat, und eine innere, geistgewirkte Freiheit gegenüber historischen Einzelheiten und dem historischen Wortlaut: Die Evangelien wollen *vor allem* zur unmittelbaren, direkten Begegnung mit Jesus selbst hinführen und sprechen deshalb in die *jeweilige Situation* der Adressaten hinein! Dies aber ist nur möglich in dem von Jesus selbst gegebenen Heiligen Geist. Deshalb ist auch ein Verständnis der Berichte über Jesus nur im Heiligen Geist möglich:

> 1. Die Evangelien sind eine einzigartige, nicht auflösbare Verbindung von Berichten über Jesus und Bekenntnis zu ihm.
>
> 2. Die Heilige Schrift muß deshalb „in dem Geist gelesen und ausgelegt werden, in dem sie geschrieben wurde" (II. Vatikanisches Konzil, Über die göttliche Offenbarung, 12).

## b) Einladung zur persönlichen Begegnung

**126** Der historische Jesus hat nicht Schriften hinterlassen, sondern seine Jünger zu Zeugen herangebildet. Sie sollten nicht Bücher über ihn verfassen, sondern im zeugnishaften Wort „verkünden", was sie im persönlichen Umgang mit ihm „gesehen und gehört" haben. Dadurch sollen die Zuhörer „Gemeinschaft mit dem Vater und mit seinem Sohn Jesus Christus" haben, wie der Verfasser des ersten Johannesbriefes noch am Ende des 1. Jahrhunderts schreibt (1 Joh 1,1-3). Alle Versuche, mit der distanzierten Beobachtung des Historikers „Jesus Christus" adäquat zu erfassen, sind notwendig gescheitert:

> Die Evangelisten sprechen nicht in erster Linie *über* Jesus, sondern *von ihm her*. Sie beschreiben ein Geschehen, das sich wirklich ereignet hat, zugleich aber im Herzen der Adressaten wirksam werden soll.

Deshalb enthält jede einzelne Erzählung und jedes überlieferte Wort den *ganzen* Jesus. Die Erzählungen und die Worte Jesu müssen nicht von uns in einen Zusammenhang gebracht werden, um sinnvoll zu sein: Immer spricht Jesus selbst uns *direkt und unmittelbar* an und ruft uns in die Begegnung mit sich. Die Botschaft des Neuen Testamentes löst Betroffenheit aus, die zur Entscheidung für Jesus führt (Apg 2,36ff). Gläubiges Verstehen und „Kommentare" sind dadurch nicht ausgeschlossen, aber weit überboten.

**127** Das Sprechen von Christus her wird im Neuen Testament „prophetische Rede" genannt (1 Kor 12,10.28; 13,2.8f). Der Prophet ist „Gesandter an Christi Statt" (2 Kor 5,20), in seinem Wort macht Christus sich selbst gegenwärtig, er ist der „Mund" Christi. (Die vom Geist Jesu geschenkte Glaubensbegegnung mit Jesus befähigt ihn dazu.) Das ganze Neue Testament ist deshalb *prophetische Verkündigung* und bezeugt: „Er [Jesus von Nazaret] war ein Prophet, mächtig in Wort und Tat vor Gott und dem ganzen Volk" (Lk 24,19). Die Wiederentdeckung prophetischer, bezeugender, zur persönlichen Begegnung mit Jesus einladender

375

Verkündigung eröffnet einen neuen, *existentiellen* Zugang zu dem geschichtlich ersten und grundlegenden Verständnis der Person Jesu: Er ist als „der Christus" zugleich der „neue" und endgültige Prophet (I,132f).

**128** Halten wir fest: Begegnung ist mehr als die Kenntnisnahme inhaltlicher Wahrheiten oder biographischer Fakten. Wenn mir alle Einzelheiten des Lebens Jesu bekannt wären, wenn ich alles über seinen Charakter, seine innere Entwicklung, sein Verhältnis zu sich selbst, zu Gott und zu anderen wüßte, könnte ich an ihn denken, aber dies wäre noch keine Begegnung. Diese geschieht im aktuellen Gegenüber von Person zu Person, in Wort und Antwort: „Einem Menschen begegne ich nur, wenn er sich mir zuwendet und wenn ich mich ihm öffne. Und wenn ich von einer solchen menschlichen Zuwendung erzählen soll, dann genügt eine äußere Beschreibung nie und nimmer; denn bei ihr könnte gerade das ausgespart bleiben, was das wichtigste ist: das ganz persönliche Zeugnis, das Wagnis, sich selbst aufs Spiel zu setzen" (EvEK 346).

## III. Der Mensch Jesus

**129** Die Zeitgenossen Jesu und seine Jünger sind zunächst dem *Menschen* Jesus begegnet. Die Jünger haben erst in einem längeren Prozeß des Umganges mit Jesus innerlich wahrgenommen, daß er in einer einzigartigen Gemeinschaft mit dem Gott des Alten Bundes steht. Wenn wir uns nicht auch von dem *Menschen* Jesus innerlich berührt wissen, bleibt unser Bild von ihm matt, ist er in eine letztlich folgenlose, göttliche Ferne entrückt. „Sein Leben war das eines Menschen" (Phil 2,7), eines wahren, im höchsten Sinn menschlichen Menschen. Allerdings sind die Aussagen der Evangelisten über den Menschen Jesus *eingeschlossen* in ihrem Bekenntnis zu ihm. Sie überliefern uns nicht psychologische Erkenntnisse über den Menschen Jesus, aber in ihren Aussagen tritt uns ein Mensch mit unverwechselbaren Merkmalen gegenüber.

Neu-Evangelisierung führt zur vertieften Entscheidung
für Jesus Christus und zur konkreten Nachfolge. Damit
tritt der einzelne auch in ein Verhältnis zu dem *Menschen*
Jesus.

## 1. Gegenseitige Durchdringung gegensätzlicher Verhaltensweisen

**130**  In den Evangelien fällt auf, daß Jesus immer mit einer
unnachahmlichen Direktheit auftritt. Neuere tiefenpsychologi-
sche Untersuchungen legen dar, Jesus sei ein „extrem introver-
tierter Gefühlstyp" gewesen. Sein entsprechender „Schatten"
zeige sich darin, daß er kein „extravertierter Denktyp" sei. Dies
ist jedoch einseitig: Es wird übersehen, daß Jesus es als seine alles
umgreifende Sendung angesehen hat, das Reich Gottes aufzu-
richten und zu „evangelisieren" (I,131ff; II,119). Evangelisierung
aber ruft in die Entscheidung für Gott und vermittelt nicht ein
ausgefeiltes Denkgebäude. Die Fähigkeit zu rationaler und
komplexer Argumentation zeigt sich an vielen Stellen auch der
ersten drei Evangelien. Sie steht jedoch ganz im Dienst seiner
Sendung. Deshalb sei festgehalten:

Jesus tritt seinen Zeitgenossen mit einer unableitbaren
Direktheit und Vollmacht gegenüber, die sich einem
Zugriff psychologischen Verstehens entziehen.

**131**  Es ist für dieses Glaubensseminar wichtig, die folgenden
Texte einmal auf sich einwirken zu lassen. Jede Seite an Jesus
gibt den Blick direkt frei auf sein unableitbares Geheimnis: In
Jesus sind äußerste Gegensätze zu einer einmaligen Einheit
verbunden. Historiker mögen diesen Gesamteindruck auf eine
„tendenziöse" Auswahl in der urkirchlichen Überlieferung
zurückführen. Es spricht jedoch alles dagegen, daß die Person-
struktur Jesu bewußt entworfen oder erfunden worden sei: In
der jüdischen Geschichte gibt es kein Vorbild für einen solchen,

äußerste Gegensätze umfassenden Charakter. Jesus entspricht auch nicht den Erwartungen seiner Zeitgenossen, die auf den „Messias" gerichtet waren. Er hat nicht die geringste Ähnlichkeit mit einem der Erlöser der griechischen Götter-Erzählungen. Außerdem werden in den Evangelien die Charakterzüge Jesu nur beiläufig erwähnt. Nirgendwo wird ein geschlossenes Bild von Jesus entworfen.

In Jesus sind äußerste Gegensätze zu einer einmaligen Einheit verbunden.

**132** Es gehört zu den gesicherten Erkenntnissen der historisch-kritischen Forschung, daß die Worte und Taten Jesu Verwunderung und Erstaunen hervorgerufen haben. Dies wurde bereits durch einige Texte belegt (I,141). Diese Verwunderung ist aber nicht nur in einzelnen außer-gewöhnlichen Worten und Taten Jesu begründet, sondern in der inneren Unabhängigkeit und Vollmacht, mit der er auftrat. Nach der Heilung eines Gelähmten berichtet Matthäus: „Als die Leute das sahen, erschraken sie und priesen Gott, der *den Menschen* solche Vollmacht gegeben hat" (9,8). Hier ist zunächst die *menschliche* Macht-Ausstrahlung Jesu gemeint, ebenso wie in der Frage der jüdischen Behörden nach der Tempelreinigung: „Mit welchem Recht tust du das alles? Wer hat dir die Vollmacht gegeben, das zu tun?" (Mk 11,28). Die Juden meinten nicht die göttliche Vollmacht Jesu, sondern die für sie ärgerliche Tatsache, daß „alle Leute von seiner Lehre sehr beeindruckt" waren (Mk 11,18; vgl. Mt 7,28f).

**133** Diese „Vollmacht" Jesu zeigt sich zunächst in der inneren Stärke, Überlegenheit, Klugheit, Weisheit, mit der er seine Gegner beschämt. Auf die Frage nach seiner Vollmacht antwortet Jesus mit einer herausfordernden Gegenfrage: „Stammte die Taufe des Johannes vom Himmel oder von den Menschen? Antwortet mir! Da überlegten sie und sagten zueinander: Wenn wir antworten: Vom Himmel!, so wird er sagen: Warum habt ihr ihm dann nicht geglaubt? Sollen wir also antworten: Von den Menschen? Sie fürchteten sich aber vor den Leuten; denn alle glaubten, daß Johannes wirklich ein Prophet war. Darum antworteten sie Jesus: Wir wissen es nicht. Jesus erwiderte: Dann sage auch ich euch nicht, mit welchem Recht ich das alles tue" (Mk 11,30-33). An diesem Beispiel zeigt sich, wie Jesus jederzeit Herr der Lage ist. Nach der Heilung einer Frau am Sabbat antwortet Jesus auf die Zurechtweisung durch den Synagogenvorsteher: „Ihr Heuchler! Bindet nicht jeder von euch am Sabbat seinen Ochsen oder Esel von der Krippe los und führt ihn zur Tränke? ... *Durch diese Worte wurden alle seine Gegner beschämt"* (Lk 13,15ff; vgl. 14,6; 20,20-26.40).

**134** Eine tiefere Schicht der Vollmacht Jesu wird offenbar, wenn er harte Forderungen stellt, die direkt im Dienst seines Erlösungswerkes stehen:

> *„Wenn jemand zu mir kommt und nicht Vater und Mutter, Frau und Kinder, Brüder und Schwestern, ja sogar sein Leben gering achtet, dann kann er nicht mein Jünger sein"* (Lk 14,26).
>
> *„Keiner, der die Hand an den Pflug gelegt hat und nochmals zurückblickt, taugt für das Reich Gottes"* (Lk 9,62).
>
> *„Wenn dich dein rechtes Auge zum Bösen verführt, dann reiß es aus und wirf es weg! Denn es ist besser für dich, daß eines deiner Glieder verlorengeht, als daß dein ganzer Leib in die Hölle geworfen wird"* (Mt 5,29).
>
> *„Denkt nicht, ich sei gekommen, um Frieden auf die Erde zu bringen. Ich bin nicht gekommen, um Frieden zu bringen, sondern das Schwert"* (Mt 10,34). *„Ich bin gekommen, um Feuer auf die Erde zu werfen"* (Lk 12,49).

Rigoros und kompromißlos zeigt sich Jesus als der Mann des klaren Willens und der zielsicheren Tat (Mt 8,22; 10,11-15; Lk 9,57-62; 14,25-35; 12,49). Er ruft seine Zuhörer in eine freie, aber unbedingte Nachfolge in dieser Entschiedenheit.

Aus noch größerer Tiefe kommt die unbarmherzig klingende Aussage Jesu: „Der Menschensohn wird seine Engel aussenden, und sie werden aus seinem Reich alle zusammenholen, die andere verführt und Gottes Gesetz übertreten haben, und werden sie in den Ofen werfen, in dem das Feuer brennt. Dort werden sie heulen und mit den Zähnen knirschen" (Mt 13,41f). In diesen Gerichtsankündigungen (vgl. Mt 25,31-46) stoßen wir auf die *göttliche* Vollmacht, die Jesus für sich in Anspruch nimmt.

135  In deutlichem Gegensatz zu der fast „erbarmungslosen" Härte Jesu steht seine ebenso große Fähigkeit zu intensivem Mit-leiden und persönlicher Zuwendung, wenn er menschlicher Not begegnet.

> *„Als der Herr die Frau sah [deren einziger Sohn gestorben war], hatte er Mitleid mit ihr und sagte zu ihr: Weine nicht!" (Lk 7,13).*
>
> *Der Ehebrecherin eröffnet er einen neuen Weg in die Zukunft: „Auch ich verurteile dich nicht. Geh und sündige von jetzt an nicht mehr!" (Joh 8,11; vgl. Lk 7,47f).*
>
> *Im Zusammenhang mit dem Tod des Lazarus heißt es: „Als Jesus sah, wie sie [Maria] weinte und wie auch die Juden weinten, die mit ihr gekommen waren, war er im Innersten erregt und erschüttert. Er sagte: Wo habt ihr ihn bestattet? Sie antworteten ihm : Herr, komm und sieh! Da weinte Jesus" (Joh 11,33ff).*
>
> *Denen, die als Sünder galten, schenkt Jesus seine besondere persönliche Zuwendung: „Da sagten die Pharisäer und ihre Schriftgelehrten voll Unwillen zu seinen Jüngern: Wie könnt ihr zusammen mit Zöllnern und Sündern essen und trinken? Jesus antwortete ihnen: Nicht die Gesunden brauchen den Arzt, sondern die Kranken" (Lk 5,30; vgl. Mt 9,10).*
>
> *„Seid barmherzig, wie es auch euer Vater ist! Richtet nicht, dann werdet auch ihr nicht gerichtet werden. Verurteilt nicht, dann werdet auch ihr nicht verurteilt werden ... Gebt, dann wird auch euch gegeben werden" (Lk 6,36-38).*
>
> *„Als er die vielen Menschen sah, hatte er Mitleid mit ihnen; denn sie waren müde und erschöpft wie Schafe, die keinen Hirten haben" (Mt 9,36).*

> *„Als er ausstieg und die vielen Menschen sah, hatte er*
> Mitleid *mit ihnen und heilte die Kranken, die bei ihnen*
> *waren" (Mt 14,14).*

Man hat aus diesen und anderen Texten abgeleitet, daß Jesus ein „integrierter Mann" gewesen sei, der die weibliche Komponente seiner Psyche voll ausgeprägt hat. Darauf können wir hier nicht weiter eingehen. Auch können weitere gegensätzliche Aspekte seiner Person nicht mehr dargestellt werden (er gibt denen ein Beispiel des Dienens, denen er befiehlt; er verbindet leidenschaftliche Ungeduld mit der Fähigkeit, geduldig auszuharren; er hat Distanz zur „Welt" und ist dennoch kein strenger Asket usw.).

## 2. Die Geistesgaben Jesu

**136** Die Zeitgenossen Jesu waren nicht nur von seinem Wort betroffen, sondern von seinem gesamten Auftreten. Nach seiner Taufe begann Jesus sein Evangelisierungswerk, „erfüllt von der Kraft des Geistes" (Lk 4,14; vgl. 4,1). Im Zuge der Neu-Evangelisierung wird deutlicher erkannt, daß die Wort-Verkündigung Jesu begleitet war von der Fülle der Geistwirkungen, die Paulus als Geistesgaben oder „Charismen" bezeichnet (1 Kor 12,1-11; Röm 12,6-8). Sie sind eine „Offenbarung des Geistes" (1 Kor 12,7) und dienen dem Zeugnis von Gott her und für Gott. Häufig entsprechen sie natürlichen, von Geburt an gegebenen Fähigkeiten. (I,175-178; II,181).

Das Neue Testament will die Charismen Jesu keineswegs vollzählig darstellen, denn in ihm ist ja die „Fülle" der Gnaden anwesend (Joh 1,16). Alle seine Fähigkeiten, sein unbewußtes und sein bewußtes Leben, waren vom Heiligen Geist durchdrungen und bedurften keiner Läuterung. Sie waren nicht durch die Sünde bedroht oder entstellt:

> Alle Begabungen Jesu waren zugleich Charismen.

Als Ursprung des Heiligen Geistes von Gott her ist er selbst der Ursprung aller Geistesgaben. Im folgenden seien nur einige genannt.

**137** Das Grundcharisma Jesu ist das der *Evangelisierung* (I,131ff; II,118), durch das er das Reich Gottes aufrichtet. Die übrigen Charismen Jesu dienen dieser vorrangigen Tätigkeit:

Vor allem seine außergewöhnliche *Heilungsgabe* löste Erstaunen und Verwunderung aus (Apg 10,38; I,141). In Ausübung dieser Gabe zeigt Jesus ein alles Maß übersteigendes Vertrauen auf die Macht Gottes, Krankheit und widergöttliche Mächte zu besiegen, einen Glauben, der „Berge versetzt" (Mt 17,20; Joh 11,40f).

Das Charisma der *Weisheit* (Lk 2,40) zeigt sich bei dem volljährigen Jesus nicht nur in klugen Antworten (Lk 13,17; 14,6; 20,20-26.39), sondern vor allem in seiner „Einsicht" in das Wesen und die Heilsführung Gottes: „Von Gott bin ich ausgegangen und gekommen" (Joh 8,42).

Jesus war in hohem Maß auch das Charisma einer nicht auf psychologischen Studien beruhenden *Menschenkenntnis* zu eigen: „Jesus kannte sie alle und brauchte von keinem eine Auskunft über einen Menschen, denn er wußte, was im Menschen ist" (Joh 2,25; vgl. 4,18; 11,14; 13,11.27).

Seine Evangelisierung war ständig begleitet vom Charisma der *Unterscheidung* zwischen dem Wirken göttlicher, menschlicher und widergöttlicher Kräfte: „Wenn ich urteile, ist mein Urteil gültig; denn ich urteile nicht allein, sondern ich und der Vater, der mich gesandt hat ... Ihr habt den Teufel zum Vater" (Joh 8,16.44). Er bezeichnet sogar Petrus einmal als „Satan", weil er nicht das im Sinn hat, was Gott will, sondern was die Menschen wollen (Mt 16,23).

# IV. Der einzige Zeuge Gottes

## 1. Jesus, der „Christus"

**138** Die gegensätzlichen Sprech- und Wirkweisen des Menschen Jesus geben den Blick frei auf ein Geheimnis seiner Person, das mit den Mitteln der Menschenkunde nicht erreichbar ist. Die Kirche bekennt im Großen Glaubensbekenntnis von dem Menschen Jesus: „wahrer Gott vom wahren Gott, eines Wesens mit dem Vater". Dieses Bekenntnis beginnt im Neuen Testament damit, daß Jesus sogenannte „Hoheitstitel" (Messias, Gottesknecht, Menschensohn, Davidssohn, Gottessohn, Herr usw.) beigelegt werden. Aber auch sie können das Geheimnis seiner Person nicht voll erfassen. Wir brauchen hier nicht zu fragen, welcher Hoheitstitel der ursprünglichste ist. In jedem Fall hat der Titel „Christus" (= "Messias") die längste Vorgeschichte im Alten Testament. Er wurde zum zweiten Eigennamen Jesu, und deshalb werden auch seine Jüngerinnen und Jünger „Christen" genannt (Apg 11,26). Für dieses Glaubensseminar genügt es, auf den Titel „Christus" näher einzugehen.

**139** Wie oben schon erwähnt, ist die Pfingsterfahrung der Jünger auch der Schlüssel zum Verständnis des Geheimnisses der Person Jesu. In der wohl ältesten neutestamentlichen Christologie (Apg 2,36) ist deutlich unterschieden zwischen dem Namen „Jesus" und der Bezeichnung „Christus". „Jesus" ist Eigenname und bezeichnet diesen bestimmten Menschen, der aus Maria geboren wurde und am Kreuz gestorben ist. Bei Mt 1,21 lesen wir: „Sie (Maria) wird einen Sohn gebären, dem sollst du den Namen *Jesus* geben; denn er wird sein Volk von seinen Sünden erlösen." Der Name „Jesus" (Jahwe ist Hilfe) war ein bei den Israeliten beliebter Eigenname und bringt zugleich das einmalige, innerste Wesen des Sohnes Mariens zum Ausdruck. Dieser Name ist jedoch zunächst lediglich Hinweis auf sein *Menschsein*. Dies zeigt sich deutlich an dem häufigen Zusatz: Jesus von Nazaret in Galiläa (Mt 21,11; 26,71; Joh 19,19; Lk 24,19; Mk 16,6; Apg 2,22; 4,10 usw.), sowie an der Bezeichnung Jesu als „Sohn Josefs" (Lk 3,23; 4,22; Joh 1,45; 6,42) bzw. „Sohn Marias" (Mk 6,3).

**140**  Nach der Auferstehung Jesu wuchs die Erkenntnis, daß dieser *Jesus* der verheißene Messias ist: „Aus ihr (Maria) wurde Jesus geboren, der der Christus (der Messias) *genannt* wird" (Mt 1,16). Erst eine von Gott selbst gegebene Einsicht in das Geheimnis Jesu macht das Bekenntnis möglich: „Du bist der Messias, der Sohn des lebendigen Gottes!" (Mt 16,16).

> „Christus" ist zunächst nicht ein zweiter Eigenname Jesu, sondern meint, daß Jesus der im Alten Bund verheißene Messias ist.

Johannes erläutert: „Messias heißt übersetzt: Der Gesalbte" (1,41; vgl. 4,25). Die griechische Wiedergabe der Bezeichnung „Messias" ist dann christos (von chriein = salben), und daraus ist die lateinische Bezeichnung „Christus" entstanden. Weil die griechisch sprechenden Christen diese Herkunft der Bezeichnung Christus aus der hebräischen bzw. aramäischen Sprache nicht mehr erkennen konnten, wurde Christus zum zweiten Eigennamen (Apg 11,26; Röm 6,4.8f; 8,17 usw.).

Wie aus der Katechese des Petrus im Hause des heidnischen Hauptmanns Kornelius hervorgeht, gehörte zum Kern der urkirchlichen Verkündigung, daß „Gott Jesus von Nazaret *gesalbt hat mit dem Heiligen Geist* und mit Kraft" (Apg 10,38). Jesus ist also nicht – wie die Könige und Priester im Alten Bund – mit einem materiellen Öl gesalbt, sondern mit dem Heiligen Geist. Das Wort „Salbung" ist hier also in einem übertragenen Sinne gebraucht, ähnlich wie auch schon in bezug auf die alttestamentlichen Propheten.

**141**  Musterbeispiel dieses alle neutestamentlichen Schriften durchwaltenden Verständnisses ist Lk 4,16-24: Jesus läßt sich in der Synagoge seiner Heimatstadt Nazaret die Buchrolle des Propheten Jesaja reichen und liest daraus den Text Jesaja 61,1f vor, der mit den Worten beginnt: „Der Geist des Herrn ruht auf mir; denn er hat mich *gesalbt* ..." (I,131). Dem Bericht des Lukas zufolge bezieht Jesus dieses Zitat auf sich und kennzeichnet sich so als den für die Endzeit verheißenen Propheten (Lk 4,24.27). Dieser Text wiederum weist zurück auf die Berichte über seine Taufe (I,119).

## 2. Jesus, der „Prophet"

**142** Jesus war nicht „Priester" im Sinne des jüdischen Tempelkultes. Seine Zeitgenossen haben in ihm in erster Linie einen Propheten gesehen (Mk 6,15; 8,28; Lk 24,19). Das Wort „Prophet" meint seiner sprachlichen Wurzel nach „Sprecher anstelle eines anderen". Die Propheten des Alten Bundes verstanden sich als „Mund Gottes" und wußten sich unmittelbar von Gott selbst berufen. In diesem Sinn liegen Auftreten und Schicksal Jesu in der Linie der alttestamentlichen Propheten (vgl. Mk 6,4; Lk 4,24; 13,33; Mt 13,57; 23,31-39). Zugleich sprengt das Geheimnis der Person Jesu die Vorstellung „Prophet": Er ist „mehr als Jona", „mehr als Salomo" (Mt 12,41f).

Dieses unüberholbare „Mehr" hat vor allem Johannes herausgearbeitet. Jesus ist für ihn der absolut einmalige „Zeuge Gottes", der selbst gesehen und gehört, also erfahren hat, was er von Gott her verkündet, und zwar in einer völlig einmaligen, alle anderen Menschen ausschließenden Weise. Man kann die folgenden Texte nicht „neutral" lesen, sondern muß sich ihrem unerhörten Anspruch stellen:

> „Niemand hat Gott je geschaut. Der Einzige, der Gott ist und am Herzen des Vaters ruht, er hat Kunde gebracht" (Joh 1,18).

> „Was er gesehen und gehört hat, bezeugt er, doch niemand nimmt sein Zeugnis an. Wer sein Zeugnis annimmt, beglaubigt, daß Gott wahrhaftig ist. Denn der, den Gott gesandt hat, verkündet die Worte Gottes; denn er gibt den Geist unbegrenzt" (Joh 3,32ff).

> „Niemand hat den Vater gesehen, außer dem, der von Gott ist; nur er hat den Vater gesehen. Amen, amen, ich sage euch: Wer glaubt, hat das ewige Leben" (Joh 6,46f).

> „Was ich von ihm gehört habe, das sage ich der Welt ... Ich sage, was ich beim Vater gesehen habe ... Ihr habt ihn nicht erkannt, ich aber kenne ihn" (Joh 8,26.38.55).

> „Die Worte, die ich zu euch sage, habe ich nicht aus mir selbst. Der Vater, der in mir bleibt, vollbringt seine Werke" (Joh 14,10).

**143** Der Mensch Jesus von Nazaret, den Johannes uns beschreibt, bezeugt also, daß nur er Gott unmittelbar gesehen und gehört hat, ohne Bilder und Symbole. „Sehen" und „hören" ist in der Bibel Ausdruck für den unmittelbaren Umgang mit jemandem, für unmittelbare *Erfahrung* (I,54-58, 205f). Jesus behauptet also von sich, daß er in einer exklusiven Weise Gott kennt und erfahren hat. Deshalb haben seine Zuhörer durch ihn auch einen direkten Zugang zu Gott: „Wer mich gesehen hat, hat den Vater gesehen" (Joh 14,9).

Das Wort „Zeuge" entspricht im Neuen Testament unserem heutigen, alltäglichen Sprachgebrauch. Wer zum Beispiel als Zeuge vor Gericht geladen wird, soll eine Aussage machen über Tatsachen, die er selbst *gesehen und gehört,* mit seinen Sinnen wahrgenommen hat. Dabei ist vorausgesetzt, daß diese Tatsachen nicht allen bekannt sind. Deshalb muß man dem Zeugen Vertrauen schenken, und zwar um so mehr, je weniger seine Aussagen nachprüfbar sind. In diesem Sinne ist bei Johannes Jesus der „Zeuge Gottes". Wir werden in der siebten Woche darauf zurückkommen.

**144** Jesus läßt seine Zeitgenossen und damit auch uns jedoch nicht ohne jede Möglichkeit, sein Selbstzeugnis nachzuprüfen:

> „Wenn ich über mich selbst als Zeuge aussage, ist mein Zeugnis nicht gültig ... Die Werke, die mein Vater mir übertragen hat, damit ich sie zu Ende führe, diese Werke, die ich vollbringe, legen Zeugnis dafür ab, daß mich der Vater gesandt hat. Auch der Vater selbst, der mich gesandt hat, hat über mich Zeugnis abgelegt" (Joh 5,31.36f).

Die prophetischen Werke, die Jesus tut, sein ganzes Leben und Auftreten, sind das *Zeugnis Gottes* für die Wahrheit seines Anspruches. Er stellt sich auf die Seite der Sünder, der Entrechteten, der Zerschlagenen und läßt uns so erkennen, wer und wie Gott ist: „Wenn ihr mich kennen würdet, dann würdet ihr auch meinen Vater kennen" (Joh 8,19). Wer also Umgang mit Jesus hat, wer ihn aus unmittelbarer Begegnung kennt, der weiß und erfährt damit zugleich auch, wer und wie Gott ist!

**145** Dies kommt vor allem in seinem Ausspruch zum Ausdruck: „Wenn ihr nicht glaubt, daß Ich es bin, werdet ihr in euren Sünden sterben" (Joh 8,24). In ihm bezeugt er, daß er mit dem Gott des Alten Bundes auf einer Stufe steht (I,135ff). Er läßt keinen Vergleich mit anderen religiösen Menschen zu. Sogar das Zeugnis des Täufers Johannes ist für ihn nicht maßgebend: „Ich nehme von keinem Menschen ein Zeugnis an" (Joh 5,34). Jesus erwartet also von uns, daß wir seinem Selbstzeugnis vorbehaltlos vertrauen, er fordert einen unbedingten Glauben an seine Person.

> Jesus beruft sich auf das Zeugnis Gottes und unterwirft sich keiner *menschlichen* Nachprüfung.

Das Glaubensseminar möchte dazu anregen, diesen Anspruch Jesu wahrzunehmen, sich mit ihm auseinanderzusetzen und persönlich auf ihn zu antworten!

### 3. Die Geist-Erfahrung des Sohnes Gottes

**146** Im Großen Glaubensbekenntnis bekennen wir von Jesus Christus, dem „Sohn Gottes": „Für uns Menschen und *zu unserem Heil* ist er vom Himmel gekommen." Daraus ergibt sich: Bereits die Menschwerdung zielt auf die „vorrangige" Tätigkeit Jesu, die Frohe Botschaft zu verkünden (I,132), ja die Geburt Jesu hat selbst den Charakter der Evangelisierung: „Fürchtet euch nicht, denn ich *verkünde* (euaggelizomai) euch eine große Freude", lautet die Weihnachtsbotschaft bei Lukas (2,10). Die Menschwerdung wiederum geschah „durch den Heiligen Geist", wie es ebenfalls im Glaubensbekenntnis heißt. Für ein tieferes Verständnis aller Evangelisierung ist deshalb der Zusammenhang zwischen der Menschwerdung des „Sohnes" und dem Wirken des Heiligen Geistes von großer Bedeutung.

**147** „Er erniedrigte sich und war *gehorsam* bis zum Tod" heißt es von Christus Jesus in einem alten, vorpaulinischen Hymnus (Phil 2,8). Die Menschwerdung als Annahme einer menschlichen Natur ist die Freiheitstat des Sohnes, denn

weder der Vater noch der Geist sind Mensch geworden, nur
der Sohn. Den Gehorsam bis zum Tod dagegen hat der Sohn
sich nicht selbst auferlegt, sondern der Vater. Der Heilige
Geist kommt „über" Maria (Lk 1,35) und erwirkt in ihr den
Gehorsam des Glaubens; er kommt bei seiner Taufe „über"
Jesus als der Geist des Gehorsams (Mt 3,16; I,119) und bleibt
ständig „über" ihm: Jesus tut in seinem Evangelisierungswerk
nichts ohne den Vater:

> „Meine Speise ist es, den Willen dessen zu tun, der mich
> gesandt hat, und sein Werk zu Ende zu führen" (Joh 4,34).

Der Heilige Geist ist aber nicht nur „über" Jesus, sondern auch
„in" ihm. Dies zeigt sich in seinem gesamten Evangelisierungswerk, in seinen Geistesgaben (II,136f), vor allem aber im
Pfingstereignis (II,121ff).

> Die Geist-Erfahrung Jesu ist
> – auf den Vater bezogen: Gehorsamserfahrung;
> – auf die Menschen bezogen: seine Kraft zur Evangelisie-
> rung.

**148**  Das kirchliche Lehramt hat dann in den ersten Jahrhunderten deutlich herausgearbeitet: Jesus war schon vom ersten
Augenblick seiner Existenz an „Sohn Gottes", und schon von da
an war der Heilige Geist in seiner ganzen Fülle in ihm
gegenwärtig. Dies schließt aber keineswegs aus, daß er als
Mensch in sein Selbstbewußtsein, der Sohn Gottes zu sein,
hineinwuchs und daß auch die Fülle des Heiligen Geistes in ihm
erst *allmählich* zum Durchbruch kam.

„Jesus war ungefähr dreißig Jahre alt, als er öffentlich zu
wirken begann" (Lk 3,23). Diese Altersangabe darf nicht allzu
eng gefaßt werden, da sie auf alttestamentliche Vorbilder
zurückgeht (Alter der Priester: Num 4,3; Josefs bei Beginn seiner
Wirksamkeit: Gen 41,46; Davids bei seiner Salbung zum König:
2 Sam 5,4 usw.). Das plötzliche Auftreten Jesu bei seiner Taufe

hat jedoch alle Anzeichen eines personalen Durchbruches an sich, wenn auch die Evangelisten ihn nicht als ein „Berufungserlebnis" nach dem Vorbild der alttestamentlichen Propheten beschreiben. Sie wollen keineswegs sagen, daß Jesus bei seiner Taufe zum ersten Mal die Anwesenheit des Heiligen Geistes erfuhr (vgl. Lk 2,52), sondern der Sinn der Erzählung ist: Gott hat sich bei der Taufe Jesu zu ihm bekannt, ihn anerkannt und öffentlich als den verheißenen Messias bestätigt. In diesem Sinne sagt auch der Täufer: „Ich habe es gesehen und lege Zeugnis ab: Dieser ist der Erwählte Gottes" (Joh 1,34).

**149** Die Menschwerdung des „Wortes", des „Sohnes" (Joh 1,14; Phil 2,5-11; Gal 4,4-6) ist ein *einmaliges geschichtliches Ereignis, das sich nicht wiederholt*. Die Gnade der Menschwerdung ist nur dem Menschen Jesus von Nazaret gegeben, nur er ist „gleichwesentlich mit dem Vater", wie es im Glaubensbekenntnis des ersten ökumenischen Konzils vom Jahre 325 heißt, das alle christlichen Kirchen auch heute noch als verbindlich betrachten und in der Liturgie beten. Alle christlichen Kirchen bekennen weiterhin, daß der menschgewordene Sohn im Sinne von Joh 7,39; 15,26; Apg 2,33 den Heiligen Geist sendet und gibt:

> Mit der Menschwerdung des Sohnes Gottes ist der Ursprung des Heiligen Geistes in die Geschichte eingetreten. Dies ist der zentrale Unterschied zwischen Jesus von Nazaret und den alttestamentlichen Propheten.

**150** Das Neue Testament und die alten Konzilien belehren uns weiterhin darüber, daß Menschwerdung und Geisterfahrung Jesu eng miteinander verbunden, aber nicht dasselbe sind. Durch die Menschwerdung ist der Mensch Jesus von Nazaret in einmaliger und alle anderen Menschen ausschließender Weise „Sohn Gottes". Die Gnade der Menschwerdung bezieht ihn auf den Vater, das Abba-Gebet Jesu ist ihr Ausdruck. Die Gottessohnschaft Jesu beruht nicht nur darauf, daß der Heilige Geist ihm einwohnt, er ist auch nicht etwa die „Menschwerdung des Heiligen Geistes", sondern Menschwerdung und Geisterfahrung Jesu sind in sich selbst unterschieden: Die Gnade der Menschwerdung ist absolut einmalig, wir nehmen in keinem Sinne an ihr teil. Als „Gesalbte" (dies ist die wörtliche Übersetzung von „Christen") nehmen wir jedoch teil an der Salbung Jesu mit dem Heiligen Geist, an seiner Geisttaufe, Geisterfahrung, Geisterfülltheit:

---

Die Kirche ist nicht die Fortdauer der Menschwerdung, sondern die geschichtliche Fortdauer der Geisterfahrung Jesu.

---

# Kirche als Ort des Geistes

**151** In der sechsten Woche dieses Glaubensseminars geht es um ein tieferes Verständnis der Kirche. Sie ist von ihrem göttlichen Ursprung her mehr als nur menschliche Einrichtung mit menschlichen Planungen, Methoden und Strategien. Kirche ist nur lebendig, wenn alles Menschliche in ihr vom Geist Gottes getragen und durchdrungen ist.

Ohne das Wirken des Heiligen Geistes bleibt
– Christus in der Vergangenheit
– das Evangelium ein toter Buchstabe
– die Verkündigung eine Information
– der Empfang der Sakramente unfruchtbar
– die Liturgie ein bloßer Ritus
– die Kirche eine Organisation
– die Autorität menschliche Herrschaft.

Der Heilige Geist aber macht
– den auferstandenen Christus gegenwärtig
– das Evangelium zur Kraft des Lebens
– die Verkündigung zum prophetischen Wort
– die Sakramente zu Zeichen der Nähe Gottes

- die Liturgie zur Begegnung mit Gott
- die Kirche zur befreienden Gemeinschaft
- die Autorität zum Dienst.

**152** Viele Christen haben ein gestörtes Verhältnis zur Kirche. Sie sind verletzt und verwundet durch die „Institution", durch Mitglieder ihrer Gemeinde oder Ordensgemeinschaft. Andere haben die Hoffnung auf eine Erneuerung der bestehenden Gemeinden, der „Volkskirche", aufgegeben. Auch in Amtsträgern und Mitarbeitern im kirchlichen Dienst arbeitet das Gift der Enttäuschung über Streit und Eifersucht (1 Kor 1,11; 3,3), über die Distanzierung vieler Christen von der Kirche.

Der vom Heiligen Geist geschenkte Impuls zu einer Neu-Evangelisierung wird sich nur auswirken können, wenn seine Träger von einer neuen Liebe zur konkreten Kirche bewegt sind, trotz oder gerade wegen ihrer Schwächen und Mängel. Wer in einem gestörten Verhältnis zur konkreten Kirche lebt, ist nicht durchlässig für die Kraft des Heiligen Geistes, die seit dem ersten Pfingstereignis trotz aller Schuld der Menschen auf allen Seiten in der Kirche Christi wirksam ist. In unseren Tagen erwarten viele Christen ein „neues Pfingsten", öffnet Jesus Christus neu den Blick dafür, daß seine Kirche immer noch die „heilige" und von ihm geheiligte ist.

**153** Das Glaubensseminar ist ein Prozeß, in welchem wir uns für die innere Wahrnehmung des Wirkens der Gnade Gottes öffnen. Wir wissen aber auch um die Macht des Bösen in der Kirche, in der Gesellschaft, in uns selbst. Im ersten Teil (I,219-224) wurde gezeigt, wie wir unterscheiden können zwischen
- menschlichen Antrieben und Wünschen
- Wirkungen des Heiligen Geistes
- Einflüssen widergöttlicher Mächte.
Es wird eine Schicksalsfrage für die Kirchen sein, ob sie auch die Gabe der „Unterscheidung" neu von Gott annehmen.
Die geistliche Erfahrung des einzelnen ist immer eingebettet in die Gegenwart des Heiligen Geistes in der ganzen Kirche. Deshalb steht nicht das persönliche Verhältnis des einzelnen zu Gott im Vordergrund, sondern die Erfahrung von Kirche. Sie wird „greifbar" in den Brüdern und Schwestern, mit denen wir unser menschliches und geistliches Leben teilen.

# I. Die Kirche als Fortdauer des Pfingstereignisses

## 1. Der Anfang bleibt maßgebend

**154** Die Mitteilung des Geistes Gottes an die Jünger durch den Auferstandenen ist der Schlüssel nicht nur zum Verständnis der Person Jesu Christi (II,120ff), sondern auch zum Verständnis der Kirche: Die Spendung des Heiligen Geistes durch den Auferstandenen an die Kirche war kein einmaliges Ereignis. Der zu Gott erhöhte Christus begleitet das Evangelisationswerk der Apostel durch seine ständige Gegenwart. Diese wird ihnen hin und wieder deutlicher bewußt. Nach dem Bericht über die erste Verfolgung heißt es:

> *„Als sie gebetet hatten, bebte der Ort, an dem sie versammelt waren, und* alle wurden mit dem Heiligen Geist erfüllt, *und sie verkündeten freimütig das Wort Gottes" (Apg 4,31).*

„Beben des Ortes" ist ein Hinweis auf den inneren Zusammenhang mit dem Pfingstereignis: Der Urgemeinde wurde ein „neues Pfingsten", eine Vertiefung ihrer Begegnung mit dem Auferstandenen, geschenkt. Sie wurden erneut auf eine ihnen wahrnehmbare Weise mit seinem Heiligen Geist „erfüllt" und so neu zum Zeugnis für Jesus befähigt.

Diese Fortdauer des Pfingstgeschehens zeigt sich deutlich bei der ersten Aufnahme von Heiden in die Kirche (etwa zwölf Jahre nach dem Tod Jesu). Wir sehen Petrus im Hause des heidnischen Hauptmanns Kornelius. Der Kern seiner Predigt lautet:

> *„Ihr wißt, was im ganzen Land der Juden geschehen ist, angefangen in Galiläa, nach der Taufe, die Johannes verkündet hat:* wie Gott Jesus von Nazaret gesalbt hat mit dem Heiligen Geist und mit Kraft, *wie dieser umherzog, Gutes tat und alle heilte ... Noch während Petrus dies sagte,* kam der Heilige Geist auf alle herab, *die das Wort hörten. Die gläubig gewordenen Juden, die mit Petrus gekommen waren, konnten es nicht fassen, daß auch auf*

> *die Heiden die Gabe des Heiligen Geistes ausgegossen*
> *wurde. Denn sie hörten sie in Sprachen beten und Gott*
> *preisen" (Apg 10, 37f.44-46).*

Dies ist für Petrus der Anlaß, ihnen das Sakrament der Taufe zu spenden. Vor der Gemeinde in Jerusalem begründet er diese erste Aufnahme von Heiden in die Kirche mit dem Hinweis:

> *„Während ich redete, kam der Heilige Geist auf sie herab,*
> wie am Anfang auf uns" (Apg 11,15).

**155**  In diesen wichtigen Texten ist zweimal ein „Anfang" erwähnt: die Taufe Jesu und das Pfingstgeschehen. In beiden heilsgeschichtlichen Ereignissen wurde jeweils das Wirken des Heiligen Geistes in besonderer Weise offenbar: Grundlegend am Beginn des öffentlichen Wirkens Jesu, bei seiner „Salbung" bzw. Taufe mit dem Heiligen Geist (Lk 3,22f; 4,18; I,119-130), und dann am Beginn des öffentlichen Wirkens der Apostel, bei ihrer „Taufe" mit dem Heiligen Geist durch den erhöhten Herrn (Apg 1,5; 2,33).

Lukas will in seinem Bericht Apg 10,44-48 zeigen, daß dieser Anfang bestimmend bleibt: Auf die Heiden kam der Heilige Geist „wie am Anfang" auf die Jünger Jesu! Auch den Heiden wurde die pfingstliche innere *Begegnung mit dem Auferstandenen* geschenkt! Sie geht der sakramentalen Taufe voraus und ist *auf diese hingeordnet.* Wir werden darauf eingehender zurückkommen, denn die Offenheit für die innere Begegnung mit dem Auferstandenen ist auch für eine Neu-Evangelisierung von großer Bedeutung.

**156**  Ebenso wichtig ist der umgekehrte Vorgang:

> *„Als die Apostel in Jerusalem hörten, daß Samarien das*
> *Wort Gottes angenommen hatte, schickten sie Petrus und*
> *Johannes dorthin. Die zogen hinab und beteten für sie, sie*
> *möchten den Heiligen Geist empfangen. Denn er war noch*

auf keinen von ihnen herabgekommen; *sie waren nur auf den Namen Jesu, des Herrn, getauft. Dann legten sie ihnen die Hände auf, und* sie empfingen den Heiligen Geist" *(Apg 8,14-17).*

In diesem Text will Lukas nicht bestreiten, daß der Heilige Geist auch bei der Taufe gegeben wird. Die Handauflegung der Apostel soll anzeigen und bewirken, daß die Getauften mit der Anfangserfahrung der Kirche, dem Pfingstereignis, in Kontakt kommen, daß sie Gemeinschaft haben mit der apostolischen Kirche. Auch hier zeigt sich: Der Anfang bleibt maßgebend. Die Taufe der Samariter führt nicht zur Gründung einer neuen Kirche, sondern die den Getauften geschenkte Geist-Erfahrung ist eine Fortdauer der ersten pfingstlichen Geist-Erfahrung. Das Pfingstereignis ist deshalb auch der bleibende Lebensgrund der Kirche, aus dem heute eine neue und neuartige Evangelisierung erwächst.

Neu-Evangelisierung führt nicht zur Bildung neuer Kirchen und kirchlicher Gemeinschaften, sondern zu einer neuen Offenheit für denselben Heiligen Geist, der von Anfang an in der Kirche wirksam ist!

### 2. Die pfingstliche Anfangserfahrung der Kirche: Teilhabe an Tod und Auferstehung Jesu

**157** Im Hinblick auf eine Neu-Evangelisierung ist es von besonderer Bedeutung, den *Inhalt* der Pfingsterfahrung genauer zu beschreiben, denn sie ist die bleibende und *fortdauernde* Anfangserfahrung der Kirche. Die pfingstliche Begegnung der Jünger mit dem Auferstandenen beginnt schon mit den Osterereignissen.

Das Neue Testament bezeugt, daß Oster- und Pfingsterfahrung zusammengehören. Bereits die Osterereignisse waren für die Jüngerinnen und Jünger Jesu der Beginn einer neuen Erfahrung: Maria von Magdala weiß sich so direkt von dem Auferstandenen angesprochen, daß sie ihn berühren möchte

(Joh 20,16f). In der „Pfingstgeschichte" des Johannes teilt Jesus bereits am Osterabend den Jüngern seinen Geist (die apostolische Vollmacht der Sündenvergebung) mit: „Empfangt den Heiligen Geist" (Joh 20,22). Thomas ist von der Begegnung mit dem Auferstandenen innerlich so tief betroffen, daß er ausruft: „Mein Herr und mein Gott" (Joh 20,28). Den Jüngern auf dem Weg nach Emmaus „brannte das Herz in der Brust", als sie Jesus am Abend des Ostertages begegneten (Lk 24,32). Die fischenden Jünger „wußten" in ihrem Herzen, daß die ihnen begegnende Gestalt der Auferstandene war (Joh 21,7.14), und Petrus bekennt (vor seiner Bevollmächtigung zum „Hirten" der Kirche): „Herr, du weißt, daß ich dich liebe" (Joh 21,15).

Diese und andere Erzählungen wollen anschaulich darstellen, daß den Jüngerinnen und Jüngern Jesu nach dem Tod Jesu eine *innere Begegnungserfahrung* zuteil wurde, in der ihnen durch den Heiligen Geist eine *innere Teilhabe am Heilstod Jesu und an seiner Auferstehung* geschenkt wurde.

**158** Bei der Verhaftung Jesu waren alle Jünger geflohen (Mt 26,56), hatten ihn allein gelassen (Joh 16,32). Nach seinem Tod versammeln sie sich „aus Furcht vor den Juden" hinter verschlossenen Türen (Joh 20,19). Offenbar konnten sie den Tod Jesu noch nicht als Heilstod verstehen, durch den auch ihr eigener Tod überwunden ist. *Nach dem Pfingstfest* dagegen bekennen die Apostel trotz der Todesdrohung der jüdischen Behörden: „Wir können nicht mehr schweigen über das, was wir gesehen und gehört haben" (Apg 4,20). „Sehen" und „hören" meinen auch hier nicht nur einen äußeren Umgang mit Jesus, sondern eine innere Wahrnehmung (I,55-58): Im Pfingstereignis wird ihnen *endgültig* die Gewißheit zuteil, daß sie in der Begegnung mit dem Menschen Jesus von Nazaret nicht nur einen Menschen wahrgenommen haben, sondern das ewige Wort des Lebens selbst. Jetzt haben sie „verstanden", wer Jesus wirklich ist und was sein Tod auch für sie persönlich bedeutet. Die Jünger erhielten damit zugleich auch Anteil an der Auferstehung Jesu: Ihnen wird die letzte und endgültige Gewißheit geschenkt, daß Jesus lebt (Apg 2,36). Die Pfingsterfahrung der Jünger war also keineswegs ein aus Frustration, Enttäuschung und menschlichem Erlebnisdrang geborener „Rausch" (vgl. Apg 2,13.15). Sie erhielten vielmehr konkret Anteil an Tod und Auferstehung Jesu.

**159** Das Pfingstereignis wird auch als „Getauft-werden mit dem Heiligen Geist" bezeichnet. Der Täufer verkündet, daß Jesus „mit dem Heiligen Geist taufen" wird (Mk 1,8; Mt 3,11; Lk 3,16). Lukas erinnert an diese Verheißung zu Beginn der Apostelgeschichte (1,5). Was ist mit ihr gemeint?

„Taufen" kommt von „tauchen", „eintauchen". Johannes hat nur „mit Wasser getauft" (Mk 1,8 par.) und die Menschen zum Zeichen ihrer Umkehrbereitschaft in das Wasser eingetaucht. In dem Ausdruck „Getauft-werden mit dem Heiligen Geist" ist „taufen" in einem *übertragenen* Sinn gebraucht (ebenso wie Mk 10,38f; Lk 12,50): Der Mensch wird mit dem Heiligen Geist „übergossen" (Apg 2,33; vgl. Röm 5,5), in ihn eingetaucht wie in ein Lebenselement, das ihn von allen Seiten umgibt, ihn erfüllt und ausfüllt wie ein Gefäß.

Dieser Geist, mit dem Jesus „tauft", war anwesend im Kreuzesgeschehen (Hebr 9,14); durch ihn hat Gott Jesus von den Toten auferweckt (Röm 8,11). Wer also von dem Auferstandenen mit seinem Heiligen Geist „übergossen", „erfüllt", „getauft" wird, erhält dadurch Anteil an seinem heilbringenden Tod und an seiner Auferstehung! Auf diese Weise tritt der Glaubende in eine enge Beziehung zu Christus, dem Spender dieses Geistes (II,120ff) und wird von ihm ausgerüstet mit der Kraft zum Zeugnis (Apg 1,8).

1. „Getauft-werden mit dem Heiligen Geist" meint die Begegnung der Jünger mit dem gekreuzigten und auferstandenen Christus, der sie als der Spender des Heiligen Geistes zu seinen Zeugen macht.

2. Diese Begegnung war der konkrete Beginn der Kirche.

**160** Die innere Begegnung mit Gott ist ihrem innersten Wesen nach auf die Verleiblichung im Sakrament der Taufe hingeordnet. Dies zeigt sich deutlich im Zusammenhang mit der Pfingstpredigt des Petrus:

> *„Als sie das hörten,* traf es sie mitten ins Herz, *und sie
> sagten zu Petrus und den übrigen Aposteln: Was sollen wir
> tun, Brüder? Petrus antwortete ihnen: Kehrt um, und jeder
> von euch lasse sich auf den Namen Jesu Christi* taufen *zur
> Vergebung seiner Sünden; dann werdet ihr die Gabe des
> Heiligen Geistes empfangen"* (Apg 2,37f).

Den griechischen Text müßte man wörtlich übersetzen: „Als sie
das hörten, *wurde ihr Herz durchbohrt."* Damit ist nicht
lediglich eine inhaltlose emotionale Betroffenheit gemeint.
Lukas will zum Ausdruck bringen, daß die Worte des Petrus das
Herz der Zuhörer in ähnlicher Weise „durchbohrten" wie die
Lanze das Herz Jesu: Wer das Wort des Petrus in sich eindringen
ließ, erhielt dadurch Anteil am Heilstod und an der Auferste-
hung Jesu. Diese Betroffenheit war die innere Begegnung der
Zuhörer mit Gott: Sie führt hin zur Umkehr, zur Taufe „mit
Wasser" und zum Empfang des Heiligen Geistes mit seinen
Gaben.

**161** Ein ähnliches Verhältnis von innerer Begegnung und
Taufsakrament zeigt sich im Bericht über die Bekehrung des
Saulus: Nach seiner Begegnung mit dem Auferstandenen vor
Damaskus heißt es:

> *„Hananias* legte Saulus die Hände auf *und sagte: ... du
> sollst wieder sehen und* mit dem Heiligen Geist erfüllt
> werden. *Sofort fiel es wie Schuppen von seinen Augen,
> und er sah wieder; er stand auf und* ließ sich taufen *" (Apg
> 9,17f).*

Saulus war von der Begegnung mit dem Auferstandenen tief
betroffen. Dies veranschaulicht Lukas dadurch, daß Saulus zu
Boden stürzt und drei Tage blind ist (Apg 9,4.9). Durch die
Handauflegung des Hananias erhält er nicht nur sein Augenlicht
wieder: Ihm wird ein inneres „Sehen" geschenkt, eine Erfüllung
mit dem Heiligen Geist. Diese neue Erfahrung führt Saulus zur
Taufe und zum Zeugnis für Jesus.

> Durch die Gnade des Glaubens führt der Auferstandene
> - zur Umkehr
> - zur Begegnung mit sich
> - zum Sakrament der Taufe
> - zum Leben aus der Taufe
> - zum Zeugnis für ihn.

Eine vertiefte innere Begegnung mit Gott durch Jesus Christus im Heiligen Geist ist in der gegenwärtigen Situation für viele Christen auch ein Anstoß, sich Gott neu anzuvertrauen und ihr Taufbekenntnis persönlich zu erneuern bzw. nachzuholen, wie sich noch ergeben wird.

## II. Neu-Evangelisierung und Taufbekenntnis

### 1. „Ich glaube dir"

**162** In der Neu-Evangelisierung geht es nicht primär darum, das traditionelle Glaubenswissen in seiner ganzen Breite zu vermitteln. Voraussetzung für die Annahme der Glaubenswahrheiten ist das *Grundvertrauen*, daß Gott, der sich uns in der Bibel geoffenbart hat, wahrhaftig ist, daß er uns nicht täuscht und daß er seine Verheißungen erfüllt. Dieses Vertrauen kommt in dem Satz zum Ausdruck: „Ich glaube dir." Wir nennen diesen Glauben auch Du-Glauben. Davon zu unterscheiden ist der Was-Glaube, der in dem Satz zum Ausdruck kommt: „Ich glaube, was du sagst." Damit ist gemeint: Ich glaube dir den Inhalt deiner Aussage; ich halte ihn für wahr.

Im alltäglichen Leben kommen diese beiden Formen von „Glauben" ständig vor: Jemand berichtet mir von einem Verkehrsunfall, bei dem ich selbst nicht Zeuge war. Ich glaube, was er mir berichtet, wenn er für mich glaub-würdig ist, wenn ich *ihm* glaube: Erst wenn ich dem anderen glaube und vertraue („Ich glaube dir"), bin ich auch bereit, den Inhalt dessen zu glauben, was er mir sagt („Ich glaube, was du sagst").

**163**  In ähnlicher Weise ist auch der Anfang des Glaubens an Gott das Vertrauen zu ihm, das er selbst uns schenkt: „Wir haben durch Christus so großes Vertrauen zu Gott" (2 Kor 3,4; vgl. Eph 3,12). Dieser Bedeutung des Wortes „glauben" entspricht im Alten Testament das Wort aman = fest, sicher, zuverlässig sein. Das Adverb „Amen" meint nicht nur den Wunsch: „So sei es!", sondern drückt die *Gewißheit* aus: „Ja, so ist es!" In diesem Sinne leitet Jesus seine Aussagen häufig mit Amen ein: „Amen, das sage ich euch: Wenn ihr nicht umkehrt und wie die Kinder werdet, könnt ihr nicht in das Himmelreich kommen" (Mt 18,3). Jesus erwartet, daß man seinem Wort unbedingt vertraut, ohne den Inhalt seiner Aussage nachprüfen zu können: „Amen, amen, ich sage euch: Noch ehe Abraham wurde, bin ich" (Joh 8,58; vgl. 8,24; I,135f). Diese Aussagen Jesu über sich bleiben undurchschaubares Geheimnis. Man kann dieses Geheimnis nur bejahen oder ablehnen, es läßt sich mit den Mitteln der Erkenntnis nicht nachprüfen. Die *erste* Antwort des vertrauenden Glaubens ist deshalb „Amen, ja, so ist es."

**164**  Der Schwerpunkt des Katechumenates für Ungetaufte liegt in der „Einübung" in dieses Grundvertrauen zur Person Jesu Christi und in der Absage an die widergöttlichen Mächte, wie die vielen „Gebete um Befreiung" zeigen (I,111-115). Es geht vor allem darum, die empfangene Anfangsgnade, den Du-Glauben, bewußt zu bejahen. Deshalb werden zur näheren Vorbereitung auf die Taufe nochmals Gebete um Befreiung von dem Bösen gesprochen. Die von Gott geschenkte Offenheit für das Wirken des Heiligen Geistes kommt dann im Effata-Ritus (vgl. Mk 7,34) nochmals zum Ausdruck: Der Zelebrant berührt mit dem Daumen das rechte und das linke Ohr sowie den geschlossenen Mund jedes einzelnen Taufbewerbers und spricht: „Effata, *öffne dich*, damit du den *Glauben*, den du gehört hast, zu Gottes Lob und Ehre *bekennst.*"

Wenn der Taufbewerber dann unmittelbar vor der Taufe das Glaubensbekenntnis spricht, bringt er primär diese schon empfangene *Anfangsgnade*, den Du-Glauben, zum Ausdruck. Die Einführung in ein tieferes Verständnis der im Glaubensbekenntnis ausgesprochenen Wahrheiten und Inhalte (Was-Glaube) folgt in der vierten „Stufe" der Eingliederung nach der Taufe.

---

1. Der Du-Glaube („„Mein Gott, ich glaube dir") erfaßt die menschliche Person in ihren Tiefen und umgreift den Was-Glauben („Ich glaube, was du uns geoffenbart hast").

2. Der anfängliche Du-Glaube zeigt sich in einem von Gott geschenkten Vertrauen zu Gott und in der ausdrücklichen Absage an den widergöttlichen Geist.

---

In einem Katechumenat für *Getaufte* geht es in ähnlicher Weise um eine *Vertiefung* dieser Offenheit, um eine klare Entscheidung für Gott, sowie um eine *vertiefte* Absage an den Satan, nicht um eine möglichst ausführliche Erläuterung der christlichen Lehre. Deshalb hat die „Erneuerung" bzw. Nachholung des Taufbekenntnisses für Christen, die als kleine Kinder getauft wurden, ein besonderes Gewicht.

### 2. Das Verhältnis von Glaube und Taufe

**165** Im Zuge der Neu-Evangelisierung werden die schon getauften Christen nicht nochmals getauft, sondern der Grundimpuls ist die erneute und vertiefte Annahme der schon empfangenen Taufgnade. Martin Luther nennt diesen Prozeß ein „Zurückkriechen in die Taufe". Im Hinblick darauf ist das dreifache Verhältnis von Glaube und Taufe im Neuen Testament von Bedeutung.

### a) Die Taufe setzt den Glauben voraus

---

*„Wer glaubt und sich taufen läßt, wird gerettet" (Mk 16,16).*

*„Als sie jedoch dem Philippus Glauben schenkten, der das Evangelium vom Reich Gottes und vom Namen Jesu Christi verkündete, ließen sie sich taufen" (Apg 8,12).*

*„Viele Korinther, die Paulus hörten, wurden gläubig und ließen sich taufen" (Apg 18,8).*

---

b) Der Glaube wird mit der Taufe gegeben

> *„Es ist unmöglich, Menschen, die einmal* erleuchtet *worden sind, die von der himmlischen Gabe genossen und* Anteil am Heiligen Geist empfangen haben, ... *dann aber abgefallen sind, erneut zur Umkehr zu bringen" (Hebr 6,4ff).*
>
> *„Erinnert euch an die früheren Tage, als ihr nach eurer* Erleuchtung *manchen harten Leidenskampf bestanden habt" (Hebr 10,32).*

In der alten Kirche (Justin, Klemens von Alexandrien) wurde „Erleuchtung" zur Bezeichnung der Taufe. Damit ist angedeutet, daß durch die Taufe der Mensch sehend gemacht, ihm der Blick für das durch Christus in die Welt gekommene Licht geöffnet wird. Dies galt auch für die Taufe kleiner Kinder.

c) Die Taufe ist der Anfang des Glaubensweges

> *„Wir wurden mit ihm begraben durch die Taufe auf den Tod; und wie Christus durch die Herrlichkeit des Vaters von den Toten auferweckt wurde, so sollen auch wir als neue Menschen* leben*" (Röm 6,4).*
>
> *„Wißt ihr denn nicht, daß Ungerechte [Götzendiener, Ehebrecher ...] das Reich Gottes nicht erben werden? ... Aber ihr seid reingewaschen, seid geheiligt, seid gerecht geworden im Namen Jesu Christi, des Herrn, und im Geist unseres Gottes" (1 Kor 6,9ff).*
>
> *„Die Taufe dient nicht dazu, den Körper von Schmutz zu reinigen, sondern sie ist eine Bitte an Gott um ein reines Gewissen aufgrund der Auferstehung Jesu Christi" (1 Petr 3,21).*

Diese Texte begründen die Notwendigkeit eines neuen Lebens nach der Taufe. Sie *erinnern* an die Taufe und wollen den Getauften zu einem vertieften Glauben an die Auferstehungsmacht Jesu Christi und zu einem der Taufe entsprechenden Leben hinführen.

**166** Aus diesem Befund ergibt sich: Glaube und Taufe sind aufeinander bezogen, aber *die zeitliche Reihenfolge ist nicht entscheidend*. Deshalb hat der Getaufte den Glauben und die Taufe niemals „hinter sich": Der Taufempfang ist ein einmaliges Geschehen, aber die einmal empfangene Taufgnade will sich immer tiefer im alltäglichen Leben, in einem Leben aus dem Heiligen Geist (Gal 5,25) auswirken.

Der Glaube hat im ersten Hören des Wortes und in der Umkehr einen „Anfang", aber der Getaufte wächst *lebenslang* in die Begegnung mit Jesus Christus und in den Glauben hinein. Dabei gibt Gott ihm von Zeit zu Zeit deutlichere Anstöße zu einer erneuten und vertieften Annahme der Taufgnade. Dem Verhältnis von Glaube und Taufe entspricht deshalb das Verhältnis von Geistempfang und Taufe (I,159).

---

1. Das Verhältnis von Umkehr – Glaube – Taufe – Geistempfang ist ein Geheimnis des Gnadenhandelns Gottes. Es darf nicht in ein Schema gepreßt werden. Die zeitliche Reihenfolge ist nicht entscheidend.

2. Mit der Taufe beginnt der lebenslange Prozeß des Hineinwachsens in die Begegnung mit Jesus Christus.

---

Daraus ergeben sich wichtige Aspekte im Hinblick auf die Kindertaufe. Bevor sie dargestellt werden, sei der *Anfang* einer persönlichen Begegnung mit Jesus Christus näher beschrieben.

### 3. Neu-Evangelisierung und Anfangsgnade

**167** In ähnlicher Weise, wie die ganze Kirche fortdauernd lebt aus der Anfangsgnade des ersten Pfingstereignisses, schenkt Gott auch dem einzelnen die Anfangsgnade einer Begegnung mit ihm, der Umkehr und des Glaubens. In Zeiten persönlicher Krise oder in bestimmten glaubensgeschichtlichen Situationen

wird dies deutlicher spürbar: „Unter den gegenwärtigen Umständen wird die katechetische Unterweisung in der Form eines
*Katechumenats* immer dringlicher; denn zahlreiche Jugendliche
und Erwachsene entdecken nach und nach, *von der Gnade
berührt*, das Antlitz Christi und empfinden das Bedürfnis, *sich
ihm ganz zu schenken* (sese Illi totos dedere)" (Paul VI., EN 44f).
Dieser Text geht davon aus, daß die Berührung des Herzens
durch Gott der Taufe nachfolgt und zu vertiefenden Glaubensschritten führt.

Gott hat in der gegenwärtigen Situation der Kirche vielen
Christen den Antrieb geschenkt, sich ihm neu anzuvertrauen. Neu-Evangelisierung ist deshalb ihrem Ursprung
nach nicht das Ergebnis menschlicher Bemühungen,
sondern der Prozeß, dem einzelnen und in der Kirche
dieses glaubensgeschichtliche Gnadenereignis bewußtzumachen.

Im folgenden sind einige Texte wiedergegeben, die es erleich-
tern, die Berührung des Herzens durch Gott näher zu beschreiben. Sie gehen aus von der Anfangsgnade vor der Taufe. Das
Gesagte gilt aber auch für die innere Wahrnehmung dieser
Anfangsgnade *nach* der Taufe!

**168**  Gegen Ende des 2. Jahrhunderts sagt Tertullian von den
„Katechumenen" (vgl. Einführung, Anm.1): „Ist etwa Christus
für die Getauften ein anderer als für die Katechumenen? ... Die
Taufe ist nur eine *Besiegelung des Glaubens*, der mit der
Festigkeit der Bekehrung seinen Anfang nimmt ... Wir werden
nicht deshalb abgewaschen, damit wir aufhören zu sündigen,
sondern deshalb, weil wir bereits aufgehört haben, weil wir *im
Herzen* schon abgewaschen sind. Das ist die *erste Taufe*, die der
Hörenden, die vollkommene Furcht Gottes. Von da an, wenn du
*den Herrn fühlst*, datiert der gesunde Glaube und ein Gewissen,
das sich ein für allemal der Bekehrung zugewendet hat" (Über
die Buße 6,17). Wer um die Aufnahme in die Gruppe der
Katechumenen bittet, ist Christus bereits auf eine für ihn
wahrnehmbare Weise begegnet: Er hat in seinem Herzen durch
den Empfang der Bekehrungsgnade und des Glaubens eine „erste

Taufe" empfangen, eine innere „Herzenstaufe". Sie wird im Sakrament der Taufe von Gott „besiegelt" und kommt so zu ihrer vollen Auswirkung.

**169** Die Auseinandersetzungen über den allerersten Anfang des Glaubens führten im Jahre 529 zu folgender Aussage des kirchlichen Lehramtes: „Der Anfang des Glaubens, ja selbst die fromme Glaubensbereitschaft (credulitatis affectus) , wodurch wir an den glauben, der den sündigen Menschen rechtfertigt, und wodurch wir zur Wiedergeburt der heiligen Taufe gelangen, ist in uns durch Eingebung des Heiligen Geistes und nicht auf natürliche Weise" (DS 375). In diesem Text ist gesagt:
1. Der Mensch kann nichts zum Anfang seiner Bekehrung beitragen.
2. Die zur Taufe führende Anfangsgnade bewegt den Menschen in seiner emotionalen Tiefe (affectus).

**170** Dies wird vom Konzil von Trient nochmals ausführlicher dargelegt. Das fünfte Kapitel des Dekretes über die Rechtfertigung trägt die Überschrift: „Die Notwendigkeit der Vorbereitung auf die Rechtfertigung bei den Erwachsenen und ihr Grund". Es befaßt sich mit dem Anfang des Rechtfertigungsgeschehens, in dem alles Weitere grundgelegt ist:
„Bei den Erwachsenen muß der Anfang der Rechtfertigung von der zuvorkommenden Gnade Gottes durch Christus Jesus ausgehen, d. i. von seinem *Ruf*, durch den sie ohne irgendein eigenes vorliegendes Verdienst gerufen werden. So werden sie, die durch Sünden von Gott abgewandt waren, durch seine weckende und helfende Gnade bereitet, sich ihrer eigenen Rechtfertigung zuzuwenden in freier Zustimmung zu dieser Gnade und freier Mitwirkung mit ihr. Indem Gott [bei diesem Ruf] *das Herz des Menschen berührt durch die Erleuchtung des Heiligen Geistes* (tangente Deo cor hominis per Spiritus Sancti illuminationem), bleibt also einerseits der Mensch nicht ganz untätig, denn er nimmt ja jene Eingebung auf, die er auch ablehnen könnte; andererseits kann er sich doch nicht aus freiem Willen heraus ohne die Gnade Gottes zur Gerechtigkeit vor ihm erheben" (DS 1525). Dieser Text ist von großer Bedeutung für die theologischen und pastoralen Grundlagen einer Neu-Evangelisierung:

**171**  1. Das Konzil stand vor der Aufgabe, in Auseinandersetzung mit den Lehren der Reformatoren einen Aufriß der gesamten Gnadenlehre vorzulegen. Dabei setzt es an bei der „Rechtfertigung" der *Erwachsenen* (die Kindertaufe wird in diesem Dekret nicht erwähnt)[10]. Wir geben das Wort „Rechtfertigung" im folgenden wieder durch „Begegnung mit Gott", „Gemeinschaft mit Gott" (vgl. EvEK 420f).

2. Der zitierte Text beschreibt den *Anfang* der Begegnung mit Gott als ein Geschehen, durch das Gott den Menschen auf den Empfang der Taufe vorbereitet (vgl. DS 1529). Das Konzil betont mit Nachdruck, daß der Mensch durch die Sünde „von Gott abgewandt" ist und nicht das Geringste zum Beginn seiner Gemeinschaft mit Gott beiträgt: Bevor der Mensch sich durch das gläubige Hören des Wortes Gottes und durch Buße (vgl. DS 1526) auf den Empfang der Taufe konkret vorbereiten kann, ist die Gnade Gottes ihm „zuvorgekommen" und hat ihn ohne irgendeine menschliche Mitwirkung („ohne irgendein eigenes vorliegendes Verdienst") auf die Taufe hingeordnet.

3. Diese Hinordnung geschieht durch einen *Ruf*, bei dem Gott *das Herz des Menschen berührt* durch die Erleuchtung des Heiligen Geistes. Mit „Herz" ist das Innerste des Menschen gemeint, seine Tiefe. Das Konzil setzt voraus, daß der Mensch diese innere Berührung wahrnimmt, denn er nimmt eine Eingebung (inspiratio) auf, „die er auch *ablehnen* könnte". Sie befähigt den Menschen dazu, sich für die Begegnung mit Gott zu öffnen, die ihren leibhaften Ausdruck in der Taufe findet (sich „seiner eigenen Rechtfertigung zuzuwenden").

4. Die Anfangsgnade ist noch nicht „die Rechtfertigung selbst" (DS 1528), also noch nicht die Gemeinschaft mit Gott. Vielmehr lädt Gott den Menschen zunächst ein, diese Anfangsgnade anzunehmen, „in freier Zustimmung zu dieser Gnade und freier Mitwirkung mit ihr". Der Taufe geht somit ein *inneres Antwortgeschehen* voraus, das zunächst noch nicht nach außen in Erscheinung tritt: Gott achtet die Freiheit des Menschen so sehr, daß er ihm sein Heil nicht aufzwingt, sondern ihn vor der Taufe zur Zustimmung befähigt. Das Konzil betont jedoch mit Nachdruck, daß der Mensch sich nicht ohne die Gnade Gottes, aus freiem Willen heraus, Gott zuwenden kann.

1. Gott berührt das Herz des Menschen und lädt ihn ein zur Begegnung mit sich.

2. Der Mensch kann dieser Begegnung nur zustimmen in der Kraft der allem menschlichen Tun *zuvorkommenden* Gnade Gottes.

3. Wenn der Mensch den Ruf Gottes ablehnt, dann ist dies ganz seine eigene Entscheidung – ohne die Gnade Gottes und gegen sie.

So bereitet Gott selbst den Menschen auf das entscheidende Ereignis der sakramentalen Taufe vor. In ihr wird der Mensch „aus einem Feind zum Freund" (DS 1528), schenkt Gott ihm die Gemeinschaft mit sich.

**172** Der Weg des einzelnen zur Taufe beginnt also mit einem *inneren Antwortgeschehen*, das Ähnlichkeit hat mit menschlicher Begegnung. In ihr geschieht eine unmittelbare innere Berührung, die zwei Menschen in ihrem Herzen wahrnehmen (II,35). Die Antwort auf diese innere Berührung geschieht zunächst wiederum im „Herzen": Sie ist ein *inneres* Geschehen, das leibhaften Äußerungen im Wort oder anderen Zeichen vorausgeht. Der entscheidende Unterschied zur Begegnung mit Gott zeigt sich darin, daß die Initiative *ausschließlich* von Gott ausgeht und die innere Antwort durch ihn selbst geschenkt wird: Durch seinen Heiligen Geist wendet Gott den einzelnen auf sich hin und wendet der einzelne sich auf Gott hin. Diese innere Umwendung des Menschen durch Gott macht ihn aufnahmebereit für das Wort Gottes und zielt hin auf die Verleiblichung der Begegnung im Taufsakrament.

**173** Die Darlegungen des Konzils von Trient entsprechen den oben erwähnten biblischen Aussagen über die Herabkunft des Heiligen Geistes und die innere Betroffenheit *vor* dem Empfang des Taufsakramentes. Sie beschreiben also mit den damaligen theologischen Mitteln das Gnadenereignis der „inneren Begegnung": Das Wort Gottes und die Sakramente treffen den Menschen nicht als etwas ihm Fremdes, sondern er ist Gott schon in der Tiefe seines Herzens begegnet.

Es muß betont werden, daß die Gemeinschaft Gottes mit dem Menschen Geheimnis ist und bleibt. Je mehr wir versuchen, sie zu beschreiben, um so mehr erkennen wir, daß sie unaussprechlich ist. Wir dürfen heute davon ausgehen, daß zwischen reformatorischer und katholischer Sicht der Rechtfertigung keine kirchentrennenden Gegensätze bestehen (EvEK 429-432). Im Hinblick auf eine Neu-Evangelisierung sei nochmals hervorgehoben: Die zeitliche Reihenfolge von Umkehr – Glaube – Taufe – Geistempfang bleibt Geheimnis des Gnadenhandelns Gottes (I,159; II,165f). Viele Anzeichen (II,167) deuten darauf hin:

> Gott schenkt die Gnade der „innere Begegnung" mit sich auch *nach* der Taufe und führt den Christen so zur erneuten und vertieften Annahme der Taufgnade.

### 4. Kindertaufe und spätere Nachholung des Taufbekenntnisses

**174** Die Kindertaufe wird im Neuen Testament nicht ausdrücklich, sondern allenfalls einschlußweise erwähnt: Die Purpurhändlerin Lydia ließ sich „mit ihrem ganzen Haus" taufen (Apg 16,15; vgl. 18,8). Man nimmt an, daß dabei auch kleine Kinder getauft wurden. Die seit dem 2. Jahrhundert belegte Kindertaufe entspricht durchaus den neutestamentlichen Aussagen über das Verhältnis von Geistempfang bzw. Glaube und Taufe: Durch sie bekennen die Kirchen, *daß Gott immer den ersten Schritt tut* (I,169; KaEK 337f; EvEK 1066, 1073f). Entscheidend ist nicht das Taufalter, sondern die persönliche Annahme des Taufbundes je nach Lebensgeschichte und geistlichem Wachstum. Die Kindertaufe als solche soll in diesem Glaubensseminar nicht in Frage gestellt werden.

Durch die Praxis der Kindertaufe ist allerdings die persönliche Umkehrentscheidung für Christus stark in den Hintergrund getreten. An ihre Stelle trat die christliche Erziehung. Die Kindertaufe ist eine der folgenschwersten Entscheidungen in der Kirchengeschichte gewesen: Es entstand ein Christentum, in das man sich nicht hineinentscheidet, in das man vielmehr – ohne gefragt zu werden – hineingeboren wird. Man verweist darauf, daß das Kind auch auf den Glauben der Eltern und der Gemeinde getauft wird und in diesen hineinwächst. Dies ist jedoch heute vielfach nicht mehr gegeben. Da Glaube und Taufe untrennbar zusammengehören, wird ein auf die Kindertaufe folgendes Katechumenat mit dem Angebot einer *persönlichen* Nachholung des Taufbekenntnisses immer dringlicher. Dies ergibt sich auch aus der Neuordnung der Liturgie der Kindertaufe.

**175** In der alten Kirche wurde der Ritus der Erwachsenentaufe fast ohne Angleichung an die lebensgeschichtliche Situation der Säuglinge auf diese übertragen. Bis 1969 fragte in der katholischen Kirche der Priester zu Beginn der Feier der Säuglingstaufe die Paten:

„Wie soll dieses Kind heißen?"
Paten: „N."
„N., was begehrst du von der Kirche?"
Paten: „Den Glauben."
„N., widersagst du dem Satan?"
Paten: *„Ich widersage."*
„N., glaubst du an Gott ... an Jesus Christus ... an den Heiligen Geist?"
Die Paten antworten jeweils: *„Ich* glaube."
„N., willst du getauft werden?"
Paten: *"Ja, ich will es."*
Die Fragen richteten sich somit direkt an das Kind, und die Paten haben *stellvertretend* für das Kind jeweils „Ich" gesagt. Sie haben so geantwortet, als ob das Kind selbst seinen Glauben und seine Taufbereitschaft zum Ausdruck brächte.

**176** Seit 1969 spricht der taufende Priester oder Diakon die Eltern und Paten mit folgenden Worten an:
„Liebe Eltern und Paten! Sie sollen Ihre Kinder im Glauben erziehen. Wenn Sie bereit sind, als *gläubige Menschen* diese Aufgabe zu übernehmen, dann sagen Sie jetzt *im Gedenken an Ihre eigene Taufe* dem Bösen ab und bekennen *Ihren Glauben* an Jesus Christus, den Glauben der Kirche, in dem Ihre Kinder getauft werden."
Dann fragt der Taufende die Eltern und Paten:
„Widersagen Sie dem Bösen ...?"
Eltern und Paten: „Ich widersage."

„Glauben Sie an Gott ... an Jesus Christus ... an den Heiligen Geist?"
Die Eltern und Paten antworten jeweils: „Ich glaube."

**177** Die Eltern und Paten widersagen also nicht mehr *stellvertretend* für das Kind dem Bösen; sie bekennen den Glauben nicht mehr *stellvertretend* für das Kind. Vielmehr widersagen sie erneut und *persönlich* dem Bösen und bekennen erneut ihren eigenen Glauben! Sie „erneuern" ihr *eigenes* Taufbekenntnis! Diese Neuordnung ist von kaum zu überschätzender dogmatischer und pastoraler Bedeutung. In ihr anerkennt und betont die Kirche: In der Taufe empfängt „jeder seine *eigene* Rechtfertigung nach dem Maß, das der Heilige Geist *den einzelnen* zuteilt, wie er will (1 Kor 12,11), und entsprechend der *eigenen* Bereitung und Mitwirkung" (DS 1529). Die Begegnung mit Gott in der Taufe ist die Überwindung *meines* Todes durch Gott, der Beginn *meiner* Auferstehung (1 Kor 15,44): Niemand kann *meinen* Tod erleiden; niemand kann *an meiner Stelle* auferstehen. Ich selbst werde sterben; ich selbst werde auferstehen. Deshalb kann auch niemand *an meiner Stelle* den Taufbund von Gott annehmen und Gemeinschaft haben mit Gott.

Die Aufgabe des Paten wird in den offiziellen Vorbemerkungen zum neuen Ritus der Kindertaufe wie folgt beschrieben: „Auch bei der Kindertaufe soll wenigstens ein Pate dabeisein, gleichsam zur geistlichen Ausweitung der Familie des Täuflings und als Darstellung der Mutter Kirche. Auf seine Weise soll er den Eltern beistehen, damit das Kind *seinen* Glauben bekennen und im Leben verwirklichen kann"[11] (vgl. GL 44,3).

---

1. Im Taufbekenntnis steht der einzelne *unvertretbar und persönlich* vor Gott.

2. Die Eltern und Paten sprechen das Taufbekenntnis nicht stellvertretend für das Kind.

---

**178** Daraus ergeben sich wichtige Anstöße für die Neu-Evangelisierung: Im neuen Ritus der Kindertaufe erbitten die Eltern für ihr Kind die Taufe und erklären sich damit bereit, es im

Glauben zu erziehen und ihm „die spätere *persönliche* Glaubensentscheidung möglich zu machen" (GL 44,2). Diese persönliche Glaubensentscheidung sollte nach der Reform des Ritus der Kindertaufe den Charakter des *ausdrücklichen Taufbekenntnisses* haben. Dieses besteht aus der Absage an den Satan und dem Glaubensbekenntnis. Das ausdrückliche „Ja" zu Gott erfordert ein ebenso ausdrückliches „Nein" den widergöttlichen Mächten gegenüber. Beide Aspekte gehören untrennbar zusammen.

Ebenso deutlich muß betont werden: Der einzelne ist seinem innersten Wesen nach auf Gemeinschaft hingeordnet; sein Glaube ist umschlossen und getragen vom Glauben der Kirche. Durch die Taufe fügt Gott den einzelnen zugleich und sofort ein in die Gemeinschaft der Kirche (Apg 2,47). Die Taufe ist nicht „Privatsache", sondern immer Eingliederung in die Gesamtkirche.

Beide Aspekte sind in den amtlichen Vorbemerkungen zur „Eingliederung Erwachsener in die Kirche" hervorgehoben: „Der Glaube, dessen Sakrament sie [die erwachsenen Täuflinge] empfangen, ist nicht allein der Glaube der Kirche, sondern *auch ihr eigener* " (Nr. 30).

Aus dem Gesagten ergibt sich für die Kindertaufe (vgl. I,170):

---

1. Der Glaube des einzelnen wird getragen vom Glauben der ganzen Kirche. Deshalb ist es möglich und sinnvoll, kleine Kinder auf den Glauben der Eltern und Paten hin zu taufen.

2. Das Taufbekenntnis der Eltern und Paten ersetzt nicht das spätere persönliche Taufbekenntnis des Kindes.

---

**179** Das Taufbekenntnis bildet mit der Formel der Taufspendung eine liturgische Einheit: „In der Absage und dem Glaubensbekenntnis wird *dasselbe Pascha-Mysterium*, das ... vom Zelebranten in den *Worten der Taufe* bekannt wird, durch den ausdrücklich ausgesprochenen *Glauben der Täuflinge* bekundet" (Eingliederung, Nr. 30). In der beim Übergießen mit Wasser gesprochenen Spendeformel kommt das Handeln Gottes durch den menschlichen Taufspender zum Ausdruck, im

Taufbekenntnis das Handeln Gottes durch den Empfänger. Taufspendung und Taufbekenntnis gehören zusammen wie Wort und Antwort.

Andererseits gehört es zum Wesen der Taufe, die der Mensch nur einmal in seinem Leben empfängt, daß er die in ihr von Gott angebotene Gnade von Zeit zu Zeit ausdrücklich annimmt:

> Der liturgische Ausdruck einer bewußten oder vertieften Antwort kann der Spendung der Taufe nachfolgen.

Entscheidend ist nicht das Taufalter, sondern der Prozeß des Hineinwachsens in die Antwort auf das Gnadenangebot Gottes. Die liturgische Feier in der achten Woche ist ein Angebot, das Taufbekenntnis bewußt und persönlich nachzuholen oder zu erneuern.

**180** Mit der Taufe bietet Gott dem einzelnen zum Dienst in Kirche und Welt zugleich auch die Gaben seines Geistes an. Sie sind jeweils eine „Offenbarung des Geistes" (1 Kor 12,7) und machen besonders deutlich, daß die Kirche „Ort des Geistes" ist. Wachsende Reife des geistlichen Lebens läßt den einzelnen erkennen, welche Geistesgaben Gott ihm zum Dienst in Kirche und Gesellschaft geben will. Bei der Erneuerung des Taufbekenntnisses kann der einzelne deshalb auch die ihm von Gott jeweils zugeteilten Charismen neu von Gott erbitten und annehmen. Viele Christen verspüren heute in sich den Impuls, dies zu tun und sich so vom Geist Gottes für eine Neu-Evangelisierung in Dienst nehmen zu lassen.

## III. Neu-Evangelisierung in der Kraft der Charismen

### 1. Was ist ein Charisma?

**181** Charisma (Gnadengabe) ist eine aus der Gnade (charis) erfließende, jeweils vom Geist Gottes besonders zugeteilte Befähigung zum Leben und Dienen in Kirche und Welt. Mit der

Taufe teilt der Heilige Geist auch jedem seine „besondere Gnadengabe" zu, wie er will (1 Kor 12,11): Keiner vereinigt in sich die Fülle aller Gaben, keiner hat die gleichen Gaben wie andere. Charismen sind deshalb so zahlreich und verschieden wie die Menschen selbst. Die Charismenkataloge (Röm 12; 1 Kor 12; Eph 4,11f) haben lediglich Beispielcharakter. Einige Charismen dienen in erster Linie der Gottesverehrung oder der „eigenen Auferbauung", wie verschiedene Gaben des Gebetes, die Gabe des Glaubens oder der Ehelosigkeit (vgl. 1 Kor 12,9f; 14,2-4; 7,7), andere befähigen zur Mitwirkung am Heil anderer, wie Dienen, Lehren, Trösten, prophetische Gaben, Heilungskräfte, Kassenverwaltung, Unterscheidung der Geister. Manchmal durchkreuzen die Charismen auch die eigene Lebensdynamik.

> Die Charismen entsprechen häufig natürlichen, mit der Geburt gegebenen Fähigkeiten des Menschen. Sie sind aus ihnen aber nicht ableitbar, sondern entspringen der freien Gnadenwahl Gottes (I,176).

**182** Die traditionelle kirchliche Lehre zählt zu den Grundwirkungen des Heiligen Geistes in der Kirche vor allem das Wort Gottes, die Sakramente und das kirchliche Amt. Das II. Vatikanische Konzil hat erstmals lehramtlich zum Ausdruck gebracht, daß auch die Charismen zu den Grundelementen des kirchlichen Lebens und der christlichen Existenz gehören. „Durch sie macht Gott die Gläubigen geeignet und bereit, für die *Erneuerung* und den gedeihlichen Aufbau der Kirche verschiedene Werke und Dienste zu übernehmen". Charismen „müssen mit Dank und Freude angenommen werden, da sie den Nöten der Kirche besonders angepaßt und nützlich sind."[12]

Für eine von den Charismen getragene Neu-Evangelisierung ist die Frage nach ihrem Verhältnis zu den übrigen Geistwirkungen in der Kirche von Bedeutung. Die Geschichte der Kirche zeigt: Wortverkündigung oder Ausübung von Charismen ohne Rückbindung an die Sakramente und das kirchliche Amt führen leicht zu Verengungen und Spaltungen. Andererseits hat ein Sakramentenempfang ohne lebendige Wortverkündigung und persönliche Glaubenszustimmung zur Folge, daß Christen die

Sakramente „passiv empfangen oder über sich ergehen lassen"
(Paul VI., EN 47).

Alle Geistwirkungen haben im Geist Christi ihren gemeinsamen Ursprung. Deshalb darf keine aus dem Ganzen der Kirche herausgelöst, überbetont oder gar verabsolutiert werden.

> Die Charismen bilden mit dem Wort Gottes, den Sakramenten und dem kirchlichen Amt ein unauflösbares Ganzes.

**183** Charismen sind Auswirkung und Verleiblichung der einen Gnade Gottes in der Gemeinde und ermöglichen eine Gemeinschaft im Geist, zu der „jeder etwas beiträgt" (1 Kor 14,26). „Es gibt verschiedene Gnadengaben, aber nur den einen Geist" (1 Kor 12,4): Der Heilige Geist wirkt die *Verschiedenheit* der Charismen und führt sie gleichzeitig zur *Einheit* zusammen. Er setzt sie zum Aufbau der Gemeinde zueinander in Beziehung wie die Glieder eines Leibes (1 Kor 12,14-26). Jedes Glied hat eine unersetzliche Aufgabe für das Ganze der Gemeinde und der Kirche (I,23-26).

Im Zuge der Neu-Evangelisierung haben sich kleine apostolisch gesinnte Gemeinschaften und „Hauskirchen" gebildet, in denen dieses Zueinander der Charismen deutlich erfahren wird. Weil jeder eingeladen ist, entsprechend der ihm verliehenen Charismen etwas beizutragen (1 Kor 14,26), können alle mit allen in eine menschlich-geistliche Beziehung treten. Daraus erwächst eine Erfahrung von Einheit und Gemeinschaft, die über rein menschliche Gemeinschaftserfahrung und Gruppenprozesse hinausgeht, sie läutert und intensiviert.

Man kann diese Erfahrung auch als „soziale Gotteserfahrung" bezeichnen. Sie ist „sozial", weil alle mit allen in Beziehung treten und Kirche konkret als „soziales Gefüge"[13] erfahren wird. Sie hat zugleich etwas mit Gott zu tun, insofern bei der Ausübung der Charismen die Gegenwart des Heiligen Geistes mit-erfahren wird: „Gott ist unter [zwischen] euch" (1 Kor 14,25).

**184** Mit der Taufe teilt der Geist Gottes jedem seine „besondere Gnadengabe" zu (1 Kor 12,11). Diese „Zuteilung" hat den Charakter eines *Angebotes*: Gott gibt die Charismen nicht ein für allemal, gleichsam als ständigen „Besitz", sondern schenkt sie jeweils neu, entsprechend der jeweiligen Situation: Charismen sind *ereignishafte und situationsbezogene* Wirkungen des Heiligen Geistes und können nur in jeweils aktueller Hingabe an Gott empfangen und ausgeübt werden (Röm 12,1; I,178). Daraus ergibt sich ein bedeutsamer Unterschied zu den übrigen grundlegenden Wirkungen des Geistes, denn diese werden in der Kirche „überliefert".

In der Überlieferung des biblischen Wortes, der sakramentalen Zeichen und der Amtsvollmacht hat der übergeschichtliche Geist Gottes selbst eine Geschichte: In ihnen „überliefert" er sich selbst, trotz aller Sünde in der Geschichte der Kirche und gegen sie. Charismen haben aber nicht in demselben Sinne eine Geschichte in der Kirche. Sie sind dem Wort, den Sakramenten und dem Amt zugeordnet und bilden mit diesen Geistwirkungen ein organisches Ganzes. Zugleich aber sind sie Einbrüche des Geistes „von oben", durch die er häufig Fehlentwicklungen in der Kirche korrigiert: Sie waren in der Überlieferung von Wort, Sakrament und Amt nicht gleichsam schon immer „enthalten" und mit-überliefert.

**185** Dies zeigt sich an den verschiedenen Ordensgründungen und in unserem Jahrhundert an neueren geistlichen Bewegungen. Durch sie schenkt Gott der Kirche unmittelbar jeweils besondere Charismen, die „den Nöten der Kirche besonders angepaßt und nützlich sind". Auch innerhalb einer Ordensgemeinschaft oder geistlichen Bewegung werden die jeweiligen Charismen nicht „überliefert" oder „weitergegeben". Der einzelne kann in das Charisma, das er dem Ordensgründer oder einer Anfangsgruppe geschenkt hat, nur dann hineinwachsen, wenn er es auch persönlich von Gott annimmt (etwa in der Ordensprofeß oder einer Treuebindung an die Gemeinschaft).

1. Gott teilt in der Taufe dem einzelnen die Charismen nicht als einen ständigen „Besitz" zu, sondern schenkt sie jeweils neu, entsprechend der jeweiligen Situation.

2. Die Charismen werden in der Kirche nicht „überliefert", sondern jeweils unmittelbar von Gott gegeben und empfangen.

3. Der einzelne kann das ihm von Gott zugeteilte Charisma nicht an andere „weitergeben".

**186** Für eine Erneuerung der Kirche sind die Charismen der Laien von besonderer Bedeutung. Häufig „ergänzen Laien von wahrhaft apostolischer Einstellung, was ihren Brüdern fehlt; sie stärken geistlich die Hirten und das übrige Volk (vgl. 1 Kor 16,17f)."[14] Die Priester sollen „die vielfältigen Charismen der Laien, schlichte wie bedeutendere, mit Glaubenssinn aufspüren, freudig anerkennen und mit Sorgfalt hegen."[15]

Auch die Wirksamkeit des kirchlichen Amtes wird getragen und gestärkt durch die entsprechenden Charismen (Gaben des Gebetes, prophetische Gaben, Leitungsgabe, Gabe der Lehre, der Unterscheidung usw.). Da sie nur in aktueller Abhängigkeit von Gott empfangen und ausgeübt werden können, sollen die Amtsträger zur unmittelbaren Vorbereitung auf ihren Dienst Gott ausdrücklich um sie bitten.

Es gehört zum amtlichen Auftrag der Amtsträger, die vielfältigen Charismen der Laien zu entdecken, anzuerkennen und zu fördern.

Die Ausübung des kirchlichen Amtes ist umso fruchtbarer, je mehr der Amtsträger offen ist für die ihm von Gott jeweils angebotenen Charismen.

**187** Die Charismen haben eine eigenständige, unabhängige, erweckende und auch kritische Funktion in Kirche und Gesellschaft. Wer ein Charisma von Gott empfängt, muß es in angemessener Weise deutlich machen. Innerhalb der Kirche ist er dabei auf das Amt hingeordnet, durch das der Geist Christi den rechten Gebrauch der Charismen schützen und fördern will (1 Kor 14,33.37f). Dabei auftretende Spannungen müssen im Geist der Wahrhaftigkeit und Liebe (1 Kor 13) durchgetragen werden. So „ordnet und lenkt der Heilige Geist die Kirche durch die verschiedenen hierarchischen und charismatischen Gaben"[16].

## 2. Das Wort „charismatisch"

**188** Es hat folgende Bedeutungen:
1. „zum Charisma gehörig", „charismenhaft". Seiner sprachlichen Grundbedeutung entsprechend bezeichnet das Wort alles, aber auch nur das, was zur Eigenart der Charismen gehört.
2. „je besonders". Wenn Gott Charismen verleiht, wendet er sich dem einzelnen auf eine besondere Weise zu und bringt seine jeweils besondere, persönliche Eigenart zur Entfaltung.
3. „ereignishaft, unmittelbar". Charismen werden dem einzelnen jeweils unmittelbar, ereignishaft und situationsbezogen gegeben, und zwar auch dann, wenn er von Gott häufiger zur Ausübung desselben Charismas geführt wird.
Die einschränkende und enge, unbiblische Bedeutung „emotional intensiv" hat das Wort durch die Pfingstkirchen und überkonfessionelle „charismatische" Initiativen erhalten. Dies hat dazu geführt, daß das Wort „charismatisch" häufig im Sinne von gefühlsbetont, überschwenglich, religiös schwärmerisch mißverstanden wird. „Charismatisch" ist jedoch nicht gleichzusetzen mit „spontan" oder „enthusiastisch" und steht nicht in Gegensatz zu „institutionell", „amtlich" oder „nüchtern".

**189** *Charismatische Erfahrung* ist der Vorgang, in welchem der einzelne die ihm von Gott angebotenen Charismen annimmt und ausübt. Sie ist zu unterscheiden von der mit Glaube, Hoffnung und Liebe gegebenen christlichen Grunderfahrung. Diese hat in allen Gliedern der Kirche dieselbe Grundstruktur (Begegnung mit Gott und mit den Mitglaubenden) und ist in allen ein und dieselbe (Eph 4,3f; I,209; II,214).

**190** In der neueren Religionssoziologie haben die Worte „Charisma", „charismatisch" und „Charismatiker" eine ganz allgemeine und im Grunde nichtssagende Bedeutung erhalten. „Charisma" ist hier lediglich die außergewöhnliche Qualität oder mit der Geburt gegebene Begabung einer herausragenden, als „charismatisch" angesehenen Persönlichkeit.

# Ihr werdet meine Zeugen sein

## I. Evangelisierung durch das Zeugnis von Gott

### 1. Was heißt „Zeugnis"?

**191** „Evangelisieren besagt vor allem, auf einfache und direkte Weise *Zeugnis zu geben* von Gott, der sich durch Jesus Christus im Heiligen Geist geoffenbart hat" (Paul VI., EN 26). Deshalb ist von grundlegender Bedeutung für jede Evangelisierung, was mit „Zeugnis" gemeint ist und wie es sich vollzieht.

Das Wort „Zeuge" kommt in der griechischen Sprache von einer Wurzel, die bedeutet: „sich erinnern" und bezeichnet jemanden, der aus seiner Erinnerung Kenntnis von etwas hat und es bekunden kann. Entscheidend ist, daß er einen *direkten*, *unmittelbaren* Zugang zu dem hatte, was er bezeugt. Dies zeigt sich an den beiden Grundbedeutungen des Wortes „Zeuge":
   *1. Bezeugung von unmittelbar beobachteten Vorgängen*

*(Tatsachenzeugnis):* „Zeuge" meint im Rechtsleben jemanden, der einen Vorgang (etwa den Hergang eines Verkehrsunfalls) selbst beobachtet hat und darüber vor Gericht aussagen kann. Der Zeuge gibt wieder, was er selbst gesehen und gehört hat, und steht mit seiner ganzen Person ein für die Wahrheit seiner Aussage.

2. *Bezeugung persönlicher Überzeugung (Wahrheits- und Gewißheitszeugnis):* „Zeuge" ist jemand, der mit innerer Gewißheit Wahrheiten verkündet, sich zu Werten (zum Beispiel Freiheit, Gerechtigkeit, Friede) bekennt, von denen er persönlich überzeugt ist. Er kennt sie nicht durch Beobachtung von äußeren Vorgängen, sondern aufgrund einer *unmittelbaren inneren Wahrnehmung.* Daraus folgt eine Gewißheit, die für den Zeugen eine *innere* Tatsache ist.

**192** Im Zeugnis der Apostel von der Auferstehung Jesu durchdringen sich beide Aspekte wechselseitig:

1. Tatsachenzeugnis: Die Apostel bezeugen die Auferstehung Jesu als feststehende Tatsache, denn sie sind dem Auferstandenen begegnet. Sie bezeugen jedoch nicht den Vorgang der Auferstehung als solchen, denn er entzieht sich jeder menschlichen Beobachtung. Sie bezeugen vielmehr ihre Begegnung mit dem Auferstandenen (I,152f). Diese ist für sie eine innere Erfahrung und Tatsache.

2. Gewißheitszeugnis: Die Jünger Jesu haben die Auferstehungsmacht Jesu an sich selbst erfahren (grundlegende Veränderungen in ihrem Leben; Geschenk der Annahme des eigenen Todes; Aufbruch derselben Geistesgaben, die sie von Jesus her kennen). Dies ist für sie eine Tatsache, die ihre Gewißheit über die Auferstehung Jesu verstärkt. Diese Gewißheit ist ihnen letztlich vom Heiligen Geist gegeben: „Zeugen dieser Ereignisse sind wir und der Heilige Geist" (Apg 5,32).

Diesem Zeugnis geht die Geistmitteilung im Pfingstereignis voraus: Der Auferstandene läßt die Apostel teilhaben an seinem Tod und an seiner Auferstehung. So wurde ihnen zugleich ein neues Verhältnis zu ihrem *eigenen* Tod geschenkt sowie die Erfahrung, daß in ihrer Verkündigung ihre *eigene* Auferstehung beginnt (II,156ff).

## 2. Das innere Zeugnis des Geistes Gottes

**193** Wie können wir in ähnlicher Weise Zeugnis von Jesus geben? Die folgenden Texte zeigen, daß das *äußere* Lebens- und Wortzeugnis Ausdruck eines *inneren*, in der Tiefe des Herzens sich vollziehenden Zeugnisses ist.

> *„Ihr habt den Geist empfangen, der euch zu Söhnen macht, den Geist, in dem wir rufen: Abba, Vater! So bezeugt der Geist selber unserem Geist, daß wir Kinder Gottes sind. Sind wir aber Kinder, dann auch Erben; wir sind Erben Gottes und sind Miterben Christi, wenn wir mit ihm leiden, um mit ihm auch verherrlicht zu werden"* (Röm 8,15ff).

> *„Wer an den Sohn Gottes glaubt, trägt das Zeugnis in sich ... Das Zeugnis besteht darin, daß Gott uns das ewige Leben gegeben hat; und dieses Leben ist in seinem Sohn"* (1 Joh 5,10).

> *„Wir verkündigen, wie es in der Schrift heißt, was kein Auge gesehen und kein Ohr gehört hat, was aus keines Menschen Herz aufsteigt: das Große, das Gott denen bereitet hat, die ihn lieben. Denn uns hat Gott es enthüllt durch den Geist. Der Geist ergründet nämlich alles, auch die Tiefen Gottes ... Wir haben nicht den Geist der Welt empfangen, sondern den Geist, der aus Gott stammt, damit wir das erkennen, was uns von Gott geschenkt worden ist. Davon reden wir auch, nicht mit Worten, wie menschliche Weisheit sie lehrt, sondern wie der Geist sie lehrt"* (1 Kor 2,9-13).

**194** Im Gebet „Abba, Vater", das Jesus, „vom Heiligen Geist erfüllt", ausgesprochen hat (Lk 10,21), kommt seine einzigartige *Unmittelbarkeit* zu Gott zum Ausdruck. Wenn wir es in demselben Heiligen Geist nachsprechen (I,32f), ereignet sich in unserem menschlichen Geist das *Zeugnis des Heiligen Geistes*: Er bezeugt uns und schenkt uns die *Gewißheit*, daß wir Kinder Gottes sind. Dieses Gewißheitszeugnis des Heiligen Geistes in uns nennen wir das *innere* Zeugnis. Es vollzieht sich *ständig* in der Tiefe unseres Herzens, denn wir tragen das Zeugnis „in uns", wie der Text aus dem ersten Johannesbrief verdeutlicht.

> Im inneren Zeugnis des Geistes bezeugt Gott uns, daß er uns durch die Teilhabe an Tod und Auferstehung Jesu das ewige Leben gegeben hat.

Das innere Zeugnis wird zum *äußeren Glaubenszeugnis* (I,227), wenn es sich in einer für andere erkennbaren und sie zu Gott hinführenden Weise äußert im Zeugnis des Lebens und im Wort-Zeugnis. An dieser Stelle wird nochmals deutlich, daß das gemeinsame Gebet in sich selbst bereits den Charakter des Zeugnisses hat und daß der Christ im äußeren Zeugnis immer auch das innere Zeugnis des Geistes, die Gnade der inneren Begegnung mit Gott (II,155-157; 170-173) bezeugt.

**195** In dem oben zitierten Text aus dem ersten Korintherbrief wird vollends deutlich: Das Glaubenszeugnis ist mehr als lehrhaft-neutrale „Weitergabe" von Glaubenswahrheiten (I,226f). In ihm bezeugt der Christ mehr, als der jemals verstehen kann: Das Glaubenszeugnis kommt aus den „Tiefen Gottes", die auch sein „Herz" genannt werden können (II,49), und dringt ein – wenn Gott es fügt – in das Herz, in die Tiefen der Adressaten: Im Glaubenszeugnis bezeugt der Christ vor allem das überreiche *Erbarmen* Gottes. Jesus sagt zu dem Mann, den er geheilt hat:

> *„Geh nach Hause, und* berichte *deiner Familie alles, was der Herr für dich getan hat und wie er* Erbarmen mit dir gehabt hat. *Da ging der Mann weg und* verkündete *der ganzen Dekapolis, was Jesus für ihn getan hatte, und alle staunten" (Mk 5,19f).*

Es ist ein wesentliches Zeichen für die Echtheit des Glaubenszeugnisses, daß in ihm das Herz, das Erbarmen Gottes, erfahrbar wird. Das Zeugnis ist dann ein Anstoß für die Adressaten, sich

421

auch selbst dem Erbarmen Gottes zu öffnen und das innere
Zeugnis des Heiligen Geistes in der Tiefe des eigenen Herzens
wahrzunehmen. Erst innerhalb dieses *Gesamtgeschehens* können dann auch inhaltliche Glaubenswahrheiten „weitergegeben" werden (II,162ff).

**196** Aus dem Gesagten ergibt sich: Das Glaubenszeugnis ist
ein geistgewirktes Geschehen von Person zu Person, von Herz zu
Herz, von Tiefe zu Tiefe, und erhält so den Charakter des
„persönlichen" Zeugnisses (I,225-228).

In einem „persönlichen" Zeugnis sind zwischenmenschliche personale Beziehungen und Erfahrungen eingeschlossen. Sie werden durch den Heiligen Geist geläutert,
intensiviert und in Dienst genommen.

Bei der folgenden Beschreibung personaler Erfahrung zeigt sich
zugleich, daß sie – ähnlich wie die Glaubenserfahrung – nicht
weitergegeben, sondern nur bezeugt werden kann.

## II. Personale Begegnung und Zeugnis

### 1. Personale Erfahrung

**197** Zeugnis beruht immer auf Erfahrung: Entweder auf der
durch die Sinne vermittelten Beobachtung äußerer Vorgänge
oder auf einer nicht nur durch die Sinne vermittelten inneren
Erfahrung (I,55-58; II,50). Die Frage lautet also: Kann jeder
Christ „aus Erfahrung" Zeugnis geben von Gott, von Jesus
Christus? Ist ihm eine unmittelbare „innere Erfahrung" des
Heiligen Geistes gegeben (I,207)? Viele meinen, daß wir lediglich
unsere menschlichen und weltlichen Erfahrungen im Lichte des
biblischen Zeugnisses *deuten*, nicht aber zugleich auch von
persönlichen, unmittelbaren geistlichen Erfahrungen sprechen
können. In diesem Falle wäre das Glaubenszeugnis beschränkt
auf die erfahrungslose Weitergabe der inhaltlichen Glaubenswahrheiten.

Die Jünger hingegen hatten einen durch ihre Sinneswahrnehmung vermittelten Umgang mit Jesus; für uns aber ist er nicht in demselben Sinne ein geschichtlich-konkretes Gegenüber. Wenn alle „Erfahrung" mit Sinneswahrnehmung beginnen soll, wird das in der Kirche weit verbreitete Mißtrauen gegen „Erfahrung" und gegen ein „persönliches Zeugnis" verständlich.

**198**  Das Wort „Erfahrung" ist philosophisch und theologisch wenig geklärt. „Erfahren" meint ursprünglich „reisen, durchfahren, kennenlernen" und bezeichnet somit einen längeren Prozeß äußerer oder innerer Wahrnehmung.

Bei manchen neuzeitlichen Philosophen ist Erfahrung eingeschränkt auf die Sicherung der Erkenntnis von Dingen. Sie wollen Erfahrung nur in dem Maße zulassen, als sie schon von vornherein für die eigene Erkenntnis überschaubar gemacht und geordnet worden ist. Es ist jedoch offenbar, daß durch diese Vorentscheidung die Erfahrung der Begegnung mit anderer Person unterdrückt wird: Der Mensch ist von seinem innersten Wesen her offen für etwas „Neues", das er in sich selbst nicht findet, so tief er auch in sich hineinhören mag.

> In der personalen Begegnung kommt auf den Menschen ein „anderer" zu, in Freiheit und Selbständigkeit, den er in seiner Einmaligkeit nicht vorentwerfen kann.

Auch Gruppenprozesse führen zu einer Verengung von Erfahrung, wenn sie nicht offen sind für Größeres, das sich nicht aus ihnen selbst ergibt.

**199**  Die Einschränkung von Erfahrung auf die Erkenntnis von Dingen hat dazu geführt, daß man die Naturwissenschaften als „Erfahrungswissenschaften" bezeichnet. „Erfahrung" wird dabei eingeschränkt auf das Ergebnis von Experimenten. Durch die Wiederholung einer bestimmten Versuchsanordnung kann diese Erfahrung methodisch nachgeprüft und übernommen werden. Die *Gewißheit* über die Richtigkeit eines Experimentes ergibt sich aus der rationalen Einsicht in die rationale Beweisführung derer, die das Experiment gemacht haben.

Personale Erfahrung ist von einem Experiment himmelweit

unterschieden: Der Zugang zu einer anderen Person geschieht nicht auf dem Wege rationaler Erkenntnis, sondern in der *Anerkennung* ihrer Freiheit, Selbständigkeit und Einmaligkeit. Du kannst die Zuwendung einer anderen Person nicht planen und anzielen, sondern nur als frei gewährtes Geschenk entgegennehmen. Personale Erfahrung erfaßt deshalb den *ganzen* Menschen und nicht nur seinen Verstand. Sie erwächst aus einem ganzheitlichen Umgang mit anderen, aus dem Prozeß des Kennenlernens, der auch Gefühle einschließt: Du hast in Deinem Leben Zuwendung oder Ablehnung „erfahren" und so mit anderen Menschen gute oder schlechte „Erfahrungen gemacht". Du hast einen bestimmten Menschen durch unmittelbaren Umgang „kennengelernt" und weißt auch gefühlsmäßig um sein Verhältnis zu Dir.

Die Zuwendung anderer Menschen kann nicht geplant oder angezielt, sondern nur als Geschenk empfangen werden.

Personale Begegnung erwächst aus der gegenseitigen Anerkennung der jeweiligen Freiheit, Selbständigkeit und Einmaligkeit und erfaßt den ganzen Menschen.

Daraus ergibt sich: Personale Erfahrung ist *einmalig und unmitteilbar*. Sie kann deshalb nicht an andere weitergegeben, sondern nur *bezeugt* werden.

**200** Wenn Du zum Beispiel einem anderen Deine Mutter vorstellst mit den Worten: „Dies ist meine Mutter", dann schwingt in diesem Satz Deine lebenslange Erfahrung mit, die Du mit ihr gemaht hast. Du teilst nicht einen Dich persönlich nicht betreffenden Sachverhalt mit, wie etwa bei der Erklärung einer Mathematikaufgabe. In dem Satz „Dies ist meine Mutter" sind vielmehr Deine ganz *persönlichen* und deshalb *einmaligen* Erfahrungen mit diesem Menschen enthalten. Sie gehen bis in Deine vorbewußte Kindheit zurück und sind so umfassend, daß Du sie nicht restlos reflektieren oder in Worte fassen kannst. Du kannst deshalb durch noch so viele Worte und Erzählungen einem anderen Deine Erfahrungen mit Deiner Mutter nicht

„weitergeben". Er wird nie dieselben Erfahrungen machen, die in dem Satz „Dies ist meine Mutter" enthalten sind.

In der Art und Weise, wie Du Deine Mutter vorstellst, ist deshalb zugleich ein *Zeugnis* über Deine Erfahrungen mit ihr enthalten. In diesem Zeugnis ist mehr mitausgesagt, als Du selbst rational erfassen kannst. Zugleich ist in ihm eine *Gewißheit* enthalten, die Dir ein anderer durch noch so viele Argumente nicht nehmen kann. Dies ist der klassische Fall eines *Gewißheitszeugnisses*, das auf Tatsachen beruht (hier auf der Tatsache Deiner persönlichen Erfahrungen): Du kannst einen anderen durch rationale Argumente nicht von Deiner Gewißheit *überzeugen*, Du kannst sie ihm nur *bezeugen*:

> Personale Erfahrung kann nicht weitergegeben, sondern nur bezeugt werden.

## 2. Erfahrung und Erlebnis

**201** Personale Erfahrung kann hin und wieder zu einem Erlebnis werden. Der Unterschied zwischen „Erfahrung" und „Erlebnis" ist auch für das Glaubenszeugnis von Bedeutung. Deshalb sei er zunächst eingehender erläutert.

Während Erfahrung ein längerer Prozeß ist, hat das Erlebnis den Charakter eines *punktuellen* Ereignisses von besonderer Intensität, das einen starken Eindruck hinterläßt („Ich habe eine Überraschung erlebt; das Konzert, die Ferien, die Begegnung mit diesem Menschen waren ein Erlebnis"). Erlebnisse sind immer zeitlich begrenzt. Sie erschüttern und begeistern („Diese Musik ist hinreißend") oder drücken nieder und verunsichern („Ich habe in meiner Kindheit eine schwere Enttäuschung erlebt"). Erlebnissen gehen Erwartungshaltungen, willentliche Einstellungen und unbewußte Wünsche voraus. Erlebnisse können aber nicht willkürlich hervorgerufen oder geplant werden, sondern kommen ereignishaft über den Menschen. Je nach charakterlicher Veranlagung und soziokultureller Umgebung lassen sich verschiedene Erlebnistypen unterscheiden (Verstandes-, Willens-, Gefühlserlebnis). Das Erlebnis ist – ähnlich wie personale Erfahrung – je einmalig und kann als solches nicht weitergegeben, sondern nur beschrieben und dann von anderen nachempfunden werden.

**202** Im Augenblick des Erlebnisses ist die Reflexion weitgehend ausgeschaltet. Das Erlebnis geht jeder vermittelnden Deutung und Reflexion voraus. Intensive Erlebnisse reißen mit, fesseln, können unfrei machen, zum Selbstzweck werden. Sie erschließen jedoch den Sinn des Lebens nur in dem Maße, als sie zum unscheinbaren, alltäglichen Erleben in Beziehung stehen und in dieses integriert werden.

Die Erlebnisfähigkeit des Menschen ist auf personale Begegnung und Gemeinschaft ausgerichtet und letztlich zu dem sich offenbarenden Gott hin offen. Die Abspaltung der Erlebnisfähigkeit aus der Beziehung zu Gott hat zur Folge, daß ein intensiv erlebter Ausschnitt aus der Gesamtwirklichkeit für das Ganze gehalten wird (I,208).

Auch „religiöse" Erlebnisse sind nicht das Ganze geistlicher Erfahrung. Dies ist im Hinblick auf das Glaubenszeugnis von besonderer Bedeutung. Andererseits ist hervorzuheben: Häufig erstickt die Erlebnisfähigkeit des Christen in allzu vielen, verstandesmäßig weitergegebenen und aufgenommenen Glaubenswahrheiten. Damit ist auch die Möglichkeit gemindert, die Zuwendung Gottes ganzheitlich in sich aufnehmen und sich von ihr prägen zu lassen.

**203** Erfahrung ist nicht wie das Erlebnis punktuell, reflexionsfrei und unmittelbar, sondern erwächst aus dem Prozeß, in welchem die inneren Wahrnehmungen mehr oder weniger bewußt durch ein zusammenfassendes Wahrnehmungsurteil in einen Zusammenhang gebracht werden. Die bloße Aufeinanderfolge von Erlebnissen und Beobachtungen ist noch nicht „Erfahrung". Das Glaubenszeugnis erwächst aus der so verstandenen Erfahrung. Wir werden darauf zurückkommen.

---

Erlebnis verhält sich zu Erfahrung wie der Ausschnitt zum Ganzen.

Eine Verkümmerung der Erlebnisfähigkeit ist auch eine Minderung der Möglichkeit, Erfahrungen zu machen.

---

# III. Die christliche Grunderfahrung

## 1. Die innere Wahrnehmung des Zeugnisses Gottes

**204** In der gnadenhaften Begegnung mit Gott kommt nicht ein anderer, sondern ein „ganz anderer" auf Dich zu, dessen Gegenwart in der Tiefe Deines Herzens Du von Dir aus nicht wahrnehmen kannst. Gott kommt nicht auf Dich zu wie ein Mensch, sondern er berührt Dein Herz in einer Tiefe, in die kein menschliches Wort und keine menschliche Erfahrung eindringt. Deshalb gibt Gott Dir ein „neues Herz", eine gnadenhafte Möglichkeit, ihn wahrzunehmen (I,58; II,48).

Zur Beschreibung dieser geistlichen Tiefen-Erfahrung ist nochmals darauf hinzuweisen, daß schon die personale Erfahrung zwischen Menschen sich rein verstandesmäßig nicht erfassen läßt. Das Kleinstkind nimmt bereits personale Zuwendung wahr, weiß aber noch nicht reflex um sie. Wie intensiv diese *vorbewußte* Wahrnehmung ist, zeigt sich daran, daß ihr Ausfall lebenslange Schädigungen (Neurosen, Psychosen) zur Folge haben kann. In einer noch größeren Tiefe ereignet sich das innere Zeugnis des Geistes (II,193): Der Heilige Geist ist *ständig* in Deiner Tiefe gegenwärtig, ohne daß Du dies bewußt wahrnimmst. Er „erinnert" Dich ständig an alles, was Jesus gesagt und getan hat, hält Jesu Geist-Erfahrung in Dir lebendig (Joh 14,26; 16,13f) und läßt Dich teilnehmen an seinem Tod und an seiner Auferstehung.

Dieses innere Zeugnis des Geistes ist nicht ein punktuelles Geschehen. Es übersteigt die menschliche Wahrnehmungsfähigkeit, wird aber in den menschlichen und geistlichen Lebensvollzügen durchgängig und vorbewußt *miterfahren*. Ob und wie es auch in das Bewußtsein eindringt, bleibt Geheimnis der Gnadenführung Gottes.

---

Du lebst ständig in einem inneren, geistgewirkten Erfahrungsstrom, der Dein Leben mehr und mehr durchdringen und umformen will.

---

**205**  Eine erschöpfende Beschreibung und rationale Erklärung dieses inneren Geschehens ist nicht möglich, da das Gnadenwirken Gottes unsere Verstehensmöglichkeiten übersteigt. Die „Tiefenpsychologie" mag die Tiefe des Menschen noch so sehr analysieren und zergliedern: Sie wird nie mit ihren eigenen Methoden den Heiligen Geist in der Tiefe des Menschen aufspüren. So kann die innere Geist-Erfahrung letztlich nur *bezeugt* werden.

Dies geschieht in der Liturgie in dem Bekenntnis: „Deinen Tod, o Herr, verkünden wir, und deine Auferstehung preisen wir, bis du kommst in Herrlichkeit" (vgl. 1 Kor 11,26). Versuchen wir, uns in einer Meditation den Ursprung dieses Bekenntnisses, das innere Zeugnis des Geistes, anfanghaft bewußtzumachen.

## 2. Meditation zu Tod und Auferstehung

**206**  Ich setze mich aufrecht und nehme eine entspannte Körperhaltung ein. Ich versuche jetzt, mich auf mich selbst zu konzentrieren. Ich lasse alles hinter mir, was mich im Drang des alltäglichen Lebens beschäftigt. Ich achte nur noch darauf, wie ich atme, wie ich *ausatme und einatme*. Ich höre meine Atemzüge, ich beobachte, wie meine Brust sich senkt und hebt. Ich verweile einige Minuten bei diesen Wahrnehmungen und lasse sie in mich eindringen ...

Mein Atem ist mein Lebenshauch, Zeichen meiner Lebendigkeit: Im Ausatmen gebe ich mein Leben ab, lasse ich mich los. Ich halte einen Augenblick inne, bevor ich wieder tief einatme, das Leben wieder in mich einströmen lasse.

Ich achte jetzt auch darauf, wie mein Herz klopft, mein Puls schlägt, wie mein Leben in mir strömt. In der Stille, die mich jetzt umfängt, kann ich hören, wie mein Blut in meinen Ohren rauscht: Ich nehme wahr, daß ich hier und jetzt da bin, daß ich lebe! Ich erinnere mich daran, daß Gott mir meinen Lebensatem gegeben hat (Gen 2,7): Er *will*, daß ich lebe!

Während ich in mich hineinhorche und mein Dasein wahrnehme, wird mir zugleich bewußt, daß ich irgendwann nicht mehr atmen werde: Ich werde mein Leben aushauchen, ich werde den letzten Atemzug tun. Man wird feststellen, daß mein Herz nicht mehr schlägt, daß ich gestorben bin: Mein

Leben, das ich jetzt in mir habe, wird mir irgendwann genommen werden. Ich werde nicht gefragt, ob ich dem zustimme. Mein Leben wird mir genommen werden *ohne mich*. Mein Tod ist bereits jetzt über mich *verhängt*. Ich werde meinen eigenen Tod *erleiden*. Zwar kann ich, wenn ich will, den Zeitpunkt meines Todes selbst bestimmen, aber nachdem ich den Gashahn aufgedreht habe, muß ich alles, was folgt, wiederum *erleiden*. Es nützt mir auch nichts, wenn ich mir sage: Ich kann ja jetzt schon in aller Freiheit meinen eigenen Tod *bejahen*, dann wird er mich nicht als etwas Fremdes überwältigen können: Ich kann ja nicht durch einen reinen Willensakt mein Leben beenden, sondern ich werde in jedem Falle meinen eigenen Tod *leibhaft* erleiden!

**207** Ich weiß nicht, wie ich sterben werde, nach langer Krankheit oder plötzlich. Ich weiß jetzt auch nicht, was in den letzten Minuten meines Lebens in mir vorgeht: Wenn ich an meinen Tod *denke*, habe ich noch nicht die konkrete *Erfahrung* meines Todes. Diese *letzte* Erfahrung werde ich erst machen im Vorgang meines Sterbens. Mit Sicherheit weiß ich aber, wenn ich jetzt an meinen Tod denke: In jeder Minute komme ich diesem Ereignis unaufhaltsam näher! Mein Tod ist jetzt schon in mir. Ich bin dieser Macht hilflos ausgeliefert! Dagegen protestiere ich, ja, ich protestiere! Das ist im Grunde ärgerlich und empörend! Ich wehre mich gegen die erniedrigende Abhängigkeit von einer Macht, die über mich verfügt. Wenn Gott will, daß ich lebe: Warum läßt er zu, daß der Tod wie eine Macht über mich herrscht?

Und welchen Sinn soll der Tod für mich haben? Den *Sinn* meines Lebens erfahre ich doch in den *Beziehungen* zu meinen Mitmenschen, für die ich da bin. Sie brauchen mich, ich weiß mich von ihnen bejaht. Mein Tod wird der *Abbruch* aller Beziehungen sein, das *Ende* aller Bejahung durch meine Mitmenschen. Ich werde in das Dunkel totaler Beziehungslosigkeit eingehen, das niemand kennt: Mein Sterben wird die letzte und tiefste Erfahrung von *Sinnlosigkeit* sein! Deshalb wehre ich mich gegen den Gedanken an den Tod, verdränge ihn, beruhige mich damit, daß das Leben zunächst einmal weitergeht ... Ich hoffe, daß meine Mitmenschen mir über meinen Tod hinaus ein ehrendes Andenken bewahren, daß sie mich nicht vergessen, daß ich *weiterleben* werde in dem, was ich bewirkt und geschaffen habe (in meinen Kindern, meinen Leistungen, meinem Einsatz für eine bessere Gesellschaft).

**208** Ich bitte dich, Heiliger Geist, gehe jetzt mit mir zurück unter das Kreuz Jesu und laß mich nachempfinden, was sich da ereignet hat. *"Mein Gott, mein Gott, warum hast du mich verlassen?"* (Mk 15,34; Mt 27,46). Ich versuche, in die unbegreifliche Tiefe dieses Schreiens hineinzuhören: Hier schreit Gott, der Sohn, nach Gott, dem Vater. Hier geschieht unvorstellbare Verlassenheit, Abbruch aller Beziehungen! Derjenige, der den ganzen Sinn seines Lebens darin sah, für Gott und für andere dazusein, der sinnempfangende Sohn, schreit nach Gott, dem sinngebenden Vater! Er durchleidet die Sünde aller Menschen, auch meine gestörte Beziehung zu Gott. Er steigt hinab in das Reich des Todes. In dieser Stunde hört er nicht mehr die Stimme des Vaters wie bei seiner Taufe oder auf dem Berg Tabor: „Du bist mein geliebter Sohn." Er schreit nur noch in einen stummen Himmel hinein, in das schweigende Geheimnis seines Vaters. Er schreit aber immer noch nach *seinem* Gott. Er gibt die Hoffnung nicht auf, daß sein Leiden für uns vor Gott einen Sinn hat, daß er diesen Sinn an sich erfahren wird, daß Gott seine Verheißungen an ihm wahrmacht: *"Dir haben unsre Väter vertraut, sie haben vertraut, und du hast sie gerettet. Zu dir riefen sie und wurden befreit, dir vertrauten sie und wurden nicht zuschanden"* (Ps 22,5f).

Indem er nach *seinem* Gott schreit, ereignet sich in der unvorstellbaren Verlassenheit zugleich eine ebenso unvorstellbare *Nähe* zu diesem seinem Gott: Er nimmt das Kreuz auf sich *„angesichts der vor ihm liegenden Freude"* (Hebr 12,2). Dies ist der Beginn seiner Auferstehung!

**209** Herr Jesus Christus, ich vertraue der Botschaft, daß du deinen Tod auf dich genommen hast, um mich von der Macht des Todes zu befreien. Du bist hinabgestiegen in das Reich des Todes, damit ich nie in diesem Abgrund der Angst und der Sinnlosigkeit versinken muß. Du bist das lebendige Erbarmen Gottes. Du verwandelst das Ärgernis meines Todes in die Hoffnung auf meine Auferstehung. Ich vertraue der Erfahrung des Paulus: *"Der letzte Feind, der entmachtet wird, ist der Tod"* ... *,Täglich sehe ich dem Tod ins Auge"* ... *,Tod, wo ist dein Sieg? Tod, wo ist dein Stachel?"* (1 Kor 15,26.31.55).

Ich weiß jetzt noch nicht, was ich in den letzten Augenblikken meines Lebens empfinden werde. Ich weiß nicht, ob ich dann mit dir beten kann: *"Vater, in deine Hände lege ich mein Leben"* (Lk 23,46) oder ob eine neue Feindschaft gegen Gott in mir aufsteigt ... Ich war anwesend in diesem deinem Gebet. Ich spreche dir jetzt nach: „Vater, in deine Hände lege ich mich." Gib mir jetzt die Kraft, meinen Tod anzunehmen! Ich glaube deinem Wort: *"Wer an mich glaubt, wird leben, auch wenn er stirbt"* (Joh 11,25).

Laß mich jetzt Frieden haben mit Gott, der dein Gott ist und auch mein Gott! Schenke mir durch deinen Heiligen Geist jetzt das Vertrauen und die Gewißheit, daß ich für immer in Gott geborgen bin, daß er mich in meinem Sterben bejahen und aufrichten wird.

**210** Heiliger Geist, laß mich jetzt nicht nur mein Sterben vor Augen haben, laß mich auch wahrnehmen, daß meine Auferstehung schon begonnen hat. Senke in meine Tiefen ein das Wort Jesu: *"Wenn das Weizenkorn nicht in die Erde fällt und stirbt, bleibt es allein; wenn es aber stirbt, bringt es reiche Frucht"* (Joh 12,24). Befreie mich aus dem Bestreben, mein Christsein privat leben zu wollen. Durchbrich meine Schale und laß mich hineinsterben in die Liebe zu Gott, in den Dienst an meinen Mitmenschen. Laß mich meine Mitmenschen so lieben wie Jesus, der sein Leben hingegeben hat für sie (Joh 10,15). *"Es gibt keine größere Liebe, als wenn einer sein Leben für seine Freunde hingibt"* (Joh 15,13). Schenke mir die Erfahrung, die in den Worten ausgesprochen ist: *"Wir wissen, daß wir aus dem Tod in das Leben hinübergegangen sind, weil wir die Brüder lieben. Wer nicht liebt, bleibt im Tod"* (1 Joh 3,14).

**211** Ich bitte dich, Heiliger Geist, gehe jetzt mit mir zurück in meine Lebensgeschichte, und mache mir bewußt, wann und wie ich zu Gott – zu Jesus Christus – zum erstenmal in eine persönliche Beziehung treten durfte ...

Ich danke dir, du Geist der Freude, daß ich
- mich an den Gaben der Schöpfung Gottes erfreuen kann;
- Freude habe an meinen Begabungen und Fähigkeiten und immer mehr lerne, auch die Gaben anderer dankbar als deine Geschenke anzunehmen;
- in innerer Freiheit, ohne Zwänge und Ängste, leben kann,

weil du damit begonnen hast, meine Tiefen und meine
gestörten Beziehungen zu heilen.
Ich danke dir, du Kraft der Hingabe Jesu, daß ich einen Antrieb
in mir verspüre,

– für andere dazusein und nicht nur auf mich selbst bezogen zu
  leben;
– meinen Beruf als Dienst an anderen auszuüben, und nicht
  nur zu meinem privaten Nutzen;
– in deiner Kraft Gefühle des Hasses zu überwinden;
– einem Menschen zu vergeben, obwohl sich alles in mir
  dagegen sträubt;
– zu dienen, ohne auf den sichtbaren Erfolg zu achten;
– mich auf die Seite derer zu stellen, denen Unrecht geschieht;
– ... (nenne eigene Erfahrungen).

Schenke mir, Heiliger Geist, die Gewißheit, daß alles, was ich in
der Nachfolge Jesu mit ganzer Hingabe für andere tue, der
*Beginn meiner Auferstehung* ist! Nimm mir die Angst, daß ich
mich selbst aufgebe oder etwas verliere, wenn ich mich mit
ganzer Kraft einsetze für meine Mitmenschen. Nimm mir die
übertriebene Sorge um mich selbst. Schenke mir die Gnade, daß
mein Leben immer mehr zum Zeugnis für die Auferstehungsmacht Jesu wird. Laß mich hineinsterben in den Dienst der
Evangelisierung ...

### 3. Der Kern der christlichen Grunderfahrung

**212** In der vorangegangenen Meditation sollte versucht werden, im eigenen Leben Spuren der Wirksamkeit des Heiligen
Geistes sichtbar zu machen. In ihr wird zugleich deutlich, was
mit geistlicher „Erfahrung" gemeint ist und welchen grundlegenden Inhalt sie hat: Teilhabe an Tod und Auferstehung Jesu.
Sie beginnt mit der Taufe und wird vom Geist Gottes dabei
zugleich in Beziehung gesetzt zur Überlieferung des Wortes
Gottes, der Sakramente und des geistlichen Erfahrungswissens
in der Kirche. Diese Überlieferung geht bis auf die Jünger Jesu
zurück: Sie haben ihre im direkten Umgang mit Jesus gemachten Erfahrungen im Lichte der nachösterlichen Ereignisse
gedeutet und gesammelt und der Kirche ihr für alle Zeiten
normatives geistliches Erfahrungswissen überliefert:

> Von ihrem Ursprung her ist die christliche Grunderfahrung geistgewirkte Gemeinschaftserfahrung.

213   Die Geist-Erfahrung des einzelnen ist nie rein subjektiv, auf das einzelne Subjekt beschränkt. Sie bleibt umgriffen von der Gemeinschaftserfahrung der Zeugen des Glaubens und lebt immer auch vom Glaubenszeugnis anderer: Alle Christen sind in ihrer Tiefe von *derselben* Grunderfahrung (Teilhabe an Tod und Auferstehung Jesu) getragen. Daraus erwächst die *Gewißheit* über die Echtheit der inneren Geist-Erfahrung.

Diese Gewißheit kann durch rein rationale Argumente weder vermittelt noch genommen und auch durch neue pastorale Methoden nicht weitergegeben werden. Sie ergibt sich aber auch nicht lediglich aus dem subjektiven Erlebnis einzelner, sondern ist immer rückgebunden an die Geist-Erfahrung der Jünger.

Als Offenbarwerden der vorweltlichen und Vorwegnahme der zukünftigen Herrlichkeit (Eph 1,3f; Hebr 5,6) bleibt Geist-Erfahrung ein letztlich unfaßbares Geschenk und Geheimnis, das von der menschlichen Wahrnehmungsfähigkeit nicht umgriffen wird. Halten wir zusammenfassend fest:

> 1. Die christliche Grunderfahrung erwächst aus einem vielgestaltigen Lebensprozeß und ist nicht lediglich ein einzelnes, reflexionsfreies und unmittelbares Erlebnis. Sie ist vermittelt durch meine Selbst- und Gemeinschaftserfahrung.
>
> 2. In der Kraft der zuvorkommenden und erweckenden Gnade Gottes nehme ich innerlich wahr:
> - die direkte Berührung meines Herzens durch den vom Vater und vom Sohn ausgehenden Heiligen Geist,
> - meine dadurch ermöglichte Zuwendung durch Christus zu Gott,
> - die Berührung meines Herzens durch den in der Kirche wirksamen Geist Christi,
> - meine geistgewirkte Zuwendung zur Gemeinschaft der Kirche.

**214** In der obigen Meditation wurden auch die tragenden Kräfte der christlichen Grunderfahrung deutlich: Glaube, Hoffnung und Liebe (1 Kor 13,13), die Gott in der Taufe zugleich mit der Gabe des Heiligen Geistes in die dem Menschen unzugängliche Tiefe seines Herzens einsenkt. Diese Grundkräfte verbinden alle Christen miteinander: *Ein* Geist, *eine* Hoffnung, *ein* Glaube, *eine* Taufe (vgl. Eph 4,3f).

Der Grundakt des *Glaubens* ist das Vertrauen, daß Gott uns während unseres ganzen Lebens trägt, daß in der Auferstehung Jesu meine eigene Auferstehung begonnen hat und daß der Geist Christi trotz aller Fehlentwicklungen und Entstellungen in der Kirche gegenwärtig bleibt.

Im Grundakt der *Hoffnung* befähigt der Geist Gottes den Christen, in Geduld auf die Vollendung des eigenen Lebens, der Kirche und der Menschheit zu warten, obwohl er diese Vollendung noch nicht sieht (Röm 8,23 ff). So gibt der Geist Gottes dem Christen die Kraft, mit Christus sein Kreuz auf sich zu nehmen „angesichts der vor ihm liegenden Freude" (vgl. Hebr 12,2) und sich beharrlich einzusetzen für die Erneuerung in Kirche und Gesellschaft.

In dem alles tragenden Grundakt der glaubenden und hoffenden *Liebe* nimmt der Christ wahr, daß Gott in seinem innersten Wesen Erbarmen und Selbstweggabe ist und daß der Heilige Geist ihn zur Gabe an Gott und an andere machen will.

**215** Die Gegenwart des Heiligen Geistes in der Tiefe des Herzens führt schließlich zu einer Veränderung des menschlichen Grundbefindens. Als „Tröster" nimmt der Heilige Geist dem Menschen die Angst und schenkt ihm Gelassenheit, Ruhe und Gelöstheit. Er wirkt Klarheit und Festigkeit, schenkt Geborgenheit in Gott, befreit zu Lob und Anbetung und erfüllt mit einem tiefen Glück, wie es „die Welt nicht geben kann" (Joh 14,26f; Eph 5,18f): „Das Reich Gottes ist Friede und Freude im Heiligen Geist" (Röm 14,17).

**216** Es muß jedoch betont werden: Erfahrung ist mehr als ein punktuelles Erlebnis. Um Glaubenserfahrung beschreiben und bezeugen zu können, sind die verschiedenen Weisen dieser Erfahrung zu bedenken:

> 1. Glaube, Hoffnung und Liebe sind in ihrer Auswirkung auf Dein Leben von bewußten Erfahrungen unabhängig.

In der Regel vollzieht sich die innere Wahrnehmung Gottes in der Tiefe des Herzens, das heißt vorbewußt: „In ihm leben wir, bewegen wir uns und sind wir" (Apg 17,28). Der Christ „weiß" um die Gegenwart des Heiligen Geistes in seiner Tiefe, *ohne ständig an sie zu denken*. Wenn Du als kleines Kind getauft wurdest, bist Du vielleicht ganz allmählich in die Begegnung mit Gott hineingewachsen.

Glaube, Hoffnung und Liebe, die Gott Dir in der Taufe schon geschenkt hat, können Dir zuweilen deutlicher bewußt werden. Dies kann auf vielfältige Weise geschehen, zum Beispiel bei
– der Erneuerung oder Nachholung des Taufbekenntnisses,
– einem Glaubenszeugnis,
– einem sozialen oder politischen Einsatz, der Dein Christsein neu herausfordert.

> 2. Wenn Glaube, Hoffnung und Liebe deutlicher in das Bewußtsein eintreten, spricht man von der *christlichen Grunderfahrung*. Sie ist so vielfältig wie die Menschen selbst.

Die christliche Grunderfahrung erfaßt immer den ganzen Menschen. Je nach Erfahrungstyp tritt mehr das verstandesmäßige, willentliche oder gefühlsmäßige Element hervor. Auch der Charakter, positive und negative Ereignisse in der Lebensgeschichte und Erwartungshaltungen wirken sich auf Art und Intensität der christlichen Grunderfahrung aus.

### 4. Weisen und Stufen der christlichen Grunderfahrung

a) Anfangserfahrung und Wachstum

**217** Es gibt Augenblicke, in denen sich ein Mensch bewußt wird, daß er vor einer Grundentscheidung für oder gegen Gott

steht. Geist-Erfahrung kann dann zu einem *Bekehrungserlebnis*
mit besonderer Intensität werden, wie etwa bei Paulus oder
Augustinus. Dieses „plötzliche" Ereignis ist in der Lebensgeschichte, in unbewußten Vorgängen und willentlichen Einstellungen vorbereitet und wird häufig solchen geschenkt, die sich
von Gott und der Gemeinde entfernt hatten, nunmehr aber
endlich Gott als den Sinn ihres Lebens entdecken. Umkehr wird
für sie zu einem „Fest" des Glaubens (Lk 15,24.32).

Die Anfangserfahrung kann von großer Freude und einem bis
in die Gefühlswelt ausstrahlenden Erlebnis begleitet sein oder
auch den Charakter einer eher schmerzlichen Berührung haben,
die zu Geduld und Offenheit für das weitere Handeln Gottes
befähigt.

Bei anderen tritt die Wahrnehmung der Zuwendung Gottes
allmählich in das Bewußtsein ein. In der Kraft der Taufe, die sie
als kleine Kinder empfangen haben, wachsen sie – wenn auch
nicht ohne Entscheidungsprozesse – in die Begegnung mit Gott
hinein.

**218**  *Geistliches Wachstum* vollzieht sich bei einigen in neuen
Durchbrüchen von besonderer Intensität, wie bei Petrus (Lk
22,31f.62) oder Paulus (2 Kor 12,2ff); es kann sich aber auch in
einem ruhigen Wissen um das „Bleiben" des Heiligen Geistes in
der Tiefe des Herzens zeigen (1 Joh 2,20.27). Auch kirchennahe
Christen, die in dem Bewußtsein leben, Gott treu gedient zu
haben und immer bei ihm gewesen zu sein (Lk 15,29.31),
können die Zuwendung Gottes auf neue und intensive Weise
wahrnehmen, wenn sie sich von ihm zu einer neuen Stufe der
Hingabe und des Dienstes führen lassen (I,214-218). So läutert
der Geist Gottes unterschiedliche Erfahrungs- und Erlebnistypen und führt sie zu geistlicher Reife.

Im geistlichen Wachstumsprozeß macht der Christ immer
auch die Erfahrung des Noch-nicht-erfüllt-Seins: Ihm wird
bewußt, daß das Eigentliche noch aussteht (Phil 3,13f) und er
offen ist für Größeres, für weiteres Wachstum, Differenzierung
und Vertiefung. Das Gebet um innere Heilung der Erinnerungen und Erwartungen (I,108) und die damit verbundene
*Verchristlichung der Gefühle* ist eine wichtige Stufe geistlicher
Reifung.

> Die christliche Grunderfahrung kann „plötzlich" durchbrechen oder sich in einem langsamen Wachstumsprozeß herausbilden.

## b) Trockenheit und Nachterfahrung

**219** In ähnlicher Weise wie in menschlicher Begegnung Nähe und Distanz erlebnismäßig wechseln können, ist auch das Verhältnis des Menschen zu Gott gekennzeichnet durch Zeiten der Beglückung und Zeiten des Abstandes (Ex 15,1-21; 17,7; Jer 15,16-18; Ijob 3,3.11; 42,5; Lk 22,31-34.62). Die großen Vorbilder des Lebens aus dem Geist, die christlichen Heiligen, waren sich um so stärker des Abstandes von Gott bewußt, je näher sie zu ihm kommen durften. Diese Erfahrung des Abstandes von Gott tritt in das Bewußtsein ein als Trockenheit, Nachterfahrung, Trostlosigkeit.

Die geistliche Tradition der Kirche belehrt uns darüber, daß Gott in Zeiten der Nachterfahrung den Menschen tiefer hineinführt in sein unzugängliches Geheimnis. Er zeigt ihm, daß er der *ganz andere* ist, der in keine Vorstellung, kein Bild, kein Gefühl eingeht, sondern dies alles übersteigt. Der Mensch lernt in diesem geistlichen Sterbevorgang, daß er nicht an seinen Erfahrungen festhalten, sondern seine Heilsgewißheit ganz und gar auf die Verheißungen Gottes gründen soll (Hebr 6,18f): *Der Heilige Geist dringt tiefer und umfassender in den Menschen ein, als dieser bewußt wahrnehmen kann.* Manchmal ahnt der Mensch, daß der Entzug der Erfahrung durch Gott ihn näher zu ihm führt als überschwengliche Freude. Vom Geist Gottes getragene Begegnung mit der Wirklichkeit Gottes ist mehr als „Erfahrung"!

> Das Verhältnis des Menschen zu Gott kann gekennzeichnet sein durch Zeiten der Beglückung und Zeiten des Abstandes – in ähnlicher Weise wie die Begegnung zwischen Menschen.

## c) Lobpreis und Klage

**220**   Aus der Begegnung mit Gott erwächst immer neu das Lob Gottes, nicht nur als erste Reaktion auf das Geschenk des Glaubens (Lk 1,45-55), sondern auch als das letzte Wort christlichen Lebens. Im Lobpreis bekennt der Mensch, daß er sein Dasein nicht aus sich selber hat, sondern sich in jedem Augenblick mit allem, was er ist und hat, Gott verdankt. Er gibt Gott als Gott die Ehre, der uns geschaffen hat „zum Lob seiner herrlichen Gnade" (Eph 1,6.12). Die verschiedenen Formen der christlichen Meditation sind dazu eine wichtige Hilfe.

> Lobpreis umgreift in einem gereiften geistlichen Leben auch die Erfahrung des Abstandes von Gott, die Nachterfahrung.

„Was kann uns scheiden von der Liebe Christi? Bedrängnis oder Not oder Verfolgung, Hunger oder Kälte, Gefahr oder Schwert?" (Röm 8,35).

## d) Handeln aus dem Geist

**221**   Geistliche Erfahrung ergreift immer die ganze Person und will von ihrem Zentrum her alle Lebensbereiche mehr und mehr durchdringen. Sie intensiviert nicht etwa ausschnitthaft nur einen „religiösen" Bereich und führt nicht zu weltabgewandter Verinnerlichung, sondern verleiht neue Handlungsimpulse, befähigt zu missionarischer Verkündigung und zum politischen Einsatz, wirkt sich aus im Alltag von Arbeitswelt und Familie.

> Echte Geist-Erfahrung ist nicht lediglich passives Ergriffensein, sondern drängt den Christen zur Unbedingtheit tätiger Liebe (Mt 25,31-46).

Weil er im Glauben auf Gottes Güte und Barmherzigkeit vertraut und in der Hoffnung das endgültige Reich Gottes herbeisehnt, setzt er sich ein für alle, die hungrig, unterdrückt und entrechtet sind. Im friedvollen Kampf für die Gerechtigkeit bezeugt er die Anwesenheit des Geistes Gottes in seinem Inneren.

## IV. Die Bezeugung der christlichen Grunderfahrung

**222** Da der Glaube ein und derselbe in allen Gliedern der Kirche ist (Eph 4,5), muß zunächst betont werden: Träger des Glaubenszeugnisses ist nicht in erster Linie der einzelne Christ, sondern die *Gemeinschaft* der Zeugen. Dies wird in folgenden Texten deutlich:

> *„Was wir gesehen und gehört haben, das verkünden wir auch euch, damit auch ihr* Gemeinschaft *mit uns habt"* (1 Joh 1,3).
>
> *„Und der Herr fügte täglich ihrer* Gemeinschaft *die hinzu, die gerettet werden sollten"* (Apg 2,47).

Der Kreis der Zeugen hat mit Jesus „Erfahrungen gemacht" („sehen" und „hören" meint konkrete Erfahrung), sie haben ihn „kennengelernt" und wissen um sein Verhältnis zu ihnen (I,58). Sie geben im Wort-Zeugnis den Adressaten Anteil an ihren Erfahrungen. Auf diese Weise werden sie in ihre Gemeinschaft einbezogen. Dies ist die ursprünglichste Form der „Weitergabe" des Glaubens: Aufnahme in die Gemeinschaft der Zeugen. Diese bezeugen ihre gemeinsamen geistlich-menschlichen Erfahrungen nicht durch rationale Argumente oder die Erläuterung von Lehren, sondern durch das Zeugnis des gemeinsamen Lebens (Apg 2,44-47): Auch personale Gemeinschaftserfahrung kann nicht „weitergegeben", sondern nur bezeugt werden (vgl. II,200). Entsprechend soll auch die Gemeinschaft der Gläubigen in der Gesellschaft zum Zeichen und Zeugnis werden für ein *anderes* Leben, das nicht aus ihr selbst kommt.

**223** Wenn das innere Zeugnis des Geistes, das jeder in sich trägt (1 Joh 5,10), sich in einem äußeren Zeugnis kundtut, dann ist es nicht lediglich die Bezeugung einer rein persönlichen, subjektiven Erfahrung. Es ist vielmehr Ausdruck eines Geschehens, das sich (mehr oder weniger bewußt) in gleicher Weise in jedem Christen vollzieht. Diese steht in einer unlösbaren Beziehung zur Anfangserfahrung der Jünger und hat den Charakter einer durch den einen Heiligen Geist ermöglichten Wir-Erfahrung: „Deinen Tod, o Herr, verkünden *wir*, und deine Auferstehung preisen *wir*, bis du kommst in Herrlichkeit":

Glaubenszeugnis ist seinem Ursprung und Wesen nach das Zeugnis einer konkreten Gemeinschaft von Zeugen.

Wie in der Einführung zu diesem Glaubensseminar gezeigt (Nr. 11), beginnt auch Neu-Evangelisierung mit der Bildung kleiner christlicher Gemeinschaften (Gemeindegruppen), die in ihre Umwelt hinein durch Wort und Tat Zeugnis geben von der Lebenskraft des christlichen Glaubens. Das Glaubensseminar kann dazu ein Anfang sein.

**224** Das „persönliche Glaubenszeugnis" (I,227-229) des einzelnen hat seinen Ort zunächst in einer solchen kleinen Gemeinschaft und ist eine zentrale Form der „Selbstevangelisierung der Getauften". Wie ein „persönliches Zeugnis" geartet ist, zeigt uns Paulus (I,225f). Er scheut sich nicht, von seinen Begegnungen mit dem Auferstandenen zu berichten (2 Kor 12; Gal 1,11-24). Entscheidend sind für ihn aber nicht die punktuellen Erlebnisse, sondern die Tatsache, daß die Gnade Gottes in ihm „nicht ohne Wirkung geblieben" ist (1 Kor 15,10). Diese Tatsache ist der Kern seines persönlichen Zeugnisses:

Im persönlichen Zeugnis bezeugt der Christ nicht einzelne religiöse Erlebnisse, sondern die bleibende Auswirkung der Gnade Gottes in seinem Leben.

**225** Dies schließt nicht aus, daß punktuelle Wahrnehmungen der Gnade und Zuwendung Gottes das Leben eines Christen bleibend bestimmen und ändern können. Allerdings sollte der Christ nicht vorschnell Zeugnis geben von Erlebnissen, die er auf das Wirken Gottes zurückführt: Wenn jemand von einer Predigt oder einem Gottesdienst tief betroffen und ergriffen ist (vgl. Apg 2,37: „Als sie das hörten, traf es sie mitten ins Herz"), bedarf es einer Zeit der Bewährung im Alltag, bevor er davon Zeugnis gibt. Gefühlserlebnisse können eine Gnade Gottes sein. Als solche können und sollen sie auch bezeugt werden, wenn ihre „Frucht" erkennbar geworden ist. Im Hinblick darauf ist an das Gleichnis Jesu vom Sämann zu erinnern:

> *„Der Samen ist das Wort Gottes ... Auf den Felsen ist der Samen bei denen gefallen, die das Wort* freudig *aufnehmen, wenn sie es hören; aber sie haben keine Wurzeln:* Für den Augenblick *glauben sie, doch im Augenblick der Versuchung werden sie abtrünnig.*
>
> *Unter die Dornen ist der Samen bei denen gefallen, die das Wort zwar hören, dann aber weggehen und in den Sorgen, dem Reichtum und den Genüssen des Lebens ersticken, deren* Frucht also nicht reift.
>
> *Auf guten Boden ist der Samen bei denen gefallen, die das Wort mit gutem und aufrichtigem Herzen hören, daran* festhalten und durch ihre Ausdauer Frucht bringen" *(Lk 8,11-15).*

Manche „religiöse" Erlebnisse dringen nicht in die Tiefe des Herzens ein (sie fallen auf einen inneren „Felsen"). Sie erfassen den Menschen nur „für den Augenblick" in seinen oberflächlichen Gefühlen und haben keine Auswirkung auf sein Leben (man denke an bestimmte Weihnachts- oder Jugendgottesdienste, oder an manche freikirchliche „Erweckungsveranstaltungen"). Unter die „Dornen" geraten religiöse Erlebnisse, wenn sie ersticken in den vielen Besorgungen und Zerstreuungen des Alltags, wenn sie nicht ausreifen. Der „gute Boden" für diese Erlebnisse ist die innere Offenheit für eine ganzheitliche Zuwendung Gottes, die den Alltag prägt und auf die Dauer zu einer *Verchristlichung der Gefühle* führt.

**226**   Personale Begegnung mit Gott ergreift immer den ganzen Menschen: Dem Verstand leuchten die Wahrheiten des Glaubens auf (geistiges Erlebnis); die Willenskräfte – wie die Befähigung zur Entscheidung und Treue – werden gestärkt (Willenserlebnis); Gefühle der Hingabe an Gott oder auch des Abstandes von ihm werden intensiviert (Gefühlserlebnis). So festigt echte personale Begegnung mit Gott die Bereitschaft, die eigene Lebensdynamik durchkreuzen zu lassen, an der Beziehung zu Gott auch in Zeiten der inneren Trockenheit festzuhalten und das Leben mit anderen Menschen zu teilen.

# Anmerkungen

[1] Dies kommt deutlich in den altbundlichen Namen für Gott zum Ausdruck (El bzw. Elohim, Schaddai, Zebaoth = „Herr der Heerscharen"): Sie enthalten ausnahmslos die Vorstellung der weltüberlegenen Macht Gottes: Alle Mächte und Elemente des Himmels und der Erde müssen Jahwe gehorchen.

[2] Die „Leidensunfähigkeit" Gottes wird begründet mit der philosophischen Lehre von der Unteilbarkeit und Unveränderlichkeit Gottes (DS 297, 800, 805, 3001). Aus ihr ergebe sich, daß Jesus Christus nur als Mensch, nicht aber als der ewige Sohn Gottes gelitten habe (DS 166, 263, 401, 423, 432).

[3] Pastoralkonstitution über die Kirche in der Welt von heute „Gaudium et spes", Art. 7.

[4] Das Glaubensbekenntnis spricht von dem einen göttlichen Wesen (eines Wesens mit dem Vater) und die Theologie von der einen göttlichen Natur. Im biblischen Sinne könnte man auch von dem einen göttlichen Herzen sprechen, das sich sowohl in der Dynamik der innergöttlichen Liebe als auch in der Liebe Gottes zu uns zeigt. Der theologische Begriff der „Natur" Gottes könnte also durch „Herz" ersetzt werden!

[5] Im Glaubensbekenntnis heißt es vom Heiligen Geist: „der aus dem Vater und dem Sohn hervorgeht". Die Orthodoxe Kirche bekennt: „der aus dem Vater durch den Sohn hervorgeht". Beide Sichtweisen schließen einander nicht aus. Auch nach orthodoxer Lehre sind Vater und Sohn ein einziger Ursprung des Heiligen Geistes (DS 850, 1300f, 1331).

[6] Der Heilige Geist bleibt vom Kreuzesgeschehen ebensowenig „unberührt" wie der Vater und der Sohn, wie Hans Urs von Balthasar ausgeführt hat: „So nimmt die unaufhebbare Beziehung zwischen Vater und Sohn die Modalität der Verstoßenheit, des Abbruchs der Beziehungen, der Unzugänglichkeit des Vaters an. Und der Heilige Geist, der in Gott ewig der Ausdruck dieser gegenseitigen Beziehung ist, hält diese jetzt im Modus des Auseinanderhaltens aufrecht ... Als der den Sohn in sein ‚Ende' begleitende Geist hat er ein für alle Male die Erfahrung dieses Endens gemacht und kann, wenn er an Ostern der versammelten Kirche eingehaucht wird, von dieser zu seinem Wesen gehörenden Erfahrung nicht mehr abstrahieren" (Pneuma und Institution, Johannes-Verlag, Einsiedeln 1974, S. 264f).

Ergänzend dazu sei hervorgehoben: Die Unterschiedenheit der göttlichen Personen, insofern sie Personen sind, ist so groß, wie sie größer nicht gedacht werden kann: Ihre Einheit ist so intensiv, wie sie intensiver nicht gedacht werden kann. Bei unseren Versuchen, das Geheimnis der göttlichen Trinität auszusagen, steigern Unterschiedenheit und Nähe sich gegenseitig.

Nur von diesem trinitarischen Ansatz her läßt sich zureichend vom

„Schmerz" Gottes sprechen, der sich in einem inneren Widerstreit zwischen seinem gerechten Zorn und seinem Erbarmen zeigt: Gerechtigkeit und Erbarmen gehen nicht ineinander über, schließen sich aber auch nicht gegenseitig aus, sondern stehen in einem Wechselverhältnis zueinander, aus dem der erlösende Schmerz der göttlichen Liebe zu uns hervorgeht. Vgl. dazu eingehender H. Mühlen, Das Herz Gottes. Neue Aspekte der Trinitätslehre, Theologie und Glaube 78 (1988) 141-159.

[7] In diesen Voraussetzungen des Paulus ist die alttestamentliche Vorstellung von der sogenannten „korporativen Person" wirksam. Vgl. dazu das grundlegende Werk von J. de Fraine, Adam und seine Nachkommen, Köln 1962.

[8] Die Feier der Eingliederung Erwachsener in die Kirche nach dem neuen Rituale Romanum. Studienausgabe, hrsg. von den Liturgischen Instituten Salzburg – Trier – Zürich, Freiburg i. Br. 1986. Die folgenden Zitate sind dieser Studienausgabe entnommen.

[9] Dies ist bei H. Schürmann genauer dargestellt: „Schon Lukas sieht – und darum malt er die Taufe Jesu leicht nach dem Bilde der kirchlichen Initiation –, daß das Geschehen typische Züge zeigt, die sich antitypisch in der Kirche wiederholen. Was hier an dem ‚Geisttäufer' (V. 16) geschieht, läßt schon erkennen, wie sich die kommende Geisttaufe vollziehen muß: 3,21f folgt die Geistbegabung der Taufe nach, wie das auch Apg 2,38; 8,15ff; 19,5f für das urkirchliche Nacheinander von Taufe und Handauflegung bezeugt ist. Und sie ist Frucht des Gebetes Jesu, wie die Geistmitteilung dem wirkmächtigen Gebet (Lk 11,13) der Kirche gegeben wird (Apg 8,15ff; vgl. 13,3). Das ekklesiologische Geschehen hat im christologischen Vorbild und Grund." Das Lukasevangelium, Erster Teil, Herders Theologischer Kommentar zum Neuen Testament, Bd. III, Freiburg i. Br. 1969, S. 196f; vgl. S. 159, 172, 179, 183.

[10] Das Konzil weist an anderer Stelle auf sie hin (DS 1625ff).

[11] Die Feier der Kindertaufe in den Katholischen Bistümern des deutschen Sprachgebietes (Verlage Benzinger, Herder u.a. 1977), Nr.39.

[12] Zweites Vatikanisches Konzil, Konstitution über die Kirche 12 (vgl. 4, 7); Dekret über Dienst und Leben der Priester 9; Dekret über das Apostolat der Laien 3,30; Dekret über die Missionstätigkeit der Kirche 4,28; Pastoralkonstitution über die Kirche in der Welt von heute 32.

[13] Zweites Vatikanisches Konzil, Konstitution über die Kirche 8.

[14] Zweites Vatikanisches Konzil, Dekret über das Apostolat der Laien 10, vgl. 3.

[15] Zweites Vatikanisches Konzil, Dekret über Dienst und Leben der Priester 9.

[16] Zweites Vatikanisches Konzil, Konstitution über die Kirche 4.

*Das bewährte Glaubensbuch*

# GLAUBE ZUM LEBEN

Die christliche Botschaft
Herausgegeben und bearbeitet von Günter Biemer und
Werner Tzscheetzsch.

*Sonderausgabe in vier Teilbänden*

Teil 1: *Glauben erleben.*
144 Seiten, Paperback. ISBN 3-451-21621-3
Teil 2: *Gott erfahren.*
192 Seiten, Paperback. ISBN 3-451-21622-1
Teil 3: *Leben entdecken.*
256 Seiten, Paperback. ISBN 3-451-21623-X
Teil 4: *Kirche gestalten.*
240 Seiten, Paperback. ISBN 3-451-21624-8

Das Spitzenwerk für die Arbeit in Glaubenskursen, Gesprächsgruppen und für den Religionsunterricht. Praktisch und preiswert; jeder Teilband ist auch einzeln lieferbar.

„Von allen neuen Glaubensbüchern ist 'Glaube zum Leben' das empfehlenswerteste und das für den Normalleser von heute geeignetste Buch, um den Grund christlichen Glaubens und christlicher Freude zu entdecken" (Stimmen der Zeit).

„In verständlicher, einladender und ermutigender Sprache werden Fragen aufgegriffen, neue Perspektiven eröffnet und zukunftsträchtige christliche Lösungsansätze entwickelt" (Fuldaer Zeitung).

*Verlag Herder Freiburg · Basel · Wien*

Paul Josef Cordes

# Mitten in unserer Welt

Kräfte geistlicher Erneuerung
120 Seiten, Paperback, ISBN 3-451-21083-5

„Ein Erfahrungsbericht, der einem Fahrplan durch das dichte
Netz der vielen neuen geistlichen Wege innerhalb der katholischen Kirche gleicht" (Die Welt).

„Eine erfreuliche Ermutigung über Neuansätze in der Kirche"
(Die Furche).


Paul Josef Cordes

# Den Geist nicht auslöschen

Charismen und Neuevangelisierung
160 Seiten, Paperback. ISBN 3-451-22094-6

Der römische Kurienbischof Paul Josef Cordes gehört nicht
zu den Verharmlosern der gegenwärtigen Kirchenkrise. Aber
Klage oder anklagende Kritik führen nicht weiter. Wo regt
sich Neues, wie kann es gestärkt werden? Paul Josef Cordes
macht hier die entscheidenden Energien und Erfahrungen
geistlicher Erneuerungsbewegungen der Geschichte fruchtbar für den spirituellen Aufbruch der Kirche ins dritte Jahr-
tausend.

*Verlag Herder Freiburg · Basel · Wien*